国家出版基金项目
NATIONAL PUBLICATION FOUNDATION

"十二五"国家重点图书
出版规划项目

U0649525

《东南亚研究》第二辑

阳阳 黄瑜 曾添翼 李宏伟 著

FEILÜBIN WENHUA GAILUN

菲律宾文化概论

中国出版集团

世界图书出版公司

图书在版编目（CIP）数据

菲律宾文化概论/阳阳等著. —广州：世界图书出版广东有限公司, 2014.12
ISBN 978-7-5100-9118-6

Ⅰ. 菲…　Ⅱ. ①阳…　Ⅲ. ①文化—概况—菲律宾　Ⅳ. ①G134.1

中国版本图书馆CIP数据核字（2014）第283415号

菲律宾文化概论

项目策划：陈　岩
项目负责：卢家彬　刘正武
责任编辑：程　静　李嘉荟
出版发行：世界图书出版广东有限公司
　　　　　　（广州市新港西路大江冲25号　邮编：510300）
电　　话：020-84459579　84453622
http://www.gdst.com.cn　E-mail：pub@gdst.com.cn
经　　销：各地新华书店
印　　刷：虎彩印艺股份有限公司
版　　次：2014年12月第1版
印　　次：2016年 9 月第2次印刷
开　　本：787mm×1092mm　1/16
字　　数：340千字
印　　张：19.25
ISBN 978-7-5100-9118-6/G·1758
定　　价：76.00元

前　言

　　东南亚是指亚洲的东南部地区。根据地理特征，东南亚可以分为中南半岛和马来群岛两部分，包括位于中南半岛的越南、老挝、柬埔寨、泰国、缅甸和位于马来群岛的菲律宾、马来西亚、文莱、新加坡、印度尼西亚、东帝汶共11个国家。东南亚大部分地区位于北回归线以南，跨越赤道，最南抵达南纬11°，最北延伸至北纬28°左右。该地区北接东亚大陆，南邻澳大利亚，东濒太平洋，西接印度洋，是沟通亚洲、非洲、欧洲以及大洋洲的交通枢纽，也是中国从海上通向世界的重要通道。

　　由于地理位置上的邻近、民族关系的密切和文化上的相通，早在两千多年前东南亚各国就与中国建立了较为密切的政治、经济和文化联系。新中国成立后奉行睦邻外交政策，我国与东南亚各国的友好关系有了新的发展。进入21世纪后，中国政府明确提出了"与邻为善，以邻为伴"的思想，制定了"大国是关键、周边是首要、发展中国家是基础、多边是重要舞台"的外交方针，进一步强调"积极开展区域合作、共同营造和平稳定、平等互信、合作共赢的地区环境"。

　　本着这一精神，中国与东南亚国家展开了各种双边与多边合作，形成了多方位、多层次的合作框架，增进了彼此间的信任。随着2011年11月中国—东盟中心的正式成立，中国和东南亚国家间的务实合作关系得到了进一步提升，呈现出强劲的发展势头。世界上，像中国和东南亚这样，在两千多年时间里绵延不断地保持友好关系、进行友好交往的实属罕见。这种源远流长的友谊，成为双方加强合作的基础。

　　作为多样性突出地区，东南亚各国在民族、语言、历史、宗教和文化等方面五彩缤纷，各具特色。加强东南亚国别与区域研究，可以更好地帮助国人加深对东南亚的了解。为此，解放军外国语学院亚非语系集东南亚语种群自1959年办学以来之经验，在完成2012年度国家出版基金项目《东南亚研究》第一辑的基础上，与世界图书出版广东有限公司一道，继续申报了2014年度国家出版基金项目《东南亚研究》第二辑并获得了成功，本丛书便是该项目的最终成果。

参加本丛书编写工作的同志主要为解放军外国语学院东南亚语种群的专家学者。北京大学、北京外国语大学、南京国际关系学院和云南民族大学的部分专家学者也应邀参加了本丛书的编写。丛书参编人员精通英语和东南亚语言，有赴东南亚留学和工作的经历，熟悉东南亚文化。在编写过程中多采用第一手资料，为高质量地完成丛书奠定了基础。我们希望本丛书的编辑出版有助于读者加深对东南亚国家国情文化的认识，有助于促进中国与东南亚国家间的交流。

由于本丛书涉及面广，受资料收集和学术水平诸多因素的限制，书中的描述与分析难免存在疏漏与不足，恳请同行专家和广大读者不吝批评指正。

解放军外国语学院亚非语系
《东南亚文化概论》编辑委员会
2014年10月于洛阳

目　录

第一章　绪论

一、"文化" 界说

文化的概念众说纷纭，莫衷一是。有人统计过，当前关于文化的概念约有数百种之多，大概是由于不同学者看问题的视角和侧重点不一致造成的。这从另一个方面也反映出文化内涵丰富、外延广阔的特点，它构成了一个多层次、跨学科的研究范畴。要理解什么是文化，从文化一词的来源入手可以更易把握其含义。

"文化" 一词我国古已有之，与现代汉语把 "文化" 作为一个固定名词来使用不同，我国古代通常把 "文化" 作为一个复合词来使用，含有 "以文化之" 的含义，其动词的意味强烈。

"文" 的本意是指纹理或花纹。《说文》上说："文，错画也。象交文。"《古今韵会举要·文韵》说："文，理也，如木有文亦名曰理。" 基于以上含义，"文" 又引申出了其他意义。《孟子·万章上》说："故说《诗》者，不以文害辞，不以辞害志。"《易·贲》说："观乎天文，以查时变。"《国语·周语下》说："夫敬，文之恭也。" 可见，"文" 的含义从纹理的本意出发进而引申出包括文字在内的文章典籍、自然和社会规律、礼乐制度、法令条文，乃至人的修养和德行等意义。

"化" 的本意是产生、造化、变化。《素问·天元纪大论》说："人有五藏，化五气。"《淮南子·泛论》说："法与时变，礼与俗化。" 在本意的基础上，"化" 又引申出了教化、感化等意义。《说文》说："化，教行也。"《礼记·学记》说："君子如欲化民成俗，其必由学乎！"

"文" 与 "化" 结合在一起使用，或者以 "文化" 的形式使用，集中体现了中国古代儒家思想的政治理念：在 "文" 也就是道德规范、礼乐制度等的规范之下，教化人们修身以遵循 "文" 的要求，而非诉诸武力或刑罚，它把道德作为一切制度基本和最终的原则。因此，中国古代语境中的 "文化"，其含义就是 "文治" 与 "教化"，包括诗书礼乐、道德风俗和政治制度等，与武威相对。《易·贲》说："观乎天文，以察时变；观乎人文，以化成天下。"《说苑·指武》说："凡武之兴，为不服也。文化不改，然后加诛。"它劝谏为政者要明白自然规律和道德人伦，并以此教化人民，治理国家，武力的使用只是不得已而为之的事。由此可见，中国古代的文化概念与现代的文化概念殊为不同，其所指的诗书礼乐、道德风俗和政治制度等等也只是现代文化范畴中的一小部分。

现代汉语中的"文化"应该是一个译词，它借用了中国古代"文化"的用词，并赋予了它现代的意义。"文化"这个译词德语为Kultur，英语和法语均为Culture。它们都来源于拉丁语的Cultus，该词有耕种、居住、练习、注意、敬神等意义。由Cultus一词的含义可以看出，文化既包括物质方面，又包括精神方面，反映了人对自然实施"人化"的过程和产物，既有物质的成果又有精神的升华。现代文化的概念，简言之就是指人类在社会历史发展过程中创造的物质财富和精神财富的总和。在这一总的概念之下，当我们的视角不同时，文化含义的侧重点也会有相应变化：教育学的文化侧重对知识、智慧和信息的习得；心理学的文化与人的道德与教养密切相关；历史学的文化侧重人类创造的物质和精神财富的积累与遗存；人类学的文化关注人类的行为模式及其所创造的成就；社会学的文化关注社会成员所共有的价值观念、传统和信仰……

文化概念的复杂性和多义性还反映出文化这一社会历史现象是一个纷繁复杂的大系统。这个大系统主要由3个子系统——物质文化系统、制度文化系统、精神文化系统构成，它们也就是文化的主要成分。以物质活动及其结果——产品和服务为载体而表现出来的文化，是物质文化，它是精神文化的投影，如本书中所介绍的菲律宾的饮食、服饰、民居等都属于物质文化的范畴；制度文化是指连结和规范人们社会关系的组织形式、社会价值观、规章制度的这一部分文化的总和，如本书所介绍的菲律宾的婚姻制度、家族制度、丧葬制度、宗教社团组织等都属于制度文化的范畴；以人们的认识活动和思维及其结果——知识、风俗、法律、宗教、艺术、道德等精神价值为载体而表现出来的文化就是精神文化，如本书所介绍的菲律宾的民间信仰、宗教、艺术等都属于精神文化的范畴。

在了解文化含义的同时，还应了解另一个与其关系极为紧密的词语——"文明"及其含义。"文明"这个词在我国很早就已出现，在《易经》里就有"天下文明"的词句。在上世纪初，我国对"文化"与"文明"这两个词基本上是混用的，含义基本相同，Civilization有时也被翻译成"文化"，Culture有时也被翻译成"文明"。后来则逐渐固定下来，Civilization被翻译成"文明"，Culture被翻译成"文化"，可见两个词在含义上各有侧重。"文明"一词是对Civilization的翻译，它通常与"野蛮"成对出现，这说明它的含义比"文化"要窄，因为人类无论怎么野蛮，总是有"文化"的，可以说"文明"是"文化"的较高阶段。Civilization一词来自于Civilize，而Civilize一词则来自于Civil这个词。Civil这个词含有两层意思：一是文雅，所谓的文明的生活（Civilized Life）、文明的国家（Civilized Nation）等即是基于这个意义而来。因此，Civilization可以指较高阶段的文化；另一个是公民或政治，因此，文明也含有公民参加政治生活的意义。

总而言之，关于"文化"与"文明"，可从如下几个方面来区别：文明是文化发展到一定程度的产物，或者说文明是文化发展到较高阶段的产物，它是文化发展的进步状态；文明只反映人类创造的、进步的、有价值的成果，而文化却反映了这些成果的一切方面；文明是人类文化发展的特定阶段，只表示了文化演进中的一定时期，而文化是人类社会精神生活与物质生活全部历史沉淀的总和；文化主要表现为物质的或精神的发展状态，而文明常被用以特指物质形态化了的文化，如金字塔、长城等；文化往往表示一个民族的统一性，具有整体的概念，文明往往表示一个民族文化演进的阶段性，如中国的夏商周文明、秦汉文明等。

二、东南亚文化的定位

上面所述的是文化的概念及其内涵，那么菲律宾文化的基本特征又有哪些呢？要想了解菲律宾文化的特征，就需要在世界的、区域的范围内，按照人类历史的发展脉络，在世界文化发展的大背景下进行考察。

20世纪末，美国的一位国际政治学教授塞缪尔·亨廷顿（Samuel P. Huntington）在美国《外交》杂志上发表了题为《文明的冲突》的文章，他把人类业已形成的几个主要的文明体系按照宗教信仰和伦理价值系统进行划分，即西方的基督教文明、中东的伊斯兰教文明、东亚的中国儒家文明以及南亚的印度教文明等。虽然其关于文明冲突的相关论点带有浓厚的"西方中心论"色彩，需要加以研究和批判，但是其关于人类文明的演化和发展趋势的分析却有很高的借鉴价值。根据目前的研究，史学界把世界文化演进的4个源头及其周边区域概括为4大文明区，其漫长的历史演进过程中经历了不同的文明发展阶段。这4大文明区分别是：东地中海文明区，其最初源流包括古埃及文明、两河流域文明和爱琴海文明；南亚次大陆文明区，它最早来源于印度河流域的哈拉巴文明；东亚文明区，主要是来源于中国的夏商周文明；中南美印第安文明区，包括玛雅、阿兹特克、印加等文明，因其长期为两大洋所阻，其文明对现代人类文化的演进影响有限。随着人类历史的发展，东地中海文明区在7、8世纪逐渐出现了对人类现代文化影响深远的基督教文明和伊斯兰教文明。在南亚次大陆文明区，随着说雅利安语的游牧民族的入侵，古老的哈拉巴文明消亡，取而代之的是以婆罗门教为代表的古印度文明。到公元前6世纪诞生了佛教，并开始逐渐影响周边地区。到4世纪以后，随着印度教的产生，在南亚次大陆地区逐渐确立起了佛教—印度教文明。在东亚文明区，到7世纪，随着唐朝的建立，儒家伦理作为治国和安身立命之道已经为人们普遍接受，儒家伦理文明逐渐确立并广泛辐射到了周边国家和地区。这些文明体系对东南亚文化的产生、演变和发展又有怎样的影响呢？这得从东南亚的地理位置说起。

东南亚是一个地理概念，指的是中国以南、印度以东的亚洲地区。它北接中国，南邻澳大利亚，东濒太平洋，西通印度洋，处在连接亚洲、非洲、大洋洲，沟通印度洋与太平洋的交通要道上。从地形上，东南亚又被分为两个部分：与中国大陆相连的中南半岛部分，也叫东南亚的半岛部分或大陆部分；处在海洋中的马来群岛部分，由2万多个大小岛屿组成，也叫东南亚的海岛部分或岛屿部分。除了缅甸北部以外，东南亚大部分地区处于北回归线与南纬10°之间。大陆部分主要以热带季风气候为主，北部有小部分地区为高山高原气候。岛屿部分主要为热带雨林气候，在爪哇岛、小巽他群岛等地，由于地形的影响，也存在热带草原气候。东南亚地区由于处于亚欧板块、太平洋板块和印度洋板块之间，火山众多、地震频繁，这也使得该地区具有较为丰富的矿产资源。重要的地理位置、适宜各种作物生长的气候以及丰富的矿产资源，使东南亚地区一直以来都是各种不同文明的交汇之地，外来文明与本地文化的碰撞、交融，形成了多样化的东南亚文化。

对于现在的东南亚文化主体，可以以宗教为标志来进行划分。其中包括佛教文化圈、伊斯兰教文化圈、基督教文化圈和主要为东南亚华人所信仰的儒—释—道教文化圈。东南亚这些基于大宗教而来的文化，从其对宗教的理解和所践行的宗教行为来看，与东南亚以外其他国家基于相同宗教而来的文化并不完全相同，大都融合了当地的文化传统。以伊斯兰教为例，虽然都是信仰伊斯兰教，东南亚的伊斯兰文化圈与中东的伊斯兰教文化圈并不完全相同。东南亚的伊斯兰教徒主要分布在印度尼西亚、马来西亚、文莱、新加坡、泰国、缅甸和菲律宾。以伊斯兰教为国教的国家只有马来西亚和文莱，但是马来西亚的穆斯林人口却只占其总人口的一半左右。印度尼西亚虽然没有把伊斯兰教作为国教，但是其穆斯林人口却占了全国总人口的近9成，是世界上国内穆斯林人口比例最高的国家。①东南亚的穆斯林都属于正统的逊尼派，但是大多会默认本地原有的一些风俗习惯。另外，在东南亚的一些地方，由于地理因素的影响，造成在一个较小的区域内多种文化条块分割，杂糅共存的情况。如菲律宾棉兰老岛西南的哥打巴托地区。该地区分为高山区和低地区，高山区呈现出火山高地、海岸山脉、高原等多种地貌；低地区则被蜿蜒曲折的山脉分割成了5大块区域。信仰原始宗教的土著民族生活在高山区，由于地形地势的分割而相对独立，同时也增强了他们的排他性。在低地区，由于历史原因和现实政策，持不同信仰的人群则交错混杂在一起，在文化层面上则表现出了不同文化区域分布的"马赛克"化。

可见，东南亚文化的根本特点就是其文化的多样性，这包含两层含义：一是在一种文化之中不同的文化形态和文化要素交融混杂，相同的文化之间却含有不同的意义，这体现出东南亚文化的多义性特征；二是在一个区域内不同的文化之间彼此交错，呈"马赛克"状分布，不同的文化却能共存共处，这体现了东南亚文化的包容性特征。东南亚文化的多样性特征正是在多种多样的外来文明与本地文化不断碰撞、交融的过程中产生的。同时，东南亚文化之中也还隐约存在着一种整体性特征，这体现在相同的人种构成、一些相似的传统文化和风俗习惯，以及相互关联的历史进程上。这一整体性主要形成于外来文化进入东南亚之前。当外来文化进入东南亚以后，这种整体性就成为外来文化扎根东南亚的土壤，不断结出新的、丰硕的文化果实。

推动东南亚文化发展的两个根本动力是外来文明与本地文化。根据考古学的发现，虽然50万年以前在东南亚地区就曾有名为"爪哇人"的人类在活动，但是现在居住在东南亚的居民的祖先却非"爪哇人"，他们的来源主要分两类：一类属于尼格罗—澳大利亚人种尼格利陀（Negrito）类型，又称为矮黑人，他们是最早（约2—3万年前）定居于东南亚地区的原始土著民族；一类属于亚洲人种马来类型，他们在公元前5 000年从中国西北、西南、华南等地迁入东南亚地区。在多个世纪之中，这两个人群一起创造了东南亚的早期文化。这些早期文化也可以被

---

① 前田成文编：『講座東南アジア学·第五卷：東南アジアの文化』弘文堂、1991年、4頁。

称为是东南亚最初的本地文化，带有一定的文化基质的性质。接下来，外来文明开始进入东南亚，它们先后是佛教—印度教文明、中国儒家伦理文明、伊斯兰教文明和基督教文明。这些文明首先是作为外来文明进入了东南亚地区并与当地文化发生碰撞，随着下一个文明波次的到来，之前的外来文明在与本地文化的碰撞下发生融合，又形成了新的本地文化，依此循环往复。最终，外来文明转变为本地文化，成为现代东南亚人实现身份认同的根据所在。这里可以借用地质学上的"地层"来做一比喻。以印度尼西亚为例，覆盖在其基础文化——万物有灵信仰之上的是佛教—印度教文化，而后是伊斯兰教文化，在其之上是西方殖民者带来的基督教文化和近代西方工业文明。在国家独立后，这些就都一并成为印度尼西亚的文化了。

对东南亚文化影响最早的外来文明来自印度，即以佛教和印度教为代表的印度文化。除了越南北部以外，东南亚的广大区域都或多或少地受到其影响。很多地方的文字与当时印度所用文字相近，很多词汇都来自于梵语或印度其他语言。除此之外，东南亚文化在礼仪、宇宙观、法律制度、政治制度、生产技术等各方面也都受到了印度的影响。东南亚的印度化过程可分为两个时期：2、3世纪东南亚早期国家出现的时期和6世纪以后，特别是8—10世纪，印度教、佛教文化曾一度十分繁荣。不过以13世纪为界，随着印度的伊斯兰化，一度兴盛的印度教、佛教文化逐渐在东南亚消退。在东南亚的大陆部分，经由斯里兰卡传来的小乘佛教逐渐兴盛起来；在东南亚的岛屿部分，经由波斯、印度传来的伊斯兰教开始进入东南亚。

以儒家伦理文明为代表的中国文化对东南亚文化的影响过程大体可分为3个阶段。第一个阶段是公元前1世纪左右到公元10世纪左右，这一阶段中国文化的影响主要局限在越南北部一带。公元前111年，汉武帝征服越南北部，中国文化随即进入。虽然到10世纪时越南北部已不再是中国领土，但是中国文化对越南北部的影响却已深入到社会生活的各个方面，这种影响持续到19世纪中叶法国入侵越南。第二阶段是10世纪到16世纪，以中国商人为主导的东南亚海上贸易兴旺起来，在东南亚各地出现了华人聚居地，中国文化对东南亚文化的影响日趋扩大。10世纪到14世纪的中国宋元时期是中国海洋贸易大发展的时期，当时的中国海商基本主导了印度洋以东的国际贸易和航运。14世纪中叶以后，朝贡贸易的发展以及郑和下西洋的壮举使中国与东南亚各个王朝的联系更加紧密。第三阶段是17世纪到20世纪上半叶，随着西方殖民东南亚地区，世界贸易市场形成，东南亚的世界贸易市场枢纽地位和繁荣的经济吸引了大批华人前去当地谋生，华人逐渐融入当地社会，中国文化对东南亚文化的影响日渐深入。特别是19世纪中叶开始，大批华工来到东南亚，在东南亚各地形成了不同方言的华人群体，这些华人群体不仅在经济方面，而且在政治方面对东南亚各国产生了巨大影响。而且，在原有中国文化的基础上，通过与本地文化的融合，还产生出了一些新的文化类型。如印度尼西亚的娘惹文学，它从20世纪初开始就对印度尼西亚文学产生了重要的影响。

伊斯兰教文明作为外来文明进入东南亚地区始于13世纪前后，是伴随着印度的伊斯兰化和穆斯林商人的贸易活动而来的。当然，有时也受一些偶然因素的影响。有这样一个故事，17世纪位于印度尼西亚苏拉威西岛的马卡萨国国王犹豫着不知是信仰基督教好还是信仰伊斯兰教好。于是他分别向被葡萄牙人占领的马六甲和当时的东南亚伊斯兰教中心亚齐派出了使者，谁先派来传教士就信仰谁的宗教。后来，亚齐派的传教士率先到达，而马六甲派的传教士来晚了。于是，马卡萨王国就改宗信仰了伊斯兰教。伊斯兰教在东南亚地区传播迅速，除菲律宾外，东南亚岛屿部分各国均被逐渐伊斯兰化，伊斯兰教成为人们的主要信仰。伊斯兰教的到来对东南亚的本地文化影响巨大，连人们的思想观念也都受到了深刻的影响。但是，伊斯兰教在东南亚的传播带有一定的宽容性和包容性，经历了一个本地化与世俗化的过程，它不但大量融入了东南亚当地的文化传统，而且对伊斯兰教教义及其所体现的生活方式也不是那么坚持了。如在印度尼西亚，伊斯兰教与当地的传统信仰发生了融合，印度尼西亚的穆斯林保留了祭祀祖先的习惯，这与中东的穆斯林是大为不同的；印度尼西亚的穆斯林实行的一夫一妻制，这也与伊斯兰教的教义所规定的有所不同。

在现今越南南部的奥埃奥（Óc Eo）遗址曾出土了2世纪时期的罗马金币。可见，东南亚地区是海上丝绸之路的重要一环，很早就存在经地中海、波斯湾、印度洋到南中国海的贸易路线。7世纪以后，随着阿拉伯帝国的兴起，这条贸易航线的印度洋以西部分渐为阿拉伯人所控制，东南亚与西方的贸易活动大多藉由阿拉伯商人的中介。14世纪以后，奥斯曼帝国崛起，控制了整个小亚细亚、西亚和中亚，西方通往东方的陆路通道完全断绝，经由波斯湾、红海和印度洋到达东方的航线也完全被奥斯曼帝国控制。在这一背景下，15世纪以后西欧开始了寻找通往东方海上新航路的热潮，开启了所谓的"大航海时代"。16世纪，随着西方势力来到东南亚，西方基督教文明开始对东南亚产生影响。当西方文明进入东南亚时，在业已信仰了佛教、伊斯兰教的地区，基督教信仰没能得到发展，基督教的传教活动大多以那些没有信仰大宗教的民族为对象，当时菲律宾信仰原始宗教的土著居民便成为了最适宜的传教对象。在葡萄牙、荷兰、西班牙等国在东南亚建立殖民统治后，特别是西方工业文明进入东南亚后，其对东南亚的影响逐渐从政治制度、法律制度、教育制度乃至意识形态等领域进一步扩展到了大众传媒和文学艺术等更广泛的层面。

第二次世界大战以后，特别是20世纪60年代末以来，东南亚各国相继独立，走上了西方式的现代化发展道路。在不断模仿西方的同时，东南亚各国的传统文化也受到西方现代文化的冲击。东南亚各国为了培育国民精神，加强国民的国家认同感，都在致力于从本国的传统文化中去汲取营养，以期实现国家的长治久安和健康发展。东南亚各国的这种文化实践现正在进行之中，它可以看作是外来文明与本地文化在新的历史时期的碰撞与融合，其结果必将盛开出一朵新一代的东南亚文化之花。

三、菲律宾文化的定位、类型与特征

总的来说，菲律宾文化的发展处于东南亚文化发展的大背景之下，具有东南亚文化发展的共性；但是，由于菲律宾所处的地理位置以及所遇到的历史机遇的不同，菲律宾文化发展也具有鲜明的个性。13世纪以后，从苏门答腊岛北部开始，东南亚的岛屿部分开始了逐步伊斯兰化的过程，信仰伊斯兰教、从事海洋贸易的马来人世界不断扩张。当这个马来人世界到达菲律宾群岛南部的时候，西班牙人到达了菲律宾群岛的中部和北部。随着西班牙殖民统治的建立，在菲律宾群岛的北部和中部地区天主教得到广泛传播，该地区与信仰伊斯兰教的马来世界分离，在东南亚地区形成了唯一的、以天主教信仰为核心的特色文化。菲律宾文化的特点与东南亚其他地区文化的特点相同，即具有多样性。菲律宾文化的多样性也包含两层含义：一是文化的多义性，同是源于基督教文明，但是菲律宾却有其独特之处；另一个是文化的包容性，在菲律宾群岛存在多种不同文化，且长期共存，并相互影响。下面就菲律宾文化发展的历程和特点做进一步的简要介绍。

需要说明的是，所谓的菲律宾文化实际所指的是存在于菲律宾群岛的文化，

菲律宾在这里不是一个国家概念，而是一个指代菲律宾群岛的地理概念。这是因为，菲律宾成为一个独立国家至今也才几十年的时间，其领土范围也是在美国对菲律宾施行殖民统治时由美国划定的。在西班牙对菲律宾施行殖民统治时，西班牙的控制范围主要局限于菲律宾群岛的北部和中部，南部并未处于其势力范围之内。而在西班牙人到达菲律宾群岛之前，在菲律宾群岛全境并未形成一个统一的国家，只是在一些岛屿上分散存在着一些小国或部落而已。这是造成菲律宾文化多样性的一个历史原因。虽然独立后的菲律宾政府以在政治、经济上居于优势地位的他加禄族的语言为基础创造了名为菲律宾语的官方通用语言，并藉此培养人民的国家认同感，但是，他加禄族人口仅占菲律宾总人口的30%左右[①]，其基于政治、经济优势而来的文化优势对其他民族文化的影响和同化过程必将是曲折而漫长的。更遑论菲律宾群岛南部信仰伊斯兰教的族群与中部、北部信仰天主教的族群之间的矛盾也是难以调和的。因此，只有全面考察菲律宾群岛的各类文化形态才能通观菲律宾文化的全貌。

菲律宾位于台湾岛与加里曼丹岛、苏拉威西岛之间，东临太平洋，南接苏拉威西海，西濒南中国海，是一个由7千多个岛屿构成的群岛国家。吕宋岛等11个主要岛屿（共约30万平方公里）占全部国土面积的90%以上。从地理位置上看，菲律宾是贯穿亚洲、大洋洲和太平洋之间的通道，也是沟通东亚和南亚的必经之地，地理位置非常重要。菲律宾的北部和中部属于热带季风气候，常年受来自于太平洋的东北季风和来自于印度洋的西南季风的影响；菲律宾南部属于热带雨林气候，常年炎热多雨。菲律宾以东海域有著名的黑潮，菲律宾以西海域则在黑潮南海分支的控制之下。从风向和海流的方向来看，菲律宾群岛较容易与位于其西南方的岛屿（如加里曼丹岛）和位于其东北方的西太平洋上的岛屿（如密克罗尼西亚群岛）发生联系，而与隔南海相望的中南半岛及中国大陆较难发生联系（当然，在航海技术发达之后风向和海流的影响就逐渐减小了）。从生物分布上看，菲律宾群岛与印度尼西亚的苏拉威西岛、哈马黑拉岛一起都位于华莱士区之内，这进一步验证了菲律宾群岛与东南亚东部其他岛屿之间的联系更加紧密。

中国与菲律宾群岛很早就有交往。宋代开始，各种史籍中便有关于菲律宾群岛的记载。如宋代史籍《诸蕃志·麻逸国》记载："麻逸国在渤泥之北，团聚千

---

① Tagalog, ethnicgroupsphilippines.com, http://www.ethnicgroupsphilippines.com/people/ethnic-groups-in-the-philippines/tagalog/, 2014/3/12, 14：00。

余家，夹溪而居。土人披布如被，或腰布蔽体……"明代史籍《皇明四夷考·卷下》记载："吕宋，在海中。其国甚小，顾产黄金，以故亦富厚。人颇质朴，不喜争讼……"清代史籍《瀛环志略·苏禄》记载："吕宋群岛之西南，婆罗洲之东北，有小国曰苏禄。接连三岛，岛俱渺小，而户口频繁，本巫来由番族。悍勇善斗，民多习为海盗。西班牙既据吕宋，欲以苏禄为属国，苏禄不从，西人以兵攻之，反为所败……"中国史籍中所见的诸如麻逸、苏禄、吕宋、蒲端、古麻剌朗、麻里鲁等都在今菲律宾群岛之内，多为古国名、古部落名或古地名。而菲律宾这个名称则来自于西班牙语。1542年11月，西班牙第4次菲律宾群岛远征军由维拉罗伯斯（R. L. de Villalobos）率领从墨西哥出发，并于1543年初到达莱特岛和萨马岛。维拉罗伯斯当时根据查理国王的儿子菲利普王子（Prince Philip，后为菲利普二世）的名字把这片群岛命名为"菲利普群岛"（Las Islas Felipinas），菲律宾的名称由此而来。

纵观菲律宾文化发展的历史过程，有三个非常鲜明的特点。其一，在16世纪后半期西班牙开始对菲律宾群岛实施殖民统治以前，菲律宾群岛基本没有形成统一的国家，只是在其南部地区，随着伊斯兰教的传播出现了一些小的苏丹国，如位于苏禄群岛的苏禄王国，位于棉兰老岛的马京达瑙王国、布阿延王国（Bayang）等。这些苏丹国都与周边群岛以外的伊斯兰教王国联系紧密。如苏禄王国与文莱王国联系紧密，玛京达瑙王国与德那第王国（Ternate Sultanate）联系紧密。而在群岛中部和北部的低地区，在海岸、河谷和湖畔广泛分布着类似部落的巴朗盖（Barangay）。这些以马来人为主体的巴朗盖之间除战争与交易外，几乎完全与外界隔绝，相互独立。在山地区（也包括菲律宾群岛南部的山区）则分布着一些原始部族。这些巴朗盖或原始部族信仰种类繁多的原始宗教，犹如一个个的文化孤岛，承受着来自南方逐步被伊斯兰化的压力，而西班牙人的到来终止了这一进程。西班牙人带来的外来文明——基督教文明必须扎根于菲律宾群岛种类繁多的原始文化的沃土之上才能广为传播，而其与伊斯兰教文明长久以来的敌对也深入到了北部（包括中部）与南部的文化对垒之中。其二，西班牙殖民统治的范围并未广及菲律宾群岛全境，在群岛南部的伊斯兰教地区、吕宋岛和米沙鄢群岛的山区并未受到西班牙人的统治。因此，在菲律宾群岛出现了多个政治、文化圈，主要有基督教文化圈、伊斯兰教文化圈、山地区信仰万物有灵的文化圈。菲律宾群岛的历史就是沿着这些政治、文化圈呈现多线程式发展，其影响波及至今。这

不仅体现了菲律宾历史发展的多层构造，也体现了菲律宾文化多样性、多层次的复杂结构。其三，菲律宾有文字记载的历史基本是从16世纪开始的，是伴随着西方的殖民统治展开的。因此，菲律宾的文化发展就带有浓厚的殖民地色彩，不同类型的文化在菲律宾交汇，形成了一种混合的样式。但是，在这个五彩斑斓的混合图景之下，本地的习俗、制度乃至精神世界依旧传承、延续着，构成了菲律宾自己的文化传统。

和其他东南亚国家一样，菲律宾也是一个由诸多人种和语言群体（ethnolinguistic groups）构成的多民族国家。目前菲律宾群岛民族众多，语言则多达上百种。菲律宾群岛上最初的居民可能是沿着冰河时代后期的大陆桥来到群岛的尼格利陀人，属于尼格罗—澳大利亚人种尼格利陀类型，他们在距今2万—3万年前进入群岛，过着采集和简单的农耕生活。继尼格利陀人之后来到菲律宾群岛的是原始马来人，他们属于亚洲人种马来类型，在公元前3000年至公元前1000年渡海来到群岛，除了狩猎和渔业外，还种植旱稻、薯类等作物，过着定居生活。继原始马来人之后来到菲律宾群岛的是新马来人，他们也属于亚洲人种马来类型，自公元前5世纪开始，分多个批次渡海来到群岛，主要从事灌溉农业，过着定居生活。在14世纪以前，来到菲律宾群岛的新马来人主要受到了印度文化的深刻影响，如在其原始的万物有灵信仰之中就存在很多来自于印度教的神祇。14世纪至16世纪渡海而来的新马来人则随着伊斯兰教的传播而改信伊斯兰教，成为信仰伊斯兰教的菲律宾人的祖先。当然还有中国人、印度人、阿拉伯人、日本人等族群也曾先后移居菲律宾群岛。其中规模较大，影响较为广泛的是中国人，他们在10世纪就开始前往菲律宾群岛谋生。

基于以上事实，可以说在菲律宾文化的大框架下主要存在着4种文化类型：山地区文化、华人等外来族群文化、摩洛文化和低地区文化。山地区文化也可以称作少数民族文化，由于处于这种文化类型的各个民族总人数少，且大都居住在山区而得名。该文化类型又分为两个亚型。一个是尼格利陀文化，它源于菲律宾群岛最古老的居民尼格利陀人。他们人口稀少，主要分布在群岛的偏僻山区，过着刀耕火种的原始生活，信仰万物有灵的原始宗教；另一个是山地区其他少数民族文化，是以原始马来人的后裔为主的各少数民族群体的文化。当新马来人移民菲律宾群岛时，多数原始马来人退居到了山区，主要从事农业，信仰万物有灵的原始宗教。后来他们被伊斯兰教徒和天主教徒称为异教徒。这个少数民族群体总人口约几十万人，主要有伊戈洛特族（Igorot）、鲁马族（Lumad）、芒扬族（Mangyan）、巴拉望诺族（Palawanon）等民族。华人等外来族群文化是指以菲律宾华人为代表的各种外来族群的文化。现在菲律宾群岛的外来族群主要有华人、印度人、阿拉伯人、日本人、韩国人等。其中历史最悠久，人数最多，影响最大的当属华人。菲律宾的华人属于人口较多的少数民族，占菲律宾总人口的1.5%左右，且其中的90%以上的祖籍是我国的福建省。①华人虽然人数较少，但是却具有很高的经济地位，其中大部分华人还保持着原有的中国文化。华人还长期与菲律宾本地的各民族通婚，其后代大多已经菲律宾化，完全融入到了本地社会之中。摩洛文化是指信仰伊斯兰教的摩洛族的文化，主要分布在棉兰老岛西南部西里伯斯海沿岸各省及苏禄群岛和巴拉望岛的部分地区。摩洛族主要是信仰伊斯兰教的新马来人的后裔，他们都是伊斯兰教徒，人口约占菲律宾总人口的5%左右②，主要由陶苏格（Tausug）、萨马尔（Samal）、马拉瑙（Maranao）、马京达瑙（Maguindanao）、亚坎（Yakan）等部族构成。低地区文化是菲律宾群岛信仰基督教（主要是天主教）各民族的文化，主要分布在吕宋岛、米沙鄢群岛等地的海岸、河谷、湖畔、平原等地区。这些信仰基督教的民族主要是新马来人移民的后裔，由伊洛克族（Ilocano）、他加禄族（Tagalog）、比科尔族（Bicolano）、比萨扬族（Bisayan）等民族构成，估计占菲律宾总人口的90%以上③。他们在文化上有很多共同点，如：在西班牙人到来之前他们的文化具有相似性；他们后来都吸收了西方殖民者带来的外来文化并皈依了基督教；在西方殖民者数百年殖民统治的影响下，他们都逐渐处于同一套制度体系之下，相互之间开始出现融合、同化的趋势。这4种文化类型虽然各有其主要分布地区，但是并没有绝对的界限，常常是你中有我，我中有你，交错混杂在一起，集中体现出菲律宾文化的多样性特征。

上述文化类型的划分是在自然的、语言的、社会的以及心理的等文化隔离机制的综合影响下产生的。文化隔离机制是一组对文化发展有影响力的、由多种客观因素构成的功能集合，它使各种文化本质的物化与观念化的形态产生了时代

---

① 松嶋宣広：「中国系移民と組織化：フィリピン中国人社会における親族組織」、『ソシオロジカ』36（1・2）、創価大学社会学会、2012年、77～78頁。

② 村上公敏：「フィリピンにおける住民移動と統合・摩擦問題：ダバオ周辺農村の調査より」、『桃山学院大学創立20周年記念号』、1979年、225頁。

③ 村上公敏：「フィリピンにおける住民移動と統合・摩擦問題：ダバオ周辺農村の調査より」、『桃山学院大学創立20周年記念号』、1979年、225頁。

性、民族性、地域性等方面的差异，促进了每一民族的文化形成自身特色，导致了不同民族文化之间出现明显差异。自然隔离机制是造成菲律宾各文化类型产生的主要原因之一。所谓自然隔离机制，是指在人类文化发展的过程中，因自然因素的参与而造成的相互隔离和由此导致各种文化差异的一种机制。影响菲律宾文化的主要自然因素是自然环境和人种差异或人群的体质差异。如前所述，菲律宾是一个群岛国家，在航海技术不发达的古代，由于风向和洋流的影响，菲律宾群岛较易受到来自东北和西南方向的影响，而其中主要是来自西南方向，即来自加里曼丹岛和苏拉威西群岛。原始马来人和新马来人移居菲律宾群岛经由的就是这条路线。而且，菲律宾群岛本身岛屿众多，分布较为分散，许多岛屿上山脉纵横交错，这种复杂的地形也成为各种文化交流、交融的天然屏障。当原始马来人渡海来到菲律宾群岛定居时，最初的尼格利陀人就退居山地。当新马来人渡海来到群岛定居时，原始马来人也退居山地，而尼格利陀人只能向更偏僻的山区迁移了。正是基于这种自然隔离机制的作用，形成了低地区与山地区文化的差异。

　　语言是人类最重要的交际工具，也是人类特有的一种文化能力，人类文明的保存和传递也是借助语言才得以实现的。语言又是民族的重要特征之一，不同的民族往往拥有不同的语言。一种共同的语言对一个民族来说，具有巨大的文化凝聚力，为一个民族的生存与延续提供了外在的文化环境和内在的心理共通机制。民族语言对不同民族的文化起到相当大的隔离作用。菲律宾的语言状况相当复杂，语言隔离机制对文化差异的形成作用明显。菲律宾堪称是一个多种语言共存的巨大实验室，各个民族基本都有自己的语言。不但不同民族之间的语言互不相通，就是同一个民族的各个不同部族之间，语言也往往互不相通。语言的不同不仅成为划分菲律宾各文化类型的依据，而且同一文化类型内部也由于语言的不同而呈现出多姿多彩的不同文化面貌。菲律宾的语言（包括方言）大都属于南岛语系马来—波利尼西亚语支，主要有8种。它们分别是：宿雾语（Cebuano），约25%的人口使用，主要分布在宿雾岛；他加禄语（Tagalog），约30%的人口使用，主要分布在马尼拉及其周边地区；伊洛克语（Ilocano），约10%的人口使用，主要分布在吕宋岛北部地区；希利盖农语（Hiligaynon），约10%的人口使用，主要分布在内格罗斯岛；比科尔语（Bicolano），约6%的人口使用，主要分布在比科尔地区；瓦赖语（Waray-Waray），约4%的人口使用，主要分布在萨马岛和莱特岛；邦板牙语(Kapampangan)，约3%的人口使用，主要分布在邦板牙地区；邦阿西楠语(Pangasinan)，主要分布在邦阿西楠地区。[①]像宿雾语、他加禄语、伊洛克语、比科尔语等是属于低地区文化类型的各民族使用的语言，但是它们之间却基本上是不相通的；摩洛族则主要说陶苏格语(Tausug)、马拉瑙语(Maranao)、马京达瑙语(Maguindanaon)等语言，而这些语言之间也是互不相通的。当然，还有许多其他外来语言也广为使用。如英语现在已经成为菲律宾的官方语言，菲律宾精英阶层大多会说西班牙语，广大的菲律宾华人则既说华语又精通当地语言。由此可见，语言隔离机制使菲律宾文化进一步呈现出更加丰富多彩的类型和特征。目前，他加禄语经过标准化改造之后被定名为菲律宾语，并与英语一起成为菲律宾的官方通用语言。菲律宾政府这种基于语言的统一而实现文化的同化，以期提高本国各族人民国家认同感的尝试正在大力推进之中。

社会隔离机制是由社会结构、战争等要素所构成，它对人类文化发展所产生的影响非常巨大。社会结构是社会整体各组成部分之间的相对稳定的有序体系，社会结构的不同是导致人类共同体文化创造活动及其各种产品沿着不同方向定型化发展的根本原因之一；而战争则是促使社会隔离机制发展的重要因素。社会隔离机制对菲律宾文化的分化起到了极其重要的作用。当深入分析菲律宾各类型文化的众多文化要素时，除了华人等外来族群文化类型和直接信仰万物有灵的山地区文化类型外，在低地区文化类型和摩洛文化类型中都可以看出源自于万物有灵信仰的文化传承的痕迹。而从人口分布的角度来看，属于低地区文化类型和摩洛文化类型的人口数量占到了菲律宾总人口的95%以上，如果再加上山地区文化类型的话，这一人口数量将有可能达到菲律宾总人口的98%以上。看来在菲律宾群岛的确存在着一个统一的文化基质，正如菲律宾国父——黎刹(Jose Rizal)所认为的那样，在西班牙殖民者到达菲律宾群岛以前，群岛存在着共同的文化。但确切来说，这个统一的文化基质存在于菲律宾特有的巴朗盖社会结构之中。自13世纪开始，长期稳定的巴朗盖社会结构就已先后受到了来自伊斯兰教文明和基督教文明的冲击。巴朗盖社会结构的消失和新社会结构的建立产生了文化隔离效应，而摩洛战争等剧烈的暴力斗争又加剧了隔离的效果，原本相近的文化向着不

---

① 本多吉彦、鈴木邦成：「フィリピンにおける英語使用の現状：英語の国際化の流れを踏まえて」『文化女子大学紀要人文・社会科学研究』17、文化学園大学、2009年、121頁。

同的方向发展，菲律宾文化渐趋复杂而多样。

　　巴朗盖是菲律宾古代特有的一种社会结构，它反映了当时人们之间的相互关系和相互作用，是当时社会制度和社会关系的集中体现。巴朗盖原是一种海船的名字，新马来人曾乘坐巴朗盖渡海来到菲律宾群岛。后来用巴朗盖借指由这些新马来移民建立的部落。巴朗盖主要分布在菲律宾群岛的海岸、河谷或湖畔等地区。一般多个巴朗盖会聚集在一定的自然区域内（如一个河谷内或一片海岸）构成一个自然村落。这个自然村落中的各个巴朗盖之间虽然存在一定的联系，如贸易联系，但是它们之间是互相独立的，每个巴朗盖都可以自给自足。一个巴朗盖通常由30~100个左右的家庭构成，由一个名为大督（Datu）的首领领导，其内部共分为贵族、自由民和奴隶等3个阶层，有些类似于古希腊的城邦国家。巴朗盖以家庭团体为基础，成员基于血缘婚姻关系而紧密联系在一起，他们对自己的巴朗盖有强烈的认同感。加之原始宗教性质的万物有灵信仰也是巴朗盖组织的重要精神活动内容，这进一步从精神层面上把内部所有成员紧密的联系在了一起。各个巴朗盖之间有一定的强弱之分，必要时它们也会互助、合作或形成同盟关系。也存在把不同巴朗盖联系在一起的机制，但是其范围有限，而且也没有形成可以控制多个巴朗盖的政治势力，达不到构成"国家"的组织形态。中国古代史籍中关于菲律宾群岛的记述中，除苏禄苏丹国外，吕宋国、三屿国、麻逸国等均为巴朗盖性质的"准国家"。如《新元史·岛夷诸国》记载："自琉求以南曰三岛，居大崎之东，又名三屿……平章政事伯颜等言：'臣等与识者议，此国之民不及二百户，时有至泉州为商贾者……'其西南为麻逸国。男女椎髻，俗尚节义……"单从"国民"的人口数量来看，三屿国应该就是一个巴朗盖性质的部落。

　　巴朗盖的文化源流可追溯到公元前5世纪左右新马来人移居菲律宾群岛之时，后来又受到印度文化和中国文化的影响。纵观菲律宾各种类型的文化，总是能从中找到一些共同的文化要素，如自然崇拜、灵魂崇拜等原始信仰，念咒、撒米、焚香、纹身、磨齿等原始习俗，这些都是自古以来就广泛存在于东南亚各地的原始宗教——万物有灵信仰的具体体现。其后是印度文化，它是最早对东南亚产生影响的外来文化。印度文化是在与东南亚原有的原始文化相结合后随着新马来人的迁移到达菲律宾群岛的。印度文化的影响非常广泛。如菲律宾先民头上佩戴的裹巾（putong）及女性穿着的裹裙（sarong）就来源于印度；在早期的他加禄语中存在一部分来自于梵语的词汇；在巴朗盖时代的众神信仰中，主神与下属神的划分与关系、众神的形象与功能、正邪对立观念等都能在印度教中找到源头和对应的原型，而相关的文学形式如神话、寓言故事等也都折射出印度文化的影子。10世纪开始，随着海上贸易的繁荣，中国文化开始影响菲律宾群岛。除了先进的生产技术传入群岛以外，中国文化也影响到了群岛生活的方方面面。如瓷器成为广为追求的奢侈品和财产，孝敬父母成为基本的道德规范，饮茶、赌博等嗜好广为流行等。存在于巴朗盖之中的、菲律宾群岛统一的文化基质就是在这样的历史背景下形成的。正是巴朗盖社会结构促进了当时菲律宾群岛整体文化的同质化，它虽不同于西方意义上的国家，但是它对于菲律宾共同的文化传统来说意义重大。需要说明的是，由于巴朗盖之间彼此独立，而且分散在菲律宾群岛的众多岛屿之上，因此，每个巴朗盖内的各文化要素并不会完全相同；另外，随着新马来人的到来，持万物有灵信仰的原始马来人逐渐退居山地，山地区文化类型与低地区文化类型的最初分野便来源于此。

稳定的巴朗盖社会结构自13世纪开始受到伊斯兰文明的冲击。最初的伊斯兰教是由信仰伊斯兰教的马来人移民以及穆斯林商人传播的。到了14世纪，位于菲律宾群岛西南加里曼丹岛的文莱王国和位于菲律宾群岛南方马鲁古群岛的德那第王国等伊斯兰势力也开始影响菲律宾群岛，于是群岛经历了一场自南向北的伊斯兰化过程。伊斯兰教是世界三大宗教之一，其传播过程中往往伴随着政治的统一，并建立起政教合一的权威。伊斯兰化给菲律宾群岛带来了不同于巴朗盖的全新社会结构，在这种社会结构的作用下，伊斯兰文化对巴朗盖原有文化进行了改造和融合。这就是后来的摩洛文化类型形成之始源。菲律宾群岛的伊斯兰化过程主要是靠武力和联姻的方式，由来自于东南亚西部皈依了伊斯兰教的马来人推动。而当时所传播的伊斯兰教也已经是大量融入了东南亚当地文化要素的、本地化、世俗化的伊斯兰教，很容易被群岛南部原有的巴朗盖社会所接受。到16世纪西班牙人到达菲律宾群岛之前，伊斯兰化过程进展顺利，在群岛南部先后出现了苏禄、马京达瑙、布阿延等伊斯兰王国，并逐渐向中部和北部扩展。据说当时在吕宋岛的马尼拉附近甚至出现了一些信仰伊斯兰教的部落。在这些伊斯兰化的地区，伊斯兰教超越并取代了巴朗盖，发挥了对政治、社会等各个方面进行统一的作用。当然，也有一些巴朗盖拒绝接受伊斯兰教。如位于棉兰老岛的马京达瑙王国兴起时，一些不愿臣服的土著部落就躲避到了棉兰老岛山区，形成了今天棉兰老岛上非伊斯兰化的鲁马族。

西班牙人的到来终止了伊斯兰化进一步向菲律宾群岛中部和北部扩张的历史进程。西班牙人殖民菲律宾群岛的目的是政治占领、经济掠夺和传播天主教，而这三个目标在其具体殖民活动中是合而为一的。1521年3月，为西班牙服务的葡萄牙航海家麦哲伦到达菲律宾群岛。此后，西班牙不断派遣远征军，1571年，黎牙实比（M. L. de Legazpi）终于率军占领马尼拉。到17世纪初，除棉兰老岛、苏禄群岛以及内陆山地区以外，西班牙控制了以马尼拉为中心，包括吕宋岛、米沙鄢群岛等低地区在内的广大地区，开始了长达300多年的殖民统治。西班牙人对菲律宾群岛采取了政教合一的统治方式。在西班牙的殖民统治下，群岛出现了由中央政府、省、镇（市）、村（区）构成的中央行政体系。在村（Barrio）这一级，原来的巴朗盖酋长变成了村长，起初是世袭，后改为选举产生，主要负责收税。在镇（Pueblo）这一级，镇长从所辖村长中选举产生，而镇的官员则多是以前巴朗盖的酋长，后来他们又成为镇的贵族，形成了称为普林西帕亚（Principalia）的镇贵族阶层。与中央行政体系并行的是教会行政体系，它的任务就是用天主教教化菲律宾的土著居民。为了使土著居民更易接受天主教信仰，传教士们接受了土著居民的部分传统信仰，允许土著居民维持一定的传统信仰和生活习惯并将其融入到天主教的仪式之中去，于是持万物有灵信仰的土著居民纷纷皈依天主教。在西班牙的殖民统治下，原来分散于菲律宾群岛北部和中部的巴朗盖社会消失了，被新的、更先进的社会结构所取代，巴朗盖的所属居民则被统一纳入到了殖民政府与教会的控制之下并被迅速天主教化，菲律宾低地区文化类型初步形成。

西班牙在菲律宾群岛建立殖民统治之后，菲律宾文化开始出现了分化，3种不同类型的文化分别在各自的社会结构框架下不断发展，相互之间的差异越来越大。在早于西方殖民者来到群岛的伊斯兰文明的影响下，群岛南部率先建立起了伊斯兰化的社会结构，伊斯兰文化在群岛南部扎下了根，并蓬勃发展起来；西班牙殖民者给群岛北部和中部带来了基督教文明，在政教合一的殖民统治下，基督教文化被广泛接受，并成为群岛占绝对优势的文化类型；不愿被伊斯兰化或基督教化的群岛土著居民则退居山地，继续进行着群岛原有文化的传承。随着海上贸易的繁荣，以中国人为代表的外来族群开始移居菲律宾群岛，他们在固守本国文化的同时也开始渐渐融入菲律宾社会。可以说，自西班牙在菲律宾群岛建立殖民统治之后，现代菲律宾文化的4种类型便初步形成了，到20世纪中叶菲律宾实现国家独立之前的近400年中，在复杂的历史背景下，各种文化类型之间交融、斗争，此消彼长，仿佛一个文化的万花筒，呈现出绚烂的色彩。

战争是促进不同类型文化间相互隔绝或相互融合的重要媒介。在占领马尼拉后不久，出于经济和宗教的目的，西班牙殖民者开始进攻菲律宾群岛南部的伊斯兰教地区，拉开了持续300多年的摩洛战争的序幕。当西班牙人来到菲律宾群岛南部并遭遇到当地的穆斯林后，源自历史上与伊斯兰对抗的宗教热情高涨起来，宗教外在的标识性差异被西班牙人利用，成为军事、政治行为最有力的动员工具。同时，他们还把对穆斯林的仇恨灌输给了业已皈依的菲律宾群岛北方天主教徒。在摩洛战争之始，穆斯林与西班牙人的敌对就染上了宗教文化对抗的色彩，北方天主教徒与南方穆斯林的矛盾冲突也演变成两个文化实体间的交锋。旷日持久的战争不断加深着北方与南方之间的隔阂与仇恨，两大文化类型也在战争的撕扯下不断分化，冲突日趋不可调和。进入19世纪中叶以后，西方近代工业文明和近代军事力量进入菲律宾群岛，群岛南部的伊斯兰王国开始走向衰落。美西战争、美菲战争之后，美国开始了对菲律宾的殖民统治。与西班牙一样，宗教的标签再次成为政策选择的依据。美国曾在殖民政府中设立"非基督教部落局（The Bureau of Non-Christian Tribes）"，加强对信仰非基督教族群的同化，尤其是信仰伊斯兰教的摩洛族。而美国这种依靠北方天主教徒统治、同化南方伊斯兰教徒的所谓"以菲治菲"、"以北治南"的政策更加深了两大文化类型之间的差异。

西班牙给菲律宾带来了欧洲的封建制度，它促成了以信仰天主教为代表的低地区文化类型的形成，并加深了低地区文化类型与摩洛文化类型、山地区文化类型的分化；美国则给菲律宾带来了现代的资本主义制度。作为现代西方文化代表的美国通过普及教育、输入物质文化和精神文化促进了低地区文化的现代化。同时，在美国的扶植下，来自于低地区文化类型的菲律宾本地精英阶层开始领导国家并于1946年实现国家独立。独立后的菲律宾，为了提高国民的国家认同感，开始了发掘菲律宾群岛共有的文化基质，塑造统一的民族文化的尝试。这必将是一个长期而艰巨的任务，能否成功还未可知。

另外，民族文化心理的差异也会加剧不同文化类型间的分化。民族文化心理是指人类共同体在长期的文化活动中，由共同文化背景所塑造、陶冶而成的共同的基本人生态度、情感方式、思维模式、价值观念等所组成的有机的总体结构。

菲律宾的华人大多来自于我国的东南沿海地区，其中尤以福建人为多。他们出于生计而移居海外，带有很强的忧患意识。到了海外之后，为了生计，他们又不得不逆来顺受以实现自我保护和谋取利益。而菲律宾人（主要是占大多数的低地区的菲律宾人）因气候适宜、物产丰富等条件，逐渐培养起了一种随遇而安的乐天态度。而且，由于菲律宾文化不断受到外来文化的影响，呈现出多元性、复杂性的特点，造就了菲律宾人多重的性格和多元的价值观。可见，华人的文化心理与菲律宾人的文化心理是存在很大不同的。于是在华人眼中，菲律宾人只顾眼前、贪玩懒惰、不讲信用、忘恩野蛮；而在菲律宾人眼中，华人长于算计、善于欺诈、精于贿赂、缺少勇气。基于这样的差异，再加上殖民统治者的挑拨离间，华人与菲律宾人之间长期存在着隔阂、误解，这无疑会进一步异化华人文化。第二次世界大战后，菲律宾取得国家独立，华人融入当地社会的步伐加快。特别是在1975年中菲建交以及马科斯政府采取让华人入籍的所谓归化政策后，大批华人加入了菲律宾籍。在这种环境下，华人文化必将在保留传统与融入本地社会两个方面实现新的进化和发展。

以上是对菲律宾文化的4种类型：低地区文化、摩洛文化、山地区文化和华人等外来族群文化的形成、发展过程做了一个简要论述，从中不难看出，菲律宾文化是一个多样性与整体性的统一体。多样性体现在菲律宾文化的类型丰富，许多源于不同文化的文化要素在这里共存，有的和谐相处，有的却斗争激烈。整体性体现的是菲律宾的文化传统在现代社会的投射，许多菲律宾人希望发掘出它的价值并施以现代化改造，以期创造菲律宾统一的文化，菲律宾文化未来的发展道路可能就孕育其中。

一位到菲律宾做调查的西方人类学家在解释"什么是菲律宾人"时这样说道："菲律宾人是马来人，他说英语，有一个西班牙名字，吃的则是中国食品。菲律宾人是一个混合物，早在西班牙人和美国人来到此地以前，阿拉伯、印度和中国的文化因素就已经成为菲律宾文化的一部分。"[1]这位人类学家的描述正符合了菲律宾文化的特点，那就是文化的多元性。当然，在这个多元性的背景之下存在着一个群岛各地共通的文化传统或文化基质，它体现了菲律宾文化的又一特点，那就是整体性。尽管这一整体性特点的影响特别微弱，但是以黎刹为代表的菲律宾

① 陈衍德主编，《多民族共存与民族分离运动——东南亚民族关系的两个侧面》，厦门大学出版社，2009年，第138页。

精英阶层希望从这个文化传统出发去培育国民的国家认同感。这与战后独立的东南亚各国从本国文化传统中汲取营养以建立为全体国民普遍接受的国民文化的尝试不谋而合。但是由于东南亚多民族共存的现状和民族分离运动的发展，这些尝试都失败了。在菲律宾最突出的就是低地区文化群体与摩洛文化群体之间难以调和的矛盾。

目前，菲律宾正试图将主体民族文化作为国家认同的基础，通过行政手段推广与这一基础相关的教育，力图使主体民族文化取代少数民族文化以构建具有统一性的国家认同体系，这也是面对过于强大的、多元化的外来文化时不得已而为之的策略。同时也必须承认，这一策略对保存少数民族文化是非常不利的，菲律宾语的普及就是一个例子。上文提到，菲律宾的语言多种多样，很早就有人呼吁能够确定一种统一语言。直到1937年，菲律宾才确定了一种统一的语言，即以使用人数较多（但也只占菲律宾总人口的30%左右）的他加禄语为基础的统一语言。1973年该语言被定名为菲律宾语，1987年被定为官方语言。但是，把以他加禄语为基础的菲律宾语作为全国通用的语言，这无法使全体菲律宾人都满意。在他加禄语推广的过程中，有些小民族，如阿埃塔族（Aeta，Agta或Ayta），为了生存而不得不放弃本民族的原有语言，开始使用菲律宾语，这样一来其一直坚守的文化传统也濒临灭绝。其他一些民族的口头文学、歌谣等由于文化载体的消失也面临同样的处境。而且，菲律宾语并不适用于社会生活的各个方面，特别是在教育领域。由于菲律宾语的局限性，各种学科领域的术语等翻译成菲律宾语还存在很大的问题。在教育领域使用最多的是菲律宾的另一种官方语言——英语。但英语的广泛使用实际上并不利于菲律宾培育统一的国民文化，因为很多菲律宾人认为英语教育抹杀了菲律宾人的国家认同感。菲律宾历史学家雷纳托·康斯坦丁诺（Renato Constantino）曾担忧的说："正是英语使菲律宾人与自己的过去割裂开来，把菲律宾人带入到了一个诡异的新世界之中。菲律宾人通过美国的教科书，不仅学会了新的语言，而且也学到了与自己的传统完全不同的生活方式。虚假的教育就此开始了……"[①]

随着世界全球化的发展，各个国家只有保持自己的特异性，才能保证自己的

---

① 古山修一：「フィリピン共和国における歴史的言語事情」『スピーチ・コミュニケーション教育　第6号』、日本コミュニケーション学会、1993年、61頁。

存在。也就是说，只有民族的才是世界的。菲律宾文化未来将会如何发展呢？从上例中可以看出，统一的国民文化的培育才是必由之路，但是这条道路并不平坦。摆在菲律宾人面前的首要任务是如何继承和发扬菲律宾传统文化中的包容性特征，在促进多民族、多文化共存的同时，有效避免因文化的差异所造成的国家动荡，通过国家的经济发展和现代化为共同国民文化的培育打牢物质基础。

第二章　文化地理环境

　　菲律宾是一个群岛国家，位于亚洲东南部的菲律宾群岛上，向北可到达中国台湾、中国大陆，向西可至亚洲大陆南端的中南半岛，南面及西南面与印尼、马来西亚隔海相望，东越太平洋可达美洲大陆。从地理位置上看，菲律宾是贯穿亚洲、大洋洲和太平洋之间的通道，也是沟通东亚和南亚的必经之地。正是因为地理位置具有重要的战略意义，菲律宾成为麦哲伦环球旅行进入亚洲的第一站，成为东、西方经大西洋和太平洋交流的重要枢纽。实际上，菲律宾的地理位置早在16世纪地理大发现以前就显示出其优越性。作为连接东亚和南亚之间的桥梁，大约10世纪，民都洛岛（Mindoro）上的麻逸国就有商船到达中国的广州，而华船也往来两地经商贸易。14世纪，苏禄群岛（Sulu Archipelago）就成为东南亚的贸易中心之一，各种商船往来于柬埔寨、占婆、中国、爪哇、苏门答腊之间。优越的地理位置在扩大菲律宾群岛对外联系的同时也使其受到东、西方文化的辐射，为菲律宾文化的多元化提供了外部环境。

　　从自身来看，菲律宾群岛具有松散的岛屿结构和复杂的地理条件，是造就多元的本土文化的重要土壤。菲律宾群岛共有超过7千座岛屿，已命名的有2 700多座，另外4 300多座岛屿至今仍未命名。其中，最大的岛屿当属北部的吕宋岛，该岛与向西南延伸的民都洛岛、巴拉望列岛（Palawan），以及东南面的卡坦端内斯岛（Catanduanes Island）和马斯巴特岛（Masbate Island）等及其周边岛屿构成了北部岛群。第二大岛棉兰老岛位于菲律宾的南部，与向西南延伸的巴西兰岛（Basilan Island）、苏禄群岛以及周边小岛组成南部岛群。连接南、北岛群的是中部的米沙鄢岛群，包括班乃岛（Panay）、内格罗斯岛（Negros Island）、宿雾岛、保和岛（Bohol）、莱特岛（Leyte）、萨马岛（Samar）等6个大型岛屿以及周边数百个小岛。每个岛群内部交流相对便利，在宏观上形成了不同的文化系统。当然，所谓的不同表现在多个方面，或语言、信仰，或观念、心理，并没有统一的标准和清晰的界限。因此，与其说是不同，倒不如说是某一方面的相同使岛群内部呈现出相对统一的文化共性。例如在北部吕宋岛群，饱受台风折磨的灾民多半会将剩余粮食兑换成货币储存；又如在中部米沙鄢岛群，宿雾语是广泛使用的社交语言，而南部棉兰老岛群的人口则以穆斯林居多。

在这众多的岛屿中，大面积低地及平原区主要有4块：北部吕宋岛的中央平原与卡加延河谷区（Kagayan Valley），南部棉兰老岛的阿古桑河谷（Agusan Valley）和哥打巴托河谷地区（Cotabato Valley），这4块低地及平原区土地肥沃，适宜农耕，成为人口最为稠密的区域。与低地及平原区形成鲜明对比的是山区高地：北部吕宋岛群中，除了吕宋岛中部矗立的科迪勒拉山脉（Cordillera Central）以及纵贯东、西部的马德雷山脉（Sierra Madre Mountains）和三描礼士山脉（Zambales Mountains）外，其余地区则火山星罗棋布。而中部米沙鄢岛群和南部棉兰老岛群均以山地为主，呈现出热带火山雨林景观。相较于低地平原，山区高地缺少农耕需要的开阔地带，因此人口相对稀少。在山区高地与低地及平原区之间，散布着大小不一的平地和缓坡，也是农耕人口的主要聚居地。从整体来看，菲律宾的人口分布呈现出以4块低地及平原区为中心，向四周发散递减的特点。除了复杂的地形环境，菲律宾还面对多样化的气候条件。菲律宾北部吕宋岛群属典型的热带海洋性季风气候。每年6月至10月进入雨季，来自印度洋的水气凝聚成季风雨；11月至次年5月则在东北季风的影响下进入旱季。卡加延河谷区被崇山峻岭环抱，受到屏障作用的影响，其年平均降雨量不足1 000毫米，是菲律宾最干燥的地区。同时，北部地区还处于太平洋西部台风带上，每年夏秋两季，来自马里亚纳群岛的台风横扫菲律宾北部及中部地区，造成严重损失。由北向南，降雨量递增，同时台风影响递减。至南部棉兰老岛群，气候则呈现出典型的热带雨林特点，全年炎热多雨，年降雨量可超过3 000毫米。虽然菲律宾群岛位于热带，但群岛上山脉绵亘，高海拔地区气温可接近零度并伴有霜冻。此外，火山喷发、地震等自然灾害频发，增加了群岛气候系统的复杂性。除此之外，菲律宾群岛的土壤和植被也是多种多样。在山脉纵横地带，河川从陡峭的山坡飞流直下，在河谷地区形成富饶的冲积平原，加之火山灰的肥田作用，这里土地膏泽，生长着高大茂密的季风林或雨绿林。远离冲积平原的土地肥沃程度降低，植被以乔灌木或草地为主，海拔高的地区多为松林。而在板块交界带形成的褶皱山脉则多见变质岩，土壤贫瘠。

地理环境的多样性是造就多元化人文环境的物质基础。在文化隔离机制中，自然隔离是具有直观性的存在，自然隔离在某种程度上促进了同一地域、种族的人口交流，使其在物质、心理、精神等层面产生趋同性，但同时也阻碍了不同地域及人种的人口交互行为。菲律宾群岛地形破碎，地理、气候等自然因素具有较强隔离作用，这种作用也直接导致了文化分区的破碎性和相对独立性，同时也有助于形成多个民族以及民族亚支。

图2-1　东南亚区域图

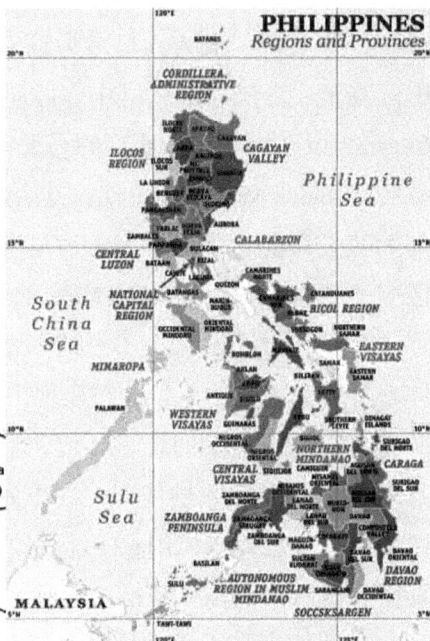

图2-2　菲律宾地图

第一节　地理环境与文化分区

复杂多样的地理环境在微观层面影响着菲律宾三大岛群的文化系统，使之细化为若干个层次的亚文化群体，呈现出纷繁芜杂的特点。较早进入菲律宾群岛的尼格利陀人和原始马来人以原始土著的身份优先占据了资源丰富的地区，他们安心地享受大自然的馈赠并一代又一代的繁衍生息。新马来人的到来使资源变得紧张，他们凭借着娴熟的农耕技艺实现了人口快速增长，加剧了资源的紧张。面对巨大的人口压力，大部分原始土著开始向广阔而未知的地域迈进，在求生的道路上，他们或因地制宜，或博采众长，形成了各自独特的生存方式，并以此为基础建立起大相径庭的生活方式和精神体系。而即便是采取同一生产方式的新马来人，也因为居住环境的差异，而形成了各不相同的精神体系。最明显的莫过于宗教信仰。自14世纪起，苏禄群岛、棉兰老岛等南部地区就相继出现了许多来自马来半岛和加里曼丹岛的穆斯林商人和传教士，开启了南部伊斯兰化的历史进程，与此同时，北部、中部岛群的大部分马来人还生活在相对封闭的原始氏族公社中，信仰万物有灵的原始宗教。16世纪下半期，西班牙拓殖队征服中部的宿雾岛并在马尼拉建立稳定的殖民统治，北部和中部岛群的多数马来人很快改信了天主教，南部的穆斯林仍在顽强地对抗着西班牙殖民者。19世纪末，美国接管菲律宾，生活在马尼拉地区的马来人又转而信仰基督教，远离马尼拉地区的低地马来人在反抗西班牙、美国殖民者的过程中建立并发展了基于天主教的菲律宾独立教（Aglipayan）。由此可见，菲律宾群岛自身多样化的物质条件催生了多元的本土文化，在物质条件的循环作用和外部环境的共同作用下，菲律宾本就多元的本土文化朝着更为多样的趋势进一步发展。这一点从菲律宾的语言上亦可窥见一斑。据菲律宾官方统计，菲律宾人口目前使用的语言多达170种，虽然他加禄语（Tagalog）被定为菲律宾官方语言之一，但使用他加禄语的人口仅为2 800万，约占总人口的30%。[①]

依据自然隔离机制，菲律宾文化在地理上主要可分为3部分，即三大岛群：北部吕宋岛群、中部米沙鄢岛群和南部棉兰老岛群。进一步参考语言隔离机制、社会隔离机制和心理隔离机制在微观层面对亚文化群体的形成作用，三大岛群又可分为若干个亚文化区，主要包括：吕宋岛群的卡加延河谷区、中心地区、比科尔地区（Bicol region）、西部沿海地区；米沙鄢岛群的东部、中部及西部地区；棉兰老岛群的东部地区、达沃—阿古桑地区（Davao-Agusan region）、西南地区、布基农—拉瑙火山区（Bukidnon-Lanao region）、三宝颜半岛（Zamboanga Peninsula）、苏禄群岛。

一、吕宋岛群

（一）卡加延河谷区

卡加延河谷区位于北部吕宋岛群的东北部，涵盖了马德雷山脉以西和科迪勒拉山脉以东的大片低地，南端终止于卡拉巴略山脉（Caraballo Mountains）。马德雷

---

① Languages in the Philippines, Friendly Borders, http://www.ethnicgroupsphilippines.com/people/languages-in-the-philippines/, 2014/3/10, 15∶00。

山脉绵延逶迤，在卡加延河谷段海拔高度可达1 800米。科迪勒拉山脉更胜一筹，最高海拔高度可达3 000米，而南端的卡拉巴略山脉海拔高度也在1 500～1 800米之间。崇山峻岭的阻隔进一步突显了卡加延河谷内在的同一性。卡加延河从河谷区南端发源，一路向北流淌进入吕宋海峡，而多条支流从科迪勒拉山脉一侧汇入卡加延河干流，在河道西岸形成了一些土壤肥沃的低地平原。由于屏障作用，来自东、西、南三面的湿热水气无法进入卡加延河谷区，该地区每年都经历长达6个月的干旱期。也正是由于屏障作用，在吕宋岛受到台风肆虐的时候，卡加延河谷区却能偏安一隅，唯一受到的影响就是降雨量有所增加。卡加延河谷区的土著居民大多使用伊巴纳格语（Ibanag）和加当语（Gaddang），但随着外来人口的迁入，尤其是20世纪50、60年代邻近的伊罗戈省（Ilocos）、邦阿西楠省（Pangasinan）人口的涌入，伊洛克语（Ilocano）成为卡加延河谷地区的主导语言，他加禄语也在这一地区流行开来。卡加延河谷区的矿藏、木材等资源并不十分丰富，加之卡加延河曲折蜿蜒，有些地段河道狭窄，仅能容纳单人木筏通过，大型船舶运输无法实现。在这一条件下，该地区人口从事的产业主要就集中于农业，其中，玉米、稻米和烟叶是收益最高的3种作物。卡加延河谷区干燥的气候适合玉米生长，亩产同比其他地区高出50%，因此，玉米成为该地区最受欢迎的作物，尤其在南部的伊莎贝拉（Isabela）省，玉米呈大规模种植。但是，比起商业种植园的操作模式，卡加延河谷区的农户们更多的采取传统的自耕方式，在自家土地上享受耕种的艰辛和收获的喜悦。当然，农户在农忙时节也雇佣来自邻近伊罗戈省的农民帮工，这种候鸟式的人口迁徙也成为卡加延河谷区与吕宋岛其他地区保持联系的重要方式之一。与玉米相比，稻米的生长需要更多水分，因此稻田多见于卡加延河及其支流附近。自1960年代以来，菲律宾政府重视挖掘卡加延河谷的农耕潜力，在多条支流附近兴修水利设施，扩大了灌溉的面积，推动了稻米种植的发展。尽管该地区的稻米产量不如玉米，但仍然有盈余以供外地市场。烟叶也种植在卡加延河及支流的沿岸，不是为了灌溉之需，而是由于河流携带的淤泥培肥了沿岸的土壤，利于保证烟叶的质量。通常在同一块地里，玉米收获一季，烟叶种植紧随其后，这不仅充分利用了土地资源，而且能够赶上在半年的干旱期内完成烟叶的护养和收割工作。这种耕种模式是卡加延河谷区农民普遍采用的模式，是他们长期以来的生产经验的结晶。农户收割烟叶后只进行简单烤制，之后便由收购商集中运输到马尼拉进行后期加工，也许正是这种分工上的传统默契保持了农业在卡加延河谷区的主导地位。

（二）中心地区

　　吕宋岛群中心地区主要包括三部分，一是吕宋岛中央平原区，二是马尼拉都会区，三是吕宋岛西南地区。这三部分由北向南排列，共同组成吕宋岛群人口最为繁盛的核心区域。从地理上看，中心地区的形成是两大山脉——三描礼士山脉和科迪勒拉山脉向南延伸的结果。三描礼士山脉北起林加延湾（Lingayan Gulf），纵贯至马尼拉湾入口处，在西面形成一道天然的屏障。卡加延河谷区西侧的科迪勒拉山脉在向南延伸过程中呈现出与三描礼士山脉几乎平行的轨迹，蜿蜒至塔亚巴斯湾（Tayabas bay），在东面树起另一道绵延的屏障。两大山脉之间是宽阔的低地平原，纵横交错的河流带来适合农耕的肥沃土壤，构成中心地区最重要的地理特点之一。两大山脉阻挡了部分来自南中国海和西太平洋的气流，使得整个中心地区获得适宜的雨水，但是，由于气流的季节性很强，该地区呈现出明显的旱季和雨季。旱季通常从11月至次年4月，可连续数十天没有降雨，雨季则从5月持续至10月，降雨量约为2 000～2 500毫米。另外，中心区域虽然位于西太平洋台风带上，但由于两大山脉的屏障作用，台风弱化为强降雨，引起洪涝灾害。为了充分利用水资源发展农耕，中心地区兴修水利，旱季灌溉，雨季排涝，孕育了比群岛其他地区更为发达的灌溉文化。

　　良好的农耕基础促进了种植业的发展，尤其在吕宋岛中央平原区和吕宋岛西南地区，形成了两大种植基地。两大基地主要种植稻米：在中央平原区，高达90%的耕地用于种植稻米；而在西南地区，以稻米作为主要作物的农户超过2/3。选择稻米可能源于中心地区人口对稻米作为主食的偏爱，这也是使用他加禄语的人口的共同特点之一。此外，每年6个月的雨季为稻米的生长提供了充足的雨水，剩余6个月可通过灌溉设施使用储备的雨水保证二茬的生长。合理的安排和简单的设施提高了稻米的产量，尤其是中央平原区，其稻米产量超过群岛稻米总产量的1/3，也因此获得"谷仓"的美名。值得注意的是，尽管稻米在中心地区具有相当的种植规模和产量，但机械化的耕种方式却并不多见。无论是在中央平原区还是西南地区，面积小于60亩的农场占了绝大多数，还有很多农场不到20亩，而农户仍然使用古老的人力犁或畜力犁、脚踩水车等简单设施进行农耕。传统耕作方式的流行是中心地区人口繁盛的结果，尤其在中央平原，人口密度早已超过每平方公里500人，而每年仍有外地人口源源不断地涌入这一地区。大量的外来人口一方面充分满足了农耕对劳动力的需求，农户只需雇佣帮工就能完成整个生产环节；但另一方面，过量的人口对就业产生巨大压力，耕地通过租赁、合伙等方式被切分得越来越细碎，机械化耕种规模受到限制。除稻米外，其他作物也有种植。在中央平原区，甘蔗是种植规模仅次于稻米的作物，虽然其种植规模远不如稻米，但已经引入了庄园种植和机械化加工等相对现代化的操作模式，因此大型糖厂的周边通常是规划整齐的蔗田。甘蔗种植催生了外来劳工潮，这些劳动人口在农忙时节成为甘蔗种植园的雇佣帮工，农闲时节则租种当地土地生产薯类、豆类及蔬菜供应周边，进一步加剧了人口过剩的压力。西南地区种植的经济作物更为丰富多样。由于科迪勒拉山脉在绵延入海处分解为多个支系，从塔亚巴斯湾向西至巴拉延湾（Balayan Bay）形成多个不连续的火山群，使西南地区呈现出低地与山地相间的地貌，椰子、甘蔗、蕉麻、烟草、咖啡等作物在该地区均有种植。当然，山地的存在也限制了耕地的面积，这些作物通常由散户在自家田地里种植，再由商人集中收购、加工并销售。

在吕宋岛的中央平原区和西南地区，农业占据主导地位，这不仅因为两地拥有优越的农耕条件，更重要的是两地承担着向马尼拉都会区输送农副产品以满足居民日常所需的重要功能。马尼拉都会区夹在两大农业基地之间，西临良港马尼拉湾，东靠科迪勒拉山脉，占尽地利优势，也因此成为菲律宾国家首都区（National Capital Region）。马尼拉都会区主要由马尼拉市与周边地区两部分组成，集政治、经济、文化、教育等中心功能于一身，带动了整个中心地区的商业发展，成为菲律宾最具吸引力的地区，连年涌入的外来人口已经使这片600多平方公里的土地拥有超过2千万人口。虽然大多数人口统一使用英语或他加禄语，但这丝毫没有影响马尼拉都会区所呈现的多元化景象。由于历史的关系，马尼拉市在规划上体现出浓厚的西方色彩，市辖共16分区，从行政、外交、经济、贸易到教育、卫生，再到住宅、娱乐、消费等，功能各不相同，但几乎每个辖区都有一座教堂，这也体现了西方主流宗教在当地精神层面的主导地位。同是教堂，有的拥有辉煌的巴洛克穹顶，有的则方正简朴，不同的建筑风格也将天主教与基督教一分为二，显露的是西班牙人的宗教狂热和美国人的实用主义。而在古老的王城区（Intramuros），掩映在欧式建筑中的日式花园，镌刻着第二次世界大战的记忆。当然，最低调的异国存在还是汤都贫民区（Tondo）的华人零售商店，铺面简陋却数量众多，默默地诉说着背井离乡，在异国他乡落地生根的艰难过往。与很多发展中国家的大都市一样，马尼拉市也卷入了现代化的洪流中，西化的元素充斥着城市生活的每一个角落。而令人惊讶的是不同面孔和肤色的人在现代与传统之间穿越的娴熟技巧，尤其是在马尼拉市的周边地区，这里聚居着大量前来务工的外来人口，他们使用英语或他加禄语中时不时混杂着家乡腔调和词句，他们的信仰在快节奏的都市生活中已简化为语言符号或是服饰象征，但这似乎并不影响他们与人沟通、怡然自得。为了保障马尼拉市的正常运转，周边地区发展起一系列工商业、交通运输业及服务业等产业，为持续涌入的外来人口提供了就业机会，而为了保障外来人口在马尼拉市周边地区的生活条件，更多产业正在吕宋岛中心地区逐步发展，进一步推动更大范围的人口流向这一地区，这也成为马尼拉都会区充满吸引力的重要原因。

（三）比科尔地区

吕宋岛南端向东南延伸出一片长形岛屿，在奎松省（Quezon Province）省界东端附近，这片岛屿在卡拉瓦格湾（Calauag Bay）和拉盖湾（Ragay Gulf）的对扼下一分为二，东南部分就是比科尔地区，仅通过一条宽度不足13公里的塔亚巴斯地峡（Tayabas Isthmus）与吕宋岛其他部分保持着陆地上的联系，这也突显了比科尔地区在地理上的区域性。整个地区最广阔的平原位于中西部，从圣米格尔湾（San Miguel Bay）向南绵延近百公里，止于阿尔拜湾（Albay Gulf）。这片平原也被称作"比科尔平原"，其地势开阔，坐拥两大淡水湖泊——巴奥湖（Baao Lake）、巴托湖（Bato Lake），具备优良的农耕条件。此外，一些小型的低地平原也零星点缀在东北部海岸、中东部海岸和南部索索贡湾（Sorsogon Bay）的北岸及东岸，也成为主要的人口聚居地。与平原相对的是大片的火山高地和丘陵地带，其面积可占到整个地区的一半之多，尤其在卡坦端内斯岛，崎岖的火山岩覆盖了岛屿的腹地，只在南部的卡布高湾（Cabugao Bay）留下一断狭窄的平地。在嵯峨的火山群中，马荣火山（Mt. Mayon）、布卢桑火山（Mt. Bulusan）、马利瑙火山（Mt. Malinao）和伊萨罗格火山（Mt. Isarog）等以瑰丽壮观的景色闻名遐迩，但其中不乏年轻的活火山，对当地人口的生产、生活造成不利影响。比科尔地区雨水充沛，年均降雨量达2 000毫米，即使在相对干燥的2—4月份，月降雨量也可达100毫米，而在卡坦端内斯岛，年降雨量高达3 000～5 500毫米。由于地处西太平洋台风带，比科尔地区容易遭受台风侵袭，每年9—11月份，肆虐的台风会对当地农田和东部沿海船只造成致命的威胁。

该地的区域性不仅体现在地理环境上，还体现在人文环境上，其中一个最重要的参数即是语言。虽然西北方受到来自中心地区的他加禄语的挤压，东南方面临东米沙鄢地区的瓦赖语的影响，但比科尔土著仍然不屈不挠的使用着他们自己的语言——比科尔语（Bicolano），并以此为自豪。面对中心地区的漩涡引力，比科尔地区并没有迅速被卷入西化的狂澜，一方面可能得益于狭窄的塔亚巴斯地峡，它在一定程度上阻挡了物质性的诱惑，而另一方面则根源于比科尔土著的历史传统，他们一直是拿捏西化与本土化平衡点的好手。因此，在紧邻中心地区的比科尔平原，仍然能够看到满口比科尔话的农户在水稻田间劳作，他们选择留在祖先的土地上固守农耕的传统，而不是到繁华的首都区去碰碰运气。开阔的比科尔平原有利于水稻的种植，充沛的雨水在浇育稻田的同时也催生出发达的灌溉文化。纵横的田间水渠、人力甚至机械化的水利设施，使水稻一年可成熟两季，整个比科尔地区稻米产量的80%都来源于这一平原。山地与平原过渡的缓坡也被利用起来，种上需水量较少的旱稻，而在土壤条件不理想的地方，适应性更强的玉米成为主要作物。比科尔地区的稻米种植呈现出自给型特点，而玉米种植则体现出更多的商业色彩，每年超过六成的玉米产量用于外销，这主要是因为比科尔地区人口也保有着对于稻米作为主食的偏好和饮食传统，而这一点与塔亚巴斯地峡那一端的人们是如此相似。椰子和蕉麻是比科尔地区重要的经济作物。椰子通常种植在沿海地带，而蕉麻则集中种植在火山群附近，几乎所有可充当耕地的土地资源都得到了充分的利用，这也是比科尔地区农业的一大特色。在椰产品和蕉麻编织品的交易中，塔瓦科和黎牙实比逐渐发展成为比科尔地区首屈一指的商品集散地，从中部沿海出发到马尼拉的海路也打破狭窄陆桥的限制，成为比科尔地区与吕宋岛其他部分保持联系的主要渠道。与农业并行的是矿业，比科尔东北部地区是菲律宾最重要的有色金属矿区之一，中部的拉格诺伊湾沿岸（Lagonoy Gulf）及附近的拉普拉普岛（Rapu-Rapu Island）也蕴藏着丰富的有色金属矿。此外，渔业、林业也是比科尔地区经济的有效补充。

（四）西部海岸地区

民都洛、巴拉望群岛位于吕宋岛群的西南部，西接南中国海，南邻加里曼丹岛。从地质上观察，民都洛、巴拉望群岛均为残留在海面上的巽他陆架变质岩层的剩余部分，因此与加里曼丹岛、爪哇岛、苏门答腊岛等具有同质性。正是由于这样的同质性，加之其与加里曼丹岛相邻的地理位置，民都洛、巴拉望群岛在地理环境和人口交流方面与加里曼丹岛的联系更为紧密，长期以来形成了一种区别于菲律宾群岛的文化氛围。

人口分布不平衡是民都洛、巴拉望群岛的重要特点之一。民都洛岛的人口集中于东部沿海狭长的低地平原，平均人口密度最高可达每平方公里数百人，而其他地区平均人口密度约为平方公里几十人。巴拉望岛也是如此，人口主要集中在北部的几个离岸岛屿、东部接苏禄海沿岸地区和南部沿海地区，人口密集地区如库利昂岛（Culion）可达每平方公里上千人，而内陆的曼塔灵阿汉山区（Mantalingajan）则人迹罕至。人口分布不平衡主要是因民都洛、巴拉望群岛的地理环境所致。民都洛岛腹地群山交错，呈西北向东南走向横贯全岛，北部阿尔孔山脉、南部巴科山脉最高峰海拔约2 500米，只在东北和西部沿海留出适合农耕的带状低地。巴拉望岛中部腹地则以喀斯特地貌为主，地表岩层千沟万壑，土壤较为贫瘠，南部曼塔灵阿汉山海拔约为2 000米。同时，巴拉望岛西面沿海水浅且多礁，远不如东面适宜航船进出与停靠。民族、语言多元化是民都洛、巴拉望群岛的另一个重要特点。民都洛、巴拉望岛群的人口来源广泛，成份复杂。土著居民均为少数民族，主要信仰万物有灵的原始宗教。移民人口主要来自吕宋岛中部和米沙鄢岛群，以天主教徒为主，也有一部分来自加里曼丹岛和菲律宾棉兰老岛群，他们主要定居于巴拉望岛南部沿岸及离岸岛屿，信仰伊斯兰教。此外，还有不少华人及外族混血儿存在。在复杂的人口构成基础上形成了多元的语言系统：民都洛岛上既有相近的阿拉安（Alagan）、塔狄阿望（Tadyawan）、布熙德（Buhid）、哈努诺等语言，还通行他加禄语、伊洛克语、宿雾语（Cebuano）乃至西班牙语、福建话等。而巴拉望岛上的语言据统计多达53种，主要通行的为他加禄语、巴拉望语及希利盖农语等。[①]民都洛、巴拉望群岛的人口主要从事农业生产。稻米是民都洛岛最主要的粮食作物，无论是在山区还是沿海低地，稻米都得到广泛种植。玉米种植则相形见绌，一半以上的玉米地都集中在南部的圣荷西（San Joes），因为这里是具有玉米种植传统的米沙鄢移民的聚居地。巴拉望岛的粮食作物也以稻米为主，由于气候相对干旱，旱稻的种植更为广泛。民都洛、巴拉望群岛地区的经济作物以椰子为主，种植区分布于民都洛岛东部沿海地区和巴拉望岛东部的普林塞萨港周边，这样的分布一方面是因为沿海低地具有优良的农

---

① 《南岛语系：中部菲律宾语支诸民族（二）》，载《全球视野看民族》，2010年第32期，第83页。

耕条件，另一方面则是考虑椰子收购和运输的便利。除椰子外，薯类、豆类、蔬菜及热带水果等也有种植，尤其在民都洛岛南部，甘蔗种植及加工具有相当规模，所产蔗糖销往世界市场。在巴拉望岛，海产捕捞业发展兴旺，这主要得益于苏禄海海域丰富的海产资源。由北向南的科伦岛（Coron）、泰泰湾（Taytay）、杜马兰岛（Dumaran）、普林塞萨港附近海域都是优良的渔场，甚至马尼拉地区的渔船每年都前来进行商业捕捞作业，全菲律宾超过1/6的海产品都来自巴拉望东面的苏禄海海域。在农产品和海产品交易的促进下，以普林塞萨港为代表的港口城市发展成为民都洛、巴拉望群岛地区的商业中心，但是，由于农业仍占主导地位，所以整个地区的城市化进程缓慢，多数人口仍以农业、渔业型自然村落为单位聚居。

二、米沙鄢岛群

（一）东米沙鄢

东米沙鄢，顾名思义，是指米沙鄢岛群的东部地区，涵盖莱特岛、萨马岛及其周边岛屿及海域。整个东米沙鄢地区在地形和气候方面有着突出的同一性。北、中、西部纵贯的三条山脉组成了莱特岛的基本地形，最高海拔可达1 300米，而萨马岛的中央区域则由大面积的丘陵填充，海拔高度约为200～300米。适合农耕和居住的低地在东米沙鄢地区不多，通常由河流冲积而成，如莱特岛东北部，多条发源于中央山脉的河流携带了丰厚的冲积土，培育成相对平坦的河谷地区，再向东南延伸至莱特湾，成为东米沙鄢面积最大的低地平原。此外，在萨马岛的北部，卡图比格河（Catubig River）和卡塔曼河（Catrman River）也在北部沿海地带培积出一片狭窄的平原地带。伴随着河流冲积而成的低地零星散布在山地的周边，成为东米沙鄢人口的主要聚居地。由于缺乏阻挡，东米沙鄢的东、北部地区直接受到来自西太平洋的热带水气的影响，全年降水过多，尤其是萨马岛东部的降雨可超过4 000毫米。同时，东米沙鄢地区还靠近西太平洋台风带，常年遭受热带风暴侵袭，特别是每年的10—12月份，强热带风暴伴随强降雨给萨马岛带来严重损失。过多的降水在低地形成沼泽和洼地，进一步压缩人口用地的面积。正是因为这样的地理环境，东米沙鄢的人口分布呈现出以莱特岛为中心向东、北递减的特点，超过半数的人口都聚居在莱特岛东北部的莱特河谷、西部的奥尔莫克河谷（Ormoc Valley）等地。东米沙鄢的人口使用瓦赖语，但随着中米沙鄢人口压力的增大，中部人口源源不断的向东米沙鄢地区迁移，宿雾语便逐渐成为主导语言，但萨马岛人口仍然坚持使用瓦赖语进行交流。

东米沙鄢地区的多数人口都是农业人口，且农业类型以自给自足为主，这在很大程度上还是地理环境限制的结果。稻米和玉米是主要的粮食作物。稻米主要种植于萨马岛北部的平原地带，通常一年只种一茬，这可能是因为充沛的雨水没有催生出发达的灌溉文化，也就缺乏高超的引流技术避免水灾的影响。玉米多种植于莱特岛的莱特河谷和奥尔莫克河谷，一年可三熟。由于耕地的绝对面积有限，粮食作物的产量并不能完全满足东米沙鄢人口的需求，除了向棉兰老地区购买粮食外，当地人还广泛种植薯类作为主食的补充。除了粮食作物外，东米沙鄢地区种植最多的就是椰子和蕉麻。这两种作物在莱特岛和萨马岛上均有分布，多由散户负责种植，然后售卖给收购商，或直接销售，或加工后转销。东米沙鄢大面积的山地丘陵使陆路运输变得困难，而连绵的降雨和频繁造访的热带风暴又增加了陆路运输的难度，因此，东米沙鄢人更愿意选择水路交通，这也使得一些位于河流出海口的港口城市发展成为重要的商贸中心。莱特岛东北沿海的独鲁万（Tacloban）就是这样一座城市，几乎所有来自萨马岛及莱特岛东部的椰子和蕉麻都在这里交易并装箱外运。而生产于莱特岛西、南部的椰子和蕉麻则直接运送到中米沙鄢地区的经济中心——宿雾进行交易，这在一定程度上也抑制了东米沙鄢地区出现多个大型经济中心城市。除了农业以外，东米沙鄢最重要的产业就是渔业。萨马海海域、卡里加拉湾（Carigara）、莱特湾等蕴藏着丰富的热带鱼类资源，因此，沿萨马岛西面海岸及莱特岛北部海岸形成了以从事渔业为生的大大小小的村落，其中，从事商业捕捞的人口集中在萨马岛西部沿海，卡巴洛甘（Catbalogan）也因此成为东米沙鄢最大的海鲜交易中心。东米沙鄢腹地分布着沼泽和洼地，内地人口也因势利导修建鱼塘以养殖河鱼，但规模很小，主要是作补充肉类蛋白之用。总的来看，东米沙鄢地区的发达程度不高，自给自足型的农业和渔业占据主导地位的状况也决定了该地区人口聚居区以小型自然村落为主，城市化进程缓慢。

（二）中米沙鄢

中米沙鄢地区以宿雾岛为中心，向东包括保和岛及其周边岛屿，向西则涵盖内格罗斯岛的东部沿海地区。该地区地形起伏，东面被莱特岛、萨马岛包围，西面又受到内格罗斯岛中央山脉的阻挡，来自太平洋或南中国海的水气在深入中部地区后式微，整个中部地区的年平均降雨量介于1 500～2 000毫米之间，宿雾岛南部全年平均降雨量还不到1 500毫米。降水相对较少也成为该地区的一大特点，这也使得当地人口形成了趋同的生产方式。中米沙鄢被视作所有使用宿雾语人口的发源地和主要聚居区。菲律宾官方数据显示，使用宿雾语的人口约为2 100万①，仅次于他加禄语族，这也使得宿雾语族成为菲律宾最重要的亚文化群体之一。宿雾语族多数是天主教徒，在人口分布上，宿雾语族呈现出以宿雾岛为中心向四周发散的特点，尤其是南面的棉兰老岛群，是宿雾语族迁移的主要选择。宿雾市是中米沙鄢的文化核心区域，历史上，宿雾市也一直被视作宿雾岛、保和岛以及东内格罗斯的政治、经济和文化中心。也许正是因为众多的人口和重要的历史地位，以宿雾市为中心的宿雾岛及周边地区形成了稳定而统一的文化体系，这一体系通过语言、家庭、经济及社会联系在宿雾语族中不断发展、传承，并随着宿雾语族的迁移对其他地区产生重大影响。

中米沙鄢是整个菲律宾群岛人口最为密集的地区，相对于众多的人口，适合农业耕种的土地却十分匮乏。据统计，宿雾岛仅有30%的土地可用于耕种，这一比例在保和岛及东内格罗斯也不超过45%。受地理条件的限制，耕地通常集中位于狭长的沿海平原或河流入海口的冲积平原，而丰富多样的海产品又能为平原居民提供蛋白质来源，这就合理地解释了宿雾岛中部海岸或内格罗斯岛东北沿海地带的繁华景象。尽管拥有像宿雾这样的现代都市，但是更多的人口仍以农耕作为普遍的生产方式。与大多数主要种植稻米的地区不同，中米沙鄢地区多种植玉米，尤其是宿雾岛，绝大部分耕地都用来种植玉米。这也许是因为玉米不像稻米那样需要较多的灌溉，而宿雾岛的中央腹地又降雨不足，长久以来并未形成发达的灌溉文化。然而，玉米的广泛种植并未能解决中米沙鄢的粮食问题，原因之一还是根源于人口过多与耕地过少的矛盾，而另一原因则在于破坏性的耕作方式。玉米一年种两三茬在这一地区十分常见，这导致土地缺乏休养生息的周期。一旦遇到暴雨，土壤中的营养物质加速流失，土壤条件进一步恶化。因此，这一地区每年不得不进口大量粮食以满足本地市场的需求。稻米虽然不像玉米那样在该地区广泛种植，但在保和岛，稻米还是得到当地人的喜爱，在西部或北部含水量高的土壤中扎根生长。此外，薯类、豆类甚至菠萝蜜、木瓜、香蕉、芒果等热带水果都成为餐桌上的佳肴，以补充主食不足的情况。其中，保和岛的香蕉和芒果产量较高，除了供应本地所需外还销往宿雾和马尼拉。虽然粮食无法自给，但这毫不影

① Languages in the Philippines, Friendly Borders, http://www.ethnicgroupsphilippines.com/people/languages-in-the-philippines/, 2014/3/10, 15：00。

响整个中部地区的农业经济的发展，椰子和甘蔗作为两大经济作物每年为该地区带来可观的收益。椰子的种植和加工主要由散户操作，大型公司向散户收购椰产品并转销至国内外市场，而作为港口城市和商贸中心的宿雾便成为中部地区椰产品转口贸易最大的集散地。由于甘蔗的加工需要大型离心研磨机集中作业，因此，甘蔗的贸易并不是通过散户——收购商实现，而是集中在三大蔗糖加工区：宿雾岛北部的博果（Bogo）、东内格罗斯的巴伊斯（Bais）和圣卡洛斯（San Carlos），围绕三大加工区的都是大面积的甘蔗种植园。当然，也有散户种植甘蔗，平均每户2亩左右，产品仅供当地人食用。对于中米沙鄢来说，海产捕捞业也是重要产业之一，其中，商业捕捞集中于宿雾岛西北面及保和岛东北面的离岸岛屿。渔业公司通常在捕捞环节雇用专业船队，而捕捞前的准备工作和之后的产品加工、运输等工作则承包给一些渔民散户团体。除此之外，伐木业和矿业也对当地经济有所贡献，但是，过多的人口不断挤占森林的土地资源，一定程度上阻碍了这两个产业的发展。而过多的人口促进了手工业的发展，生产编织类用品、陶瓷、蜡烛制品等的作坊小店相当发达，这也使得整个中部地区呈现出现代与传统并存的风貌。

（三）西米沙鄢

西米沙鄢主要是指内格罗斯岛中央山脉以西的地区，包括班乃岛，西内格罗斯以及之间的一些离岸岛屿。这一地区的地理地貌与火山山脉密切相关。在班乃岛上，西部山脉自北向南贯穿全岛，最高海拔高度可达2 100米。山脉的东北面是山脉支系延伸形成的山群，东南面则是一片相对宽阔的低地，伸展至南部海岸。内格罗斯岛的地貌也大致如此，中央山脉纵贯全岛，最高峰坎拉翁火山（Mt. Canlaon）海拔高度约2 400米。中央山脉西面是坡度较缓的开阔地，自东北向西南绵延达160公里。中央山脉在南部末端延伸出一片高地，地表被森林覆盖，间或有草地。整个西部地区的土壤主要是由火山以及海洋沉积物构成，地面上纵横的河流促进了二次沉积，使土壤较为肥沃。来自南中国海的水气为西部地区带来合适的降雨，多个地区年平均降雨量为2 500毫米，适宜开展农耕。

虽然分布在两个岛屿上，但西米沙鄢地区的人口具有较强的同一性。这一点首先体现在语言方面，绝大多数人口都使用希利盖农语。其次，大部分定居在内格罗斯岛北部和西部开阔地的人口都声称自己是来自班乃岛的移民。到了每年的农忙季节，大量班乃岛的劳动人口前往内格罗斯岛的甘蔗种植园和加工厂务工。西米沙鄢原本是米沙鄢岛群的粮仓，肥沃的土地和充足的降水为稻米生长提供了优越的条件。但是，随着甘蔗种植、加工规模的扩大，加之20世纪60年代菲律宾政府发展外向型经济的政策导向，西米沙鄢的粮食耕种面积压缩，尤其是在内格罗斯岛，土地资源通过出售、租赁等方式集中到甘蔗种植园，务农人口也转而成为种植园的雇用工人。整个西米沙鄢地区共有9个甘蔗种植及加工基地，其中6个位于西内格罗斯，其余3个位于班乃岛，但规模和产量都不如西内格罗斯。也正是因为这样的布局，每年有长达7个月的时间整个西米沙鄢的劳动力都集中在西内格罗斯。季节性的人口迁徙成为西部地区在文化上保持同一性的重要条件。每个甘蔗种植及加工基地的周边都形成了人口众多的城镇，学校、教堂、医院、百货零售点等便民设施一应俱全。与甘蔗种植业相比，稻米种植业规模则逊色得多，为了填补粮食的不足，薯类、豆类及各种热带水果也得到广泛种植。西米沙鄢向东北可至米沙鄢海，向西北可达锡布延海。这两个海域盛产热带鱼类，且都是内海，海况较为稳定，适宜常年开展捕鱼作业，因此，海产捕捞业也成为西米沙鄢地区的另一大支柱产业。大部分海产品都以生鲜方式在国内市场上交易或装船出口，也有一部分加工成干货进行贩售。海产捕捞业带动了加工、储存、运输等周边行业的发展，吸纳了西米沙鄢地区的剩余劳动力，而种植园工人也在农闲季节加入到海产捕捞业的大军中。除此之外，伐木业、矿业也获得不同程度的发展。相对发达的地区经济为西米沙鄢人口带来了可观的收益，也推动该地区成为菲律宾群岛上高度城市化的地区之一，伊洛伊洛（Iloilo）、巴科罗（Bacolod）、罗哈斯（Roxas City）等都是该地区乃至全国的重要经济中心。

三、棉兰老岛群

（一）东棉兰老地区

东棉兰老地区是指棉兰老岛的东部狭长地带，包括北面和东面的几座离岸岛屿，纵向延伸的菲律宾断层带恰好把东棉兰老地区和达沃—阿古桑地区清楚地分开。东棉兰老地区是由太平洋板块与亚欧板块挤压形成的隆起地带，因此整个地区呈现出山区地貌，且山岭嵯峨，崖高坡陡，只在东面沿海地带坡度稍缓伸入太平洋。东面海岸线蜿蜒曲折，形成了大小不一的海湾，湾口通常是相对平坦的三角洲地带。但是，这些三角洲的面积十分有限，平均不超过500平方公里，最大的三角洲位于北部沿海的利昂阿湾（Lianga Bay）附近。迈尼特湖（Lake Mainit）位于东棉兰老地区的西北部，面积近140平方公里，与图拜河（Tubay River）连接，向南流入武端湾（Butuan Bay）。整个东棉兰老地区潮湿多雨，年平均降雨量可达2 500～5 000毫米，覆盖着龙脑香科树林，经济价值非常高。

由于自然条件的限制，历史上东棉兰老的人口数量一直维持着较低水平，即使是在20世纪50、60年代菲律宾政府鼓励其他地区人口移入棉兰老岛之时，东棉兰老的人口增长率仍然低于整个棉兰老岛的人口增长率。不过，在沿海湾口的三角洲地带，人口密度相对较高，尤其是矿产、林业资源相对集中的中部沿海地区如比斯利格（Bislig）、灵伊格（Lingig）等地，人口密度超过菲律宾全国平均人口密度。东棉兰老的人口也以米沙鄢群岛的移民居多，因此宿雾语成为当地的主导语言，此外还有瓦赖语、他加禄语、伊洛克语等语言。也正是因为大量的北、中部移民，东棉兰老地区的多数人口是虔诚的天主教徒，只在东北部的一些离岸岛屿上定居着菲律宾独立教徒。值得注意的是，在东棉兰老地区，尤其是一些资源集中但尚未开发的区域，当地人口的平均年龄普遍偏大。这一点说明，无论是外来的还是本地的年轻人，通常都不会选择东棉兰老地区作为理想的定居点。与其他地区一样，农业也是该地区的主要产业。整个东棉兰老地区缺乏充足的土地资源，因此，种植业难成规模。其中，稻米仍然是首要的粮食作物，其次是玉米，这两种作物集中种植在东、中部大型湾口的三角洲地带。较小的规模限制了产量，东棉兰老地区每年都必须向周边地区购进粮食才能满足本地市场所需，作为对主食的补充，薯类、豆类以及香蕉也在该地区得到广泛种植。蕉麻和椰子是当地重要的经济作物，种植规模也不大，通常一户种约3～5亩。除了农业之外，矿业也是东棉兰老地区的主要产业之一。东棉兰老地区拥有丰富的有色金属矿藏，特别是在东北部的苏里高半岛，红土型铁矿石带覆盖近150平方公里，深可达30米。此外，黄金也是苏里高半岛的重要矿藏，每年产量占了整个菲律宾黄金产量的近1/6。此外，铬、镍、银、铅等金属在东棉兰老地区也都有不同程度的藏量。与矿业并行的是伐木业，充足的木材资源也成为当地居民重要的经济来源之一。受到地理环境的制约，东棉兰老地区的交通以海运为主，东部沿海大小不一的港湾为中、小船舶的进出提供了便利。但是，由于缺乏对基础设施建设的投入，这些港口的吞吐量相当有限，因此也没有出现繁华的港口城市。

（二）达沃—阿古桑地区

达沃—阿古桑地区是一片低地，位于棉兰老岛的中东部，北接武端湾，南临达沃湾，西面是棉兰老岛的中央山脉。中央山脉是全岛海拔最高的地带，呈南北走向。北段起点位置地形复杂，支脉纵横，海拔约1 200～1 500米；南段从达沃湾口开始，脉络清晰，顺着达沃湾西岸绵延逶迤，其中的某些山峰海拔比北段更高。中央山脉上有多座火山，其中阿波火山（Mount Apo）是菲律宾群岛的最高峰，海拔接近3 000米，距离达沃—阿古桑地区的中心城市达沃市仅30公里。达沃—阿古桑地区的地壳表面覆盖着厚厚的海洋、河流及火山喷发带来的沉积物，土壤肥沃而利于农耕，但南部地区靠近菲律宾断裂带，轻微的地壳运动相当频繁，不利于稳定的农耕。棉兰老岛上最长的河流——阿古桑河发源于达沃地区的东南部，向北流淌的过程中形成了康波斯特拉盆地（Compostela Basin）和深长的阿古桑河谷，流约350公里后注入北部的武端湾。达沃—阿古桑地区零星分布着一些原始部族，人烟稀少，因此吸引了来自附近岛屿的移居人口，其中尤以来自米沙鄢群岛的人口为主，多使用宿雾语。外来人口通常都是从北面的武端湾和南面的达沃湾进入达沃—阿古桑地区。由于交通设施相对落后，进入腹地的人口并不多，大多数人口集中在两个海湾附近的沿海地区，形成了该地区主要的几个城市。除此之外，虽然阿古桑河系腹地造就了宽广的盆地和沼泽，但是每年定期而至的雨季引发河水泛滥，方圆几百公里无一幸免，这也是导致人口较少的一大因素。在洪水期前，充沛的阿古桑河水能够流经偏远的腹地，成为沿海居民与内地原始部落交换有无的最重要的交通渠道。因此，位于阿古桑干流上的天然冲积堤如埃斯佩兰萨（Esperanza）、塔拉科贡（Talacogon）等就成为传统的贸易站。此外，沿阿古桑河也建立了多个小型的贸易村。

农业是达沃—阿古桑地区的主要产业。当地的种植业特点突出，通常一块农田只栽种单一作物，包括稻米、玉米及其他粮食作物等，复合型耕种模式不太常见。尤其在达沃地区，玉米的单一种植相当普遍而颇具规模，早在20世纪60年代就接近60万亩。新开垦的土地往往都用来种植玉米，而且单亩玉米产量同比菲律宾其他玉米产区要高出50%，这也促使达沃地区成为整个菲律宾群岛玉米产量最高的地区。达沃生产的玉米除了供应本地所需外，还销往马尼拉、宿雾、东棉兰老等地区。对比来看，达沃—阿古桑地区的稻米种植则相形见绌。稻米集中种植在达沃湾、武端湾等沿海平原地区，规模小、产量低。因此，每年用米还需向附近的哥打巴托等地区购买，而当地居民也习惯以红薯、土豆等块茎类植物作为主食的补充。此外，当地居民还种植各种绿叶蔬菜和香蕉、木瓜、榴莲等热带水果，经济作物则以椰子和蕉麻为最多。凭借着优良的海湾和蜿蜒的河流，达沃—阿古桑地区的渔业也有所发展。达沃湾、武端湾附近的海产种类繁多,交易兴旺,但由于当地居民主要是通过水产品补充肉类蛋白,因此海产以供应本地市场为主。绵长的阿古桑河也是水产品的重要来源,腹地的原住民发展渔业也是为了自给自足,通常不做贸易之用。此外,该地区的林业较为发达,尤其是在阿古桑地区。北部武端湾沿海地区开设了多个大规模的锯木厂,早期多由华人投资开办,曾一度领先于整个菲律宾的伐木行业。有的锯木厂还在阿古桑河谷地区拥有大面积的林木种植园,生产的原木先发往马尼拉和宿雾再转销往国外。

(三)棉兰老西南地区

棉兰老岛西南地区主要指的是哥打巴托地区,这一地区包括两部分:高山区与低地区。生活在低地区的人口来源多样,既有早期定居的穆斯林,也有后来迁入的天主教徒,还有一定数量的华人;而山区土著部族则保留着更为原始的信仰传统。虽然这两部分具有迥异的地貌,但他们都平等地接受着同一地理环境赋予的有利或不利因素,在长期的交换和交流过程中相互影响。或许可以这么认为,哥打巴托的区域性不仅体现在同质的地理环境上,更体现在多元文化的激荡与杂糅中,而这种既对立又统一的特性恰恰是哥打巴托区别于其他地区的重要标志之一。

哥打巴托的高山区位于棉兰老岛的西南端,沿西伯里斯海岸绵延200公里,呈现出4种地貌:北段是海拔上千米的火山高地,中段是绵亘陡峭的海岸山脉,东段转而向北弯曲,形成狭窄相连的山脉,而北段火山高地和东段山脉之间则是一派高原景象。蜿蜒的山脉将哥打巴托低地区分成五大块:面积最大的是占地达2600平方公里的哥打巴托河谷地带,由棉兰老河注入伊利亚纳湾(Illana Bay)冲积而成;次之的是位于东北端的卡门盆地(Carmen),占地约1 500平方公里;其余的分别是位于西南部的阿拉河谷(Allah Valley)、东南部的阿里河谷(Alip Valley)和南部的科罗纳达尔河谷(Koronadal Valley)。由于位于赤道低压带,哥打巴托地区终年炎热,风势和缓,降雨适量,高山区年降雨量约为2 500毫米,低地区在屏障作用的影响下年降雨量介于1 200~2 100毫米之间,南部萨兰加尼湾(Sarangni Bay)沿岸最为干燥,年降雨量不超过1 000毫米。哥打巴托地区的土著居民主要生活在高山区,虽然部族众多,使用的语言也多达数十种,但人口还不到该地区人口总量的10%。土著居民保存着原始的万物有灵信仰,地貌多样的高山区为满足各部族生存和定居所需提供了多种选择,这很好地避免了部族之间冲突的可能,但同时也增强了部族的排外性。相比之下,低地区则弥漫着浓重的火药味。穆斯林是低地区的早期移民，尤其在哥打巴托河谷区，由于历史上马京达瑙苏丹国的领土曾覆盖哥打巴托地区，因此该区多数穆斯林都使用马京达瑙语（Magindanaon）。华人也是较为早期的移民，多从事零售商业。虽然身为外族，但华人与穆斯林相处融洽，一个最重要的原因就是华人在信仰层面的兼容性很强，加之不少华人与穆斯林联姻后也转信伊斯兰教。北部移民的情形则大不相同。虽然自20世纪初就陆续有北部天主教徒移民至哥打巴托地区，但从未像20世纪50、60年代那样泛滥，来自吕宋岛群和米沙鄢岛群的天主教徒在政府行政支持下如潮水般涌入哥打巴托地区，如今超过半数的人口都是天主教徒，他加禄语、伊洛克语、宿雾语及希利盖农语等占据主导地位，这对于隶属于棉兰老穆斯林自治区的哥打巴托地区来说是难以接受的。宗教的对立或许仅限于穆斯林与天主教徒之间，但资源被挤占则波及包括土著居民在内的整个地区人口，因此，长期以来物质与文化层面的冲突成为哥打巴托地区的一大难题。值得注意的是，尽管哥打巴托人口在来源上千差万别，但几乎都将农耕作为最主要的谋生方式，这使得农业成为该地区的支柱产业，甚至是唯一的产业。玉米和稻米是两大主要的粮食作物，虽然移民潮还在继续，但是粮食作物的产量还是能够在满足本地所需的同时供给外地市场，尤其是中部米沙鄢岛群无法自给的地区。作为粮食的补充，块茎类植物也得到广泛种植，这折射出哥打巴托人口对粮食缺乏安全感，因为在移民潮汹涌的20世纪50、60年代，粮食产量一度无法完全满足激增的人口所需。在生产方式上，高山区的土著通常采取游耕的方式，亦即通过刀耕火耨清除林木以开垦农田，耕种一遍后，转而开垦其他地区的土地。这种方式能够充分利用土地养分并利于土地休养生息，但需要占用大片土地资源，而低地区不断扩张的人口已经开始威胁到土著居民的这种耕作方式。低地区人口采用定点耕作的方式，但也遇到了问题。新开垦的土地由于养分充足，头两三年产量颇丰，这一情形进一步刺激了移民潮。但是，随着耕作次数的增加，土地养分流失，如果不进行肥田，作物产量就会保持在一个较低的水平。然而农户往往不愿意接受肥田造成的种植成本上升，终将导致粮食产量与人口增长无法保持相对平衡，而农户在向山区扩展新田的时候又将触及土著人口的利益，引发矛盾和冲突。面对这些问题，一些农户也分化转产，有的受雇于商业公司管理菠萝、椰子种植园，有的经营农副产品加工作坊，有的转而从事木器加工业等，这些与传统农业相关的周边行业在哥打巴托地区也逐渐成为具有发展潜力和空间的行业。

（四）布基农—拉瑙火山区

布基农—拉瑙火山区位于棉兰老岛的西北部，西面与三宝颜半岛相邻，北面紧靠东米萨米斯省（Misamis Oriental）。这一地区以山区高地为主，主要由中、西部火山群喷发的岩浆及喷发物凝固而成，东部形成广袤开阔的高原，向西一直伸展，西北向止于潘吉尔湾（Panguil Bay），西南向止于伊利亚纳湾。中部火山群海拔高度1 800～2 800米，西部火山群海拔最高超过2 000米以上。西部火山区附近是棉兰老岛上最大的湖泊——拉瑙湖，其海拔高度约700米，面积达340平方公里。中、西部火山群之间分布着大小不一的高原平地，海拔600～1 200米。高原上交错的河流切割出深长的峡谷，壁仞千尺，行路艰难。整个火山区的高原在向南延展的过程中海拔逐渐下降至300米，终止于马里达高河谷（Maridagao）和普朗伊河（Pulangi River）。生活在该地区的居民多使用布基农语，这也是该地区的传统语言。由于海拔较高，布基农—拉瑙火山区气温宜人，雨水充沛，生长着大片茂密的雨林。因此，当地居民多采取游耕的方式发展农耕、畜牧业，即通过砍伐树木来开垦田地，再使用火烧的方法以灰肥田，滋养稻种或牧草。这一生产方式虽然对雨林生态具有破坏性，但由于当地经济形态普遍停留在自给自足的自然经济，居民满足生存所需即可，而且在耕种后会留出时间让土地充分休养。也正是基于这样的经济形态，整个地区的人口长期维持在一个较为稳定的水平，生活氛围保守而平和。随着来自邻省东米萨米斯和米沙鄢群岛的移居人口大量涌入，宿雾语也成为该地区的主要语言。移居人口在该地区发展种植园经济，雇佣当地居民作为种植工人，这也是促使宿雾语逐渐成为该地区的主导语言的因素之一。种植园多种植旱稻、玉米及薯类，占地达数百亩甚至上千亩，尤其是在东部平坦的高原。除了粮食作物外，菠萝、蕉麻、咖啡豆、菠萝蜜等是种植园主要的经济作物。种植园经济过多地占用了土地，对雨林造成大面积的破坏，打破了原有的平衡。移居人口多数是天主教徒，进入东、中部地区后也同化了大部分的当地居民，而信仰伊斯兰教的居民则主要生活在环拉瑙湖及以西地区。凭借着优良的水质和水产资源，环拉瑙湖成为整个布基农—拉瑙火山区人口最为稠密的地区。布基农—拉瑙火山区拥有大面积种植园和丰富的木材及矿产资源，西北和西南面坐拥两个海湾，但却没有像临近的三宝颜半岛那样发展出多个商贸中心，原因之一在于深长的峡谷给交通带来不便，另一个原因可能来源于原有居民自给自足的经济形态和原始的自然观念。

（五）三宝颜半岛

三宝颜半岛是棉兰老岛西部的一个半岛，向西南方向延伸至苏禄群岛。半岛三面环海，仅在东面通过潘吉尔湾和帕加迪安（Pagadian）之间的狭长陆地与棉兰老岛主体部分相连。三宝颜半岛上以火山高地为主，山脉呈东北——西南走向，使半岛呈现出狭长的形状。火山群集中于半岛的东北部，紧贴西米萨米斯省与三宝颜省的交界线。其中，安皮洛火山（Mt. Ampiro）海拔约2 200米，马林当火山（Mt. Malindang）则高达2 500米，两座火山为东北部地区带来肥沃的土壤和繁茂的人口。在火山群之间分布着许多狭长的低地，高低落差可达600米。火山群向半岛北面苏禄海沿岸的一侧高度急剧下降，形成悬崖峭壁，阻碍沿海低地的伸展，因此，这一带缺少可供农耕的开阔地。而火山群面向南面及西南面苏拉威西海沿岸的一侧则有多处缓坡，并随着山脉的终止在半岛南端的莫罗湾（Morro Bay）附近，留下一片广袤的低地平原。东南部海岸的海湾锡布盖湾（Sibuguey Bay）、杜曼基拉斯湾（Dumanquilas）和帕加迪安湾（Pagadian）入口处，也分布着相对开阔的低地平原。同时，流向苏拉威西海的河流也在湾口处交汇，不仅提供了重要的淡水来源，还为农耕灌溉带来便利。这一带也因此成为半岛上的人口密集区和商业中心。由于三宝颜半岛是棉兰老岛向西延伸的一个半岛，其原本的常住人口以穆斯林为主。但是，从殖民时期开始，大批米沙鄢群岛的天主教徒在政府的鼓励下移居三宝颜半岛，取代穆斯林成为主要人口，而穆斯林人口则逐渐南移至半岛南端以及附近的巴西兰岛。因此，半岛上流行查瓦卡诺（Chavacano）、陶苏格、亚坎（Yakan）、萨马尔、马京达瑙、宿雾等多种语言。农业是半岛的支柱产业，其中，稻米是最主要的粮食作物，东北地区通常种植旱稻，南部及东南沿海平原则多种植水稻。玉米也在半岛上普遍种植，而且产量颇丰，除了满足本地人口需求外还销往米沙鄢群岛。此外，椰子、蕉麻和橡胶也是半岛上重要的经济作物，而木材、煤矿、铁矿资源也较为丰富。对于聚居在半岛南部的穆斯林来说，渔业是不可或缺的经济来源，东南部苏拉威西海沿岸的大小海湾都是优良的天然渔场，海产品捕捞后随即通过沿岸的港口装箱外销。富足的资源为三宝颜半岛的商贸发展奠定了坚实的基础，南部及东南部沿海人口密集区也因为便利的地理位置而发展成为重要的贸易中心和物流枢纽，尤其是最南端的港口城市三宝颜，不仅位于菲律宾北、中部与南部海运线的交汇点上，还是商船来往菲律宾与印尼的必经之地。

（六）苏禄群岛

苏禄群岛自棉兰老岛三宝颜半岛向西延伸至加里曼丹岛东岸，与马来西亚沙巴州相望。苏禄群岛北临苏禄海，南接苏拉威西海，是沟通两个陆缘海的重要走廊。苏禄群岛主要由巴西兰群岛、和乐群岛（Jolo）与塔威塔威群岛（Tawi-Tawi）构成，其中，大岛多为火山岛，小岛多为珊瑚礁。巴西兰群岛与和乐群岛上耸立着海拔超过800米的火山，山涧交错的溪流能提供充足的淡水，低地与缓坡则能满足小规模的农耕需求。塔威塔威群岛则呈现出连绵的丘陵地貌，伴有浓密的雨林，缺少农耕所需的开阔地带。苏禄群岛的矿产资源并不丰富，只在塔威塔威群岛发现少量的铜、铁及锰矿。相对于有限的陆地资源，广袤的海域提供了取之不尽的经济来源。而且，两大陆缘海因地处热带，海水温暖，洋流、潮汐呈季节性变化，适宜常年水下作业。因此，苏禄群岛上的大部分岛民过着"海上吉普赛"式的生活，群岛更多被视为出海的中转站。岛民主要使用陶苏格、萨马尔和巴交（Badjao）三种语言。除了语言外，他们的主要区别在于对陆地的依赖程度。陶苏格语族通常沿海岸而居，他们建立村落作为定居点，既从事农业耕作，也利用近海资源开展捕捞业，发展零散的近海贸易。也正因为相对频繁的对外联系，他们与外族通婚的情况较为普遍，包括与华人、印度尼西亚人移民通婚。萨马尔和巴交语族稳定性较弱，他们一般没有定居点，大多生活在船上，偶尔靠岸补给。他们季节性的往返于加里曼丹岛、苏拉威西岛沿岸，最远可北上至中部的米沙鄢海域。苏禄海和苏拉威西海就是他们的传统渔场，其中的岛礁则成为他们海上作业的临时落脚点。由于常年的"海上吉普赛"式生活，他们并没有强烈的国家认同感，在从事捕捞作业的同时也会从事走私夹带、运送偷渡客甚至抢掠等活动，外界曾一度把他们视为海盗。总的来看，稳定性弱是苏禄群岛人口的突出特点，常年的出海生活也影响了人口的稳定增长和文化的稳定发展。即使是在海岸附近定居的岛民也很少会修建永久住所及公共建筑，零散贸易所使用的简陋场所也兼具集会、议事场所的功能。菲律宾独立后，政府加大了对海上违法活动的打击力度，并采取各种鼓励或强制措施使岛民定居下来。一些岛民登上陆地安家，对农业经济活动的参与程度有所提高，但群岛上的定居建筑常年空置的情形也时有发生。相较菲律宾群岛主体部分，苏禄群岛与加里曼丹岛、苏拉威西岛更为接近，岛民往来其间，较早接受伊斯兰文化。当然，由于生产、生活方式欠缺稳定性，他们的祈祷仪式已经简化。

第二节　民族

现今的菲律宾本土民族主要有两个来源。一是尼格利陀人，属于尼格罗—澳大利亚人种尼格利陀类型，亦即矮黑人。尼格利陀人是菲律宾群岛上最早的居民，他们早在2万年前后，从连接亚洲大陆的陆桥迁入，带来旧石器时代后期文化，其后裔是今天的阿埃塔族人。二是马来人，属亚洲人种马来类型。从现今菲律宾马来人所使用的语言来看，虽然互不相同，但同属南岛语系。关于南岛语系的发源和传播，学术界尚未完全定论，目前被国际学界接受的即是"出台湾假说"。这一学说认为，操南岛语系的民族源自亚洲大陆，在公元前5000多年用特有的双舷平衡体舟从中国南方到达台湾，继而又到达菲律宾群岛、加里曼丹岛、印度尼西亚东部，然后分东、西两支分别扩散到南太平洋与中太平洋加洛林群岛以及波利尼西亚群岛。没有确切的依据解释他们为何离开亚洲大陆。人类学家猜测，也许是迫于人口增长的压力、长江以南商业机会的吸引，甚至是对热带林产品和海洋产品的需求，或是气候大变迁等多种因素，他们选择向南顺流而下，从中国南方到达台湾。南岛语族主要有两个分支，即台湾南岛语支和马来—波利尼西亚语支。分支类型的确定和考古学的证据显示，马来—波利尼西亚语支分为多批由台湾向太平洋岛屿进发，其中一批约在公元前1000年至前500年辗转到达菲律宾，他们制造出典型的红泥陶衣陶器，参与创造了拉匹塔（Lapita）文化，这也是今天菲律宾马来人的祖先。由于他们是马来人中最早到达菲律宾群岛的，也被称作原始马来人。与之相对的是新马来人，他们是在公元前500年至16世纪，分三批迁入菲律宾群岛。他们带来了金属工具、阶级制度和文字。马来人的祖先到达菲律宾后，很可能遇到了尼格利陀人。尼格利陀人在这片群岛上已经生活了2万多年，他们善于狩猎和采集，零星地分布在物产丰富的沿海、河谷等低地区。马来人虽然无法占据优势的地理位置，但是凭借着累积的种植经验和技术，他们获得充足的粮食，并实现人口高水平增长。快速发展的马来人不断扩大居住范围，迫使尼格利陀人不断向高地和山林迁移。与此同时，伴随着马来人口的扩张，马来人的语言也对尼格利陀人产生了巨大的影响，今天不少阿埃塔族分支的语言已经被马来人的语言所同化。在漫长的历史发展进程中，尼格利陀人、马来人相互交流，扩大了菲律宾的民族群体，而这些民族又与阿拉伯人、印度人、华人及欧洲白种人等通婚，使菲律宾的民族群体更为丰富，也促进了民族文化的嬗变。而韩国人、日本人等的到来也不断充实了外来民族群体，使菲律宾的民族及文化呈现出多元化的发展趋势。

图2-3 南岛语族特有的船型

资料来源：http://www.majhost.com/gallery/midnightcat/PockylaPiratesWorld/Canoe

菲律宾群岛松散，民族众多，据菲律宾官方统计菲律宾的民族数量可达约180个。[①]菲律宾马来民族分布受地域影响呈现出相对集中的特点，可划分为三部分：（1）吕宋岛群部分，包括自吕宋岛向西南延伸的民都洛岛、巴拉望列岛，以及吕宋岛东南面的卡坦端内斯岛和马斯巴特岛等。这一部分也是菲律宾人口最稠密的地区，生活着他加禄、伊戈洛特、伊洛克、比科尔等民族，还有桑巴尔（Sambal）、邦阿西楠（Pangasinan）、邦板牙族（Pampanga）、芒扬族等其他民族以及巴拉望土著少数民族。（2）米沙鄢岛群部分，包括班乃岛、内格罗斯岛、宿雾岛、保和岛、莱特岛、萨马岛等6个大型岛屿以及周边数百个小岛。这一地区人口以比萨扬族（Visayan）为主。（3）棉兰老岛群及周边岛屿，包括从棉兰老岛向西南延伸的巴西兰岛、苏禄群岛以及周边小岛。该地区主要聚居着信仰伊斯兰教的摩洛

---

① Ethnic Groups in the Philippines, Friendly Borders, http：//www.ethnicgroupsphilippines.com/people/ethnic-groups-in-the-philippines/, 2014/4/10, 10：00.

族（Moro）和非穆斯林的鲁马族。而菲律宾的原始土著——阿埃塔族则在全境均有零星分布。

一、阿埃塔族

阿埃塔族，又称矮黑人，在菲律宾的土地上已经生活超过2万年，远比原始马来人更早到达菲律宾群岛。他们身材矮小，与非洲俾格米人相似，而他们生活的环境也与近赤道的非洲部族相似，因此西班牙殖民者称他们为"尼格利陀人"。阿埃塔族属于尼格罗—澳大利亚人种，男子平均身高1.50米，女子高1.42米，肤色褐黑，头大唇厚，眼珠深棕色，头发略带鬈曲。阿埃塔族人的平均寿命仅有16.5岁，成年人平均仅能活到27.3岁，仅1/3的儿童能够顺利长大成人。马来人对这个独特而古老的民族的称呼达20多种：Aeta、Agta、Atta、Ati、Bataan、Anglat等等。从称呼的数量也能看出，阿埃塔族在菲律宾的分布十分广泛，吕宋岛、米沙鄢岛、棉兰老岛、巴拉望岛等众多岛屿都有他们的足迹。然而，阿埃塔族在人口数量上不到菲律宾总人口的1%[①]。关于菲律宾的阿埃塔族从何发源尚无定论，目前学界认为他们的祖先是在大约2万—3万年前，通过连接加里曼丹岛与吕宋岛的大陆桥进入菲律宾群岛。

大部分阿埃塔族人至今仍依靠祖先传授的狩猎和采集方式生存。当阿埃塔族的祖先进入菲律宾群岛时，整个群岛还渺无人烟，他们于是占据了物产丰富的沿海、河谷地带，通过狩猎和采集活动获取食物。同时，他们也善于开发丛林里的食物资源。伴随着马来民族的进入，阿埃塔族的生活发生重大变化。快速发展的马来民族不断扩大居住范围，迫使阿埃塔族向高地和山林迁移。与此同时，马来民族人口的扩张，对阿埃塔族的语言产生了深刻的影响。现今，阿埃塔族内部主要分为麦安契、亚本连、麦因迪、安巴拉、巴丹等约20多个语族，[②]但这些语族都有一个共同特点，即所使用的语言中均充斥着南岛语系马来—波利尼西亚语支的音节、词汇、语法等，甚至有的已经完全改用马来民族的语言。16世纪中期，西班牙殖民者到达菲律宾群岛，开始向阿埃塔族推行天主教化，并强制他们结束游牧生活，定点定居。殖民者的同化政策使阿埃塔族发生分化：一些部族躲入高山密林，断绝与外界的联系；另一些则组织游击力量，在山区与殖民当局周旋；还

---

① Who are the Negritos?, Lawrence Waldron, http：//agta.4t.com/index.html, 2014/3/10, 12：00。

② 《南岛语系：北部菲律宾语支诸民族（一）》，载《全球视野看民族》，2009年8月第28期，第82页。

有一些仍保持与低地民族的物品交换，生活相对稳定、平和。20世纪初，美国取代西班牙成为宗主国。在当局资源掠夺伴随资本输出的殖民政策下，阿埃塔族的分化日益严重。失去生产资料的低地民族开始与山区的阿埃塔族人争抢土地及其他资源，招致阿埃塔族更强烈的仇视与反抗，民族矛盾日益激化。另一方面，与低地民族保持经济联系的部族进一步被卷入资本主义经济体系，更多阿埃塔族人沦为廉价劳动力。20世纪后半期，随着国内工业化的发展，阿埃塔族的生存环境面临着巨大威胁。采矿、伐木、盗林、烧垦等导致阿埃塔族聚居区的原生树林迅速减少，加之自然灾害频繁发生，而菲律宾政府又未对阿埃塔族人采取保护政策，阿埃塔族人口数量也因此持续递减。此外，文化和生活方式经历数千年几乎毫无改变的阿埃塔族人，承受社会和经济压力甚深，致使他们不得不四处流浪，甚至在街道上乞讨和寄住在城市公园内。

　　阿埃塔族习惯群体生活，但这种群体结构有着浓厚的原始共产主义色彩。阿埃塔族人的平均寿命较短，因此他们的群体规模都不大。群体中没有一个权威的首领，所有重大事务如集体狩猎、迁移、对外谈判等均由全体成年人共同商讨决定。集体狩猎的成果由狩猎者们平分，给猎物致命一击的成员或是家里有孕妇的成员则能得到双份，而采集和捕捞获取的食物由家庭消化，不需要在群体内均分。阿埃塔族没有金钱和土地所有权的观念，他们更愿意过一种居无定所的丛林生活。他们使用蕨类或棕榈类植物的叶子搭建窝棚，作为临时住所，以供睡觉和妇女生产之用。当然，有的部族也因为耕种而相对稳定下来，修建类似马来人居住的高脚屋当作住房。阿埃塔族的食物来源非常广泛，除了在树林里采集野生块茎植物，他们还捕食野猪、麝香猫等，还会捕鱼、捉昆虫以补充蛋白质。贝类、蜗牛、青蛙、虾、蜂蜜等都是阿埃塔族人的美味佳肴。由于野外的食物具有季节性，所以几乎每个阿埃塔族人都对丛林了如指掌，妇女们甚至能准确记录下每种果实的生长地点和成熟的具体时间。

　　阿埃塔族信仰万物有灵的原始宗教，在某些部族中，这一信仰仍然保留着最原始而传统的形式。殖民以及前殖民时代，阿埃塔族曾被认为是无信仰的民族，但随着研究的深入，学者们发现阿埃塔族人崇拜名为"塔路纳能（Talunanon）"的神灵。阿埃塔族人相信这种神灵广泛存在于树木、泉水等大自然环境中，具有至高无上的地位。"塔路纳能"并不总是仁慈的，它会向阿埃塔族人降下疾病。部族里的巫医会要求病人回溯其感到不适的时间和地点，然后用祭品供奉该地点的

"塔路纳能"以解除病人的痛苦。在树林里耕种的族人也必须在收获的季节拿出丰厚的农产品供奉"塔路纳能"。总之,每个阿埃塔族人都必须从思想、语言和行动上对这种神灵表达绝对的尊重,以保持阿埃塔族世界与神灵世界的平衡。过去,阿埃塔族有磨齿和刻肤习俗。磨齿即成年男性把上下颌的门牙、副门牙磨成犬齿状尖牙,以示勇敢。刻肤则是刻意损伤身体上的皮肤,然后用火、石灰或其他方法留下疤痕。阿埃塔族使用花、叶、腰带、项链,以山猪毛装饰的藤制项圈等作为饰品,他们还擅长编织,配置草药的技艺也闻名菲律宾。阿埃塔族内部各支的丧葬习俗大不相同,有的已改用马来人的丧葬仪式,有的则仍保持着传统的站立式下葬。这种丧俗是将亡人的身体埋于地下,只露出头部并戴上被称作"萨拉库(salakut)"的一种大帽子,放置3天后再用土掩埋。亡人生前最喜欢的物品都要作为陪葬品下葬,以防止其灵魂回来骚扰活人。

今天的阿埃塔族仍然生活在马来人世界的边缘,原始的生产生活方式、民族语言和传统文化都不同程度地遭到异质文化和现代社会的冲击,与世隔绝也许是一种保存民族特点的方法,但却带来严重的贫困和落后。另一方面,一系列自然灾害如火山喷发、海啸也不断威胁着他们的生存。阿埃塔族在历史上从未像现在这样面对如此严重的生存危机。阿埃塔族生来就与自然和谐共处,他们的历史记录着大自然的进化历程,反映了人类顺从自然、利用自然的聪明与智慧。保护阿埃塔族及其民族文化成为当代菲律宾乃至世界人类学界的重大课题之一。

二、吕宋岛群主要马来民族

(一)他加禄族

他加禄族是菲律宾最大的民族之一,数量约占总人口的30%[①]。在他加禄语里,"Tagalog"可以拆分为"taga"和"ilog",意为"居住在河边的人"。他加禄族主要分布在菲律宾最大的岛屿——吕宋岛及周边岛屿,包括民都洛岛,现今,他们大多生活在菲律宾首都——马尼拉及其周边地区,在政治、经济等方面都占据主导地位,他加禄语也于1937年被正式确定为菲律宾官方语言之一。他加禄族在长期的发展中大量吸收了来自西班牙和美国的文化元素,是菲律宾西化程度最高的民族,信仰罗马天主教。

---

① Barbara A. West, *Encyclopeida of the Peoples of Asia and Oceania*, Facts On File, inc., 2009, P761.

他加禄族发源于吕宋岛西南部的马尼拉湾沿海地区，包括现今的巴丹省、八打雁省、布拉干省、甲米地省、内湖省（Laguna）、奎松省、北甘马粦省、马林杜克省（Marinduque）、新怡诗夏省（Nueva Ecija）等省份。此外，民都洛岛、巴拉望岛等小型岛屿也有他加禄族人生活的痕迹。这些区域地形复杂，尤其是小型岛屿上，高山、河谷纵横，雨林、沼泽交错，还有面积不大的沿海平原，气候也变化多样，台风、地震、火山喷发等各种自然灾害也频繁发生。同时，全球变暖导致海平面升高，也威胁着居住在沿海低地的他加禄族人。当然，环境因素也有积极的一面。热带海洋及季风性气候带来充沛的雨水，推动农业繁荣发展，人口快速增长。此外，雨林和海洋也为他加禄族人提供了诸如木材、蜂蜜、鱼虾、贝类等各种丰富的资源。

他加禄族有记载的历史开始于1565年，也就是西班牙殖民者到达菲律宾的时候。在此之前，他加禄族的商业已经有初步发展，与吕宋岛上的阿埃塔族及其他山地民族进行物物交换，与中国、日本、印度以及东南亚的马来王国有贸易往来。同一时期，随着南部菲律宾群岛的穆斯林到达马尼拉，伊斯兰教也开始在吕宋岛传播。然而这一进程被西班牙殖民者打断，他们驱赶穆斯林，并在吕宋岛推行天主教化。有学者认为，尽管他加禄族人与外界建立了广泛的联系，但他加禄族像其他岛民一样，保留着古老的游耕农业习惯，亦即刀耕火耨的农业生产方式，与之相适应的原始万物有灵信仰也成为他加禄族的主要精神信仰。西班牙殖民者的到来，极大地改变了他加禄族人的生产、生活方式。与吕宋岛上的伊洛克族、邦板牙族、邦阿西楠族等低地民族相同，他加禄族也很快接受了天主教信仰，生活也逐渐走上西化的道路。相反，以吕宋岛西北山区伊戈洛特族为代表的山地民族则为了抵御殖民者的侵害，不断撤向内陆腹地，隐居在山林中。低地民族与山地民族走上了大相径庭的文化发展道路，甚至互相敌视、互相攻击。西班牙殖民者推动天主教化的手段之一是借助低地民族的语言传教。1593年，第一本用他加禄语出版的书就是关于天主教信仰的，名为《天主教教义》(Doctrina Christiana)。另一个手段就是将天主教故事嫁接到当地民族的信仰神话中，这样一来，很多当地民族所崇拜的神灵便有了对应的天主教圣神形象，在日常和节庆仪式上，两种形象合二为一，得到当地民族的崇拜。面对西班牙殖民者的天主教化，他加禄族在接受的同时也进行着反抗。19世纪，菲律宾反抗西班牙殖民统治的民族主义力量风起云涌，其中三名著名领袖扶西·黎刹（Jose Rizal）、埃米利奥·阿奎纳多

（Emilio Aguinaldo）和安德烈·波尼法西奥（Andres Bonifacio）就来自于他加禄族。他们在1890年代发起反西独立革命，持续长达约10年之久。1898年6月，他们在他加禄族的发源地——马尼拉西北50公里处的布拉干省马洛洛斯（Malolos）宣布成立菲律宾第一共和国。不久，共和国革命军遭遇惨败，但仍然在他加禄族的居住地与西班牙殖民者进行顽强的游击战，直到1902年美国正式接管菲律宾。

在美国统治时期，他加禄族人也扮演着重要角色，他们在政治、经济以及社会其他领域都具有重大的影响力。也正是因为这一点，尽管在菲律宾群岛的近200种语言中，他加禄语并不是最普及的语言，但却于1937年被确定为与英语并行的官方语言。在美国"菲人治菲"的政策下，时任总统的曼努埃尔·奎松（Manuel Luis Quezón），作为一名他加禄族人，他领导的自治政府也得到了菲律宾国内各派的支持。1942年，日本侵占菲律宾，奎松被迫流亡海外，并辗转到美国组建流亡政府，但最终因罹患肺结核在纽约辞世。菲律宾独立后，一直到1990年代，另一位他加禄族人约瑟夫·埃斯特拉达（Joseph Ejercito Estrada）出任总统。他出生于马尼拉，是一名演员兼制片人，于1998年当选总统，供职至2001年。20世纪40—50年代，吕宋岛的他加禄族生活困苦，他们先是遭受日军的戕害，后又因菲律宾政府展开清缴反政府游击队而再次遭到骚扰。1942年，日军占领马尼拉后，强迫数以万计的菲律宾士兵在毫无任何补给的情况下连续步行至82公里以外的集中营。这些士兵有很多来自于他加禄族，他们本就身负重伤，或感染疟疾，在行进过程中又受到日军虐待，最后大批死亡，这一事件被称作"巴丹死亡行军"。第二次世界大战结束后，菲律宾抗日武装力量发生分化，其中名为"虎克党"（Hukbalahap）的一支在吕宋岛展开对抗政府军的游击战。在"虎克党"与政府长达7年的频繁冲突中，许多他加禄族人被抢劫、绑架、杀害，女性还遭到强暴，成为无辜的牺牲品。有的他加禄族人被迫加入双方军队，在冲突中白白送了性命。

在西班牙殖民者到达菲律宾之前，他加禄族数百年来主要从事农业、渔业以及商业贸易。居住在菲律宾群岛北部的他加禄族人种植稻米，由于气候条件优越，稻米长年丰收。而南部的他加禄族人除了种植稻米外，还种植甘蔗、椰子等经济作物以及其他热带水果。由于沿河居住，他加禄族也十分重视发展渔业，一方面是为了补充肉类蛋白，而另一方面也是为了进行贸易交换。他加禄族通常会定居在河流及道路周边，而今则是居住在铁路、高速路等交通便利地区，以方便商品运输和人员交流。他加禄族基本是以亲缘关系为基础，结成团体共同生活，这种团体被称为"巴朗盖"。每个"巴朗盖"约为20～30户，是他加禄族及其他低地民族的重要社会单位。这种组成既能方便成员之间劳作互助，也有利于团体进行共同防御。在南岛语族中，他加禄人的"巴朗盖"也颇具特色，虽然亲缘关系是"巴朗盖"的基础，但却并不是唯一纽带。与毛利人和夏威夷人不同，他加禄族人并不强调同一家庭中子女之间的关系，子女各自成家后并不会保持亲密的联系。相反，即使是生活在他加禄族聚居区的陌生人，甚至是非他加禄族，都可以通过姻亲、互助等方式加入到"巴朗盖"中。在婚丧嫁娶等重大仪式中，或者是各种天主教纪念日中，同一"巴朗盖"中的家庭会互赠礼物，共同聚会，以体现团体内部的联系。

尽管他加禄族已经普遍信仰天主教，但实际上他们也仍然保持着对原始的精灵、神怪及其他非天主教圣灵的信仰。生活在城市周边及农村地区的他加禄族人，除了与天主教神职人员交流外，也会经常探访灵媒和巫医，而基督新教、独立教与天主教一样，成为众多他加禄族人心中并行不悖的信仰。

（二）伊戈洛特族

"Igorot"在他加禄语中意指"山民"，是对集中居住于菲律宾吕宋岛科迪勒拉山区共9个土著部族的统称，人口总量约为180万[1]。伊戈洛特族也属于南岛语族，他们的祖先在公元前3000年左右，划乘特有的双舷平衡体舟自亚洲大陆经中国台湾到达菲律宾。伊戈洛特族在到达菲律宾群岛后没有选择在低地平原生活，而是进入吕宋岛北部的科迪勒拉山区定居，并最终形成了9大部族，分别是：彭托克（Bontoc）、加当（Gaddang）、伊巴洛伊（Ibaloi）、伊富高（Ifugao）、伊隆戈特（Ilongot）、伊斯聂格（Isneg）、卡林加（Kalinga）、坎卡纳伊（Kankanay）、丁古安（Tinguian）。

科迪勒拉山区位于吕宋岛北部，面积约为全岛的1/6。科迪勒拉山脉是菲律宾最高且最长的山脉，其中的普洛格山是最高峰，海拔高达2 922米。科迪勒拉山区在行政上自成一个大区，下含6个行政省份，分别是：阿布拉省、阿巴尧省、本格特省、依富高省（Ifugao）、卡林加省（Kalinga）、高山省（Mountain Province）。[2]科迪勒拉山脉上有大片可供耕种的梯田，伊富高部族也充分利用这些梯田种植稻

---

① James Minahan, *Ethnic Groups of South Asia and the Pacific: An Encyclopedia*, ABC-CLIO LLC, 2012, P63.
② 卡兰古雅部族集中居住于新比斯开省，紧靠科迪勒拉区南面，在行政区划上属于卡加延河谷区。

米，形成了今天的第八大奇迹——伊富高梯田，于1995年被联合国教科文组织定为世界文化遗产。科迪勒拉山区气候凉爽宜人，终年云雾缭绕。山林木材资源充足，铜、铁、金等金属矿藏储量丰富。在殖民时期，西班牙统治者一直觊觎科迪勒拉山区的资源，但该区的伊戈洛特族人团结一致，顽强抵抗，西班牙统治者只得作罢。

根据西班牙殖民者的早期文献，伊戈洛特族的生产、生活方式与低地平原民族相近，语言上也有亲缘关系。伊戈洛特族也是依靠种植农业作为食物的主要来源，但由于山区天气寒凉，伊戈洛特族人种植的稻米不能像在温暖潮湿的低地平原那样多季多产。因此，伊戈洛特族人建立起广泛的物物交换网络，并一直与低地平原民族保持着和平共生的关系，用黄金、林产品等与其交换稻米和家畜。然而，西班牙殖民者的入侵改变了这一情形。西班牙殖民者推行天主教化，许多低地民族转而信仰天主教，在践行宗教教义的过程中渐行渐远，与伊戈洛特族人之间形成了巨大的文化鸿沟。为了以示区别，西班牙殖民者把信仰天主教的低地民族称为"土著（Indios）"，把伊戈洛特族人称作"异教部族（tribus independientes）"。此后，族际之间曾经良好的关系不复存在，伊戈洛特族人在封闭的文化空间内逐渐形成排外的思维习惯，甚至对外抱有敌视的态度。另一个导致伊戈洛特族人对外敌视的因素就是西班牙殖民者不择手段抢占、开挖伊戈洛特族聚居区附近的矿藏。由于伊戈洛特族人占有储量可观的金矿，西班牙殖民者软硬兼施，在整个19世纪向伊戈洛特族人发动了频繁的军事行动，但大部分行动都以失败告终。

1899—1901年菲律宾独立战争期间，伊戈洛特族与其他菲律宾民族共同反抗美国殖民者。然而，面对美军的强大火力，仅靠长矛和斧头简单武器武装起来的伊戈洛特族军队遭遇惨败，逃回山林。伊戈洛特族内部也发生了分化，一些部族成为美军的同盟，充当向导辅助美军剿杀低地民族的抗战游击队。尽管如此，战争结束后，美国仍然将伊戈洛特族视为通过猎头展现勇气的野蛮而排外的民族。在美国1904年举办的圣易斯世界博览会和1909年的阿拉斯加—尤康—太平洋博览会上，伊戈洛特族被描述为宰杀和食用犬类的民族，而且还保留着狩猎人头的恐怖习俗。美国以此判定伊戈洛特族是人类进化链上最为落后的民族，必须通过教化使其走向文明。对于大多数低地民族来说，美国基督新教的教化并不难接受，毕竟他们在几个世纪以前已经追随了天主教信仰。然而，对于伊戈洛特族而言，西班牙长达300年的天主教化都无法使其屈服，更何况是新进的基督新教。最终，伊戈洛特族中的一些部族转而信奉基督新教，一些则仍坚守原始的万物有灵信仰，而大部分是同时接受了上述二者。

20世纪下半期，菲律宾国内经济的发展再次给科迪勒拉山区带来新的冲击，地产商、木材公司，甚至是马科斯政府都对该地区的资源虎视眈眈。马科斯政府和世界银行合作的水利项目要在该地区的奇科河上兴建水坝，严重威胁到卡林加部族的聚居区，卡林加人不得不奋起反抗。政府军对卡林加人的军事进攻持续了数年，还炸毁了卡林加人的村庄，导致他们死伤无数。卡林加人的顽强斗争迫使该项目搁浅，1986年上台的科拉松·阿基诺（Aquino Corazon）政府彻底终结了这一项目。然而，阿基诺政府面对的不仅仅是卡加林部族为保卫家园进行的反抗活动，还有整个科迪勒拉山区的伊戈洛特族人要求政府军完全撤离的强烈诉求，为此，他们还成立了科迪勒拉人民解放军，与政府军进行军事对抗。科迪勒拉人民解放军与反政府武装新人民军结成同盟，后者因发动严重暴力事件被菲律宾政府定性为恐怖组织。

早期经中国台湾到达菲律宾的马来民族已经拥有了耕种和驯养的技术。他们一代又一代种植稻米，直到今天稻米仍然是吕宋岛各个马来民族不可或缺的主食。他们还饲养猪、狗、鸡等家畜家禽，并按照农业节气来计划和安排生活。同属马来民族的伊戈洛特族人也遵照相同的生产、生活方式，但是稻米的种植需要平缓的地势，伊戈洛特族聚居的山区无法满足这一条件。聪明的伊富高部族和彭托克部族试着开垦并平整出阶梯状的田地，种上了稻米并获得丰收。在长期的梯田耕植中，伊富高部族掌握了娴熟的技巧，他们管理的梯田尤为壮观。如果将伊富高的梯田首尾相连，其长度将是中国长城的10倍，能绕地球半周。在伊戈洛特族中，彭托克、坎卡纳伊、伊巴洛伊部族与低地民族一样，主要种植水稻，卡林加和丁古安部族则水稻、旱稻并种。与其他部族不同，加当和卡兰古雅部族则采用游耕的耕作方式，在科迪勒拉山区的密林中通过刀耕火耨开荒种地。由于使用完全不同的农业耕作方式，有的学者认为这两个部族不应该被划归为伊戈洛特族。但是，这两个部族与伊戈洛特族的其他部族一样，不仅长期生活在科迪勒拉山区，还有着相同的猎头习俗和排外心理，因此，学术界的主流观点认为他们仍属于伊戈洛特族。在接受基督教及新教之前，伊戈洛特族人的信仰体系与其他南岛语族有所不同。虽然各个部族在信奉的神灵和崇拜仪式方面有着细微的差别，但他们都一致承认这些神灵有着无与伦比的重要性，都相信存在一个诸神之主，都采用相同的动物祭祀。此外，9个部族也不约而同的肯定亲缘关系在部族社会组织中的核心地位，并广泛沿用两可系继嗣制。这是一种子女可选择父方或母方的任何一方来确定其与亲属间关系的继嗣规则，而大多数伊戈洛特族女性都选择母方继嗣，男性则选择父方。正是由于相对灵活、自由的继嗣规则，外人通常很难釐清伊戈洛特族某个宗支的谱系。

（三）伊洛克族

"Ilooc"一词可拆分为"I-looc"，意思是"来自海湾"，由此可看出，伊洛克族是一个分布于沿海地区的低地民族。伊洛克族人口数量约为930万[①]，除了人口发达外，他们还有着古老而发达的语言体系，是菲律宾第三大语支族群，他们的语言影响了吕宋岛山区的很多伊戈洛特族的部族，这些部族已经完全接受并使用伊洛克族的语言。

伊洛克族最早主要居住于吕宋岛北部的沿海平原地区，包括北伊罗戈省（Ilocos Norte）、南伊罗戈省（Ilocos Sur）、联合省（La Union），此外还有一个内陆地区，即阿布拉省（Abra）。现今，伊洛克族人已经遍布吕宋岛、民都洛岛、棉兰老岛等地。伊洛克族人是一个富有迁移精神的民族，从19世纪起，他们就不断向菲律宾群岛各处迁移。20世纪初，伊洛克族人也成为最先移民美国的菲律宾民族，他们在夏威夷、加利福尼亚等州暂住或定居。伊洛克族人大量迁移的原因之一就是他们原有的聚居区自然环境恶劣，生存条件艰苦。吕宋岛北部的沿海平原狭长蜿蜒，土质多为砂石，不利于农业耕种。周边山区聚居的少数民族部落内向仇外，伊洛克族人很难实现土地扩张。此外，绵长的雨季和频繁的台风都不利于耕种产业的发展，这些都导致伊洛克族人的生活异常艰难。

伊洛克族人的祖先属于公元前500年以后进入菲律宾的新马来人，语言属于南岛语系马来—波利尼西亚语支。在前殖民时期，伊洛克族人与菲律宾其他马来民族一样，依靠代代相传的农业种植生产方式获取粮食，由农耕生发出来的对自然神灵的信仰以及对祖先的崇拜成为伊洛克族人最主要的宗教意识。与他加禄族的"巴朗盖"类似，伊洛克族人也通过血缘关系结成群体性共同生活，每个群体都推选出一个首领，负责群体的政治、司法行为。伊洛克族人建立了广泛的物物

---

① James Minahan, *Ethnic Groups of South Asia and the Pacific*：*An Encyclopedia*，ABC-CLIO LLC，2012，P106.

交换及贸易网络。由于大部分伊洛克族人居住在吕宋岛北部沿海地区，他们很早就与活跃在东南亚海岛地区的中国、日本商人进行贸易互通，所得除了满足族人需要外，再通过物物交换的方式转让给高地民族。伊洛克族人主要向高地民族提供稻米、海产品，并换取黄金、木材、蜂蜜以及野味等。在伊洛克族人的推动下，吕宋岛北部的高地民族、沿海低地民族以及外来民族之间建立起最原始的商业联系，促进了剩余产品的流动和民族文化的沟通，而位于佬沃河出海口不远处的佬沃也成为当时亚太地区名噪一时的商品集散地。

　　1572年，西班牙军官胡安·德·萨尔塞多（Juan de Salcedo）率领拓殖队到达吕宋岛北部地区，天主教随即传播开来，大量教堂得以建立，至今仍然矗立。1612年，圣威廉姆斯大教堂（St. William's Cathedral）落成。这是一座具有意大利文艺复兴风格的建筑，有一个独特的二层四格外观，是西班牙殖民者在伊洛克族聚居区建造的最大的教堂之一。在西班牙传教士的影响下，不少伊洛克族人也开始改信天主教并加入到传教工作中，但他们对高地民族的教化往往以失败告终。随着天主教化背后的殖民本质不断暴露，伊洛克族人开始察觉到西班牙殖民者的侵略意图，并拒绝与其继续合作。16世纪下半期，一些伊洛克族的部族先后发起了零星的反抗西班牙殖民者的起义，这些起义断断续续一直持续到18世纪中期。从18世纪下半期至19世纪初，伊洛克族人发起了更广泛且更具有组织性的反抗运动，其中，规模最大的两次分别是为了反对西班牙殖民者对当地烟草和酒的垄断制度。1814年，伊罗戈地区的伊洛克族人再次发动了大规模的反抗运动，以抗议西班牙殖民者在法律上把伊洛克族人定为次等公民。为了瓦解反抗运动，西班牙殖民者对伊罗戈地区进行军事管制，强行将该地区分割为北伊罗戈和南伊罗戈，这一做法引发伊洛克族人更强烈的仇恨。尽管他们的反抗被西班牙殖民者残酷镇压，但他们从未停止过反抗。19世纪末，菲律宾民族解放组织"卡蒂普南"（Katipunan）成立，并先后发动反西、反美革命，伊洛克族也积极响应革命并加入革命军。伊洛克族人格雷戈里奥·阿格里佩（Gregorio Aglipay）主教在革命过程中参与创建了菲律宾独立教会，独立于梵蒂冈，主张菲律宾人任圣职并用本土语言传教，信众达上百万人。美国接管菲律宾后，伊洛克族人进一步被卷入殖民经济体系中，生活方式也越来越西化，相对宽松的移民法律也促使更多伊洛克族人移民至美国的加利福尼亚、夏威夷等州，这些移民者以单身男性居多，他们主要在这两个州充当种植园工人。1946年，多达7 365名伊洛克族男子通过美国劳工署的劳务输出项目前往夏威夷州就业，有的后来回乡娶妻后又再度前往，而更多的是通过菲律宾国内报刊登载征婚广告，迎娶本土女子赴美成家。因此，20世纪中后期生活在夏威夷州的菲律宾人中，伊洛克族人的比例高达70%。[①]

虽然伊洛克族人改信天主教，并在此基础上创立了菲律宾独立教，但他们从未放弃传统的原始信仰。在伊洛克族的创世神话中，一位名为阿兰（Aran）的巨人创造了天空，并将太阳、月亮和星星挂在天空上，在它们的照耀下，阿兰的同伴安加罗（Angalo）发现了大地，并在大地上捏塑了山川、河谷和海洋。之后，安加罗向大地啐了一口，唾沫星子变成一个男人和一个女人，安加罗把他们放入竹筒里扔进大海，竹筒被海浪冲上伊罗戈地区，这就是伊洛克族人的祖先。除了崇拜自然造物主和神灵外，伊洛克族人还相信人类灵魂的存在，例如未受洗礼的婴儿亡灵会危害新生儿，亡人若不能在葬礼上得到食物供祭便会阴魂不散等等。总的来看，伊洛克族人是虔诚而迷信的，燃烧的蜡烛发出气味、一阵突如其来的微风都会被视作人的灵魂，它因无法亲身前来只得出窍以探访临危病人。而垂危者的呻吟声、家居物品发出的响声以及夜晚家禽、家畜的叫声，则时时提醒活着的人要为已逝的人向神明祷告，祈求宽恕其罪孽。

现今，伊洛克族人的生活已经逐渐西化。以血缘关系为基础的家庭仍然是伊洛克族社会结构的基本单位，每个家庭平均6～7名成员，父亲是具有权威性的家长，母亲主要管理家务和经济支出，长子向兄弟姐妹分派家务以辅助母亲，祖父母则颐养天年。父母注重培养子女独立生活的能力，子女遇到困难时也很少会向直系血亲以外的人求助。群体性结构也仍然存在，但主要以社区互助会为形式，例如妇女互助会、协调公共劳动的互助会以及组织公共庆典的互助会等功能性群体，推选的领导也只是扮演组织者的角色，并不具备政治、司法性权威。伊洛克族人热爱舞蹈，他们的舞蹈来源于劳动生活，并根据不同生产劳作生发出多种多样的形式如渔民舞、织布舞、锅舞等等。他们的舞步容易，动作简单，但这恰恰体现了伊洛克族人单纯的生活和快乐。

（四）比科尔族

比科尔族主要指居住在菲律宾比科尔区的低地民族，他们颂扬一位曾统治过现今黎牙实比地区（Legazpi City）的英雄加特·伊巴（Gat Abaal），并流传下英雄史

① Barbara A. West, *Encyclopeida of the Peoples of Asia and Oceania*, Facts On File, inc., 2009, P304.

诗《伊巴隆》（Ibalon），因此最早他们自称为"伊巴隆人"。"Bicol"一词的原型是"bikod"，意思是"蜿蜒曲折的"，形象地描述了比科尔族的居住环境，他们通常选择在沿河的低地河谷区定居，以便与生活在山林的高地民族相区分。比科尔族人口数量约为600万[1]。

比科尔区位于菲律宾吕宋岛的最南端，三面环海，东面与太平洋相接，东南面紧临萨马海，西南面毗邻锡布延海，只有北面通过奎松省与吕宋岛其他部分相连。比科尔区涵盖6个省份，分别是阿尔拜省、北甘马粦省、南甘马粦省、卡坦端内斯省、马斯巴特省和索索贡省（Sorsogon）。其中，卡坦端内斯省和马斯巴特省是两个岛屿省份，岛上有独特的火山景观，马荣火山、布卢桑火山和伊萨罗格火山都是著名的活火山。由于是岛屿省份，又受热带海洋性季风气候的影响，卡坦端内斯省、马斯巴特省及相连的索索贡省终年炎热潮湿，从11月到次年1月是连绵的雨季。相比之下，与吕宋岛相连的阿尔拜省、北甘马粦省、南甘马粦省全年降雨量平均且适中，没有持续的雨季。

在西班牙殖民者到来前，比科尔族的生产、生活方式与其他低地民族并无两样。1569年，西班牙人路易斯·恩里克斯·古斯曼（Luis Enriques Guzman）带领探险队从菲律宾中部的班乃岛到达马斯巴特岛、蒂考岛（Ticao Island）和比科尔半岛上的伊巴隆地区。随行的神父阿朗佐·希门尼斯（Alonzo Jimenez）学习当地比科尔族人的语言，并用该语言撰写教义手册分发给比科尔族人，开启了天主教在比科尔地区的传播。西班牙还在该区开设船舶厂，货船来往于马尼拉和墨西哥港口城市阿卡普尔科（Acapulco），开展海上贸易。随着民族意识的觉醒，比科尔族人开始与殖民者进行对抗。1649年，萨马岛瓦赖部族发起大规模反抗西班牙殖民者的运动，索索贡地区的比科尔族随即加入到反抗运动中，甘马粦地区的比科尔族也发动了起义。1762年至1764年，英国曾一度占领马尼拉，比科尔族人又展开了针对英国殖民者的反抗运动。由于比科尔族基本接受了天主教化，整个比科尔地区又控制在西班牙殖民者的手中，与殖民者爆发激烈宗教战争的南部摩洛族穆斯林不时北上骚扰、抢掠比科尔族人的聚居区，对比科尔族人的生活造成威胁，"警惕并远离摩洛人"便成为比科尔族人成长中必须紧记的教诲。美国接管菲律宾后，宗教战争仍在持续。为了壮大军队，摩洛族也向北部的吕宋岛招募士兵，

---

[1]　James Minahan, *Ethnic Groups of South Asia and the Pacific: An Encyclopedia*, ABC-CLIO LLC, 2012, P41.

许多当地人都加入到反抗美国殖民者的战线中，其中就有不少比科尔族人。1946年菲律宾独立后，反政府武装隐匿在比科尔地区招募、训练士兵，一些右翼分子也潜藏于这一地区，对当地比科尔族人的生活造成不利影响，一些比科尔族年轻人也因参加这些组织而丧命。

比科尔族喜欢沿河而居，贯穿整个半岛的比科尔河为他们的农耕提供了充足的灌溉水源。比科尔族种植稻米、玉米以及块茎植物作为食物来源，他们仍沿用传统的农耕技术，利用水牛拉犁耙耕地，使用镰刀收割，通过人工踩踏的方式给稻谷脱粒，最后用簸箕扬米去糠。由于身处台风多发地带，比科尔族人通常不保留剩余农产品，而是将其换成现金储存。除了种植粮食，比科尔族人还选择河谷及火山斜坡等肥沃地带种植椰子和蕉麻等经济作物。比科尔族人十分擅长种植蕉麻，早在17世纪以前，比科尔地区就是著名的蕉麻产地。西班牙传教士佩德罗发明自动刮麻机，推动了蕉麻加工业的发展，到19世纪，比科尔地区的蕉麻产业已经成为殖民经济的支柱。尽管今天蕉麻有了人工替代品，但蕉麻及蕉麻制品仍然为比科尔地区带来可观的经济收益。渔业也是比科尔族人的重要产业，每年的5月至9月是捕鱼旺季。此时，比科尔族人会进行集体捕捞，所使用的船舶设备由电力或柴油驱动，定制的巨大渔网也耗资不菲，相对于个人捕捞所使用的简单工具先进很多，收获也更为丰富。另外，金属矿开采也是比科尔族人的重要经济来源之一。西班牙殖民统治时期，北甘马舜省就是生产矿产资源的主要省份之一，该省的巴拉嘎列市被发现处于吕宋岛中部最大的弧形铁矿成矿带上，当地的铁矿开采行业迅速发展、蓬勃起来。

比科尔族十分重视家庭关系和家庭成员共同的宗教意识，认为这是维系家庭的纽带和进行沟通的基础。对家庭的重视可能源于自然灾害的威胁。比科尔半岛位于台风带上，因此这一地区每年都要遭遇多次强台风的袭击，家庭成员失散、受伤甚至死亡的情形时有发生。每个家庭成员只有充分重视家庭关系，在台风侵袭时齐心协力、互相扶助，才能减少财产、人口的损失，安全渡过难关。在意识层面，虽然比科尔族已改信天主教，但他们仍然保留着传统的神灵信仰，尤其是对死后灵魂和世界的信仰，此外，他们也相信万物有灵说。因此，无论是天主教节日还是传统节庆，比科尔族人都不会错过。

总的来看，比科尔族的价值体系复杂而多样，既体现出西班牙天主教的教义与精神，糅合了美国式的物质生活方式，又保留着万物有灵的传统原始信仰，同时还反映了不稳定的区域气候条件所带来的影响。这一多元化的体系在比科尔族流传的民间传说和诗歌中得以再现，并通过儿歌、圣歌等载体灌输给正在成长的新一代，实现了新的创作和旧的传承的统一。

（五）吕宋岛群其他少数民族

在菲律宾北部的吕宋岛及其附近，还由北向南分布着桑巴尔族、邦阿西楠族、邦板牙族等主要少数民族。这些民族集中于吕宋岛的中部，桑巴尔族生活于三描礼士山脉的西北面，邦阿西楠族聚居于三描礼士山脉北面，西邻南中国海，邦板牙族则位于邦板牙河下游的冲积平原和沼泽三角洲。菲律宾官方统计数据显示，截至1990年，桑巴尔族人口约12万，邦阿西楠族则超过115万，邦板牙族高达约286万。[①]这几个少数民族在语言上比较相近，都受到他加禄语的影响。由于同属马来民族，且聚居区互相毗邻，这些民族在生产、生活上也形成了相似的习惯和风俗。在农业生产方面，他们都种植稻米作为食物的主要来源，尤其是邦板牙族，水量充沛的邦板牙河带来肥沃的冲积土，同时为稻米种植提供了便利的灌溉条件。除稻米外，邦板牙族还利用广阔的冲积平原种植大片的甘蔗。这些少数民族也善于因地制宜，发展渔业。林加延湾为邦阿西楠族提供优良的水域，他们在海湾沿岸发展以鱼类、贝类为主的海产养殖业，而桑巴尔族也在沿海地区发展海产捕捞业。此外，这些少数民族都擅长制作精美的手工艺品，其手工艺品兼具实用性和艺术性。邦板牙族人木雕手艺精湛，还会使用麻类纤维编织各色垫子，制作糕点、腌肉的手艺也闻名遐迩。邦阿西楠族也会编织麻类垫子，而且他们的冶铁技术高超，善于制造金属工具，尤其是锋利的砍刀。这几个少数民族虽然都改信天主教，但仍然保留着传统的万物有灵信仰和对祖先灵魂的崇拜。他们的基本社会结构也都以血缘关系为基础，在家庭之外还有社群，但也已经发展成为功能性社群。他们在适应现代世界的同时，也在努力维护着本民族的文化。

吕宋岛西南面的民都洛岛上，也生活着一个少数民族——芒扬族。芒扬族主要分为8个部族，分别是伊拉亚（Iraya）、阿拉安（Alangan）、塔狄阿望（Tadyawan）、陶布熙德（Tau-buid）、邦贡（Bangon）、布熙德（Buhid）、哈努诺（Hanunoo）和拉塔诺（Ratagnon）。这些部族在语言、习俗上虽然各不相同，但都在民都洛岛上和平共处了上千年。根据菲律宾国家文化委员会（National Commission for Culture and

① National commission for culture and the arts, http://www.ncca.gov.ph/, 2014/2/17, 16：00。

the Arts)的最新统计，芒扬族的人口2.2万人①。民都洛岛是菲律宾的第七大岛，面积约10 572平方公里。岛上东北部有最高峰阿尔孔山（Mount Halcon），高约2500多米，沿海平原上有瑙汉湖（Naujan Lake），面积约80平方公里，出产淡水鱼。因此，大部分芒扬部族都聚居于民都洛岛东部。游耕是芒扬族普遍的农业生产方式，对于人口不多的芒扬族来说，土地是十分充裕的，而且游耕有利于土地休养生息，也避免了繁琐的施肥工作。相对于稻米，块茎类植物的种植更为便利，因而芒扬族人常年的主食是红薯、紫薯、山芋等。此外，他们还种植香蕉、椰子、生姜等。为了保护聚居区的环境，芒扬族人谨慎选择游耕地点，他们一般不选择沿河地带和原生林开垦农田，同时，他们也反对采矿活动。这也使得芒扬族人的经济生活相对单一，除了定期将剩余农产品出售给低地民族外，他们与外界几乎没有其他经济联系。芒扬族有很强的族群保护意识，每个部族都制定了严格的族规和惩罚措施，这也许是历史上长期抗击外侵的过程中形成的共同心理。每个部族内部通常结成若干团体，一个团体由5～12个家庭组成，选择山涧斜坡附近作为定居点。每个团体以最年长的成员的名字命名，以便与其他团体相区别。大多数芒扬族人的生活非常原始，每天日出而作，日落而息，住在用棕榈植物叶茎扎制的茅屋里，使用油灯照明。芒扬族人最具特色的习俗莫过于以诗传情，现今这种习俗还完整地保留在哈努诺和布熙德部族中。相爱的男女将爱语刻在鲜绿的竹筒上，然后放置在爱人必经的小道旁，对方收到后也会通过相同的方式回信。由于竹筒的放置点为公共场所，所以每个人都能阅读到两人的爱语，也许正是在大家的见证下，两人的爱情日益变得浓厚。大多数芒扬族人信仰万物有灵，这主要源自他们亲近自然的生产、生活方式，而少部分人信仰天主教和新教，但也并不排斥传统信仰。

民都洛岛以南的巴拉望岛及周边岛屿也是菲律宾少数民族主要的聚居地，这里生活着塔巴努阿（Tagbanua）、巴拉望诺（Palawanon）、陶巴图（Tau't Bato）、巴塔克（Batak）和莫伯克（Molbog）等民族。这些民族被视作巴拉望岛的土著民族，有的甚至已经在该岛上生活了数千年之久。他们分布广泛，且多数与外界无甚联系，因此人口数量统计十分困难。巴拉望岛西濒南中国海，东邻苏禄海，在冰河时期是菲律宾诸岛中唯一曾经和亚洲大陆相连的岛屿，而且与菲律宾本土一直保

---

① Mangyan, National commission for culture and the arts, http：//www.ncca.gov.ph/, 2014/2/17, 16：00。

持分离，因此岛上的原始雨林景观及生态系统保存良好，而岛上的少数民族也都形成了与自然和谐共处的生产、生活习惯。他们利用游耕的方式种植稻米，此外还通过狩猎和采集提高食物的丰富性。野外狩猎时，他们使用长矛或竹箭作武器，并在尖端涂抹毒药，捕鱼时他们也使用相同的办法。他们使用的毒药提炼自某些植物，并严格控制分量，不会对人体产生毒害。他们居住于类似马来民族的高脚屋内，但离地达4～6米，整家居住的通常会在门前竖起一根倾斜的圆木，用以攀爬入室，而单身的则用悬绳吊挂进屋。这些少数民族很少驯养鸡、猪等动物，养狗主要是为了辅助狩猎之用。几乎每个少数民族的家庭规模都不大，也许是因为原始的生产方式无法促进人口的大量繁殖，而医疗、卫生条件的缺乏也导致人口消亡较快，这也使得他们更加与世隔绝。他们认为与外界过多接触会招致疾病，在发现家庭内部有疾病的征兆时，他们会举家迁移。也许正是因为这一点，在其他主体民族向巴拉望岛移居的过程中，这些土著民族的生存空间日益缩小，在现代化的进程中，他们却向更原始的过去靠拢。这一点在他们的服饰上也得以体现，通常男性只着兜裆布，女性则着裹裙。巴拉望岛上的少数民族在信仰方面呈现出多元化的特点。大部分民族都拥有建立在万物有灵基础上的神灵信仰，灵媒、巫医等特异人士都是族群内不可或缺的角色，相互之间的差别多在于神灵的名称、供奉神灵的仪式等物质性方面。其中，莫伯克族是伊斯兰化程度最高的民族，这主要是由于他们生活在巴拉望岛的最南端，更容易受到来自加里曼丹岛的伊斯兰教影响。而巴拉望诺族内部不仅有信仰伊斯兰教的穆斯林，还有崇拜印度教与万物有灵混合宗教、天主教与万物有灵混合宗教的信徒。

三、米沙鄢岛群主要马来民族

比萨扬族也被称作米沙鄢族，这主要是因为比萨扬族集中分布于菲律宾中部的米沙鄢群岛。该群岛由数百个大小岛屿构成，面积超过6万平方公里。严格来说，"比萨扬族"并不是一个单一民族，而是多个民族的聚合体，因此，比萨扬族也成为菲律宾最大的民族。比萨扬族内部之间在语言上差别迥异，但是，他们同属马来人种，且长年共同生活在米沙鄢群岛上，相同的地理环境和相对便利的交通条件促使这些民族之间相互交流、沟通，在物质和精神层面体现出相似性。因此，以地理为基础将这些民族划归为同一民族也是较为科学的。比萨扬族主要可分为三个亚支，分别是宿雾部族、瓦赖部族（Waray-Waray）和希利盖农部族，希利盖农部族也被称作伊隆戈部族（Ilonggo）。

（一）宿雾部族

宿雾部族是除他加禄族以外的第二大语言文化群体，人口在2千万左右[①]。宿雾部族主要生活于米沙鄢群岛的内格罗斯岛、宿雾岛、莱特岛等，现今棉兰老岛上也有宿雾部族居住，他们大部分是殖民时期迁移过去的。宿雾都会区是宿雾部族的经济、文化中心，这里人口稠密，街道繁华。宿雾语属于南岛语系马来—波利尼西亚语支，是菲律宾使用最广泛的语言之一。宿雾部族基本都是天主教徒，当然也有一小部分信仰基督新教、伊斯兰教和佛教等。前殖民时期，宿雾部族与其他马来民族一样信仰万物有灵，尽管13—16世纪，来自马来半岛和印尼群岛的穆斯林商人与宿雾部族建立了贸易联系并带来了伊斯兰教，但宿雾部族没有受到太多的影响，仍然保持和传承原有的信仰。与米沙鄢群岛上的其他族群相比，宿雾部族拥有更为发达的经济，他们不仅在群岛上构建了广泛的贸易网络，还控制了群岛及周边岛屿的重要港口。1521年，费迪南德·麦哲伦（Fernão de Magalhães）打着西班牙的旗号来到宿雾岛，西班牙的殖民统治拉开序幕。1571年，宿雾部族爆发反抗殖民者的起义，但遭到失败。凭借着优越的地理位置和自然环境，宿雾岛在西班牙的统治下逐渐繁荣起来，宿雾部族也改信了天主教，天主教的教义、教理逐步融入并改变宿雾部族的日常生活，西班牙的文化元素也浸润到他们的传统文化中。19世纪中后期，菲律宾逐渐被卷入资本主义世界市场，各大港口向西方商船开放，宿雾岛也成为重要的贸易中心。伴随着贸易的发展，印刷机及技术也得以引进，菲律宾第一份报纸在宿雾正式发行。1898年美西战争后，美国接管菲律宾，美式文化开始进入并冲击着宿雾部族的生活。首当其冲的便是教育领域，为女性量身定做的家政课程在米沙鄢群岛被迅速推广，而其他向美国精英阶层看齐的教育与培训也在各大学校展开。宿雾部族在历经西班牙殖民统治之后又走上了美国化的道路。1946年菲律宾获得独立，各个民族都受到国家意识重构和文化整合的影响，在政治上处于优势地位的他加禄族首先占据了精英阶层，而宿雾部族凭借着在海上贸易方面的历史传统和娴熟的商业技巧，同样跻身于精英阶层。

宿雾部族的传统农业以种植业为基础，除了耕种稻米外，他们还栽植各种热

---

① James Minahan, *Ethnic Groups of South Asia and the Pacific: An Encyclopedia*, ABC-CLIO LLC, 2012, P53.

带水果。此外，由于被海水环抱，宿雾部族对海产品也喜好有加，海产捕捞业也成为宿雾部族主要的经济来源。随着现代化的发展，更多的宿雾部族人前往城市谋生，从事的职业也是多种多样，尤其在音乐、绘画、雕刻等艺术领域，他们表现优秀。对于宿雾部族来说，音乐是其文化中最重要的组成部分，也是最传统的艺术形式。宿雾部族相信，他们对歌唱的热爱是与生俱来的，只有疾病和长眠才能阻止他们歌唱。在殖民时期与西方文化的碰撞中，宿雾部族人的原始吟唱充分吸收了异质文化元素，获得长足发展，并在20世纪上半期呈现出蓬勃的景象。层出不穷的音乐作品带动了剧场的繁荣，而与音乐相关的影视作品也大量涌现，宿雾部族也成为菲律宾最具艺术创造力和最多产的民族。音乐的繁盛也得益于宿雾语的广泛使用。虽然自1937年起他加禄语成为菲律宾官方语言之一，正规学校只教授英语和他加禄语，但在中米沙鄢群岛，宿雾部族一直以来相对发达的经济水平则推动了宿雾语的普及。此外，19—20世纪初，一些宿雾部族人移民至夏威夷等地，把宿雾部族的语言和文化也带到其他太平洋岛屿。

(二)瓦赖部族

瓦赖部族数量约为243万，[①]生活在米沙鄢群岛的东部地区，主要包括莱特岛东面和萨马岛。这里是热带风暴活跃的地带，也许正是因为恶劣的气候条件，造就了瓦赖部族的战斗精神。萨马岛和莱特岛自古就是天然良港，也是菲律宾群岛东面的门户。1521年，费迪南德·麦哲伦率领船队抵达莱特岛南面的利马萨瓦岛，并与当地首领歃血为盟，举行弥撒礼拜。随之而来的是更多的西班牙船队，他们开始了野蛮的占领行径。1596年，瓦赖部族爆发了反抗西班牙殖民者的大规模起义，抗议殖民者在米沙鄢群岛抓壮丁，强迫他们在甲米地船厂造船。这次起义一直持续到1650年，并波及到棉兰老岛北部地区。最后，西班牙殖民者在萨马岛的山区逮捕了起义的领导人，起义以失败告终。瓦赖部族的历史是战斗的历史，虽然他们在信仰上被天主教同化，但却从未放弃与殖民者的对抗。美国接管菲律宾后，菲律宾人民发起了反抗美国的独立战争，瓦赖部族人游击队袭击了萨马岛东部的美国驻军。这次奇袭展现了瓦赖部族特有的英勇精神，他们仅用落后的砍刀对抗手持步枪的美国士兵，居然歼灭了所有士兵，这正是为瓦赖部族津津乐道的战斗传统。也许正是看到了这一点，美国在统治菲律宾期间竭力向瓦赖部

---

① Waray, National commission for culture and the arts, http://www.ncca.gov.ph/, 2014/2/17, 16:00。

族推广美式教育，建立并不断完善相应的卫生、健康保障体系，以拉拢瓦赖部族。第二次世界大战期间，日本侵占菲律宾，美国人陆续撤离，而瓦赖部族仍然死守莱特岛，与日军对抗。1946年菲律宾正式成为独立国家，欢欣鼓舞的瓦赖部族在重建家园的同时也融入国家文化整合中，尤其是马尼拉都会区的瓦赖部族人。随着瓦赖社群的不断壮大，瓦赖部族人也积极参选议员，步入政坛。

瓦赖部族的战斗精神还体现在他们的农业生产中。瓦赖部族的聚居区分布于蜿蜒狭长的沿海平原区，以岩溶土壤为主，土地养分难以保持。此外，频繁造访的热带风暴和强台风对瓦赖部族的农业生产造成严重威胁。尽管如此，瓦赖部族人仍然不屈不挠地开垦农田，种植稻米、玉米以及薯类等以获取粮食。他们还栽种椰子等多种热带水果以及甘蔗、蕉麻、烟草等经济作物，扩大收入来源。瓦赖部族善于因地制宜，萨马岛南部沿海的居民多从事海产品捕捞及加工，促使渔业发展成为当地的支柱产业。让瓦赖部族骄傲的不只是战斗的传统，还有他们酿制的酒，这种酒多采用稻米或者椰汁为原料，通过原始的发酵工艺酿造而成。另一个让瓦赖部族引以为荣的技艺就是手工编织，他们擅长用麻类植物的纤维编织成五颜六色的帽子和垫子，这些手工产品在现今的农村地区仍然广泛使用，成为最具有瓦赖部族文化特色的手工艺品。

传统的瓦赖部族人过着简单而闲适的生活，他们热爱音乐，而且热爱展示自己的音乐天赋，所以他们非常重视每一个节庆或宗教庆典，并精心准备，盛装打扮。也许正是因为这一点，瓦赖部族被看作是菲律宾最虔诚的民族。瓦赖部族有自己的民族语言，虽然这种语言不如宿雾语那样广泛流传，但瓦赖部族仍然代代传承着这一语言。现今瓦赖部族的文化也面临着现代化的挑战，随着城市化的发展，更多的年轻人放弃传统的生活而涌向发达的马尼拉大都会区，对宗教信仰的热忱也随着对物质化生活的追求而逐渐淡化。

（三）希利盖农部族

希利盖农部族总人口约为810万[1]，集中分布于米沙鄢群岛的西部，包括班乃岛、东内格罗斯岛，"Hiligaynon"一词意指"海边的人"，这一称呼也形象地描述了希利盖农部族的生存环境。除此之外，希利盖农部族在棉兰老岛上也有零星分布。希利盖农部族也属于南岛语族马来—波利尼西亚语支，他们主要使用两种相

---

① James Minahan, *Ethnic Groups of South Asia and the Pacific：An Encyclopedia*, ABC-CLIO LLC, 2012, P91.

近的语言，即希利盖农语和伊隆戈语，因此他们也被称为伊隆戈部族。

希利盖农部族的口传历史显示，他们的祖先原居于加里曼丹岛。1250年，他们为了躲避室利佛逝国的暴政，跟随10名首领来到菲律宾群岛，并用黄金、珍珠向当地人买下班乃岛沿海的土地。"出台湾假说"则认为，大部分希利盖农部族的祖先来自于中国台湾，后辗转到达吕宋岛，再南下定居于米沙鄢群岛。与菲律宾的很多马来民族一样，希利盖农部族原本信仰万物有灵的原始宗教，在西班牙统治下转信天主教。在漫长的殖民统治时期，希利盖农部族人多次发起反抗西班牙殖民者的起义，菲律宾革命的多位领导人也来自于希利盖农部族。其中，最著名的是格拉西亚诺·洛佩兹·哈埃纳（Graciano López Jaena），他于1872至1892年间发动菲律宾在欧洲的知识分子成立"宣传运动"组织，并出版《团结报》秘密销往菲律宾，以争取菲律宾自治。这一组织后来被黎刹纳入菲律宾同盟会。1896年，菲律宾独立战争爆发，大量希利盖农部族人加入到反抗西班牙殖民者的队伍中，并在1898年美西战争期间辅助美国取得对西班牙的胜利。美国接管菲律宾后，希利盖农部族人又参加到反美的斗争中。

菲律宾独立后，希利盖农部族也参与到国家文化整合中。尽管大部分希利盖农部族人早已改信天主教，又受到美式文化的冲击，但他们仍然保留着原始的自然崇拜，尤其在一些传统的庆典和仪式上，希利盖农部族都严格遵照祖先留下的传统行事。因此希利盖农部族的饮食、语言、音乐、艺术等都体现出西方文化与马来文化混合的元素。其中，最具代表性的就是希利盖农部族对圣婴（婴孩时期的耶稣）的崇拜，他们认为圣婴除了能带来好运之外，还能满足人们求雨的愿望。此外，希利盖农部族的宇宙观也充满了浓厚的混合色彩。他们认为宇宙分为3层：最高层居住着上帝及其眷顾的天使们，他们下面是掌管风、雨、雷、电的神灵；中间层聚集着因忤逆上帝而受罚的天使们，他们降落的地方如树木、河流、海洋等就成为他们的栖身之所；最下层是地狱的所在，邪灵和爬虫类就生活于此，这里通过一条隧道与中间层相连。希利盖农部族相信一种集灵媒与巫医于一身的特异人士，他们称作"巴伊兰（Baylan）"。"巴伊兰"得到神灵加持，可以预言祸福、消灾解难、找回失物等，而且通过用拉丁文祈祷或向上帝进献圣物可以增加法力。

希利盖农部族也是农耕民族，他们种植的作物主要包括两种：一是水稻，多由零散的小型农户种植；二是糖料作物，已经形成了大规模的种植园经济产业。山区的希利盖农部族人还保持着原始的轮歇耕种方式，亦即种完一茬后另外再开垦荒地耕种,让原来的土地休养生息。此外,希利盖农部族也种植玉米、块茎植物、番茄、豆角等作为主食的补充,香蕉、椰子等热带水果的种植也丰富了希利盖农部族的餐桌。烟草种植也是希利盖农部族的经济来源,而且日益体现出重要的经济价值。希利盖农部族人还从事各种形式的小型零售业,或在村里摆摊儿,或在家里售卖,或经营各种小商店,他们都是一把好手。

家庭是希利盖农部族社会结构的基石,直系或旁系亲属之间不能缔结婚姻关系。通常夫妻之间有明确的内外分工,对外事务由丈夫管理,而家庭内部则由妻子主事。虽然受到西化的影响,但夫妻在公开场合仍然表现得保守而传统。希利盖农部族人很重视孩子的家教,注重培养孩子对长辈的礼貌和井井有条的生活习惯。这种教育往往是通过传统的形式来实现,例如用可怕的传说吓唬孩子,或是用棍棒责打孩子。男孩通常在7岁左右就开始帮助父亲工作。希利盖农部族人受教育的范围较广,大部分都能识字,约70%的孩子能读完中学。[①]希利盖农部族生性好客,喜欢召集聚会,这不仅是由来已久的传统习惯,而且也成为他们今天生活中的重要组成部分。

四、棉兰老岛群主要马来民族

(一)摩洛族

摩洛族主要生活于菲律宾南部地区的棉兰老岛、巴拉望岛和苏禄群岛,包括马拉瑙、马京达瑙、陶苏格、萨马尔、亚坎、贾马—马蓬、伊拉农等10多个部族。这些部族操不同语言,但同属南岛语系,都信奉伊斯兰教。严格来说,摩洛族并不是民族共同体,而是一个宗教共同体。由于宗教分野是摩洛族与其他民族最显著的标志,也是引致摩洛族与其他民族激烈对抗的重要原因,因此,从宗教文化角度来界定这一族群更为合理。而且,由于长期的伊斯兰信仰和仪式,这一族群内部的行为模式日趋相同,在对抗民族同化的过程中也形成了共有的心理和认同,将其划归为同一民族也符合菲律宾的客观国情。最新数据显示,摩洛族的人口已突破400百万。[②]

在民族发源上,摩洛族与菲律宾群岛上同属南岛语族的新马来民族有着相同

---

① Hiligaynon, http://www.everyculture.com/wc/Norway-to-Russia/Hiligaynon.html, 2014/3/20, 14:00。

② 马燕冰、黄莺:《菲律宾》,北京:社会科学文献出版社,2007年5月,第35页。这一数据与菲律宾国家文化委员会(National commission for culture and the arts, http://www.ncca.gov.ph/)提供的数据一致。

的经历。说到现代菲律宾人，势必要提到1521年西班牙殖民者的到来，他们对菲律宾本土的经济、政治和文化造成巨大冲击，导致低地民族与高地民族分化并相互敌视。殖民时期，低地民族迅速被天主教化，其社会生活的方方面面都面临异质文化的渗透。尤其当大量西班牙人与低地民族的混血儿出生，异质文化的渗透不再聚集在物质层面，而是进一步向精神领域入侵，并在这一过程中不断强化低地民族的天主教化特性。对于拒绝天主教化的民族来说，最直接而有效的办法就是躲进高山密林，逃离西班牙殖民者的控制和教化。摩洛族同样拒绝天主教化，不同的是他们把逃离变成了对抗，这种策略的选择与当时摩洛族相对发达的社会形态密切相关。早在15世纪中后期，菲律宾群岛南部，即现今摩洛族的聚居区，就建立起一个伊斯兰教的封建国家——苏禄苏丹王国。苏禄王国的建立得益于该地区的地缘优势，数个世纪以前，阿拉伯商人和中国穆斯林商人就频繁往来于该地区进行商品贸易交换。随着商贸的发展，伊斯兰教在该地区传播开来，伊斯兰教学者的劝说和传教进一步推动穆斯林群体的发展和壮大。苏禄王国不仅有统一的宗教信仰，还有独立的封建官僚体制，其势力范围最大时曾经几乎涵盖整个吕宋群岛环苏禄海的部分。比起还处在原始氏族公社形态的北部民族，摩洛族显然更具有对抗西班牙殖民者的物质实力和精神武器。西班牙殖民者于1527年就踏足棉兰老岛，但300多年过去了，他们仅占领了海岛北面沿海地带和三宝颜，其余地区仍牢牢掌握在摩洛族的手里。直到19世纪，西班牙殖民者仍然无法在整个摩洛族的聚居区建立起有效的统治，也正由于此，西班牙殖民者把摩洛族与其他拒绝天主教化的高地民族一律视为异教徒，并采用残酷的手段打压和迫害这些民族。

1851年，西班牙殖民者第一次战胜了苏禄王国的军队，双方签订和平协定，然而，这导致了更大的冲突。殖民者要求苏禄王国并入西班牙帝国，而摩洛族则认为双方应该是一种"协议结盟"的关系。尽管从1860年起，西班牙殖民者把摩洛族聚居区作为菲律宾南部的一个行政省份标注在版图中，但随后的39年，他们还是不得不凭借军事力量才能踏足这一地区。摩洛族为了自由和独立一直不屈不挠斗争数百年，怀着相同意愿的其他高地民族也不时以结盟者的身份，加入到摩洛族的战斗中。

在菲律宾近代史上，摩洛族一直处于不断被边缘化的境地。即使在菲律宾独立后，摩洛族在政府中仍无一席之地，他们的生存和发展空间依然受到主体民族的挤压。1960年代起，摩洛族不得不再次拿起武器，与菲律宾政府进行对抗。1972年，摩洛民族解放阵线成立（Moro National Liberation Front，简称摩解），并得到了大多数摩洛族人的拥护。时任总统的马科斯颁布《军事管制法》，向菲律宾南部大举用兵，展开镇压。4年后，马科斯政府与摩解签订停火协定，并承诺给摩洛族自治权，但由于自治权限没有满足摩解的要求，双方再次陷入战火。随后的数年间，摩解发生分化，更激进的伊斯兰组织如摩解改革派和摩洛伊斯兰解放阵线（Moro Islamic Liberation Front，简称摩伊解）成立，前者得到马拉瑙部族的支持，后者则主要由马京达瑙和伊拉农部族组成。原来相对温和的摩解则在陶苏格和萨马尔部族的控制下，成为菲律宾政府主要的谈判对象。双方的谈判在利比亚、印度尼西亚等伊斯兰会议组织成员国的斡旋下获得较大进展，1996年，摩解与政府达成和平协议，并根据协议成立棉兰老穆斯林自治区。然而，和平协议并没有彻底满足整个摩洛族的诉求，摩伊解拒绝放下武器，而极端组织阿布萨耶夫武装（Abu Sayyaf）更是不断策划爆炸、绑架等恐怖行动，导致菲律宾南部的局势更为混乱。2001年，在马来西亚的调停下，摩伊解回到谈判桌。在历经10多年的马拉松式谈判后，摩伊解与政府于2012年达成和解，并获得权利建立"摩洛国"政治实体取代目前的棉兰老穆斯林自治区，动荡的南部局势终于迎来一丝和平的曙光。当然，这对摩洛族人来说仅仅是曙光。且不论落实协定需要大量的投入，但就政府军与阿布萨耶夫武装一直对峙的状态来看，南部的摩洛族人在未来的一个相当长的时期内还是无法过上和平稳定的生活。尤其在"911事件"后，美国以反恐名义派遣特种部队长期驻扎在棉兰老地区，致使该地区的宗教、社会矛盾进一步复杂化，对摩洛族人的生活带来消极影响。

摩洛族人与信仰天主教的菲律宾民族在很多方面都有相似之处。他们也种植稻米、椰子及热带水果，以此获得食物，并将剩余的产品交换或售卖。摩洛族的语言属于南岛语系中的马来—波利尼西亚语支，虽然各部族的语言不尽相同，但都同样古老而传统，与已经被天主教化的低地民族相比，摩洛族基本保持了民族语言的纯粹性。摩洛族的文字以阿拉伯字母书写，这主要是由于伊斯兰教的最高经典《古兰经》只能存在于阿拉伯文中，翻译版本是不被认可的。在摩洛族社会结构中，家庭和宗教社群是核心。摩洛族人允许一夫多妻制，当然前提是像《古兰经》中提出的"必须公平对待每个妻子"。在饮食上，摩洛族严格遵循伊斯兰教律法，禁止食猪肉和饮酒。对于伊斯兰教来说，世俗化是一个不可回避的问题，然而长达数百年的宗教保卫战有效地减缓了伊斯兰教世俗化的速度。摩洛族人一直虔诚信奉真主是唯一真神，摩西和耶稣不过是真主的先知，而穆罕穆德是真主最后选定的先知，《古兰经》是真主藉由穆罕穆德的口说出的权威启示。摩洛族人还认为，祈祷、斋戒、去麦加朝觐、远离奸淫及偷盗等罪恶、缴纳宗教税等都是穆斯林必须遵循的行为准则。相比那些参加了各种反政府武装的激进分子，更多的摩洛族人则是安分守己地生活在菲律宾南部的苏禄、棉兰老和巴拉望地区，他们挣扎在反政府武装和政府军之间，怀抱着虔诚的宗教憧憬却不得不面对不断被边缘化的现实。也许暴力与和解都无法给摩洛族带来永久的和平和稳定，只有实现经济、文化上的充分交流与沟通才能真正改变摩洛族人的命运，而如何实现这种交流与沟通也给摩洛族人和菲律宾政府提出了一个艰巨的课题。

（二）鲁马族

鲁马族是对棉兰老岛山区土生土长的18个部族的统称。鲁马一词最早出现在1869年，起初包括15个部族：巴戈博（Bagobo）、曼达亚（Mandaya）、马诺博（Manobo）、班瓦恩（Banwaon）、比兰（B'laan）、迪巴巴恩（Dibabawon）、希高农（Higaonun）、曼吉安（Manguangan）、曼撒加（Mansaka）、苏巴农（Subanon）、塔加考洛（Tagakaolo）、塔兰迪（Talaandig）、塔博利（Tboli）、蒂鲁赖（Tirurays）、乌坡（Ubo）。而后又增添了亚他（Ata）、马曼瓦（Mamanwa）、塔萨代（Tsaday）等三个部族。其中的几个部族也曾被合称为布基农族，但实际上仍然是鲁马族的分支。菲律宾国家文化委员会（National Commission for Culture and the Arts）提供的数据显示，截至1993年，棉兰老岛上的鲁马族人约有210万。[①]

与摩洛族一样，鲁马族也生活在棉兰老岛这块神秘的土地上。但不同的是，鲁马族的祖先更早到达这片土地。大约在公元前3000年，鲁马族的祖先就经中国台湾到达棉兰老岛，并一直生活到今天。因此，"鲁马"一词在比萨扬语中意指"生于斯，长于斯"，亦即他们是土著居民。

与其他菲律宾马来民族一样，鲁马族也种植稻米，而且这是他们获取食物的主要生产方式。不过鲁马族是传统的游耕民族，当聚居区周边的土地都耕种了一遍后，他们会休耕，转而开垦其他地区的土地。等休耕结束，他们再回到原地，砍掉树木、烧掉野草，以灰肥田继续耕种。这种农业耕植方式是鲁马族人智慧的

---

① Lumad, National commission for culture and the arts, http: //www.ncca.gov.ph/, 2014/2/17, 16: 00。

结晶，相对于广袤的土地而言，鲁马族人口较少，这样有助于鲁马族人有效地管理土地和收成。鲁马族崇拜万物有灵的原始信仰，他们对于土地和聚居区的周边资源具有很强的保护意识，他们认为自然是神圣不可侵犯的，农耕和狩猎活动之前都必须举行严格的仪式以征求祖先和神灵的许可，之后也必须通过仪式表达对祖先和神灵衷心的感谢。鲁马族人通常结成群体共同生活，每个群体都有一个首领，更接近于原始氏族公社形态。亲缘关系是鲁马族人组建群体的基础，而每个群体也有各自的组织模式。大多数鲁马族的群体都会推选出本群体的首领，而一些部族如曼达亚部族，其内部群体的领导角色直接由负责保卫群体的军事首领担当。

鲁马族的各部族并非从一开始就居住在高山密林中。15世纪中期，伊斯兰传教士到达棉兰老岛，而后马来半岛的穆斯林领袖也来到棉兰老岛的马拉邦（Malabang）海岸，并通过联姻的方式与土著居民结盟。随着伊斯兰教在棉兰老岛的传播和扩大，拒绝伊斯兰化的土著居民不得不向偏僻的山区迁移，与山区民族共存。历经几个世纪的共存与发展，他们逐渐形成了与山区民族相似的生活方式和相近的文化心理，如今已很难辨认哪些部族是原始山民，哪些则是迁入者。16世纪初，西班牙殖民者一踏足棉兰老岛就遭遇到穆斯林的激烈反抗。在长达300多年的宗教战争中，鲁马族为抵抗天主教化的影响，转而与摩洛族站在同一阵线，共同迎抗殖民势力。1898年，菲律宾易手美国，然而宗教战争并未划上句号，摩洛族仍然顽强地与美国殖民者斗争，而鲁马族也依旧以摩洛族同盟的身份参与战斗，不过他们扮演的是从属的角色，主要进行小型的攻击行动及游击战。1906年，鲁马族的巴戈博部族人杀死达沃省省长——美国人博尔顿（Edward C. Bolton），美国开始将军事打击对象从摩洛族扩展到鲁马族。在民族认知上，美国殖民者与西班牙殖民者一样，把鲁马族和摩洛族看作同一族群，因为他们都是异教徒，抗拒文明教化，反对种植园经济。但实际上，鲁马族并不信仰伊斯兰教。

第二次世界大战后，菲律宾独立，菲政府大力鼓励天主教徒移居棉兰老地岛，致使该地区的天主教人口大幅度增长。至1980年，棉兰老岛上的天主教人口数量激增至1950年的7倍还多。相比之下，该地区的鲁马族和摩洛族人口数量却大幅度减少。一个最重要的原因就是，政府允许移居的天主教徒，尤其是居于棉兰老岛中、西部的比萨扬族开发并占有山区的土地资源。鼓励移民、开垦土地的政策在美国殖民时期就被采用，大量种植园挤占鲁马族人的土地，导致比兰、希高农、塔兰迪、班瓦恩等部族的族人流离失所。1950年以来，公司企业的进驻对鲁马族人的生存造成巨大威胁，尤其是对于居住在棉兰老河源头——普朗依河流域的塔兰迪、马诺博部族来说，生存的威胁已经到了极限。超过90%的原生树林被砍伐殆尽，土地流失、水源枯竭的问题日益严重，鲁马族人的生存空间不断被挤压，他们已经无法保持原有的生产、生活方式。很多鲁马族人不得不放弃游耕，为了谋生，他们只得受雇于这些公司企业，靠着并不熟练的技能勉强糊口。自16世纪西班牙入侵菲律宾起，鲁马族就开始为独立而战。而今，一些鲁马族人又拿起武器，或是加入穆斯林军事组织，或是加入反政府武装新人民军，为夺回祖先的土地而再次战斗。从目前来看，这种行为并不能帮助鲁马族人恢复传统的生产、生活方式，反而使棉兰老岛上的局势日趋复杂。菲律宾政府只有正确认识和评价鲁马族和摩洛族不断被边缘化的现实，并拿出妥善的处置对策，才能有效保护这些民族及他们的文化，为棉兰老地区带来真正的和平。

第三章　文化发展分期

关于东南亚地区的历史和文化发展阶段的划分问题，我国学界具有代表性的是4个发展阶段之说，即原始社会和东南亚文化孕育时期、早期国家和古代东南亚文化雏形期、走向统一的封建国家和古代东南亚文化成型和发展期，以及东南亚近代历史和文化变化与转型期。[①] 单就菲律宾的文化发展来看，其既有与东南亚其他地区同步的时期，也有符合自身发展特点的特殊阶段，因此，在现有的东南亚地区文化分期的基础上再对菲律宾文化发展阶段进行划分，是相对具有科学性和可行性的选择。

东南亚文化孕育时期主要是指原始文化发展期，大约止于公元前后，红河下游地区和泰国北部的一些地区出现了中心聚落，以青铜器为代表的金属生产工具为文明的起源提供了物质条件，菲律宾也不例外地迎来了金属器时代。生产力的发展推动私有制进一步发展，加之中国、印度等外来文化和宗教的传入，为复杂的阶级社会和早期国家的形成奠定了物质和意识基础。在红河、湄公河、伊洛瓦底江等大河流域以及暹罗湾、马六甲海峡、爪哇海沿岸等沿海地区，出现了中央集权程度不等的封建国家，至10—11世纪之交，东南亚地区的早期国家文明已成雏形。相比之下，菲律宾直到13世纪中期仍然处在一种原始社会结构——巴朗盖占统治地位的状态，这种以家庭为基础的聚落结构，尽管已经具备阶层分化，但由于缺乏相应的集权体制，更像是一种"前国家"形态。当然，巴朗盖结构下已经出现了充满群岛特色的古代社会和文化体系，这是菲律宾先民智慧的结晶，反映了印度文化与中国文化影响下的菲律宾先民的智慧。因此，菲律宾文化从酝酿到初具形态跨越了比其他东南亚地区更为漫长的历程，以13世纪为下限更符合菲律宾文化发展的特点。自13世纪末，菲律宾开始了伊斯兰化进程，之后西方殖民者到来，基督教—天主教化也随之展开，而两大宗教在欧洲、非洲的战争也在菲律宾群岛上演，菲律宾不仅面临原有文化体系的分化，还遭遇文化群体的

---

① 贺圣达：《东南亚文化发展史》，昆明：云南人民出版社，2010年12月，第17页。

分解与对立。反观东南亚其他地区，11—19世纪是古代国家的发展和传统民族文化的成型期，佛教—印度教文明、中国儒家伦理文明、伊斯兰文明在东南亚地区确立统治地位的过程与大部分民族国家和主体民族的形成过程相一致。从这一角度来看，东南亚其他地区正在进行文化整合的时候，菲律宾却因为两种外来文化的不期而至，陷入了以对抗为主要形式的文化冲突之中，这也使得原有的文化体系进一步分解、破碎，而这一过程也一直延续到殖民时代结束。自1935年进入自治时期，菲律宾政府立即着手于文化整合，为菲律宾社会摆脱殖民色彩、实现民族文化再发展创造了契机。同一时期，以"民族、民主"为主体构建国家意识与民族认同，也成为东南亚受压迫人民的主要任务。本着文化整合的目的，菲律宾还是不可避免地走上了以主体民族文化为核心的同化道路上，这也许是焦急的民族主义精英在支离破碎的文化面前做出的无可奈何的选择。同化在构建统一的国家意识与民族认同方面确实有一定成效，但也带来了极端的文化冲突以及少数民族文化丧失等问题，同时伴随着依附在主体民族文化上的文化派生现象，使得原本就像菲律宾群岛一样细碎的文化体系朝着更为多元化的方向继续发展。

第一节　文化形成期（史前—13世纪）

大约距今6000万年前，菲律宾群岛出现。经历了漫长的等待，菲律宾群岛先后迎来了尼格利陀人、原始马来人和新马来人移民，在三者之间冲突与融合并存的历史进程中，诞生了古代菲律宾社会。随着生产力的发展，产生了具有菲律宾群岛特色的巴朗盖社会结构，社会等级和奴隶制度出现，相应的古代文化体系建立。这一时期的文化受到印度文化和中国文化的影响，这一影响在构筑古代菲律宾文化体系过程中体现出内聚式的特点。换言之，古代菲律宾文化是在吸收并消化印度文化和中国文化元素的基础上孕育成形的，而后来进入的伊斯兰文化、基督教—天主教文化等则更多的体现出对原有文化群体的分化作用，这是划定文化形成期和分化期的主要依据。

一、史前文化

菲律宾群岛是一片古老的岛屿群，地理学界认为，大约距今6000万年前的地质时代第三纪，大规模的地壳运动和火山喷发造就了新的陆地和岛屿，菲律宾群岛也随之出现。有的学者认为，菲律宾群岛的出现可能更早，这源于1948年4月在棉兰老岛东南部地表岩层发现的菊石化石，这种古生物化石出现于距今一亿二千万年前的白垩纪。经过5000多万年的演变，地球进入了地质时代第四纪的更新世。更新世是地球上气候发生剧烈变化的时代，北半球的高、中纬度地区以及低纬度地区的一些高山，在这时期出现过大规模的冰川活动，冰川的前进和退缩，形成了寒冷的冰期和温暖的间冰期的多次交替，并导致海平面的大幅度升降。更新世中期，冰川作用活跃，这对于菲律宾群岛来说具有历史性的意义，因为全球冰量增加致使海平面下降，连接亚洲大陆与东南亚海岛地区的巽他大陆架显露并形成陆桥，菲律宾群岛迎来了陆桥那头的客人——亚洲大陆的人类和动物，开启了群岛的旧石器时代。

（一）旧石器时代

菲律宾群岛上的人类大约出现于距今25万年前，也就是第四纪更新世中期。人类学家把最先到达菲律宾群岛的人类称之为"曙人"（Dawn Man），认为其可能是爪哇猿人的血亲，头大额窄，有着发达的毛发、肌肉和长臂，身着兽皮或树皮，居住在洞穴中，并以狩猎、生嗜动物为生。然而"曙人"后来在菲律宾群岛上消失无踪，也并未留下任何后裔。尽管至今仍未在菲律宾群岛上发现任何"曙人"的骨骼化石，但在卡加延河谷、班乃岛还有阿古桑、邦阿西楠、阿尔拜、黎刹等省份发现的石器和被猎杀的动物的遗骨化石，则间接地支持了"曙人"一说。这些考古发现中的石器以石片石器为主，大多数为单面加工，刃部和尖端经过修整，器形以单面尖状器为主，其中还有用原始象或剑齿象的象牙加工的刮削器。1962年5月28日，菲律宾巴拉望岛的"塔奔洞（Tabon Cave）"出土了一颗人类颅骨化石，并伴有大量石制工具，这是首次在菲律宾群岛上发现有关史前人类存在的直接证据。碳14测定结果显示，"塔奔人"大约生活在距今22000年前，而洞内的遗迹表明，"塔奔人"不会使用火，也不懂农耕和制陶，他们靠狩猎和采集谋生。"塔奔人"遗迹的发现证明菲律宾群岛在史前时期已经有人类存在，但却没有解决现代菲律宾人的起源问题。经过长年的考察和研究，美国考古人类学家拜尔（Henry Otley Beyer）提出"移民浪潮（waves of immigration）"说，认为现代菲律宾人祖先源于外来移民，主要包括尼格利陀人、原始马来人、新马来人。[1]由于缺乏直接证

---

① "移民浪潮"说使用的"Pygmies"、"Indonesians"、"Malays"译为"俾格米人"、"印度尼西亚种人"和"马来人"，为了体现人种关系，又被译为"尼格利陀人"、"原始马来人"和"新马来人"，笔者选择后者译本。

据，"移民浪潮"说尚处在假说阶段，然而在现今菲律宾某些族群的口传历史中确实能得到一些印证。如希利盖农部族的祖先从加里曼丹岛移居班乃岛的口传历史。无论如何，在菲律宾人起源问题尚无定论之时，"移民浪潮"说还是得到学界普遍接受。

对于菲律宾群岛来说，旧石器时代与尼格利陀人息息相关，他们在遗传上对现代菲律宾人产生了重大影响，这一影响是"曙人"和"塔奔人"所不能及的。尼格利陀人于距今大约2万—3万年的更新世晚期进入菲律宾群岛，当时连接亚洲大陆和东南亚海岛部分的巽他陆桥未被海水淹没，他们分几批通过陆桥到达菲律宾群岛。最晚一批分为两支，大约在12000—15000年前从现今的加里曼丹岛出发，一支通过巴拉望—民都洛到达吕宋岛，另一支通过苏禄群岛到达棉兰老岛。尼格利陀人属于尼格罗—澳大利亚人种尼格利陀类型，身高通常不超过1.5米，肤色褐黑，头大唇厚，眼珠深棕色，头发略带卷曲。尼格利陀人与非洲的俾格米人在外观上相似，都有着矮小身材和深色皮肤，但是，遗传检验研究的结果显示尼格利陀人与非洲人血缘关系疏远，并在早期便从亚洲人分支出来。学者对这个结果有两种假说：尼格利陀人或是早期"出非洲说"的残留后代，或是其中一支最早现代人类的后代。一般认为，尼格利陀人外表与非洲人相似是由于对相似环境的适应，而不是血缘上的关系。

尼格利陀人的生产力水平集中反映了旧石器时代的特点。他们居无定所，靠狩猎动物、鱼类和采集野果、薯类生存，他们的临时栖身之所通常是用树木枝叶搭建的简陋窝棚。他们会钻木取火，用竹筒盛装食物以烹煮。他们使用一些粗糙的小石块作为砍凿器，或将这些小石块绑在简陋的吹箭、弓箭上当作箭头并涂抹上有毒植物的汁液，以提高狩猎的效率。尼格利陀人进入菲律宾群岛后定居下来并繁衍生息，他们的后代就是今天的阿埃塔族，他们广泛分布于菲律宾群岛的山区腹地，但人口数量稀少，与新西兰的毛利人、美国的卡纳卡人及印第安土著一样面临消失的命运。

（二）新石器时代

学界认为，菲律宾的新石器时代约从公元前5000年或更早一点就开始了。发掘于巴拉望岛的"杜容洞（Duyong Cave）"遗迹年代测定为约5600年前，洞内出土了部分小石刀和石片工具以及蚌器，体现出新石器时代早期的特点。而在"塔奔洞"的新石器时代遗迹中，出土了精磨的石斧、石锛及蚌器，这些蚌器与密克罗尼西亚（Micronesia）出土的蚌器类似。这一发现表明，菲律宾在新石器时代与西太平洋地区产生了一定程度的联系，而最有可能实现这一联系的是南岛语族的一支，即"移民浪潮"说提到的原始马来人。

　　关于南岛语族的发源和传播，学术界尚未完全定论，目前被国际遗传学界接受的即是"出台湾假说"。这一学说认为，操南岛语系的民族源自亚洲大陆。在更新世末期，全球气候变暖导致冰川融化，海平面上升，最终淹没了连接亚洲大陆和东南亚岛屿部分的巽他陆桥。在大约公元前5000多年，南岛语族用特有的双舷平衡体舟从中国南方到达台湾，继而又到达菲律宾群岛、加里曼丹岛、印尼东部，然后分东、西两支分别扩散到南太平洋与中太平洋加洛林群岛以及波利尼西亚群岛。没有确切的依据解释他们为何离开亚洲大陆。人类学家猜测，也许是迫于人口增长的压力、长江以南商业机会的吸引，甚至是对热带林产品和海洋产品的需求，或是气候大变迁等多种因素，他们选择向南顺流而下，从中国南方到达台湾。南岛语族主要有两个分支，即台湾南岛语支和马来—波利尼西亚语支。分支类型的确定和考古学的证据显示，马来—波利尼西亚语支分为多个波次由台湾向太平洋岛屿进发，其中一波约在公元前3000—前1000年辗转到达菲律宾，这就是"移民浪潮"说提到的原始马来人。原始马来人属于亚洲人种马来类型，与尼格利陀人不同，他们个头更高，约为1.67～1.87米。据信原始马来人共分两批先后进入菲律宾群岛，两批移民在体貌特征上是有差异的。第一批在公元前3000年左右，他们身材高挑修长，肤色较浅，有着薄嘴唇和高鼻梁。第二批大约在公元前1500—前500年之间，他们身高较矮，体格壮硕，肤色更深，且有着厚嘴唇和宽鼻梁。

　　原始马来人的到来，丰富了菲律宾群岛石器文化的种类，集中体现了新石器时代的特点。他们使用人工磨制的石锛、石斧、石錾以及贝器作为工具，除了吹箭、弓箭等武器外，他们还使用磨制锐利的石制砍刀、长矛和护盾。他们选择地势较高处或在树上搭建房屋，这种房屋通常是采用木制框架的茅草屋。他们身着兽皮，并且以各种颜色的石头或贝类作为装饰，其中还出现软玉饰物，与台湾、越南中部的发现相似，很有可能是他们在迁徙过程中从中国南方、中南半岛或台湾带入菲律宾群岛的。不仅如此，他们还拥有了制陶技艺。菲律宾最早的陶片是在吕宋岛东北部发现的挂红泥陶衣的光面陶，年代约为公元前3000年，其中镂孔圈足残片与中国台湾绳纹陶文化遗址所出相似。卡加延河谷也发掘出一批素面陶和挂红泥陶衣的光面陶，年代约为公元前2000—公元前1000年之间。马斯巴特岛的遗址也出土了大量陶片，年代估计为公元前1300年，其中既有素面陶，也有带压印圆圈纹、涡纹、长方格纹及点线纹的挂红泥陶衣陶片，与台湾圆山文化及马里亚那群岛、拉美尼西亚等地的早期陶器类似。这些陶器符合太平洋地区史前拉匹塔陶器文化的特征，也进一步表明定居菲律宾的原始马来人来源于南岛语族。

新石器时代早期出现屈肢葬，并伴有随葬品。"杜容洞"发掘出一座墓葬，墓主人屈肢葬于泥土中，随葬品包括磨制的石斧、蚌锛、蚌环等，年代约为公元前3000年。至新石器时代晚期，又出现了瓮棺葬，一次葬的瓮棺多盛装夭折的儿童，成人葬一般在二次葬才使用瓮棺以盛装遗骨。吕宋岛的三描礼士、索索贡地区以及巴拉望岛等沿海地区先后出土了瓮棺墓葬，而位于内陆的新怡诗夏省卡朗兰（Carranglan）地区和高山省的邦都（Bontoc）也发掘出类似墓葬，反映出瓮棺葬在当时的普遍性。瓮棺葬的随葬品有方角石锛、有肩石斧、石凿、石叶等，还出现玉石珠、蚌珠、垂饰等各种装饰品。瓮棺葬的流行以及随葬品的丰富表明，新石器时代菲律宾群岛上的人类已经具备了原始的灵魂观念和对祖先的崇拜。

（三）金属时代

大约在公元前800年—公元前500年，第二批原始马来人中的最后几支到达菲律宾群岛，他们带来了金属工具和农耕技术，拉开了金属时代的序幕。

菲律宾最早的青铜器出土于"杜容洞"的一座瓮棺葬中，有铜矛、铜刀、铜丝以及铸制铜斧的陶范和铜矿渣，年代测定约为公元前800年。吕宋岛黎刹、布拉干地区以及马斯巴特岛上的考古发现也表明，青铜制的铜斧、铜锛等器物以及铸铜技术出现在菲律宾群岛。除了青铜器，铁器也出现在菲律宾群岛。最早的铁器发现于巴拉望岛的马农古尔洞穴（Manunggul Cave），碳14测定结果为公元前190年。值得注意的是，同一时期的东南亚各地，如越南北方、泰国、印度尼西亚和缅甸等地出现了制作精良的古铜鼓及其为代表的古青铜文化，而菲律宾至今尚未发现古铜鼓。针对这一问题，学界提出了两种解释：一是没有考古方面的证据显示当时的菲律宾群岛开挖出铜、锡、铁矿，因此不可能大批量铸造青铜器和铁器，更遑论铜鼓；二是铜鼓可能代表某种政治权威，从某种程度上来看是原始公社瓦解阶段技术和文化水平的标志，而当时菲律宾群岛上的人类社会还未达到这一水平，况且仍以狩猎和采集为主要生产方式的社会并不具备向外购入铜鼓的经济能力。这也表明，东南亚其他地区正在向早期国家形态过渡的同时，菲律宾的人类社会仍处在一种相对原始状态。

金属工具和农耕技术的出现改善了原始马来人的生产、生活方式。随着他们在吕宋岛北部的山地缓坡上种植旱稻，他们的生活也进一步稳定下来，梯田文化逐步成形，今天被视为世界第八大奇迹的伊富高梯田就是原始马来人农耕技术的传世之作。原始马来人是现今菲律宾诸多山地民族的祖先，包括吕宋岛北部山区的伊戈洛特族，民都洛岛的芒扬族，巴拉望岛的塔巴努亚斯族以及棉兰老岛的鲁马族等。这些民族至今仍生活在山区，保留着原始的生产和生活传统，传承着祖先留下的技艺。

进入金属时代，瓮棺葬进一步流行，陪葬品的种类也愈发多样。除了有前一时期常见的玉石器、贝类装饰品外，还增添了铜铃、铁刀甚至玻璃珠等，而陶器也愈加精致，不仅有圆底罐、浅盘豆、盂等器形，而且在红泥陶衣上还增添了三角纹、菱形纹等较为复杂的纹饰，这些都从一个侧面反映了生产力的提高。

继原始马来人之后，菲律宾群岛迎来了新马来人。大约在公元前300—公元前200年，同属南岛语族的新马来人驾驶着特有的舷外双浮杆帆船从海路到达菲律宾。他们也是偏深色肤色，中等身高，体格健硕，有着黑色的头发、深棕色的眼睛和较为扁平的五官。他们带来了更先进的生产技术，包括炼铜冶铁、彩陶烧制、玻璃饰品制作等技术和手工织布机。他们结成群体过着定居生活，建造的房屋通常是竹木结构，屋顶以宽大的棕榈叶扎织而成。他们织布做衣，喜欢佩戴黄金、珍珠以及彩色玻璃饰品。除了吹箭、弓箭、长矛等武器外，他们还使用匕首、长剑等，在战斗中还佩戴以兽皮、木料制成的护具。新马来人的到来，丰富了群岛上的人种，促进了群岛社会的进一步发展。

二、古代社会与文化

金属时代后期，随着生产力的提高，东南亚地区的农业、畜牧业和手工业获得较大发展，出现了分工和交换。在此基础上，村社制度及部落联盟建立并发展起来，以祖先崇拜和万物有灵为特征的原始宗教信仰广泛流传，东南亚地区处在阶级分化并向早期国家过渡的阶段。当然，从整个东南亚地区来看，这种发展并不具有同步性，在一些岛屿如菲律宾群岛，社会发展更为缓慢，而新马来人的陆续到来在一定程度上是一种推动社会发展的因素。

新马来人登陆的时间大约在公元前300年至16世纪之间。费南迪教授（Ferdinand Blumentritt）认为，进入菲律宾群岛的新马来人可分为三批。第一批大约在公元前200年到达，他们的特点是拥有猎头的习俗，是现今吕宋岛北部山区彭托克、伊隆戈特、丁古安等部族的祖先。第二批于1—13世纪到达，他们带来了文字，是他加禄、比科尔、伊洛克、邦板牙及比萨扬等民族的祖先。第三批于14—15世纪左右到达，他们带来了伊斯兰教，菲律宾群岛上的穆斯林都是他们的后裔。[①]费南迪教授的结论尚未有全面的考古证据作为支撑，但从菲律宾社会发展的历史进程来看，这一结论有其科学性与合理性。新马来人到达菲律宾后，很可能遇到了尼格利陀人和原始马来人。在原始马来人到来之前，尼格利陀人在这片群岛上已经生活了2万多年，他们善于狩猎和采集，零星的分布在物产丰富的沿海、河谷等低地区。后来的原始马来人凭借着金属工具和农耕技术，最终将尼格利陀人驱赶入山地和森林。而原始马来人并未摆脱与尼格利陀人一样的命运，新马来人带着更先进的武器和生产技术到来，快速发展的人口不断扩张居住范围，结果是原始马来人被迫退出开阔的低地并向山地进发，而尼格利陀人不得不迁入更深的密林。这一过程必定充满了血腥的斗争和冲突，然而冲突并不总是主题，三者之间也存在交流与融合，在三者冲突与融合并存的历史进程中，诞生了早期的菲律宾社会。

家庭是人类社会的基本单位。在早期的菲律宾社会中，一个家庭通常由父母和子女组成，虽然父母双方内外分工不同，但母亲具有和父亲相当的权利，子女可随母姓，女儿亦可享有继承权。家庭构成了菲律宾社会，也组成了巴朗盖。一个巴朗盖一般由30～100个家庭组成，也有规模更大的巴朗盖，如吕宋岛西北岸的美岸（Bigan）、中部的马尼拉和米沙鄢群岛的宿雾地区就出现过由2 000多个家庭组成的巴朗盖。早期的巴朗盖相互独立，受各自首领的领导，在一定程度上类似封闭的部落。巴朗盖首领称为"大督"或"拉哈（raha）"，其领导权的获得主要基于4种方式：家庭继承、超群的智慧、超强的武艺或至多的财富。在这4种方式中，家庭继承是最常见的，如果首领没有男嗣，领导权也可由女儿继承。首领拥有制定法律、管理、仲裁以及军事方面的权利，但在遇到颁布法律、审理及裁判或向其他巴朗盖宣战、议和等重大事务时，则要听取本邦年长者的意见以作决定。

① Gregorio F. Zaide, *The Pageant of Philippine History*, Manila, 1979, pp.59.

在巴朗盖的结构中，成员主要被划分为3个等级：贵族、自由民和奴隶。贵族是巴朗盖中社会地位最高的阶层，通常是巴朗盖首领及其家庭，他们享有最多的政治和社会权利。贵族之下是自由民，他们是巴朗盖里的中间阶层。自由民的身份可通过家庭继承获得，也可以是被解放的奴隶。巴朗盖社会的底层由奴隶构成，但是他们被奴役的程度各不相同。在早期他加禄族构成的巴朗盖中，奴隶被分为两种：一种是仅供役使的奴隶，他们拥有部分人身自由；另一种是完全丧失自由的奴隶，他们可被随意买卖。在中米沙鄢地区的巴朗盖中，奴隶也分为两种：一种类似仆役，另一种则在固定时间供役使。奴隶的来源多种多样，或为奴隶所生，或为无力还贷者、战俘、罪犯等。虽然阶层身份大多由继承而来，但并非一成不变，每个成员在社会阶梯上都具有流动的可能性。通过赎身或与自由民联姻，奴隶也可以摆脱桎梏，而主人也可能因为奴隶的某些值得赞赏的行为而自愿解放奴隶。

巴朗盖中存在社会等级差别的事实说明，奴隶制度已经出现在早期的菲律宾社会中。奴隶制度的出现是生产力提高、私有制产生的结果，与中国南方或东南亚其他地区的奴隶制度相比，巴朗盖中的等级划分并不十分森严，各阶层之间的流动具有较大的可能性和偶然性。由此亦可看出，巴朗盖结构中的奴隶制度是一种并不完全的制度，巴朗盖首领的绝对领导权也仅囿于本邦范围。而且，当时的菲律宾群岛上出现了为数众多的巴朗盖，但没有一个具有对多数巴朗盖施加影响的能力，或在群岛范围内组建统一政权的能力。因此，菲律宾社会的巴朗盖结构与东南亚其他地区的早期国家在形式和内涵上都存在较大差别，被视作一种"前国家"形态可能更为科学。当然，菲律宾社会也做出了迈向早期国家的努力，这就是巴朗盖联盟，如马尼拉地区的巴朗盖联盟，其几乎覆盖了吕宋岛的整个中部地区。巴朗盖联盟具有松散的内部结构，每个"大督"或"拉哈"对本邦负责，在遇到关乎整个联盟的福利、安全等共同利益问题时，他们才服从于联盟首领的安排。这是一种向早期国家过渡的形式，但为数不多，除了马尼拉地区外，宿雾地区及加里曼丹岛—巴拉望地区也出现过巴朗盖联盟。

巴朗盖是早期菲律宾社会特有的一种组织形式，在这一形式中产生了颇具特色的古代菲律宾文化，最直接的反映就是生产方式。马来人拥有娴熟的农耕技艺，他们广泛种植稻米、薯类、棉麻类以及热带水果，其中稻米是最重要的主食。稻米分为水稻和旱稻，对应两种耕作方式：水稻种植于低地区，以水牛牵引的木犁耕田；旱稻种植于山地或缓坡，靠人力犁田。此时，以伊富高梯田为代表的原始灌溉技术已经出现，有效地提高了山地稻作产量，尽管如此，拥有开阔田地、河流纵横的低地区在稻米产量上仍然具有无可比拟的优势。这种差异也导致了两种土地所有权的出现，山地或缓坡的农田通常被列为巴朗盖成员的共有财产，而低地区的农田则归私人所有。除了种植业，渔业也是群岛上重要的生产方式。菲律宾群岛地处西太平洋，岛屿众多，海岸线绵长，早在尼格利陀人进入群岛时就懂得采集贝类等软体动物作为食物。随着生产力的发展，捕鱼工具也愈发多样，从弓箭、长矛到竹制或枝条编制的篓子，从鱼钩、鱼线到渔网，还有使用植物毒液捕鱼的手段。同时，采珠业也已出现，珍珠作为上等饰品可交换其他物品。根据西班牙文献的记载，早期的菲律宾也出现了冶金业，熟练的工匠将黄金与其他金属相熔制成各色饰品。与冶金业并举的是造船业，造船的匠人利用砍伐的原木制成战船、商船等，且多采用舷外浮杆技术以提高船只的稳定性，体现了南岛语族的典型船只特征。妇女则拥有纯熟的纺织技术，她们从棉麻类植物中抽取纤维纺线织布，缝制成衣服，更甚者还会绣上花饰。此外，还出现了专人从事的酿酒、武器制造、狩猎、动物产品加工、物品编织等行业，体现了不断扩大的社会分工。

　　根据社会生产的需要，历法也应运而生。菲律宾古代社会中存在着多种历法，可能源于多样化的地理环境、气候条件以及生产方式。如中部的米沙鄢地区将一年分为12个月，除12月份只有26天，其他月份都是30天。而吕宋岛北部山地的部族将一年分为13个月，每月28天，闰年的13月份则为29天。历法的计算和记录由专人负责，通过何种方式则尚无确切结论。西班牙的文献资料显示，当时出现的文字较为单一，目前已知的是一种源于印度的文字，利用一种铁质的笔，尖的一头蘸上某种植物的汁液，将文字书写于树叶、树皮、竹筒或木片上。这种文字和繁复的书写方式是否在菲律宾群岛流行不得而知，从现今一些民族遗留的风俗习惯中可推知，历法可能主要是通过结绳记时的方式来计算和记录的，尤其是那些偏远山区的部族。相比文字，菲律宾古代社会的语言则十分丰富，多达上百种，这些语言大都属于南岛语系马来—波利尼西亚语支，互有亲缘关系但不相通。文字和语言为古代菲律宾文学的发展和传承提供了载体，但可惜的是书面形式的文学已经失传，留下的都是代代相传的口传文学。正如语言一样，古代菲律宾文学也具有丰富性和多元化的特点，形式上包括神话、诗歌、谚语、谜语等，题材从宇宙起源、祖先来源、信仰崇拜到爱情、比赛、战斗、饮宴甚至死亡等，涵盖社会物质与精神生活的方方面面，体现了古代菲律宾先民的朴素的哲学思想。在信仰方面，万物有灵信仰是广泛流行并占据主导地位的信仰形式。万物有灵信仰指的主要是对自然现象及实体的崇拜，可供膜拜的对象非常多，包括风雨雷电、山川河流、动物植物等各种生产、生活过程中的所见所闻都可以受到膜拜，从这个角度来看，万物有灵信仰可视作是古代菲律宾先民对生产生活经验的总结及其在精神层面的集中反映。由万物有灵信仰产生出图腾崇拜和各种禁忌，而这些又与现实生活紧密结合在一起，成为古代菲律宾先民的行事准则甚至生活哲学。在巴朗盖出现后，社会出现等级划分，万物有灵信仰也发展出众神体系，亦即一个主神与众多下属神，这一变化显然与私有制及社会等级的出现密切相关，在一定程度上与后来进入菲律宾社会的以"一神论"为核心内涵的伊斯兰信仰和天主教信仰产生了某种趋同。万物有灵信仰还衍生出对亡灵及祖先的崇拜，其最直接的体现就是丧葬仪式。菲律宾先民很重视丧葬仪式，在观念上带有类似中国"死者为大"的思想。死者的遗体要经过精心处理，使用草药、香料以作防腐后，放置于木棺、木船或瓮棺中。陪葬品多为死者的衣物、食品，富有者则以黄金，乃至用奴隶陪葬。墓葬地点可以是靠近死者生前居住的地方，也可以在森林里或洞穴里，又或是面向大海的岬角。送葬仪式中，专业的殡葬司仪吟颂死者生前的美德，家属身穿白衣并佩戴藤制孝环，葬礼期间须斋戒。为了纪念去世的先人，家属用石头、木头、黄金或象牙雕刻造像以作供奉之用，祈祷先人保佑。菲律宾先民的亡灵及祖先崇拜与中国南方地区的习俗有类似之处，很可能是因为进入群岛的部分马来人正是来源于中国南方地区。在万物有灵信仰的主导下，巫术逐渐流行起来，依据不同功能，巫师也被分为通灵、降祸、驱邪、治疗等多个种类。

巴朗盖作为古代菲律宾社会特有的一种组织和结构，它的出现将菲律宾先民带入一个更为有序、更体现社会性的系统，在这一系统中也形成了具有菲律宾群岛特色的文化体系。当然，在这个过程中，外来文化的影响必不可少。菲律宾群岛地处亚洲、大洋洲和太平洋之间，也是沟通东亚和南亚的必经之地，从纪元初期开始，菲律宾群岛就陆续迎来自印度、中国以及阿拉伯地区的商人，随着室利佛逝王国在苏门答腊东南部兴起，以及中国对菲律宾群岛商贸的发展，印度文化与中国文化也深入到菲律宾群岛，并成为13世纪前影响群岛社会的主要外来文化。

公元初始，印度的商人、僧侣和一些本土失势的婆罗门、刹帝利越过印度洋到达中南半岛、马来半岛以及其他东南亚地区。印度人一度控制了印度洋通往东南亚的海上航道，而印度文化也通过各种途径传播到东南亚，促进了东南亚古代国家的形成。7世纪中叶，在苏门答腊东南部兴起了一个马来人王国，即室利佛逝王国，其深受印度文化的影响，以佛教作为正教。室利佛逝王国在顶峰时期的势力范围包括马来半岛和巽他群岛的大部分地区，成为东南亚地区盛极一时的海上强国。根据苏禄群岛岛民口传历史，约在900—1200年，一些自称是室利佛逝王国属地的占婆人到达苏禄群岛建立贸易站，促进了苏禄群岛与占婆的商贸及文化联系。之后，苏禄群岛又有来自室利佛逝属地加里曼丹岛马辰地区（Bandjarmasin）的移民，他们定居苏禄群岛并从事珍珠贸易。班乃岛地区的口传历史也显示，大约13世纪中叶，有来自于加里曼丹岛的马来人为躲避室利佛逝的暴政，定居在班乃岛。而在阿古桑地区、麦克坦岛（Mactan Island）、卡拉塔根（Calatagan）出土的各种印度教或佛教的造像，以及在黎刹、八打雁、民都洛岛、索索贡、巴拉望等地区发掘的来自柬埔寨、安南及暹罗的陶瓷器，也进一步证明了印度文化在菲律宾群岛的传播。印度文化渗入至古代菲律宾生活的方方面面，从物质到精神层面都可以看到印度文化的影响。菲律宾先民头上佩戴的裹巾（putong）及女性穿着的裹裙（sarong）就来源于印度。研究发现，在早期的他加禄语中，存在一部分来自于梵文的词汇。最重要的影响体现在信仰层面，尤其是在巴朗盖时代的众神信仰中，主神与下属神的划分与关系、众神的形象与功能、正邪对立观念等都能在印度教中找到源头和对应的原型。相关的文学形式如神话、寓言故事等也都折射出印度文化的影子。以菲律宾古代的史诗为例，拉瑙地区的《达冉根》（Darangan）、伊洛克族的《拉姆昂》（Lam-ang）以及吕宋北部民族的《呼德呼德》（Hud-Hud）等都受到了古印度《摩诃婆罗多》等史诗的启发，而《达冉根》中王储"Bumbaran"和王储"Kadaran"的大战情节就酷似《摩诃婆罗多》中俱卢兄弟（Kauravas）和般度兄弟（Pandavas）之间的战争，英雄"Bantugan"的五兄弟"Murug"、"Daranda"、"Lumuday sa Barat"、"Ranga'ig"、"Madali"，其原型正是印度教神话中的"Varuna"、"Surya"、"Vayu"、"Soma"、"Yama"，而英雄"Bantugan"的妹妹"Inalang"，即《达冉根》中王储"Bumbaran"的女儿，原型就是印度教神灵湿婆的女性配偶。此外，一些风俗与禁忌也来源于印度文化，如迎送来客时要为其戴上花环，准新郎下聘后要到女方家里帮工一段时间，怀孕妇女吃到连体香蕉将会生出双胞胎等。值得注意的是，这些带有浓厚印度色彩的文化元素已经融入到菲律宾先民的日常生活中，或者说，这些元素已经与古代菲律宾社会文化体系融为一体，成为无法分割的组成部分。

与印度文化具有相同作用机理和影响的是中国文化。关于古代中国与菲律宾群岛的交流缘于何时尚无定论，一般认为，两者之间的正式交流始于10世纪左右。中国古代历史学家马临端所著《文献通考·阇婆》中记载："又有摩逸国，太平兴国七年，载宝货至广州海岸。"学界认为，摩逸国即为麻逸国，位于民都洛岛，应是巴朗盖社会而非早期国家。10世纪以后，中国与菲律宾群岛之间的贸易关系不断发展，每年都有中国商船到达林加延湾、马尼拉湾、民都洛岛及苏禄群岛，菲律宾先民用黄金、珍珠、亚麻、槟榔、燕窝、龟壳等土产换取丝绸锦缎、瓷器以及金属制品。随着贸易的兴盛，菲律宾群岛也迎来了中国移民，他们多居于马尼拉与和乐等地，与当地人通婚，融洽共处。《明史》记载："吕宋居南海中，去漳州甚近。洪武五年正月，遣使偕琐里诸国来贡。"洪武五年即是1372年，这是菲律宾第一次向中国派出使节，意味着两者在商贸关系的基础上建立了朝贡关系。吕宋使节获得金织锦缎而返，也鼓励了其他地区的巴朗盖遣使中国，通过商贸和朝贡关系，中国文化也进入到古代菲律宾社会，其影响主要体现在经济和社会生活方面。通过移民和贸易，火药、瓷器、茶叶、折扇、油纸伞、风筝等物品传入群岛，金矿开采技术、冶金及锻造技术的引入提高了群岛先民的生产技术，中国的园艺、饮食、博彩娱乐等丰富了群岛先民的日常生活。中国文化在一定程度上对古代菲律宾社会规范的建立也产生了影响，如儿女必须孝敬父母长辈，节庆鸣锣及燃放鞭炮，贸易中讨价还价的方式，丧礼中穿着白色丧服、雇佣殡葬司仪以及悼念祖先等，都体现了儒家的礼仪教化。此外，通婚产生了华菲混血的社会群体，他们通晓两种语言及文化，在商贸活动中表现积极而出色。

这一时期，除了印度文化和中国文化的影响外，菲律宾社会还接触到阿拉伯文化等其他外来文化。早在7世纪末，阿拉伯人就开辟了经波斯湾、印度洋、马六甲海峡到达广州的商贸航线，后又开辟了经马六甲海峡、加里曼丹、菲律宾到达台湾的航线。982年，麻逸国商人正是搭乘阿拉伯商船到达广州，这也说明10世纪前后，阿拉伯与菲律宾群岛已经有了初步的接触。在对东南亚地区的贸易中，阿拉伯人碰到了强劲的中国对手，尤其自12世纪起，中国商人几乎控制了东南亚海岛地区的贸易和航线，一定程度上减弱了阿拉伯文化对东南亚海岛地区的影响，虽然当时伊斯兰文化已经渗透到印度的北部地区。

总的来看，菲律宾群岛在经历了漫长的发展进程之后，在金属时代后期逐渐形成了由尼格利陀人、原始马来人和新马来人组成的古代社会，并且建立了不同于东南亚其他地区的"前国家"形态——巴朗盖。在这种以家庭为基本单位的机构中，社会等级及奴隶制度出现，具有菲律宾群岛特色的古代文化体系建立。这一体系广泛吸收了印度文化与中国文化元素，在建立伊始就为未来菲律宾文化发展定下了多元化的基调。自14世纪起，菲律宾社会在多种文化的交汇和碰撞中发生分化，朝着更为多元化的方向继续发展。

第二节　文化分化期（14世纪—1935年）

自13世纪起，菲律宾群岛就开始了伊斯兰化的进程，这一进程在16世纪中期被随后到来的西班牙殖民者打断。从这一刻起，伊斯兰教与天主教在中亚、欧洲及非洲的争夺历史在菲律宾群岛上再次重演。在伊斯兰文化与基督教—天主教文化的撕扯下，穆斯林与基督教徒之间的分野不断被强化，并衍生出相互的敌视与对立。与此同时，拒绝宗教同化的山地部族在对外交流上则表现出越来越封闭的倾向。继西班牙之后殖民菲律宾的美国力图通过现代化教育巩固和扩大基督教—天主教文化群体的数量，并企图以此为基础构建菲律宾人的共同意识，结果是盎格鲁撒克逊人的民主加速促进了菲律宾社会的分化，在基督教—天主教文化群体诞生了新教群体和菲律宾独立教群体，山地部族在美式的现代化漩涡中也不得不踏上被同化的道路，而南方的穆斯林在文化层次、社会制度、资源分配上的不平等进一步加剧，与基督教徒群体彻底决裂。总的来看，这一时期的菲律宾社会在分化的道路上继续前行。

一、伊斯兰文化

阿拉伯商人在东南亚地区的贸易中扮演了重要的角色，但远不如阿拉伯的伊斯兰文化在东南亚文化发展过程中发挥的不可或缺的作用。伊斯兰教兴起于阿拉伯半岛，由阿拉伯人穆罕默德（Prophet Muhammad）于7世纪初创立，至632年穆罕默德逝世时，几乎整个阿拉伯半岛已经成为了伊斯兰教的世界。之后，通过武力手段，伊斯兰教向西传播至欧洲、非洲。而在亚洲地区，伊斯兰教一路向东到达印度北部。10世纪后，印度北部的大多数王朝统治者都信奉伊斯兰教，通过强制改教、征收异教税等手段，伊斯兰教在印度北部取得稳固地位，12世纪末，德里成为东方伊斯兰教的中心。与此同时，中国也迎来了信仰伊斯兰教的中亚细亚移民。因此，在阿拉伯商人、传教士向东南亚进发的过程中，印度和中国的穆斯林也参与并推动了伊斯兰教在东南亚地区的传播。13世纪末，伊斯兰教已经在苏门答腊岛立足并建立了传教中心，而信奉佛教的室利佛逝王朝开始走向衰落，为伊斯兰教在海岛地区的进一步传播提供了有利条件。不久，室利佛逝王朝归顺于另一个兴起的海岛强国——麻若巴歇（Majapahit）。麻若巴歇原本主要信奉佛教和印度教，但随着伊斯兰文化传入爪哇，尤其是苏菲派神秘主义与当地的原始信仰、佛教和印度教中的神秘因素相契合，加之政治、经济利益的推动，麻若巴歇王国最终在伊斯兰王国——淡目的光辉中落幕。在这一过程中，马来半岛和印尼群岛的多个王国也陆续改宗伊斯兰教或被新兴的伊斯兰王国所取代。

菲律宾群岛的伊斯兰化进程始于13世纪末，其时已有一批以商人为主的穆斯林定居在苏禄群岛，在和乐发现的1310年的墓碑显示，墓主人是当地穆斯林移民的首领。1380年前后，第一位伊斯兰传教士卡里姆·马赫杜姆（Karim-ul Makhdum）到达苏禄群岛，他在当地尤其是和乐西北沿海的布安萨（Buansa）地区赢得了不少人的支持，并在锡穆努尔岛（Simunul）上建立了清真寺。1390年，苏门答腊米南加保苏丹国（Menangkabau）的王子巴金达（Raja Baginda）来到布安萨，利用火器征服当地的巴朗盖，成为新首领。1450年，自称是穆罕默德后裔的赛义德·艾布·伯克尔（Sayid Abu Bakr）到达布安萨，迎娶了巴金达的女儿并建立了苏禄苏丹国。赛义德按照政教合一的哈里发政治制度组建国家机构，颁布了第一部伊斯兰法律，并招募当地的陶苏格部族组建伊斯兰军队。1475年，马来半岛的柔佛王族谢里夫·卡本斯旺（Sherif Muhammad Kabungsuwan）率领军队征服了哥打巴托河谷地区，后又通过联姻的方式与当地土著结成联盟，建立了马京达瑙苏丹国。拒绝臣服的土著部族躲避至棉兰老岛的山区密林，形成了今天非伊斯兰化的鲁马族。14—17世纪，不断有来自于加里曼丹的穆斯林商人、传教士及伊斯兰教首领北上至菲律宾群岛的棉兰老岛、民都洛岛、八打雁、马尼拉及邦板牙地区，通过贸易、武力、联姻等方式，或取代巴朗盖首领，或建立苏丹国，实现了对巴朗盖社会的部分伊斯兰化。伊斯兰文化能够在菲律宾群岛迅速传播归结于多方面的原因。古代菲律宾社会以原始的万物有灵为主要信仰，体现了泛灵论的内涵。但随着私有制的出现，至巴朗盖时期，这一信仰已经开始从众神论走向主神论，即众多下属神统一从属于一名至高无尚的主神，在一定程度上与主张一神论的伊斯兰教产生了相通之处，加之传入的是以神秘主义为特征的苏菲派，有利于菲律宾先民理解和接受。除了信仰内涵的相通性，传播方式的选择也发挥了重要作用。与印度文化和中国文化的自然传入不同，伊斯兰教主要通过商业利益刺激、武力、联姻等方式进入菲律宾群岛，呈现出鲜明的扩张性，结构原本就松散的巴朗盖无法与之抗衡。同时，周边的苏丹国如加里曼丹的文莱王国、马鲁古群岛的德那第王国也为伊斯教的传播提供了相应的支持。当然，在传入的过程中，伊斯兰教做出了本土化的调适和让步，如使用当地语言传教、尊重原有习惯等，建立起较为广泛的群众基础。

在伊斯兰文化的影响下，菲律宾社会开始发生分化。由于伊斯兰教具有政教合一的传统，因此分化最先反映在政治结构上，原有的巴朗盖及巴朗盖联盟被统一的伊斯兰国家或部落所取代，领导人集政治、军事、司法、宗教权利为一身，体现出浓厚的中央集权色彩。以《古兰经》为根基的伊斯兰法律体系建立起来，对宏观的社会生活和微观的家庭生活作出规范，与之配套的是司法执行委员会，一切涉及穆斯林生活的案件，包括民事案件，都由委员会组建的法庭进行审理。在全新的政治结构中，伊斯兰文化对巴朗盖原有的文化进行了取代和融合，使菲律宾文化体系中分化出早期的摩洛文化类型。配合原有的农业生产，菲律宾的穆斯林开始使用伊斯兰历，这是一种太阴历，即以月亮的月相周期安排的历法，每当新月出现时定为每月的第一日，12个月为一年，不设闰月。伊斯兰历中，每个月份都有独特名称，以提醒穆斯林与之相关的宗教教义。一周7天也各有名称，周五是"主麻日（Diumaat）"，所有穆斯林在这天要到清真寺参加宗教仪式。根据伊斯兰历法，一年之中有多个圣日，如阿舒拉斋戒日（Asura）[①]；圣纪节（Maulud），纪念伊斯兰教创始人穆罕默德诞辰；升天之夜（Mi-irad），纪念穆罕默德升天；拜拉特夜（Nipso），真主安拉大赦众生；开斋节，庆祝斋月结束；古尔邦节，纪念先知亚伯拉罕献祭其子。在这些圣日里，依据教义到清真寺参加宗教仪式或是举行盛大的庆祝活动，已经成为穆斯林生活中不可缺少的部分。伊斯兰文化带来的另一大变化体现在语言文字领域，穆斯林开始使用阿拉伯字母进行书写，阿拉伯语

---

① 阿舒拉斋戒日是伊斯兰历一月份的第10天，是模仿犹太人的阿舒拉节（Ashura）的禁食。但是，这个习俗很快就被废除，据说穆罕默德说在这一天斋戒是没有必要的。680年的同一天，穆罕默德的外孙及随从行抵伊拉克境内的卡尔巴拉被杀害，阿舒拉斋戒日就成为什叶派的哀悼日。

词汇也进入马来人语言体系，尤其是棉兰老岛的马京达瑙、陶苏格等语言中融会了大量的阿拉伯语。与此同时，体现宗教色彩的阿拉伯语名字也在穆斯林中流行起来。作为一种外来文化，伊斯兰文化丰富了原有的文学艺术的形式和内容，推动这一领域发展繁荣。受到《一千零一夜》故事的启发，马拉瑙、马京达瑙、陶苏格等部族创作了叙述本族重大事件和歌颂英雄人物的叙事长诗。此外，讲述穆罕默德生平及伊斯兰教发展的民间故事、戏剧，反映穆斯林生活的爱情诗歌、谚语、谜语、童谣、儿歌等都如雨后春笋般不断涌现。在建筑领域，阿拉伯风格的圆顶尖塔清真寺，结合了具有马拉瑙、陶苏格部族特色的装饰艺术，体现了伊斯兰文化与当地特质的融合。在伊斯兰化的进程中，菲律宾先民的生活也发生了变化，一夫多妻制、离婚制度出现，禁食猪肉、饮酒，施舍贫困者，去麦加朝圣等成为菲律宾穆斯林生活的重要组成部分。而早期阿拉伯商人及传教士与菲律宾部族通婚，两者的混血后代也扩大了群岛人口的来源。

伊斯兰文化是以一神论信仰为核心的宗教精神文化、制度文化和器物文化的复合体，其内容丰富且具有多层面，与原始的巴朗盖文化具有质的不同。一方面，伊斯兰文化推动了菲律宾社会的发展，促进"前国家"形态的巴朗盖蜕变成真正的国家，而另一方面，伊斯兰文化也促使菲律宾社会发生分化，拒绝伊斯兰化或未伊斯兰化的群体仍旧在巴朗盖组织中保持着原始的生活，两者在后来的发展中也渐行渐远，最终完成了摩洛文化与山地区文化的分礼。

二、基督教—天主教文化

基督教—天主教文化进入菲律宾群岛源于15世纪的"航海大发现"。早在公元初起，东南亚地区就是海上丝绸之路的重要一环，很早就存在经地中海、波斯湾、印度洋到南中国海的贸易路线。7世纪以后，随着阿拉伯帝国的兴起，这条贸易航线的印度洋以西部分逐渐为阿拉伯人所控制，东南亚与西方的贸易活动大多藉由阿拉伯人为中介。14世纪以后，奥斯曼帝国崛起，控制了整个小亚细亚、西亚和中亚，西方通往东方的陆路通道完全断绝，经由波斯湾、红海和印度洋到达东方的航线也完全被奥斯曼帝国控制。在这一背景下，15世纪以后西欧开始了寻找通往东方海上新航路的热潮，开启了所谓的"大航海时代"。开辟新航路和寻找东方的黄金是西欧拓殖船队的目的之一，而他们的另一个重要使命就是传播天主教。阿拉伯帝国时代，穆斯林的势力曾经入侵欧洲，在巴尔干半岛的希腊及伊比利亚半岛的西班牙及葡萄牙等地建立伊斯兰势力。后来，在巴尔干半岛，伊斯兰教终于不敌东正教的势力，只剩下极少部分的伊斯兰地区。而在西班牙及葡萄牙，却是在天主教势力卷土重来之下，大举屠杀穆斯林，从伊斯兰教收复失地，才形成基督教在西班牙及葡萄牙的复活之势。而穆斯林在西征时占领了同为基督教圣地的耶路撒冷，于是，围绕着地中海东岸以及耶路撒冷的控制权的宗教战争在伊斯兰势力和基督教势力之间展开并影响至今。对于15世纪的欧洲人来说，一个人不是基督徒就是穆斯林，印度人、中国人等都是早年从欧洲流失的基督徒，所以他们希望到东方来寻找失散的基督徒兄弟，以在世界范围内形成对西亚穆斯林的优势。正是背负着这样的使命，西班牙拓殖船队来到菲律宾，并引起了菲律宾文化体系的再分化，奠定了基督教—天主教文化、摩洛文化、山地区文化、华人等外来族群文化并举的格局。

1519年9月，葡萄牙人麦哲伦奉西班牙国王之命，率领船队前往东方。经过数十个月的艰苦航行，船队绕过美洲大陆一直向西，因航向偏差意外来到菲律宾群岛东部地区，并于1521年3月17日登上了莱特湾的霍蒙洪岛（Homonhon）。一个多月后，麦哲伦在西班牙人侵占麦克坦岛的战斗中死亡，而船队最终还是向西南航行到马鲁古群岛，唯一幸存的维多利亚号载满香料于1522年9月回到西班牙。维多利亚号的返回极大地刺激了西班牙人征服东方的欲望，之后，西班牙先后6次派出船队前往东南亚地区。1564年，黎牙实比率领的船队到达菲律宾群岛，在1565年4月发起了攻占宿雾的战斗，最终宿雾地区的巴朗盖首领们与黎牙实比签订条约，承认西班牙的统治权，并同意与西班牙展开贸易。随后，黎牙实比船队发现了菲律宾群岛往返墨西哥的航线，西班牙以墨西哥为据点派出援军，将统治区从宿雾拓展到班乃岛、莱特岛以及棉兰老岛等地。黎牙实比船队继续北上，向马尼拉展开进攻。1571年5月18日，马尼拉的地区首领与黎牙实比达成和解，并为西班牙殖民者修筑城堡、街道和天主教堂，马尼拉也成为西班牙殖民者在菲律宾的统治中心。依靠马尼拉作为据点，殖民者不断扩大在吕宋岛的统治范围，建立起殖民统治体系。殖民者在菲律宾群岛的拓殖活动打断了伊斯兰教在群岛的传播进程。15世纪末，南部的棉兰老岛群的大部分低地区已经被苏丹国或伊斯兰部落所覆盖，只有广袤的山区密林还生活着拒绝伊斯兰化的土著部族。不仅如此，伊斯兰势力还伸入到马尼拉湾，甚至北上到达了邦板牙地区。1571年4月，黎牙实比的船队到达马尼拉地区时，惊讶地发现这里与未开化的巴朗盖社会完全不同，在帕西格河（Pasig River）河口的南面坐落着一座城池，周围设置木制围栏，并布防有小型火炮。在殖民者攻打马尼拉地区时，西北面的邦板牙、哈戈诺伊（Hagonoy）和纳沃塔斯（Navotas）的伊斯兰部落也派出战船和援军前来抵抗。最终，伊斯兰势力的火器还是没能抵抗住西班牙的坚船利炮，他们只得向南撤回至棉兰老岛及苏禄地区。与西班牙的坚船利炮相配合的是天主教传教士的努力游说，通过传教促使巴朗盖成员改宗天主教，这对于巩固占领区的统治和提高归属成员对宗主国的忠诚度具有至关重要的意义，西班牙的殖民征服也因此被称为"剑与十字架的征服"。当然，殖民者的胜利并不仅仅属于西班牙人，黎牙实比最初带来的军队仅有300余人，即使在后来也没超过2 000人，通过与巴朗盖歃血结盟以及与伊斯兰部落和解，殖民者控制了菲律宾群岛的北部和中部地区。从这一过程可以看出，在西班牙人到来之前，伊斯兰国家及部落与巴朗盖之间已存龃龉，两者已经在菲律宾社会中分化开来。尽管伊斯兰文化在东南亚地区的传播是相对平和的，但伊斯兰势力对待非伊斯兰群体并不仁慈，一些山地民族的口传历史表明，伊斯兰部落会骚扰和抢掠附近非伊斯兰巴朗盖的产品和财物，这一点可能是非伊斯兰巴朗盖首领与西班牙殖民者结盟的原因之一。

17世纪初，除棉兰老岛、苏禄群岛以及内陆山地区以外，西班牙控制了以马尼拉为中心，包括吕宋岛、米沙鄢群岛等低地区在内的广大地区，开始了长达300多年的殖民统治。西班牙殖民者对菲律宾群岛采取了政教合一的统治方式。在西班牙的殖民统治下，群岛出现了由中央政府、省、镇（市）、村（区）构成的中央行政体系。在村（Barrio）一级，原来的巴朗盖首领变成了村长，起初是世袭，后改为选举产生，主要负责收税。在镇（Pueblo）一级，镇长从所辖村长中选举产生，而镇的官员则多是以前的巴朗盖首领，后来他们又成为镇的贵族，形成了称为普林西帕亚（Principalia）的镇贵族阶层。省一级的领导人则由中央政府直接任命。与中央行政体系并行的是教会行政体系。为了管理菲律宾的宗教事务，西班牙于1578年2月在马尼拉设立主教，受墨西哥大主教监管。1595年6月，西班牙将马尼拉主教升级为大主教，总管菲律宾所有宗教事务，下设3位主教主管各个教区。每个教区内有若干牧师，偏远地区还配备助理牧师。教会行政体系的主要任务就是用天主教教化菲律宾的土著居民，此外，教会的神职人员拥有行政权力，可直接向宗主国呈报对中央政府的批评及建议等。教会还拥有司法权力，教会主导的宗教法庭和裁判所负责审判与教会法规及神职人员相关的案件。为了使土著居民更易接受天主教信仰，传教士们接受了土著居民的部分传统信仰，允许土著居民维持一定的传统信仰和生活习惯并将其融入到天主教的仪式之中去，于是持万物有灵信仰的土著居民纷纷皈依天主教。在西班牙的殖民统治下，菲律宾社会的分化进一步加剧。原来分散于群岛北部和中部的巴朗盖社会消失了，被新的、更先进的社会结构所取代。巴朗盖的成员被统一纳入到了殖民政府与教会的管控之下，巴朗盖时期的奴隶制度也于1561年被殖民政府废除，但菲律宾人仍要纳贡，上缴人头税、什一税、战争税等，还要固定服徭役。

正如研究西班牙海外殖民史的著名学者威廉·罗雪尔（Wilhelm Roscher）的阐述："西班牙殖民活动的主要目的是将异教徒改造为天主教徒"[①]，而这一目的也在西班牙对殖民地颁布的《西印度法》（Laws of the Indies）中明确陈述。1565—1898年间，西班牙先后派遣了6批超过8 000名传教士前往菲律宾执行传播天主教的任务。在"剑与十字架的征服"中，天主教在菲律宾群岛北部、中部地区迅速传播开来。1591年，菲律宾本土的天主教徒为667 612人，1751年增长至904 110人，至1898年，人数已高达6 559 998。[②]与伊斯兰文化传入的机理类似，信仰内涵的趋同与武力手段是基督教—天主教文化在菲律宾迅速传播的重要原因，当然，比起伊斯兰教不流血的传播方式，天主教的扩张则建立在血腥的殖民地扩张基础之上。然而，与手拿武器的西班牙军队相比，传教士的行为及其宣扬的天父仁爱具有更为积极的公众形象。在中央行政体系出现前，西班牙在菲律宾实行以赐封为主的土地制度（enconmienda），即将在一定范围的赐封地内向土著居民征税的权力授予在拓殖活动中有功的人员。受封者在征税的同时须负责维护赐封地秩序、协助教会传教等工作，但实际上，很多受封者实施暴政、贪污腐败，最后在传教士的极力陈请下，西班牙君主取消了此项制度。而奴隶制度的废除也是通过传教士的悉力促请，最终在罗马教皇的支持下实现。因此，天主教在菲律宾的迅速传播在一定程度上要归因于传教士们良好的公众形象。通过传教士，基督教—天主教文化几乎彻底改变了巴朗盖社会。社会生活的中心从巴朗盖首领转变为传教士，最直接的体现就是教堂和修道院的大量出现。在原有的巴朗盖定居点上，崭新的聚居区落成，规模更大，可容纳更多的土著人口。聚居区的中心位置无一例外地坐落着由石灰石或大理石修建的白色天主教堂，周围分布着广场、行政大楼

① Gregorio F. Zaide：*Catholicism in the Philippines*，Manila，1937，pp.53-58.

② Gregorio F. Zaide：*The Pageant of Philippine History*，Manila，1979，pp.309.

及民居。教堂的选址总是最为上乘的，为的是体现天主教在社会生活中的至高地位，而后来菲律宾的大多数城市也都一直沿用这种规划。西班牙殖民统治时期，这样的聚居区修建了千余处，而巴洛克风格的教堂群更是遍布吕宋岛的马尼拉、布拉干、北伊罗戈地区和西米沙鄢的伊洛伊洛地区。这些教堂使用大量镀金图案，拥有装饰奢华的墙面和刻面精美的柱子，充满了浓厚的南欧风情。值得注意的是，这些教堂的修建也考虑到当地多台风、多地震的气候和地质因素，多设计为长方形，无侧廊和交叉部，并适量降低了建筑高度，形成了独特的菲律宾样式，部分建筑还受到中国宗教建筑的影响，教堂正面结构讲究，呈现对称之美，体现了基督教—天主教文化与菲律宾本土文化的融合。除了聚居区，道路、桥梁、水坝等基础设施也在殖民时期开始兴建。传教士从西班牙、墨西哥引进了新的作物品种，其中包括后来在菲律宾群岛得到广泛种植的玉米和薯类作物，此外还有烟草、棉花、小麦、可可、茄子、木瓜、菠萝、龙舌兰、花生、西葫芦等多种粮食及经济作物。奶牛、马等家畜以及鸭、鹅、鸽等禽类养殖的发展，丰富了畜产品的种类和数量，对促进群岛的农业生产发挥了重要作用。此外，一些新兴技术如养蚕、砖瓦烧制、布料印染等进入菲律宾，海产捕捞、制盐、铜铁矿开采、手工编织等多个行业，或渐形成，或扩大发展。

基督教—天主教文化的传入不仅推动了生产力、生产技术的发展，还在精神层面对菲律宾的社会生活产生了重大影响。传教士开办天主教学校，教授皈依的土著居民西班牙语和拉丁文书写，成为菲律宾最早的教育机构。与此同时，印刷物开始出现，最早的是1593年的两本天主教教义，采用木版印刷技术，一本为他加禄语译本，另一本为汉语译本。随着活版印刷技术的使用，更多的印刷物面世，内容涉及宗教、语言、历史、地理、哲学、文学、戏剧、教育等多个领域。至1800年，共计约有500种图书在菲律宾问世，除了以西班牙语成书的作品外，以他加禄语、伊洛克语、宿雾语等语言撰写的诗歌、小说、剧本等推动了口传文学向书面文学的发展。在艺术领域，以《圣经》中的人物形象为主题的壁画及造像也随着教堂的修建大量出现，修道院除了作为宗教场所外，还成为教授本地工匠绘画、雕刻的学校，土著及华人工匠成为修建教堂的主力。1841年，南伊罗戈的塔古丁（Tagudin）教堂竖起两座日晷，使用阿拉伯数字计数，代表了当时先进的计时技术。不久，马尼拉天文台落成，凭借着对台风的准确预测和对地震的敏锐感知而声名大振，并获得西班牙的资助。到第二次世界大战前，马尼拉天文台一直在观测、发布有关太平洋气候、地震和火山喷发等信息方面具有权威地位。不仅如此，天文历法、植物学、动物学、人类学等领域的研究也获得了成果，对菲律宾土著部族及草药治疗方面的研究也在殖民时期展开。客观来看，基督教—天主教文化相较巴朗盖文化更具现代化指向性，它的传入结束了同一地区多个巴朗盖零散分布、互相混斗的原始状态。皈依了天主教的土著居民也逐渐放弃了人畜牺牲、纳妾等陋习及奴隶制度，土著妇女获得更多的自由，对经济活动的参与度有所提高。

基督教—天主教文化在菲律宾传播的过程中，也作出了本土化的调适。传教士不仅利用菲律宾方言传教，还注重将菲律宾本土文化形式融入到宗教活动中，扩大群众基础。例如将民间音乐旋律编入圣歌中，或采用马来人流传的说唱文学形式演唱天主教故事等。另外，将天主教的宗教节日庆典活动与庆祝巡游、斗鸡及斗牛、宗教戏剧、燃放烟花等娱乐活动结合起来，并且利用节日活动推广先进的农耕技术、手工技术以及医药知识，抑或举行社交集会以供亲朋好友相聚、男女青年相亲等。这些活动丰富了土著居民的社会生活，吸引了偏远地区的非天主教徒，促进了天主教的广泛传播。通过信仰天主教，土著成员在认知和行为上获得了趋同性，从这个意义上来看，基督教—天主教文化对构建共同体认同方面起到了积极作用。然而，这种作用仅限于天主教群体。从整个菲律宾社会来看，伴随着天主教徒群体的趋同性和内聚力的增强，其对非天主教群体的排斥与敌视也同时增强，后者表现为天主教徒与拒绝同化的北部山地民族之间的流血冲突、与南部伊斯兰教徒长达300年的宗教战争，而文化的冲突中又夹杂着受压迫农民的起义浪潮，部分天主教徒发出了向本土信仰回归的声音。因此，从整体来看，基督教—天主教文化更多的是对菲律宾社会产生一种分化作用，它将低地的巴朗盖文化群体转变为天主教徒，他们与山地部族相去甚远，且与南部穆斯林群体分裂开来。

18、19世纪之交，法国大革命和拿破仑战争在全欧洲引起了混乱，法国最终占据了欧洲大陆的大部分地区，引发了一场成功的但又具有毁灭性的战争。这场战争最终拖垮了法国，其造成的政权真空对西班牙及其美洲大陆殖民地产生了严重的冲击。战争之后，西班牙在代表自由主义、保守主义和其他派别的政党的相互纠缠中变得软弱不堪，各个政党都没有足够的力量组成长期政权以有效解决国内问题。与此同时，民族主义运动在这个老牌帝国的殖民地——古巴、菲律宾风起云涌，西班牙陷入内忧外患的困局中。这一时期，大西洋那一端的美国已经开始了工业革命。随着内战的结束和奴隶制的废除，美国的工业革命加速发展，至19世纪末，美国成为高度发达的资本主义国家，其领土已经从大西洋沿岸扩展到太平洋沿岸，但美国并没有海外殖民地，世界市场早已被欧洲的老牌帝国瓜分殆尽。为了争夺世界市场，美国将眼光投向日落西山的西班牙。1898年，美西战争爆发，战争以美国的胜利告终，通过签订《巴黎和约》，美国不仅占有了古巴、波多黎各、关岛等原属西班牙的殖民地，还以2 000万美元的代价获得菲律宾的主权。虽然与西班牙一样同属西方基督教文明，但美式文化却更多地打上了盎格鲁撒克逊人的印记与工业现代化的烙印，进一步促进了菲律宾文化体系的分化发展。

美国接管菲律宾的重要目的在于，将菲律宾变为美国的资本输出及商品倾销市场、美驻亚洲的军事基地。随着19世纪末20世纪初亚洲、非洲及拉丁美洲民族主义的觉醒，以赤裸裸的暴力和强权为主的旧式殖民主义面临危机，因此，美国采取了更隐蔽的间接侵略手段控制海外殖民地。这种手段反映在文化上就是要通过意识同化，促使殖民地认同并追随美国，而在菲律宾，拒绝天主教化的山地部族和南部信仰伊斯兰教的摩洛人便成为美国同化策略的障碍。美国接管菲律宾之初，北部地区的资产阶级民族民主革命正值高潮，为了集中军力镇压革命，美国与南部的苏禄苏丹签订《贝茨条约》，之后又陆续与棉兰老岛、巴西兰岛等地的伊斯兰首领缔结协议，承认伊斯兰首领对其领地的统治。对北部的统治稳固后，美国宣布单方面废除《贝茨条约》，剥夺苏丹的司法权和征税权，对南部进行直接统治。1901年，美国殖民当局成立"非基督教部落局（The Bureau of Non-Christian Tribes）"，将非基督教徒区别对待。1903年，殖民当局在南部建立摩洛省，对苏禄、拉瑙、哥打巴托、达沃、三宝颜等地区实施军事统治，最高权力由总督和菲律宾委员会掌握，地方首领由美国殖民当局审批并监管。1908年，殖民当局组建高山省，任命美国人为省长，主管山地部族的一切事务。之后，尽管南部的最高行政机构发生多次变迁，但权力仍然由殖民当局把持，而且殖民当局还用新的法律体系取代了伊斯兰法。1935年，菲律宾进入自治政府时期，天主教徒掌握行政大权，并沿用了前期的宗教歧视和压迫政策，武装冲突频繁发生，非基督教徒的处境更加艰难。美国殖民统治时期，从直接统治到"以菲治菲"，非基督教徒从来没有获得与基督教徒一样的自由和权力。美国通过建立非穆斯林学校，强制推行美式教育，培植了由基督教徒组成的菲律宾精英阶层，并且沿袭西班牙时期的政策，极力鼓励北部的天主教徒移居南部，利用行政手段剥夺摩洛人的土地分发给南下的天主教徒移民。

在美国殖民统治下，基督教—天主教文化在菲律宾获得长足发展，较之西班牙殖民时期更体现出现代化的指向性与盎格鲁撒克逊人的民主。如果说西班牙是利用十字架进行意识征服的话，那么美国则是利用教育。殖民统治期间，美国在菲律宾建立了完善的教育体系以推广美式教育，由于采取了政教分离政策，美式教育机构摆脱了与天主教二合为一的西班牙模式，纳入并受到行政体系的管理，成为具有现代意义的学校。1901年，殖民当局通过学校组织法，建立了用英语授课的免费小学，同时在马尼拉成立师资培训学校，取消了西班牙时期的强制性宗教教育。在此基础上，公立教育成形，并成为美式教育体系的主体。公立教育包括4部分：小学、中学、专科和大学。小学提供4年的基础课程和3年的中级课程，内容涉及英语、社会、科学、艺术、历史、文教等各个领域，中学为4年，是在小学基础上的扩展学习，专科则主要定向培养专业人才。菲律宾的大学始建于1908年，按照美国大学的模式开展教育，职称评定、课程设置、行政管理等都由教职员组成的委员会商讨决定。除公立教育外，还存在着职业教育、成人教育和私立教育。职业教育以教授劳动技术为主，包括烹调、缝纫、园艺、编织、伐木及木器加工等各种专业技能，以培养大量适应现代化社会分工的劳动力。成人教育主要是通过夜校的方式开展扫盲教育，向菲律宾人教授以英语为主的听、说、读、写等语言技能，以及与现代社会公民身份和国家认同的相关通识。私立教育早在西班牙殖民时期就存在，美国接管菲律宾后，将私立教育一并置于行政管理体系中，并颁布相关法律规范私立学校。私立学校种类繁多，从学前教育、基础教育到高等教育、专业教育等，成为公立教育的有益补充。教育机会也提供给那些愿意接受美式教育的非基督教徒，自1901年起，美国出资在吕宋岛山区、棉兰老岛、苏禄群岛地区建立学校，并资助贫困学生进入美式教育机构甚至是前往美国本土学习。美式教育的推广带来的重要成果是英语的普及和民主的滥觞，英语文学迎来蓬勃发展的阶段，内容大多集中于歌颂世代相传的祖地，对种族及民族的思考，以及对所处时代的情感与质疑等，反映了接受美式教育的菲律宾人在民族、国家认同方面以及文化差异中的迷惘和思索。同是反映这些主题的方言文学也获得较大发展，尤其在英语普及度有限的20世纪前30年里，方言文学的发展掀起高潮。方言文学所使用的主要是他加禄语、伊洛克语、希利盖农语、邦板牙语等低地民族语言。在这一时期的方言文学中诞生了一种新的文学形式——辩论诗（Balagtas），即两位诗人各自择一命题作诗阐述，除了体现诗歌的格律、优美的词藻外，还要富有辩论所需的哲理性和说服力，最后由读者选出优胜者。这种形式将诗歌与辩论有机地结合在一起，并加强了作者与读者大众之间的互动性，在当时颇受欢迎。在方言文学与英语文学大放异彩时，西班牙语文学也在艰难前行，一些经历了美西战争和菲律宾独立战争的老派作家仍然坚持创作西班牙语作品，但随着英语的普及，这一群体也在缩减。19、20世纪之交，伴随着菲律宾独立战争进入高潮，以西班牙语为主的书面媒体繁荣发展，《民主》（La Democracia）、《人民呼声》（El Grito del Pueblo）、《自由菲律宾》（El Filipino Libre）等报纸媒体相继问世。与此同时，《先锋》（Taliba）、《团结》（Pagkakaisa）、《万岁》（Mabuhay）等方言报纸也成为具有广泛影响力的本土媒体。随着英语的普及，由菲律宾人主办的英语周刊、报纸也如雨后春笋般面世，其数量超过书面媒体总量的六成。美式教育改变了菲律宾人的思维，也改变了他们的生活。在以马尼拉为代表的人口集中地区，美式高楼拔地而起，电梯、空调等设备一应俱全，商场、饭店、剧场走入民众生活，街道、广场的命名体现出浓厚的美式风格。在宗教领域，虽然天主教仍然占主导地位，但在繁华的城市里，更多菲律宾人信仰基督新教。美国舶来的爵士乐、摇摆舞音乐受到菲律宾年轻一代的喜爱，取一个美式名字也成为一种时尚。当然，与之相对的是努力保护本土文化的菲律宾艺术家们，他们用各种传统艺术形式歌颂民族的历史与英雄，坐落于马尼拉北面的加洛坎市（Caloocan City）的波尼法西奥纪念碑正是为纪念菲律宾独立战争领导人安德烈·波尼法西奥所建。

如果说西班牙向菲律宾人宣扬的是臣服，那么美国则激发了菲律宾人像盎格鲁撒克逊人那样的民主。自1902年起，各种劳工工会组织开始出现，带有反美性质的学生运动如火如荼，以民族、民主为口号的组织、运动风起云涌。发端于菲律宾独立战争时期的菲律宾独立教会（阿格里佩教）得到教众拥护，迅速发展为仅次于天主教的第二大宗教。客观来说，美国的介入丰富了菲律宾基督教—天主教文化的内涵，促进基督教徒群体的进一步分化，如天主教群体、新教群体、独立教群体等。而在非基督徒群体中，分化也在进行。殖民统治开始以后，当局致力向吕宋岛北部的山区等地开展传教活动，山区地带的原始信仰也在与基督教（新教）的接触和影响下发生了变化，如伊戈洛特族的某些部族，其原来信仰体系中的多神逐渐向一神演变。而随着经济、文化联系的日益发展，山地民族在语言、服饰、习俗上也不断向低地民族靠拢，当然这种同化也伴随着抵抗与冲突，并以传统文化的萎缩为代价。对于南部的摩洛族人来说，美国的介入则加重了他们的苦难。西班牙的殖民统治促使天主教徒与穆斯林两个宗教群体之间产生敌视和对抗，而美国的殖民政策则把南方穆斯林置于社会资源分配结构的不平等位置上，致使文化上的对立与利益上的争夺重合，两个宗教群体也从分化走向彻底决裂，菲律宾传统社会也在这一过程中进一步解体。

第三节 文化再发展期（1935年以后）

严格来说，菲律宾文化的再发展期始于1935年。早在这一年，菲律宾自治政府就意识到西化的美式教育和生活方式对社会道德与传统文化的严重危害，随即展开了一系列文化层面的改革，菲律宾文化也逐渐摆脱殖民时期的束缚，走上自我发展的轨道。改革的核心是菲律宾化，亦即以民族主义为旗帜力图在全社会构建统一的国家认同。由于精英阶层主要由低地民族的基督教徒组成，这场改革实际上也是以主体民族文化为核心的同化，之后的历届政府也基本继承了这种文化政策。同化政策确实具有一定成效，目前菲律宾的基督教徒占总人口的90%。[①]但从一个更广大的范围来看，同化政策并没有促成统一的国家认同，反而加速了伊斯兰文化的再分化，而山地区文化、外族文化在与基督教—天主教的文化碰撞中则诞生了更加多元化的文化形式。因此，菲律宾文化再发展期，也可以被视作是其朝着多元化方向发展的过程，这一过程也奠定了未来菲律宾文化的发展方向。

美国的现代化教育扩大了菲律宾基督教徒的数量，使更多的基督教徒迈入政治精英阶层，而盎格鲁撒克逊人的民主也成为菲律宾精英阶层所追求的政治模式，要求自治和独立的呼声日渐高涨。1914年7月27日，菲律宾人费利克斯·马纳洛（Felix Manalo）建立伊格莱西亚教（Iglesia ni Cristo），集中体现了菲律宾宗教民族主义的诉求，也将菲律宾宗教民族主义推向高潮。自1912年起，美国众议员琼斯（W.A.Jones）先后两次向国会提出菲律宾独立法案，直到1916年8月，这项法案终获通过。法案宣布，如果菲律宾能够建立一个稳定的政府，美国就承认

---

① 黄滋生、何思兵：《菲律宾华侨史》，广州：广东高等教育出版社，2009年1月，第604页。

其独立。同时，法案以美国总统制为参照，将菲律宾政治体系划分为行政、立法、司法三个部分，互相牵制以形成制衡。总督掌握最高行政权，须由美国总统提名并获得美国参议院通过；立法权由民选的参议院和众议院掌握；最高法院院长掌控司法权，亦须由美国参议院同意并任命。"琼斯法案"获得通过，表明菲律宾精英阶层在和平争取自治权利的道路上迈出了重要的一步，此举也提振了精英阶层的士气，菲律宾人公务员的数量也大举增加。至1936年，公务员中除了160位教育行政人员和高级技术专家是美国人，其余皆为菲律宾人，美国人的比例不及菲律宾人公务员的1%。[①]然而，尽管菲律宾人的精英阶层不断扩大，但其来源仍然相对单一，主要是以低地民族为主体的基督教徒，这也预示着以基督教—天主教文化主导的低地民族文化类型将成为国家认同的构建基础，换言之，随着精英阶层的掌权，以低地民族文化类型为导向的文化同化将不可避免。1929年，美国爆发了资本主义历史上最大的一次经济危机，为了减少菲律宾产品大量进入带来的冲击，美国的牛奶业、制糖业部门极力向政府建议给予菲律宾独立。在这一背景下，美国国会通过了《海尔—哈卫斯—加亭独立法案》(Hare-Hawes-Cutting Independence Bill)。由于这项法案关于美菲贸易、菲人移民的条款对菲律宾不利，引发菲律宾人的不满，随后美国又通过《泰丁斯—麦克杜菲法案》(Tydings-Mc Duffie Act)，允许菲律宾成立民选的自治政府，在10年过渡期满后给予菲律宾独立。1935年5月，菲律宾举行全民投票，妇女也首次行使投票权，第一届自治政府成立，标志着菲律宾进入自治时期。

美国的殖民统治在文化上对菲律宾造成极大冲击，西化的色彩渗透到社会生活的方方面面。高级轿车、夜总会、摇摆舞音乐等打上美国工业文明烙印的元素充斥着城市生活，年轻一代对物质生活的追求愈演愈烈，换来的是社会道德标准的降低和传统美德的丧失。面对这一情形，自治政府开始了一系列文化层面的改革。当然，自治政府继承了美国利用现代化教育构建国民意识的策略，并将改革最先向教育领域推进。首先，教学手段实现菲律宾化，在教学资源及课程体系中增添更多有关菲律宾本土人文的内容，采用菲律宾人编写、本土出版社发行的教材及文字作品，鼓励与菲律宾历史人物、民俗民风相关的研究。其次，加大职业教育力度。公立教育体系中，尤其是高等院校，以培养精英层的理论型、研究型

---

① 陈鸿瑜：《菲律宾史：东西文明交会的岛国》，台北：三民书局，2003年，第85页。

课程偏多，无法满足社会对专业技能型人才的需求。为此，大力促进技术人才的培养，增设技术实践类课程，增加专业技术院校的数量和编制。再次，注重道德培养。小学加设道德教育课程，高等院校则在第一年加设道德教育和健康课程。自治政府还颁布217号行政命令，规定各大院校必须教授的16条道德准则。然后在全国范围内推广义务教育。1938年，要求公共教育体系中的小学由政府出资的381号法案获准通过，旨在将小学变为义务教育，以广泛招收全国的适龄学童。义务教育吸引了众多家庭，报名数量陡增，导致义务教育机构负荷过载，政府也无法负担所有义务教育费用。针对这一情形，政府做出调整：小学从7年压缩至6年；招生年龄不超过9岁；教师兼授两门课程；学年从7月开始至次年4月。另一项重要改革也在展开，1937年，他加禄语被选定为与英语并行的官方语言，1940年起在公共教育机构统一教授。此外，一些由政府主导的复兴社会道德准则的活动也在民间开展。政府印制基本道德准则的宣传单向家庭和学校派发，这些道德准则还通过其他宣传方式出现在醒目位置，以帮助年轻人加深印象。政府还为菲律宾音乐、舞蹈等艺术的复兴提供一切支持，带有本土特色的传统、习俗及节庆得到官方高度重视。为了鼓励菲律宾文学的发展，1938—1941年间，政府多次举办文学作品比赛，并向获胜者提供丰厚的奖励，提高了本土文人的创作积极性。为了尽快实现完全独立，自治政府通过教育、文学、艺术等形式全面培养社会各阶层的民族意识和爱国热情，利用民族主义构建共同的国家认同，这种认同在后来1942—1945年抗击日本侵略过程中不断得到巩固和增强，最终菲律宾于1946年获得正式独立。

菲律宾独立后，新上台的政府遇到了两大问题：一是美国的定位；二是统一的国家认同。尽管菲律宾获得独立，但在政治、经济上仍然严重依赖于美国，菲律宾的工人、农民、知识分子及青年学生阶层发动的示威游行都体现出反美的政治色彩，成为政局动荡的重要原因之一。另一方面，党派斗争激烈，政局混乱，加之南部穆斯林的武装斗争不断扩大，菲律宾政府亟需构建统一的国家认同以归拢各种政治意见与社会思潮。因此，除了发展民族经济、扩大对外关系以及采取武力镇压外，菲律宾政府在文化上基本承袭了自治时期的政策，力图在民族主义的旗帜下实现以主体民族文化为核心的同化，尤其是对于南部的摩洛人。独立后，菲律宾南部城市的公立教育机构都对穆斯林学生开放，而穆斯林家长对此则抱有不同看法，多数家长将其视作政府异化伊斯兰教文化的工具而普遍加以抵制，能进入公立学校就读的穆斯林学生数量不多。但即使是能够接受公立教育的穆斯林学生，也因受到天主教老师和学生的歧视而倍感压力。数量上处于弱势的穆斯林学生往往出现集团化倾向，一旦与天主教老师或学生发生矛盾，他们会以集团形式集体进行报复，矛盾不仅得不到解决，反而进一步激化和扩大化，甚至连穆斯林家长也可能牵连其中。客观来说，公立教育并不能帮助穆斯林青年和基督教徒青年之间进行良性互动，主要原因还在于公立教育以主体民族文化为核心的本位主义，这一点在1957年政府针对南部穆斯林制定的"整合政策"上得到印证。菲律宾政府继承了西班牙、美国殖民当局鼓励天主教徒迁移南部的政策，并呈现出扩大化的趋势。20世纪50年代，由于北方吕宋地区土地高度集中，爆发了大规模要求重新分配土地的农民运动，在政府的镇压下，北方出现了大批的战俘、破产农民及无业游民，政府便通过行政手段将这些人口安置到南部穆斯林聚居区。政府还规定，凡先前穆斯林耕作的土地，只要无人申请该地的拥有权，即可作为无主土地分配给移民。至60年代中期，共有2万多户北部天主教徒移民至棉兰老岛和巴拉望地区，而且每人都得到相应的土地。大量的移民造成南部地区穆斯林的人口比例不断下降，在棉兰老岛，穆斯林人口比例从1918年的49%降至23%，而天主教徒的比例却从22%上升至65%，摩洛人在世代居住的棉兰老岛上却成为了"少数民族"。[1]为了保障"整合政策"的实施，政府向南部委派天主教徒官员介入当地事务。尽管在穆斯林人口集中的拉瑙、哥打巴托省份，省长均由穆斯林担任，但实际上最高行政权仍要与天主教官员分享，甚至出现政权由天主教官员独揽的情形。天主教徒与穆斯林积怨已深，在管理与执行过程中难免出现矛盾，而天主教官员偏袒天主教徒、歧视穆斯林的情况时有发生，穆斯林无法通过正当途径解决，就只能采取报复手段，冲突很容易就演变为两大宗教群体的武装对抗。长久累积的宿怨促使一部分穆斯林走上极端化的道路。1972年，以建立独立的伊斯兰国家为目标的摩洛民族解放阵线（简称摩解）成立；1977年，摩解中更为激进的派别自立门户，建立摩洛伊斯兰解放阵线（简称摩伊解），与政府军展开全面战争。20世纪80年代，极端组织阿布沙耶夫武装成立，通过抢劫、绑架、爆炸等恐怖活动打击政府。毫无疑问，以主体民族文化为核心的同化政策不仅没有达到统一国家认同的效果，反而加深了天主教徒与穆斯林之间的鸿沟，在国外

---

① 陈衍德等：《全球化进程中的东南亚民族问题研究》，厦门大学出版社，2008年7月，第217-218页。

极端伊斯兰势力的影响和作用下，菲律宾的穆斯林极端组织正全力朝着分裂国家而不是统一的方向前进。与穆斯林相比，山地部族的生存状态也并不乐观。20世纪70、80年代，随着菲律宾国内工业化的发展，公司企业进驻山区，抢占土地、过度开采、伐木毁林等行为对山地部族的生产、生活造成严重影响。失去土地的山民只能沦为雇佣劳动力，如遇失业就只能四处流浪乞讨度日，更何谈保存和发展本民族的传统文化。这一时期，以华人为主的外族群体也受到文化同化的冲击。1946—1975年，菲律宾政府推行以排斥华人为目的的政策，严格限制华人归化入籍，华人得不到平等生存的权利。1975年之后，尽管政府放宽了对华人归化入籍的限制，但禁止华人参与政治活动，打击华人经济，对华侨学校实施菲律宾化政策。为了能够融入菲律宾社会，很多华人不得不接受文化同化。1995年的调查数据显示，70%的菲律宾华人为天主教徒，12%为新教徒。[①]而将菲律宾和中国的宗教信仰融合在一起来崇拜，成为菲律宾华人宗教活动的一个独特现象。

无论如何，从1935年开始，菲律宾的文化发展开始逐渐摆脱殖民时期的束缚，开始了以主体民族文化为核心的同化进程。主流文化从带有宗主国色彩的基督教—天主教文化转变为提倡民族主义为基础的基督教—天主教文化，山地区文化与外来族群文化则在以主体民族文化为核心的同化中面临萎缩乃至消失的危机，而伊斯兰文化则因穆斯林群体不断被边缘化的处境抹上了极端化的色彩。从这个角度来看，菲律宾文化的再发展期实际上是一个文化多元化的过程：由于缺乏统一的国家认同，主流文化尽管占据主导地位，但仍然无法完全取代或覆盖其他文化；对于处于劣势的伊斯兰文化来说，以主体民族文化为核心的同化政策虽然取得一定效果，但同时也激发起极端形式的反抗，这些反抗不仅加速了部分穆斯林群体从文化体系中的剥离，更加速了他们从国家体制中的脱离，使菲律宾陷入国家分裂的困境；而弱势的山区部族和外来族群为了平等的生存权，只能接受文化同化，但在文化实践过程中仍然保留并融合了本族传统文化的元素，衍生出各式各样的文化变体，呈现出林林总总的面貌。从目前来看，文化多元化还将在未来一个历史时期内主导菲律宾文化发展的进程，而如何实现主流文化与其他文化的均衡发展，在构建统一的国家意识的同时尊重并保护各个民族的文化传统，也成为菲律宾政府亟待解决的课题。

---

① 黄滋生、何思兵：《菲律宾华侨史》，广州：广东高等教育出版社，2009年1月，第604页。

第四章　民间信仰

　　菲律宾文化的特点集中体现在其文化的多样性上。从宗教信仰的特征出发，菲律宾文化又可以大体分为4种类型：山地区文化类型，以万物有灵的原始信仰为其主要特征；华人等外来族群文化类型，以外来族群原有文化为基础，并日趋显现出菲律宾化的特点；低地区文化，以基督教（主要是天主教）信仰为其主要特征；摩洛文化类型，以伊斯兰教信仰为其主要特征。虽然菲律宾文化类型丰富，具有多样性的特点，但是当我们通观菲律宾文化的各种文化要素时，总能从这些纷繁复杂、多种多样的表象中发现一些共通的东西，这种共通的东西也就是根植于菲律宾文化的最底层之中的文化基质。菲律宾文化的基质来源于巴朗盖时期的原始信仰，现在则集中体现在菲律宾人的民间信仰之中。

　　民间信仰，简单说是指人们按照超自然存在的观念、惯制和仪式行事的群体文化形态。[1]而《辞海》则进一步定义为："民间流行的对某种精神观念、某种有形物体信奉敬仰的心理和行为。包括民间普通的信俗以至一般的迷信。它不像宗教信仰有明确的传人、严格的教义、严密的组织等，也不像宗教信仰更多地强调自我修行，它的思想基础主要是万物有灵论。"[2]通过上述两个定义，我们可以看出民间信仰是一种群体文化形态；它以万物有灵的原始信仰为基础；它不同于宗教信仰，也未从民众的一般精神文化、物质生产生活和社会组织中分离出来；它是民间思维观念与原始信仰因素相混合的民俗传统。它具有如下特征：第一是多神信仰，人们不问为什么，认为有灵力、有力量就信，一些信仰现象根本无法解释。第二是自发性，即带有明显的散漫和盲目的特点，其信仰对象多、范围广、表现形式复杂，也难以形成统一的概念和有效的控制手段。第三是功利性，它的发生、传播与实用的功利目的紧密相连，这种功利性使民间信仰很容易与其他宗教相融合，在实际生活中发生重叠信仰的现象。

　　民间信仰的核心是"超自然观"，即万物有灵信仰。万物有灵信仰来源于实

---

① 董晓萍：《民间信仰与巫术论纲》，载《民俗研究》，1995年第2期，第79页。
② 陈彬、陈德强：《"民间信仰"的重新界说》，载《井冈山大学学报（社会科学版）》，2010年第4期，第57页。

体与意识相分离的观念，它赋予了万物以灵魂，并使其人格化，且具有超自然的能力。万物有灵信仰的对象主要包括精灵和魂灵，随着信仰的发展，有一些精灵或魂灵则被逐渐神化成为神灵。魂指的是人的灵魂，活人的灵魂称为生灵，死人的灵魂称为死灵，生灵与死灵合称为魂灵。精灵最初来源于人们相信人类以外的事物（生物或非生物）也是有灵魂的，后来精灵逐渐被抽象为没有物质实体却拥有人类性格的超自然的存在，它通常在人类居住的现实世界（如山地、森林、河流、湖泊、海洋等）中活动或是寓居于各种生物或非生物的内部，并通过自己所具有的超自然能力对人类的生活施加好的或不好的影响。魂灵有时可以转化为精灵。神灵并不在人类居住的世界中活动，而是有自己的世界——神灵世界。神灵是无形的，拥有神秘的力量，主宰着人类世界的一切活动。神灵可以由精灵转变而来，也包括各民族创世神话中的创世神灵及其附属神灵。

对精灵、魂灵、神灵的信仰与崇拜通常通过一些惯制或仪式来进行，如各种祭祀仪式、丧葬仪式等，而巫术也是其中的一种主要实践方式。巫术是指借助超自然的神秘力量对人或事物施加强制影响，以达到控制某种结果的手段。巫术的特点就是并不是以敬拜精灵、魂灵或神灵为主要目的，而是通过借助精灵、魂灵或神灵所具有的超自然能力对人或事物进行干预和控制，以期达到功利性目的。常见的巫术有以下几种：一是祭祀巫术，通过一系列的仪式、献祭等活动以祈求保佑的巫术活动。二是神判巫术，也就是借助神意裁决是非争讼的巫术，它与民间的习惯法并行。三是疫病治疗巫术，它通过招魂、驱鬼等巫术活动达到治疗疾病、驱除瘟疫和灾难等目的。四是魇胜巫术，它利用一些替代物，通过镇压、诅咒等方式达到制胜、压服等目的。五是禁忌巫术，通常与预兆等巫术活动一同出现，它通过禁止日常生活中的一些行为或思想来防止给个人或社会带来不幸和灾祸。

掌握了巫术的特殊知识技能并主持巫术活动的人就是巫师。巫师是联系自然界与超自然界的媒介，其作用就是通过各种巫术来解决人们的现实问题。在经历了一些试炼或掌握了一定的巫术技能之后，男人和女人都可以成为巫师，其中男性巫师称为"觋"，女性巫师称为"巫"。根据其所从事巫术活动的不同，巫师有不同称呼，如主持祭祀、祈祷等活动的巫师称为祭司，拥有较高的社会地位；从事疾病治疗活动的称为巫医；从事占卜活动的称为卜师等。但是，一般来说，巫师之间的分类并不是泾渭分明的，多数情况下一名巫师都可完成多种巫术活动。

基于民间信仰的定义及所包含的内容出发，现就菲律宾民间信仰的4个基本范畴做一界定。第一个范畴是众神信仰和精灵信仰，主要包括众神信仰的结构体系、世界观以及精灵信仰的主要内容。众所周知，菲律宾信仰基督教、伊斯兰教这两种世界性宗教的人数占到了其国民总人口的95%以上。虽然这两种世界性宗教在菲律宾的传播过程中已经与菲律宾的原始信仰发生融合，形成了本土化的基督教、伊斯兰教，但是其中所包含的菲律宾的传统文化要素毕竟已经有所异化，失去了典型性。因此，只能从受外来文化影响较小的山地区文化类型中或者从低地区各民族的古代文化中去发掘，如分布在山区的伊戈洛特族、阿埃塔族、芒扬族等少数民族的原始信仰，以及古代他加禄族、比萨扬族、比科尔族的原始信仰。通过对这些以万物有灵信仰为基础的原始信仰的研究，可以进一步加深对本土化的基督教和伊斯兰教的理解。第二个是巫师与巫术，主要包括菲律宾的各类巫师及其所从事的各种巫术活动。第三个是英雄及祖灵崇拜，主要体现在菲律宾各种叙事长诗的英雄事迹以及丧葬仪式之中。第四个是预兆与禁忌，从中可以折射出菲律宾人的民族文化心理。

第一节　众神与精灵信仰

菲律宾民间信仰是菲律宾各文化类型所共通的文化基质的集中体现。而这种共通的文化基质则来源于伊斯兰教、基督教进入群岛以前的菲律宾原始信仰，其标志就是众神信仰与精灵信仰。

菲律宾群岛原始信仰的发展经历了一个过程，即从对自然实体（包括大自然崇拜、动植物崇拜）的直接崇拜到对超自然属性和超自然神秘力量（神灵崇拜）的崇拜两个阶段，并且在原始社会解体的末期，即巴朗盖社会时期，菲律宾的原始信仰已经发展到多神信仰的高级阶段，即出现了主神崇拜和下属神灵崇拜，处于多神教向一神教的过渡之中。概括来说，菲律宾原始信仰的基本特点就是："神灵创世，神生万物，万物有灵。"[①]菲律宾的原始信仰体系在其神话传说中有迹可寻。

---

① 施雪琴：《简论菲律宾民族的原始宗教信仰》，载《南洋问题研究》，2002年第2期，第78页。

一、众神信仰

菲律宾的神话传说十分丰富，其中不仅有神灵创世的各种传说，还有关于动植物的寓言故事，例如猴子为什么有尾巴，乌鸦为什么是黑的，海水为什么是咸的……尽管现代菲律宾人大都改信了基督教，过上了西式的生活，但是他们仍然相信这些神话传说，尤其是住在偏远地区的菲律宾人，由于受外来宗教文化的影响很小，他们基本保持了原有的信仰，对这些传说就更加深信不疑。菲律宾的神话传说与古希伯莱和古印度的神话传说有很多相似之处。例如吕宋岛北部山地区民族的洪水神话就与古希伯莱的洪水传说类似；阿古桑地区有关马努博·安哥（Manubo Ango）化为石像的传说则与圣经中罗德之妻（Lot's Wife）因好奇回望燃烧的蛾摩拉城（Gomorrah）和索多玛城（Sodom）而变成盐柱的故事相近，而且还与古印度《罗摩衍那》中阿西莉亚（Ahilya）因与因陀罗通奸而遭丈夫诅咒变成石像的故事雷同。而伊富高部族的英雄巴利图克（Balituk）用箭刺穿岩石取水的故事则与《摩诃婆罗多》中的阿周那一样，他也是用箭刺穿土地以取水给濒死的毗湿摩的。另外，由于菲律宾群岛由7千多个岛屿组成，而且民族众多，加之神话传说都是以口传的方式代代相传，因而不同的民族、不同的世代往往会增添一些不同的内容，这就造成了菲律宾的神话传说呈现出多元化的特点。

如古代他加禄族关于神灵创世的神话传说是这样的：

"很久很久以前，宇宙中有三个强有力的神灵，它们是巴特哈拉（Bathala）、吾尼朗·卡卢鲁瓦（Ulilang Kaluluwa）和葛朗·卡卢鲁瓦（Galang Kaluluwa）。巴特哈拉是个巨人，它掌管着大地；吾尼朗·卡卢鲁瓦是一条巨蛇，它住在云端；葛朗·卡卢鲁瓦则是一个长着翅膀的脑袋，整天东游西逛。三位神灵互相都不认识，都觉得自己是宇宙中的唯一生物。

当时的大地全部由岩石构成，没有海洋，没有植物，也没有动物，是一个非常寂寞的地方。巴特哈拉是大地上唯一的居民，它非常寂寞，渴望有人陪伴。住在云端的吾尼朗·卡卢鲁瓦也很寂寞。于是当它来到大地游玩时，就遇见了巴特哈拉。吾尼朗·卡卢鲁瓦发现还有与自己相匹敌的神灵，心中非常不高兴。它向巴特哈拉提出了挑战。经过一场大战后，巴特哈拉杀死了吾尼朗·卡卢鲁瓦，并把它埋在了自己住处附近。后来，葛朗·卡卢鲁瓦也发现了巴特哈拉。巴特哈拉热情、友好地接待了它，两人成了好朋友。

一天，葛朗·卡卢鲁瓦病重，临死前它嘱咐巴特哈拉把自己埋在吾尼朗·卡卢鲁瓦的墓中，不久就会长出可以帮助巴特哈拉造人的东西来。巴特哈拉照做了。不久，坟墓中长出了椰子树，树的果实多肉又多汁。巴特哈拉摘下一个果实并剥下外壳，发现里面果肉很硬，很像好朋友葛朗·卡卢鲁瓦的脑袋。而椰子树的叶子就像葛朗·卡卢鲁瓦的翅膀，只是树的主干像敌人吾尼朗·卡卢鲁瓦。

巴特哈拉意识到自己已经想好了该如何造人了。它创造了最初的男人和女人，用椰子树为他们建造了房屋。让他们渴了喝椰子汁，饿了吃美味的椰子肉。巴特哈拉还教会他们用椰子树叶编织各种日常用品。"

另外，坎卡纳依部族关于人类的起源以及雷神和闪电神是如何被创造出来的神话传说是这样的：

"很久以前，众神来到了大地上，但是当时大地上并没有人类居住。众神于是决定造人。它们用泥土造了两个人，并把它们立在了地上。众神想，为了让这两个泥人活过来，必须要把它们逗笑才行。于是众神就从鸡身上拔了羽毛去逗泥人。其中一个泥人被逗笑了，它就变成了男人。另一个泥人听到笑声后也笑了，它就变成了女人。

有一次，大神鲁玛韦格（Lumawig）来到了大地上并娶了一个姑娘为妻。这个姑娘有很多姐妹，但是这些姐妹都非常嫉妒这个姑娘，因为大神只娶了这个姑娘而没有再娶她们中的任何一个。作为报复，她们把大蒜放到了大神夫妇的枕头下。大神闻到大蒜的味道后非常不高兴。它想回到天上，但又舍不得自己的孩子。于是大神把孩子切成了两半，自己和妻子各拿一半。大神带走了孩子的头部。头部因为没有了身体，大声抱怨起来。大神就给头部制作了身体，后来成为了雷神。妻子的那一半因为没有头而不能说话，大神觉得很可怜，于是又给这一半制作了头部，后来就成为了闪电神。"

除了神灵以外，作为万物有灵信仰的标志，菲律宾人还信仰各种精灵，崇拜大自然的太阳、月亮、山川、湖泊和海洋等。这些都成为菲律宾原始信仰的组成要素。下图是菲律宾原始信仰的结构图，这一信仰结构目前仍旧广泛存在于菲律宾文化之中，尤其是山地区文化类型。

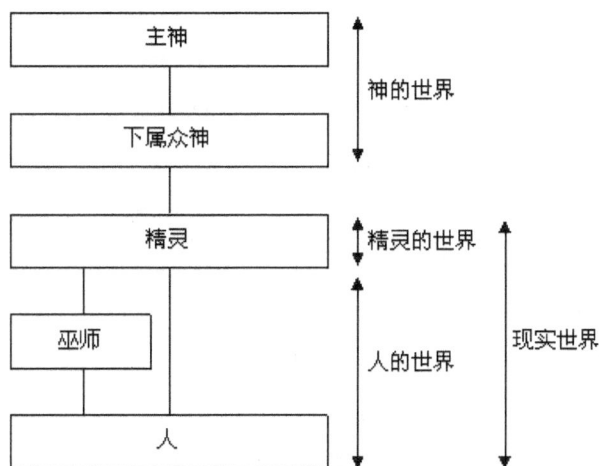

图4-1　菲律宾的原始信仰系统

　　在菲律宾的原始信仰中，世界主要分为两层：众神居住的神的世界和人与精灵居住的现实世界，现实世界又可以细分为精灵的世界和人的世界。现实世界虽然由神的世界主宰，但是人的世界很少能与神的世界发生联系，更多的则是受精灵的影响。巫师主要负责沟通人的世界与精灵的世界（有时也能沟通人的世界与神的世界）。当然，在菲律宾的原始信仰中也有类似于"地狱"的观念，认为一些恶灵和魔鬼居住在那里，如他加禄族所称的名为Kasamaan的地方，比萨扬族所称的名为Solad的地方，比科尔族所称的名为Gagamban的地方，塔巴努阿部族所称的名为Basaud的地方等。但是这些"地狱"通常存在于精灵的世界或神的世界之中，不同于中国传统文化中的"地府"，也不同于基督教信仰中的"地狱"。如居住在民都洛岛山区的芒扬族认为，恶灵就居住在自己部落附近的森林里，它们白天睡觉，晚上就在森林里徘徊。当恶灵进入部落后，就会隐藏在房子周围或床下，伺机袭击人的灵魂①。芒扬族虽然相信存在死后的世界，那是一个名为Karadwahan的灵魂居所，但是他们并不知道这个地方在哪里，只是模糊地认为它在森林深处某地②。另外，菲律宾的原始信仰中也有"天堂"的观念，但是与基督教的"天堂"不同，它只是指众神居住的地方，人类无法到达那里，即使人的灵魂也不行。这与中国神话传说中的"天宫"倒是有一些类似。

① 宫本勝著：『ハヌノオ・マンヤン族——フィリピン山地民の社会・宗教・法——』，第一書房、1986年、129頁。
② 宫本勝著：『ハヌノオ・マンヤン族——フィリピン山地民の社会・宗教・法——』，第一書房、1986年、144頁。

在菲律宾的原始信仰中，神的世界居住着主神和一些下属神，它们是现实世界的主宰。主神（Supreme God），也称为"至上神"、"至尊神"或"最高神"，它创造了世间万物。在菲律宾各民族或部族中都有关于主神的神话传说。比如：古代他加禄族把自己的主神称作巴特哈拉（Bathala），古代比萨扬族称作"Laon、"Abba"或"Kaptan"，古代比科尔族称作"Gugurang"，伊戈洛特族和伊洛克族称作"Kabunian"或"Lumawig"，巴拉望诺族称作"Ampu"，芒扬族称作"Mahal na Makaako"，阿埃塔族称作"Gutugutumakkan"等等。也有的主神是由一对神灵组成，如塔博利部族（T'boli）的主神是太阳神"Kadaw La Sambad"和月亮女神"Bulon La Mogoaw"，它们是一对夫妻。

在主神之下还有一些下属神（Lesser Gods or Lesser Goddesses）。如"Idianale"是他加禄族中掌管农业的女神；"Dian Masalanta"是他加禄族中掌管爱和繁衍的神灵；"Maguayen"是比萨扬族负责摆渡亡灵至幽冥之地的神灵；"Sidapa"是比萨扬族的死神，"Lalahon"是比萨扬族的丰收女神；"Simuran"和"Siguinarugan"是比萨扬族的地狱之神；"Barangao"是比萨扬族的彩虹之神；"Kidul"是卡林加部族的雷电之神；"Mandarangan"是巴戈博部族的火山之神；"Linog"是比萨扬族的地震之神；"Lakampati"是他加禄族中掌管土地和渔业的神灵；"Poko"是塔巴努阿部族的海神；"Bulol"是伊富高部族的稻米之神；"Darago"是巴戈博部族的战神，"Malyari"是三描礼士地区民族的大力神；"Dal' Lang"是伊洛克族的美丽之神等等。

主神与下属神居住的地方构成了神灵的世界。众神通常是无形的，它们居住的世界也是高不可攀的，除了在一些神圣的仪式或特殊场合下，一般不能随便提及它们。这种现象在东南亚岛屿地区普遍存在。众神通常被认为是高高在上的，人们往往无法直接向其祈求。而生活在现实世界中的精灵，由于也具有超自然的力量，则成为人们日常祈求的对象。但是，对主神的祭司和供奉等活动也并不是完全不存在，通常会出现在一些紧急的情况下或者特殊的年节中。

下面，以古代他加禄族为例，了解一下菲律宾原始信仰中的众神体系。

主神巴特哈拉：它是超自然的力量及造物主，也被称作Maykapal或Bathalang Maykapal。它与其他下属神居住在名为"Kaluwalhatian"的天堂，主宰着人类世界的一切。在西班牙殖民时期，它被传教士们演绎为上帝，而那些为它服务的下属神则变成了上帝的圣徒。巴特哈拉掌管着很多下属神。

女神"Lakampati"，它的名字意为"食物施与者"，也有部族认为它是雌雄同体的中性神灵，也被称为"Ikapati"。它掌管土地、农业和收成。他加禄族先民会带着贡品到田地里向它献祭，祈求它的保佑。但在改信天主教后，他加禄族不再向它献祭与祈祷，西班牙传教士则称其为"雌雄同体的恶魔"。

作物之神"Lakambakod"，它的名字意为"坚固的樊篱"。他加禄族的一些部族还视其为男性生殖器的象征，具有保护家园、治愈疾病的能力。

丰收之神"Dimangan"，他加禄族先民认为它可以促进谷物迅速生长且多产。

女神"Idiyanale"，掌管畜牧业与水产养殖业，也被误传为农业之神。

名为"Amansinaya"的神灵，掌管渔业的神灵。渔民在撒完渔网后会大呼其名。

名为"Amanikable"的神灵，掌管狩猎，也被误传为海神。

爱神"Diyan Masalanta"，它是一名女神，是情侣的庇护神，掌管着爱情和生育。

太阳神"Apolaki"，它的名字意为"大神"，是勇士们的庇护神。伊洛克族视其为战神，邦阿西楠族则视其为最高神，掌管战争、贸易、旅行等一切事务。

月亮女神"Mayari"，邦板牙族还奉其为主神。它的名字在他加禄语中意为"完成"。还有一个与其相关的古老传说。求爱者必须向中意的姑娘赠送一枚用茉莉花制作的胸花，而姑娘带上谁送的胸花就表示择其为如意郎君。然后，两人要在满月的夜晚口念"sumpa kita"以求月亮女神保佑自己的爱情圆满。念词与茉莉花的发音相似，通过茉莉花，月亮女神能够感应到他们的爱情。

女神"Lakambini"，它的名字意为"高贵的夫人"，是象征纯洁的神灵。在菲律宾语中，"Lakambini"已变成为"女神、公主"的代名词。

名为"Bibit"的神灵，身染疾病的人必须向它献祭。因为不期而遇而不自知导致人们没有向它表达崇敬，这时它会以降病的方式提醒人们。菲律宾语中表达奇缘、奇遇的说法"kuwentong bibit"正是来源于此。

名为"Tumanod"的神灵，根据西班牙传教士的记述，晚上它会在人类聚居区游荡，当它从房屋底下通过时，会发出可怖的呻吟声，并撞击地板扬起尘土。也有的部族相信，它因可怜人类而教会人类用粘土烧制烹饪的器皿。它的名字意为"守卫"，菲律宾语中的类似词语"Tumanog"或"Timanog"意指"搞怪、丑陋之灵"，这也许是由其恫吓人类的不良名声而来的。

名为"Lingga"的神灵，它主管生育仪式和节庆，在天主教中也有相应的存在。据说它还有治愈疾病的能力，它的名字来源于梵语"linga"，意为"特征"。

女神"Manggagaway"，它可以致人疾病。传说它化身为治疗师，但并不是替人治病，而是利用魔力引起灾祸。它的名字在他加禄语中意为"女巫"。在一些部族的传说中，它还掌管生死，所制符咒可以让人无比强大。

名为"Anitong Tabo"的神灵，它是风神或雨神。其名字的字面意思是"瓢神"，人们认为它能帮人呼风唤雨。

神鸟"Tigmamanuquin"，它是蓝色的预兆鸟，是至高神巴特哈拉的化身之一。

乌鸦神"Maylupa"，它掌管土地和农田，它的名字意为"大地之主"。

鳄鱼神"Buaya"，他加禄族还视其为祖灵。这可能是因为鳄鱼生活在象征来世的水世界中，也可能是因为在先民眼里，它宽厚的背部是用来驮棺材和尸体的。

此外还有海神"Hayo"、晨曦之神"Hanan"、星辰之神"Tala"等众多神灵。

菲律宾原始信仰中的众神体系非常复杂，每个民族甚至一个民族的不同部族之间都有各自独特的系统。但是，这些不同的系统都有一个相同的特征，那就是都包括一个主神和众多协助其创世、或协助其管理各种事务的下属神灵。

同时，菲律宾的原始信仰受印度文化影响的痕迹非常明显。如古代他加禄族的主神巴特哈拉就来源于印度教的万神之王——因陀罗，而"Bathala"则源于梵语"Bhattara"，意为"高贵、伟大"。在菲律宾其他民族或部族中，印度文化的影响也随处可见，菲律宾的各个民族，无论其多原始或多古老，如今都能在其文化中找到印度文化的元素。比如，在伊斯兰教传入之前，苏禄群岛的居民都信仰印度教众神，如天神因陀罗（Indra）、火神阿耆尼（Agni）、太阳神苏利耶（Surya）、风神伐由（Vayu）等；现今棉兰老岛的非伊斯兰教部族——曼达亚则崇拜一种三位一体的神灵：宇宙造物主"Mansilatan"，人类保护神"Badla"，破坏之神"Pudaugnon"。这与印度教的三位一体神"Brahma"、"Vishnu"、"Siva"雷同，它们也分别为造物主、保护神和破坏神；布基农部族则信仰四方之神，分别为北方之神"Domalondong"、南方之神"Ongli"、东方之神"Tagolambong"和西方之神"Mababaya"。这也源于印度教的四方之神"Kubera"、"Yama"、"Indra"和"Varuna"。同样的，受印度文化的影响，菲律宾先民也认为世界既有善灵也有恶灵，善灵行善，恶灵行恶，世界才为之运行。相应的，他们会向这些神灵或精灵祈祷并奉献祭品，以期获得其帮助。

在东南亚岛屿部分，还广泛流传着太阳与月亮争斗的神话传说，菲律宾也不例外。而这一神话传说的来源则是印度。在现今的印度东北部的恰尔肯德邦

(Jharkhand)等地也流传着相似的神话传说。菲律宾的传说是这样的：

　　"很久以前，太阳神'Arao'和月亮女神'Buan'各有很多孩子，它们都是星星。太阳神的孩子们都是金黄色的，炽热而明亮。月亮女神的孩子们都是银白色的，而且非常冰冷。月亮女神非常烦恼，因为她担心自己的孩子们受不了太阳和它孩子们的光和热。于是她欺骗太阳神订立约定，双方都把自己的孩子们杀死。当太阳神吃掉了自己的孩子以后，月亮女神却带着自己的孩子们躲进了云里。太阳神大怒，开始了对月亮女神永不停歇的追杀。当太阳快追上月亮女神时，会咬月亮女神一口，因此月亮就出现了圆缺现象……"

　　如前所述，印度文化对菲律宾文化的影响主要发生在伊斯兰教文化和基督教文化进入菲律宾群岛之前。当伊斯兰教进入群岛南部后，凭借联姻和军事手段，伊斯兰教迅速得到传播。而西班牙人带来的天主教，则凭借着武力征服和众多传教士的努力，在菲律宾北部和中部得到快速发展。当然，天主教与菲律宾原始的众神信仰之间的相似性，也是菲律宾北部、中部的很多民族迅速接受天主教的一个原因。客观来说，基督教并非严格的一神教，基督教中的三一论具有一神论的趋势，而罗马天主教中的民间崇拜以及圣人崇拜，则与多神论相当接近。天主教的这一特点正与菲律宾原始信仰中的众神信仰不谋而合。西班牙传教士在传教初期就曾把他加禄族的主神巴特哈拉与天主教中的上帝划上等号，或者把巴特哈拉称为上帝的儿子，而巴特哈拉的下属众神则被与天主教中的圣徒和圣人联系起来。这样一来，他加禄族就更容易接受天主教了。正如菲律宾近代革命家佩德罗·帕特诺在其著作《我们的群岛和她的人民》(Our Islands and Their People)中指出："当基督教开始在群岛传播时，传教士们发现，有很多基督教中的教义和高层次的精神观念都可以使用菲律宾本地语言的相应词汇来传播。"①随着天主教在菲律宾的传播，皈依了天主教的民族，其原始信仰中的众神体系也随之发生了变化，逐渐被天主教的上帝、圣徒和圣人所取代。但是，这种古代的众神信仰并没有完全消失。如现在他加禄语中有句口头禅叫"Bahala Na"，意思是"听天由命"，但是这里的"天"显然不是"上帝"，而是他加禄族古代神话中的最高神——巴特哈拉。当然，还有一些民族出于一些功利性的目的而接受了天主教。如现今居住

---

① Indigenous Religious Beliefs and Cosmology of the Filipino, asiapacificuniverse.com, http://asiapacificuniverse.com/pkm/spirit.htm, 2014/6/3, 9：00。

在民都洛岛上的芒扬族也在逐步接受天主教信仰。他们接受天主教的原因主要是因为在信仰了天主教以后，他们的孩子能够上学并得到医疗援助。

菲律宾的原始信仰体系反映了古代菲律宾人对世界的看法，即：神灵创世，神生万物，万物有灵。这一世界观现今仍广泛存在于菲律宾各民族的文化传统之中，是菲律宾民间信仰的核心之所在。那么，在这样的世界观之下，具体的世界又呈现出一番怎样的景象呢？

芒扬族人认为，最大的空间范围名为"Kalibutan"或"Sinukuban"（在芒扬语中这两个词的本意来自"包裹"、"覆盖"，后意为"宇宙"），凡是目力所及或未及的地方都包含在这个"宇宙"之中。他们认为，宇宙就像一个鸡蛋，或者是椰子，共分为9层。最下面一层是大地和海洋，紧紧包裹着大地和海洋的上面那一层是天空，日月星辰在其中徜徉。剩下的7层覆盖在大地和天空之上，呈穹顶状，一直延伸到海洋的尽头。那里被岩石和森林覆盖，居住着各种恶灵和巨人。整个宇宙是由天空、太阳、群星、山川、动物、植物、人类等可见的事物和飘荡在宇宙中、无法被人类看到的各种各样的"灵"组成。在这些"灵"中，除了人的灵魂和恶灵外，还有各种各样的精灵。精灵又分为居住在动植物、土地、岩石等之中的自然精灵和栖身于各种由石头或植物制成的人造法器之中的守护精灵。这些守护精灵由人控制，可以依托它们对抗恶灵，也可以依托它们对他人施加邪术。芒扬族人日常生活中的首要大事之一便是要与这些"灵"处理好关系。

伊富高部族则把世界分成了5个部分。他们把自己的居住地（一般位于山区的河流中游附近）及其周围的可知世界称为"Pugao"；在这个可知世界之上的是天上世界，名叫"Kabunian"；在这个可知世界之下的是地下世界，名叫"Dalum"；在河流的下游远离可知世界的地区称为"Lagod"，在河流的上游远离可知世界的地区称为"Daiya"。除了可知世界"Pugao"以外，其他4个世界是神灵和精灵的居所。在可知世界中，也不仅有人类居住，还有很多精灵居住在人类周围的群山、森林和岩石等之中。

菲律宾原始信仰中的世界观与其万物有灵及众神信仰是密切相关的，它通常把世界分成若干层，就像现代科学幻想中所说的多维世界一样。在这个世界中，神灵大多高高在上，居住在远离人类的世界之中，而精灵则比较平易近人，它们大多与人类共同居住在一起，可以对人类施加各种影响。

二、精灵信仰

对精灵的信仰是菲律宾原始信仰的一个重要内容，和众神信仰一样，它也是构成现今菲律宾民间信仰的一个重要组成部分。对精灵的信仰，其思想根源来源于万物有灵信仰，是众神信仰乃至各种宗教产生的思想先导。所谓万物有灵信仰，简单说就是相信任何事物都有灵魂或自然精神，它是古人灵魂观念在人类之外其他事物上的投射。在古人的灵魂观念中，灵魂是独立于有形物体的，即使有形物体消失，灵魂也是不灭的。这样，渐渐地，原本与有形物体相联系的灵魂观念演变成了独立于有形物体的、非物质的灵魂观念。而且这种灵魂还可以随意地或暂时地附着在任何事物上，最终演变成为了原始信仰中的精灵。也就是说，精灵最初来源于各种非人类的事物，如动物、植物、风雷、山川等，后来，精灵被从这些非人类的事物中抽象了出来，变成了一种与人类、动植物以及其他自然事物共同存在于现实世界中的、具有超自然能力的存在。当然，并不是所有与有形物体相联系的灵魂信仰就不存在了。这种信仰依旧存在，它的具体表现就是图腾崇拜。如在伊戈洛特族的信仰中，经常拿蛇作为图腾；蛇还是他加禄族巫师的护法。另外，他加禄族、邦板牙族、比科尔族、伊洛克族等民族还崇拜鳄鱼和一种预兆鸟，这也是图腾崇拜的一种体现。当然，在现今菲律宾的民间信仰中，图腾崇拜的痕迹也越来越不明显了。

精灵和人类、动植物等一样广泛存在于世界之中。它们种类繁多，大都和人类一样居住在现实世界里。精灵是无形的，不可见且具有超自然的能力。有时精灵会附体在人身上，有时也会显露真身，这时人们就可以与它们交流。有一些人具备与精灵进行沟通的能力，他们就是巫师。人们可以通过巫师与精灵交流，并通过一定的仪式和供奉借得精灵之力来消灾纳福。由于精灵来自于灵魂观念，而且有些魂灵也会转变为精灵，因此为了讨论方便起见，也可以把魂灵归入精灵之中。

菲律宾民间信仰中的精灵多种多样，名称也有很多种，如："diwa"、"diwata"、"tuhan"、"anito"等。不同的民族对精灵的认识也各不相同，但也存在共同之处，如都可以根据善恶之分把精灵分为善灵和恶灵等。下面，以菲律宾的几个民族或部族为例，简单描述一下精灵信仰的概貌。

芒扬族居住在民都洛岛的山区，由7个部族构成。虽然一部分芒扬族人已经皈依了基督教，但是他们原有的精灵信仰却是根深蒂固的。这里主要以受外来文化影响较小的哈努诺部族为例，其精灵信仰具备芒扬各部族精灵信仰的特征，而且还集中反映出菲律宾民间信仰的一个侧面。

哈努诺部族的精灵世界由人灵（karadwa）、恶灵（labaŋ）以及另外一些名叫kalag或apo的精灵组成。"kalag"的种类繁多，大体可分为两类。一类居于动植物、土地、岩石等自然物体中；一类居于各种"法器"之中，它们可以帮助巫师对抗恶灵或者对他人施加邪术。

哈努诺部族的灵魂观念非常特别，他们把人灵（人的灵魂）也视为一种精灵。除了人得重病或者熟睡以外，灵魂总是与人形影不离（而不是居住在人的体内）。他们认为，每个人都有一个灵魂，它的样子与这个人一模一样。灵魂最害怕恶灵，为了躲避恶灵，灵魂有时会化身为动物。关于灵魂是从哪里来的，哈努诺部族并不知晓，他们只是认为在婴儿降生的瞬间灵魂就来到婴儿的身边，而其他接受了基督教的部族则开始认为灵魂来自于"神"。哈努诺部族还认为，人死以后，灵魂会去一个名为"死者世界"的地方。哈努诺部族的人们在日常交往的过程中都是非常小心谨慎的，因为他们认为如果惊吓到对方的话，对方的灵魂就会因为害怕而离开对方，从而引起疾病，如果坐视不理的话，人不到一年就会死去。一旦有人受到惊吓，加害者就要准备鸡、石子儿和一种名为"tigbaw"的草，然后拿着这些东西在受惊吓的人的头上左右摇晃，同时口中还要念咒语："灵魂，请你回到他的身边吧"。事毕，要把石子儿扔在原地，把鸡放走，还要把草埋在森林之中。此外，哈努诺部族相信恶灵会给活着的人带来疾病、精神异常或死亡，人的灵魂在恶灵面前没有招架之力。目前虽然有一部分芒扬族的部族已经改信了基督教，但是对恶灵的这种恐惧却丝毫没有改变。菲律宾其他民族的灵魂观念也很类似。如塔博利族也认为灵魂在人熟睡时会离开人的身体，只有在灵魂返回身体后人才会醒来，当灵魂无法回到身体时人就会死亡。

哈努诺部族在人死后会先把遗体安置在家中。这时，恶灵们就会聚拢过来，在家的周围或者床下徘徊。他们认为恶灵喜欢以人肉为食，特别喜欢死人的肉。恶灵的总称为"labaŋ"，它们具有动物或者人类的外表。根据外表的不同，哈努诺部族所认为的恶灵共有9个种类。

猫恶灵（labaŋ kuti）：长着猫的外表的恶灵。人脚趾发痒就是这种恶灵引起的。此外，它还可以使人精神失常。人一旦被它缠上，就会像疯猫一样发狂。

野猪恶灵（labaŋ baboy）：长着野猪外表的恶灵。它是感冒和咳嗽的始作俑者。

鸟恶灵（labaŋ manok）：长得像一只黑色的小鸟，能使人头痛或像猫恶灵一样使人精神失常。

狗恶灵（labaŋ du）：长得像狗，在它咬人以后人就会因受其毒而痛苦不堪。

牛恶灵（labaŋ baka）：长着牛外表的恶灵。被它咬过后，人体会留下伤痛。

水牛恶灵（labaŋ karabaw）：长着水牛外表的恶灵。被它咬过后，人体会留下伤痛。

山羊恶灵（labaŋ kambiŋ）：长着山羊外表的恶灵。被它咬过后，人体会留下伤痛。

矮人恶灵（labaŋ lumalakaw）：长得像人，走起路来飞快，而且有男女之分，但是个头很矮，不穿衣服，眼睛倒竖而细长。它会让人迷路，然后再把迷路的人吃掉。

人形恶灵（labaŋ tawo）：长得跟人一模一样，身高也差不多。它从不说话，它的口哨声会使人不寒而栗。它通常栖身于房子周围或床下，最喜欢吃活人的肉。

哈努诺部族相信恶灵都居住在距离村子不远的茂密森林中。它们白天睡觉，天黑以后开始在森林里徘徊。进到村子以后，它们会在房子周围或床下游荡。恶灵的居所是严禁进入的，否则会被恶灵杀死。在恶灵的居所周围也不能烧荒种地，因为恶灵怕火，其居所一旦被烧，恶灵们会群起进攻，村子的人都会被杀死。恶灵还喜欢在墓地徘徊。因此，哈努诺部族都把墓地设在村外，并用5种道具在墓地周围围出一个椭圆形的围栏，防止恶灵侵扰坟墓。这5种道具分别是：食物、捕鸟用的套索和3种捕猎用的标枪。食物用以供奉给逝者，而4种捕猎工具则用来吓唬恶灵。由于恶灵基本都长着动物的外表，因此捕猎用具对它们有一定的威慑力，可以防止它们侵扰坟墓。平时，为了保护自己，防止被恶灵侵扰，哈努诺族人常常在自己的背袋里预备生姜、白色珠串或者护身符。一旦因恶灵致病，人会渐渐衰弱，直至死亡，只有求助拥有守护精灵附着的神石的巫师，才可驱逐恶灵，否则只有死路一条。恶灵可以被驱除，但是恶灵无法供人驱使来对他人施加邪术。能被人类操纵的是邪术精灵，它们可以对他人施加邪术。哈努诺部族认为共有"apo panhiri"、"apo padaya"、"apo paŋiwa"、"apo suŋayan"等4种邪术精灵。

邪术精灵"apo panhiri"附着在名叫"panhiri"的小石头中，拥有这种精灵石的巫师称为"panhirian"，他可以命令"apo panhiri"给他人带去严重的疾病，包括头痛、腹痛、耳痛、眼痛、牙痛等。如果没有拥有守护精灵石的巫师的治疗，被施加邪术的人很快就会死亡。

邪术精灵"apo padaya"附着在法器"padaya"之中。该法器由植物制成，其效力与邪术精灵"apo panhiri"类似。拥有这种法器的巫师被称为"panpadaya"。

邪术精灵"apo paŋiwa"也是附着在石头之中。拥有这种精灵石的巫师被称作"paŋiwaan"。当巫师拿出精灵石并念出咒语后，精灵就开始施展邪术。被施加邪术的人背部、头部和腹部会剧痛，如果不及时治疗的话也会死亡。

邪术精灵"apo suŋayan"是4种精灵中最可怕的，它附着在法器"suŋayan"中。它一旦对人施加了邪术，受害者就会在3天内死掉。而且这种邪术没有护身符可防，也没有守护精灵石可解。

哈努诺部族的人们像害怕恶灵一样害怕邪术精灵。由于邪术都是源于妒忌，因此哈努诺部族的人们行事都非常低调，防止招来他人的妒忌。懒惰固然讨人厌，但是勤劳却未必就是美德。因为如果一个人勤劳了，他的财富就会增加，而财富的增加就会招来别人的妒忌，结果自己就容易受到邪术的侵害。因此，哈努诺部族的人们即使勤劳，也都保持低调，如果积聚了财富，通常会通过一些仪式或活动把财富散掉以求平安。

当人受到恶灵或邪术的侵扰而得病的时候，就需要巫师通过守护精灵来驱除。这些巫师也可以称作巫医，他们构成了哈努诺部族传统医术的重要一环。哈努诺部族的传统医术包括按摩接骨、制备草药和念咒祈祷3种。如果一个人的疾病是由恶灵或邪术引起的，那么只有通过念咒祈祷才能驱除病魔，念咒祈祷时所使用的力量则来自于守护精灵附身的精灵石。根据守护精灵的类型，拥有这些精灵石的巫师又可分为"pandaniwan"、"pamaraan"、"panfuran"、"pandulawan"等4种类型。这些巫师可以与石头中的守护精灵们沟通，并借助精灵的力量治疗疾病。比如，巫师"pandaniwan"的精灵石中是守护精灵"daniw"，这块神石直径3~4厘米，黑色，呈球形。而守护精灵"daniw"是一个身材极小，长得跟人一模一样的小人。一个人要想成为一名"pandaniwan"巫师，他必须要找到一块附着有守护精灵"daniw"的精灵石，并接受一定的试炼。

除了邪术精灵和守护精灵外，还有一些其他的人类可操控的精灵。这些精灵大部分都寄居在人们用特殊的植物制作的护身符或法器之中。它们主要分为4类。第一类主要是保护村庄和人身安全的精灵：如精灵"talitoktok"可以防止坏人近身；当对手用刀砍自己时，精灵"tagalmo"可让对手的刀折断；精灵"tabiyunan"

在外人靠近时会让家里的大门晃动，以提醒主人。第二类主要是与芒扬族习惯法的执行有关的精灵：如精灵"tagalukmay"能使愤怒的人恢复平静；精灵"dalupi"能在打官司时使人变得能说会道。第三类主要是与男女感情相关的精灵：如精灵"gayuma"能使对方爱上自己；精灵"pintas"能使别人的恋人生病；精灵"tagablag"能使恋人之间产生嫌隙。第四类主要是保护健康的精灵：精灵"kabal"能保护人在受伤后不会死亡；精灵"himag"能保护人的头部不受伤；精灵"santas abad"能保护人的头部以外的部位不受伤……哈努诺族人相信，如果一个人拥有了全部的护身符，他就可以拥有不死之身，过上惬意的生活。即使有些人改信了基督教，他们也不会丢掉这些护身符。在去教堂或做弥撒时，他们会把护身符留在家里，防止它们受基督教的影响而失去灵力。他们还会把十字架看成是一种护身符，低地区的人们会用它来保护自己免受阿斯旺（aswang，一种邪恶巫师）的伤害。此外，在哈努诺部族的精灵信仰中还有一种栖身于动植物之中的精灵，其中最有代表性的就是米精灵。哈努诺部族的人们认为，要想种好稻子，非要得到米精灵"kalag paray"的帮助不可，否则稻子就会枯萎，颗粒无收。为了使米精灵留在自己的稻田里，人们会举办各种仪式，极尽崇敬之意。

分布在吕宋岛北部山区的伊戈洛特族，其精灵信仰也与芒扬族有很多相似之处。在吕宋岛北部山区的帕赛尔（Pasil）地区分布着伊戈洛特族的一支——卡林加部族（Kalingas）。随着基督教的传入，目前大部分卡林加族人已经皈依了基督教，但是传统的精灵信仰依然深植于人们的内心，影响着人们的日常生活。当人们得病或者遇到不幸和灾祸时，往往首先归结于精灵的影响。

卡林加部族认为，精灵（alan）由死灵、恶灵、生灵和守护灵等构成。他们当然也信仰一些神灵，但是神灵都居住在遥远的地方，倒是精灵由于就居住在村子附近，对人的影响会更直接。

死灵称为"kakkalading"，生灵称为"kadudwa"。人死一年后，生灵就会变成死灵。卡林加部族认为，死灵会在其生前的生活区域徘徊，并试图与所见到的活人交谈。如果活人没有满足死灵的要求，就会得病。恶灵则是由恶人的死灵或巫师的死灵转变而来，它们在村外有特定的居所，但是会经常到村子里徘徊。恶灵会幻化为动物出现在人们面前，使人迷路或患病。守护灵分为两种，一种是居住在村口圣域的精灵"sangasang"和"pudayan"，另一种是由特定家族"豢养"的精灵。村口圣域的精灵可使有恶意的外来者受到诅咒，产生腹痛、头痛、肌肉麻痹、发狂等症状。由特定家族"豢养"的守护灵可以为人们驱病纳福，但是需由守护灵的主人通过一定的仪式方能实现。

同属伊戈洛特族的彭托克部族则信仰名为"anito"的精灵。"anito"包括死灵和存在于自然界的精灵。死灵又分为两类：善终的死灵和死于非命的死灵，前者不会给人带来灾祸，它最终会回到子孙的身体里，完成生命的轮回；后者则会给人带来疾病和灾祸，需要巫师通过一定的仪式攘除。自然界的精灵多种多样，它们拥有和人类一样的性格，具有善与恶的两面性。如果人们向它们祈求并供奉贡品，它们就会给人类带来丰收和幸福，否则它们就会给人们带来疾病和灾祸。

第二节　巫师与巫术

不论是众神信仰还是精灵信仰，要想沟通超自然界与人间的联系，寻求信仰观念的对象化和信仰实践的操作化，都要通过一系列的惯制和仪式来实现。在菲律宾的民间信仰中，担负起沟通人与精灵任务的是巫师，其主持进行的各种惯制和仪式主要就是各种巫术。

在原始信仰刚刚出现的时候，并没有出现专门的宗教职能者，人们都是万物有灵的信仰者，而相关的信仰实践，如各种惯制、仪式等则大多是由氏族首领兼职。随着社会的发展，信仰活动日益增加，内容日益系统化，氏族首领已无力兼职承担宗教事务，这时就出现了巫师，巫师所从事的原始信仰实践活动就是巫术。如前所述，巫术是指借助超自然的神秘力量对人或事物施加强制影响，以达到控制某种结果的手段。巫师则是掌握了巫术的特殊知识技能并主持巫术活动的人。由于菲律宾现今的民间信仰直接来源于菲律宾的原始信仰，因此作为原始信仰实践活动的组织者及其所进行的各种惯制、仪式等实践活动——巫术活动，自然也成为菲律宾民间信仰实践活动的集中体现。巫术活动由于根植于菲律宾文化的文化基质之中，它并不会随着时代的进步和社会的变迁而完全消亡，往往会适应时代和社会的需求，以一种新的面貌出现，这种巫术现代化的趋势也是值得进一步深入研究的。巫术的种类很多，而菲律宾民间信仰中的巫术则主要有祭祀巫术、神判巫术、疫病治疗巫术、魇胜巫术、预兆禁忌巫术等。随着社会的发展，关于预兆与禁忌的巫术形式已日趋消失，预兆与禁忌的观念则日渐融入到了人们的日常生活之中，成为了约定俗成的心理习惯或思维定式。因此，关于预兆与禁忌的相关内容就单独放在第四节中详细说明。另外，并不是所有的巫术活动都由巫师完成，有些巫术活动，如一些祭祀活动也可以由村庄或部落的首领或者其他有名望的人来组织实施。

一、巫师

巫师是人类与精灵和神灵世界（主要是精灵世界）的中介，通过与精灵或神灵的交流达到消灾纳福、驱邪魔镇、治疗疾病等功利性目的。交流的方式主要有祈祷祈愿、操纵念咒、灵魂出窍、神灵附体等。根据职能的不同，巫师也有不同的类型。如主持祭司和祈祷活动的是祭司；施行魔力或咒术的是巫觋；治疗疾病的是巫医；预测未来的是卜师等等。菲律宾民间信仰中的巫师由于所承担职能的复杂性，在这里统称为巫师，并不作细致的分类，但是会在善恶、性别、所承担的主要职能上进行简单的区分，如：白巫师（正义）、黑巫师（邪恶）、男性巫师（或男巫）、女性巫师（或女巫）、祭祀巫师（或祭司）、治病巫师（或巫医）等。关于菲律宾民间信仰中的巫师，以下主要从巫师的种类、人选的确定、成为巫师所需要的考验等方面进行阐释。

（一）巫师的存在

巫师和巫术作为一种文化现象，大都出现在人类社会发展的初级阶段，是伴随着原始宗教信仰的出现，为适应先民们的信仰实践活动而出现的。因此，巫师和巫术会随着社会的进步而日渐消失。但是，由于菲律宾社会自发发展的进程在16世纪中叶被基督教文明终止时，其文化发展尚处于初级阶段，这尤其反映在其原始信仰中。因此，基督教文明在传播过程中，必须与当地的原始信仰结合起来，大量原始信仰的要素得以保留，以民间信仰的方式广泛存在于菲律宾各文化类型之中。

首先是山地区文化类型，由于其文化受外来文化的影响较小，原始信仰大都得到了保留，作为原始信仰实践方式的巫术以及执行巫术活动的巫师也得以保留，并普遍存在。信仰基督教的低地区，虽然其人口基本都是基督教徒（主要是天主教徒），但是巫师和巫术却以民间信仰的形式广泛存在，一个人可以是基督教徒，但是他或她也可以相信巫师和巫术，甚至他或她本身也可以是一名巫师，基督教会虽然视此为异端，但是也大多对此默认。如西米沙鄢地区的卡皮兹（Capiz）省罗哈斯市（Roxas City），该市95%的居民信仰天主教（2000年统计），是一个典型的低地区文化类型的地区。调查显示，罗哈斯市在2003年时有从事疾病治疗的巫医99人，比1984年的5人有大幅增加。随机抽样的26名巫医中，25人是天主教徒，1人是基督新教教徒。①这些巫医使用超自然的力量给人们治疗疾病和解决难题，主要从事疾病的诊断与治疗、对精灵的祭祀和实施招福攘灾等巫术活动，具有较高的社会地位。他们都是虔诚的基督教徒，积极参加教会活动，并认为这样会增加他们的灵力。教会虽然视其为异端，但是对菲律宾基督教信仰的这种本土化特点也是无可奈何，只能尽力把菲律宾原始信仰中的精灵向天主教中的圣灵、圣徒和圣人引导。在摩洛文化类型中，由于人们都信仰伊斯兰教，鲜见巫师的身影，但是菲律宾原始信仰的影响依旧存在，常常反映在人们日常生活中的风俗习惯之中。华人等外来族群文化类型由于源于外来文化，因此没有菲律宾原始信仰中的巫师与巫术存在，但是其在与菲律宾当地文化的长久融合过程中，也会出现一定的文化调适，这为菲律宾民间信仰的进入创造了条件。

（二）巫师的分类

菲律宾民间信仰中的巫师种类繁多，名称各异，很难作细致的分类，这里仅从性别、善恶、职能等基本属性出发来进行简单的分类。

首先，菲律宾民间信仰中的巫师大多由女性担任，而且通常是由一个部落或群体内有声望的老年女性担任。如卡林加部族的巫师"manggogopas"，她们都是母亲、祖母辈分的老年妇女。广泛存在于菲律宾低地区文化中的巫师巴巴伊兰（babaylan）也多数是女性。"Babaylan"是一个米沙鄢地区使用的词语，东南亚南岛语族其他语言中的"belian"、"balian"、"balyan"、"baylan"、"bagdan"等词语都与它的意义相同，在菲律宾的其他低地区还称之为"bayalna"、"katalona"，棉兰老岛的非伊斯兰教部族苏巴农人（Subanon）则称他们的"babaylan"为"balean"或"balayan"。在巴朗盖社会时期，巴巴伊兰通常是仅次于大督的领导者，是巴朗盖中各种宗教活动的主持人。巴巴伊兰因抵制西班牙人的传教活动而受到过残酷迫害，但是这些迫害并没有终止当时人们对巴巴伊兰的崇拜。在中米沙鄢地区甚至出现过供奉巴巴伊兰的教堂，但这些教堂后来都被西班牙人摧毁了。在现今社会中，由于巴巴伊兰依然承担着与神灵沟通和治疗疾病等职能，其在村庄或社群中的地位依旧很高。巴巴伊兰通常都是女性，男性也可以成为巴巴伊兰，但是

---

① 東賢太朗：「親密な他者——フィリピン地方都市の呪医実践より——」、『文化人類学』第71巻1号、2006年、7頁。

他们必须穿上女性的衣服，把自己装扮成女人，这样精灵们才能听到他们的祈求和祷告。在伊洛伊洛省（Iloilo）的莫洛教堂（the Molo Church）就供奉有16名天主教圣女，这也可以看作是当地人巴巴伊兰崇拜的一个反映。而在原始信仰保持比较完整的民都洛岛山区，哈努诺部族则依旧保持着以播种仪式的主持人——女祭司为中心的社会体系。另据学者对卡皮兹省罗哈斯市的巫医"maaram"所做的调查，在26名受访巫医中就有21人是女性，女性在巫师群体中占有极高的比例。[①]为什么主要是女性来担任巫师呢？阿埃塔族是这样解释的：男人的身体太结实，精灵很难上他们的身，女人更易被精灵附体，她们也就更容易获得守护灵，从而成为巫师"manganito"[②]。另外，在低地区文化中还存在一种名为阿斯旺的邪恶巫师，她们一般也都是女性。但是，例外还是有的，如生活在吕宋岛北部山区的伊富高部族，他们的巫师"Mumbaki"全部由男性担任，女性多承担与耕种相关的部分祭祀活动。

其次，善恶也是划分巫师的一个标准。在菲律宾民间信仰中，依据善恶的标准可将巫师划分为3类：正义巫师、中性巫师和邪恶巫师。正义巫师主要包括那些从事祭司、裁判以及治疗疾病的巫师。如，罗哈斯市地区的巫医"maaram"，除了治疗疾病外，他（她）们还可以进行一些献祭、占卜之类的巫术活动。在班塔延岛（Bantayan Island），巫师"mereko"主要负责祈祷渔获丰收和治疗疾病，在治疗疾病时他们还会念诵拉丁语的咒语。伊富高部族的巫医"Mumbaki"，他们靠把自己身上的守护精灵转移到别人身上来治疗疾病。哈努诺部族的巫师"balyanan"，借助精灵的力量治疗疾病。中性巫师是亦正亦邪的巫师，他们既可以治病也可以致病，其中最有代表性的就是哈努诺部族的邪术巫师。如邪术巫师"panhirian"可以命令"apo panhiri"精灵石给他人带去严重的病痛，致人死亡；巫师"paṇiwaan"拿出精灵石并念出咒语后，精灵就开始施展邪术，被施法者剧痛难忍，如果不及时治疗的话，就会死亡。邪术的施加如果是源于妒忌，那施加邪术的巫师就是邪恶的。但是哈努诺部族的邪术巫师还会把邪术施加到农作物、财物等物品上，防止遭人偷窃和破坏。从这一点上看，这些邪术巫师也有正义的一面。邪恶巫师则是那些给人们带去不幸和灾祸的巫师。邪恶巫师多为女性，米沙鄢地区称之为"aswang"、"alakawat"、"barangan"、"dalondongan"等，他加禄族则

---

① 東賢太朗：「親密な他者——フィリピン地方都市の呪医実践より——」，『文化人類学』第71巻1号、2006年、7頁。
② 清水展著：『出来事の民族誌——フィリピン・ネグリート社会の変化と持続——』，九州大学出版会、1990年、127頁。

称他们为"mangkukulam"和"manggagaway"。在这些邪恶巫师中，最广为人知的就是阿斯旺。阿斯旺是菲律宾低地区文化中广泛存在的一种女巫，她在菲律宾的民间传说中有5种形象：食人妖、兽人、内脏吸食者、吸血鬼和邪恶女巫。位于西米沙鄢地区的卡皮兹是阿斯旺的故乡，很多关于阿斯旺的故事和传说都以该省为舞台。在民间传说中，阿斯旺不信基督教，不与人交往，两眼通红，会飞，还会变身为猪、狗、马等动物。她们会在夜里袭击他人，偷吃他们的心、肝或者未出生的胎儿；她们还会诱惑人们吃下她们的食物使他人也变成阿斯旺等等

另外，职责的不同也是区分不同巫师的一个标准。职责的不同主要从巫师所施行的巫术来划分，如负责祭祀的巫师、负责裁判的巫师、负责治病的巫师以及对他人施加邪术的巫师等。

（三）巫师的养成

在菲律宾的民间信仰中，要想成为一名巫师，各种磨练在所难免，具体途径有学习和继承两种方式。

如要想成为一名巴巴伊兰，通常有接受神谕和从老一辈巴巴伊兰那里继承这两种方式。神谕一般出现在梦里，她会梦到有一个精灵进入到了自己的梦境。得到神谕后，她要经受各种磨练，如跪行数公里，被活埋一整夜，被沉入水底一整夜，或是得一场危及生命的大病。在顺利通过这些试炼之后，或者通过祈祷使大病痊愈之后，精灵就会跟她合二为一，她就会获得通灵的能力。

伊富高部族的巫师都是男性。开始时，伊富高部族所有的男性成员都要接受巫师训练。他们第一项训练的内容是背诵四代以内的祖先名字和亲属名字。然后就是学习一些初级的请神招灵仪式和咒语。学习过程中，亲属之间，尤其是父子之间、叔侄之间的学习指导是非常重要的。通过了这些学习以后，剩下的人就要学习一些高级的请神招灵仪式和咒语了。当有巫师去世时，这些学习者还可以通过赠送礼物的办法去继承他的灵力。

哈努诺部族的巫师成长道路更为复杂。在哈努诺部族中，要想成为一名巫师，其前提条件是必须要拥有一块寄居了精灵的精灵石，还要通过一定时间的训练。通过训练，他（她）才能在精灵石的帮助下看到那些给人们带来疾病和灾祸的恶灵和邪术精灵，并驱除它们。希望成为巫师的人要先找老巫师拜师，并奉上白色的珠串、鸡和火柴等拜师礼。老巫师一般都有好几块精灵石，这些都是他（她）们根据梦的指引在森林里找到的，一般人无法找到。老巫师会给弟子一块精

灵石，并对其进行为期8个月的训练。徒弟得到精灵石后，必须用鸡血对它进行为期3个月的培养。当石头里的精灵认为这个弟子适合当巫师后，精灵会向其托梦。这样，在经过数月与师傅在一起的巫术实践活动后，这名弟子才能成为一名巫师。

成为邪恶巫师阿斯旺的方式就相对多一些，如吃下阿斯旺给的食物，或娶阿斯旺为妻，又或者通过继承的方式得到阿斯旺的灵力等等。

二、祭祀巫术

祭祀主要指祭神、祭祖等活动，之所以将其纳入巫术的范畴之中，是因为在菲律宾的民间信仰中，主持重要祭祀活动的大多是巫师，祭祀的对象主要是精灵而非神灵和祖灵。祭祀的目的是为了降福攘灾等，内容则与耕种、狩猎、建筑、嫁娶等日常生活有关。由于祖灵崇拜在菲律宾的文化传统中仅处于初级阶段，并没有达到与中国相同的广度和深度，更没有上升到孝道的思想伦理层面，因此，关于祖灵崇拜的内容，将与英雄崇拜的内容一起放在下一节中介绍。

菲律宾的巫术活动主要在于沟通人与精灵的关系，很少会上升到神的层面，祭祀活动也不例外。但是，这并不意味着没有对神的祭祀活动。如伊富高部族在有人因为邪术而生病时，会进行一种祭祀恶神"Mana'haot"的仪式。该仪式以狗为祭品，通过对恶神"Mana'haot"的威吓，达到驱除疾病的目的。在仪式中人们把狗的尸体分割开来，把狗的四爪摆放在一个大笟篱的四个角上，把狗头放在笟篱中央，并打开狗嘴露出狗牙。爪子和牙齿都是狗的攻击性武器，用它们可以达到威吓恶神"Mana'haot"的目的。同时，巫师还要对着"Mana'haot"念一些咒语。

除了祭祀神灵的活动以外，更多的则是祭祀精灵的活动。芒扬族的哈努诺部族就有很多祭祀活动都与精灵信仰有关。

由于哈努诺部族以旱稻种植为主要生产方式，因此农业成为他们日常生活中最关心的事情。哈努诺部族信仰米精灵，关于农业的祭祀仪式中，其祭祀的主要对象就是米精灵，当然其他与农业生产有关的自然现象，如日照和降雨等也是祭祀的对象。对米精灵的祭祀贯穿于农业生产的始终，从播种到收获，都要进行祭祀活动。播种时的祭祀活动必须由持有播种祭祀石"batu tudlak"的巫师"panudlakan"来主持。巫师"panudlakan"地位非常高，通常是一个哈努诺村庄或部落的女性宗教领导者（还存在一个政治上的男性领导者）。播种祭祀主要包括两部分。第一部分：首先要在播种祭祀石和稻米种子上淋鸡血，并向米精灵祈祷；其次要在森林中的蚁丘进行象征性的播种仪式；最后祭祀结束，人们在一起吃一顿饭。第一部分结束后的7天内，巫师"panudlakan"会规定很多禁忌，如不准晃动树木，不准掘地挖洞，不准去别人家吃饭等。禁忌期过后，就进行播种祭祀的第二部分：祭祀米精灵、播种、会餐。在稻米收获的时候，也会进行类似的祭祀活动，同时还会组织大型的收割节进行庆祝。当天气持续干旱，不利于稻米生长时，哈努诺部族会举行祭祀水精灵的祈雨祭祀活动。主持祭祀的不是特定的巫师，村子或部落的老年人就可以主持。祈雨祭祀活动一般在水精灵居住的地方，如海边等地进行。老人们会煮米饭、炖猪肉，并把它们供奉给水精灵。哈努诺部族还会进行一种名为"panlabay"的特殊祭祀活动，其目的是阻止电闪雷鸣。当电闪雷鸣持续几小时以上时，持有法器"sambog"的人就可以在家举行这个祭祀活动，法器"sambog"是一个50厘米长的铁棒，它能使电闪雷鸣停止。

居住在棉兰老岛山区的布基农族也过着以种植旱稻为主的农耕生活。关于农耕的祭祀活动在他们的日常生活中也占有极其重要的地位。布基农族的农耕活动从祭祀水精灵开始，这一活动通常在每年的一月中下旬进行，在这个祭祀活动完成之后，农业生产活动才能开始。祭祀活动的日期由大督决定。在那一天，整个部落的男女老幼会赶着鸡到距离部落不远的小河边聚集。人们在河边搭建起祭台，供奉上鸡和水果。然后，部落中德高望重的老者开始祈祷。他先召唤碗、盘子等祭祀用具的精灵到来，然后召唤房子、门、炉灶、火、鸡等的精灵到来。他还对野生动物的精灵祈祷，祈求它们不要毁坏庄稼。他也向邪恶精灵们祈祷，祈求它们不要带来疾病和灾祸。最后，他会召唤水精灵，祈求它施予适量的雨水，保佑人们的健康和幸福。祈祷结束后，老者会用刀切掉鸡头，向水精灵供奉其最喜欢的血。然后，人们把鸡肉烹调好，再次供奉在祭台上，然后重新开始祈祷，邀请精灵们享用。祭祀活动的最后，大家载歌载舞，愉快地在一起大吃一顿。布基农族认为，农耕祭祀活动本身就是农业生产的一部分，他们相信不管是稻米还是猎获，都是神灵的馈赠，必须要通过祭祀活动表达对神灵的敬意。

形式多样的祭祀活动是菲律宾民间信仰的核心——众神、精灵信仰的生动体现，同时，也可以看出菲律宾传统文化中对大自然的敬畏、对人与自然之间保持和谐关系的希冀。这种对人与自然关系的积极态度非常值得借鉴。

三、神判巫术

如前所述，神判巫术指的是借助神意来裁决是非争讼的巫术。神判巫术是习惯法的重要组成部分。在菲律宾社会中，与国家法律并行的还有一种习惯法，它在山区等偏远地区更加常见。所谓习惯法是指独立于国家制定的法律之外，依据某种社会权威和社会组织，具有一定强制性的行为规范的总和。它通常没有成文，主要依靠人们口耳相传来施行。巫师通常是仲裁人的首选，他（她）们不仅通过神意来仲裁，而且还会根据惯有的风俗、习惯来进行仲裁。

神判巫术由巫师来主持，其形式就是通过一定的仪式邀请神灵或者精灵来辨别是非。神判的方法有捞油锅、喝血酒、在水下憋气等多种方式。如在彭托克部族的村庄里，当有村民违反了宗教上的禁忌或者村民间出现矛盾的时候，通常会遵循习惯或者请精灵"anito"来裁决。如果有人盗窃而不承认的话，村里的巫师们会让他喝生的猪血。如果是他偷的，在精灵"anito"的作用下他就喝不下生猪血。由于人们都害怕受到精灵"anito"的裁决和处罚，当巫师请出精灵"anito"时，往往会收到良好的效果，如偷东西的人会悄悄把偷得的东西还回去，而村民们也不会再追究他的责任。在精灵"anito"的参与下，不仅解决了村民之间的问题，而且还维护了村庄的和睦和安宁。

在芒扬族哈努诺部族的习惯法中，纷争的仲裁者也都是巫师。哈努诺族人对巫师的仲裁非常信服，而且对仲裁巫师具有很高的评价："他（指仲裁者）的法器非常完美。在'tagalukmay'和'tampayak'这两个强力法器的护持下，他总能冷静面对任何事情……当他发怒时，任何犯人都会吓得发抖。由于他还拥有法器'balupi'，任何人的辩驳在他面前都显得苍白无力。他一点都不害怕会施展邪术的犯人，因为他有强大的法器'saŋga sa panhiri'和'saŋga sa padaya'护体。他是最优秀的巫师，即使犯人逃到了远方，他念一念咒语就能发现犯人的踪迹。"

在哈努诺部族中，一名仲裁者必须拥有多种法器才能担当好仲裁的职能。

法器"tagalukumay"：可以使自己冷静，可以使愤怒的人安静下来。它平时被装在一个大脚趾大小的小瓶子里。

法器"dalupi"：使人讲话变得雄辩有力，而对方则会因害怕这种法器的所有者，而讲出真话。它也被装在一个大脚趾大小的小瓶子里，每年都需要向装法器的小瓶子中灌油以滋养它。

法器"tampayak"：可以使人变得勇敢，而对手却会受到它的威慑而惊慌失措。"tampayak"的外形是一个大拇指大小的陶制水罐，里面放上圣婴石（天主教中的圣婴）后才能发挥效力。仲裁者如果怀揣"tampayak"进行仲裁的话，仲裁的结果通常会非常严厉。

法器"panhiri"：寄居了精灵"panhiri"的小石头，它可以告诉仲裁者谁是邪术巫师，他都对哪些人施加过什么类型的邪术。

神判巫术存在于习惯法的土壤之中，与一个群体的传统生活和习惯密切相关。随着社会的进步，国家的成文法律越来越健全，且被贯彻实施到社会的各个层面和角落。在这种情况下，神判巫术正日渐退出历史的舞台。

四、疫病治疗巫术

疫病治疗巫术是指通过招魂、驱鬼等巫术活动达到治疗疾病、驱除瘟疫和灾难等目的。这类巫术活动是以人们的原始信仰为基础，并与疾病、生死、他界等观念相结合的产物。要想了解菲律宾民间信仰中的疫病治疗巫术活动，需要从菲律宾的传统医疗体系、致病观念和治病方法入手。需要注意的是，有一些疾病是由邪术巫师或邪恶巫师造成的，这属于魇胜巫术的范畴，其相关内容将在随后的部分中介绍。

所谓传统医疗体系，是与现代医疗体系对照而言的。菲律宾的传统医疗体系并不像中国或印度等国那样形成了一套完整的系统，它是非常简单、原始的，是东南亚海岛地区传统医学体系的一个分支。菲律宾的传统医疗体系可分为两种，一种是自然疾病治疗体系，另一种是超自然疾病治疗体系。自然疾病治疗体系医治的是一些常见疾病，通过草药治疗或按摩等物理治疗就可以痊愈。当草药和其他物理治疗不能奏效时，人们就会认为疾病是由超自然力量造成，必须通过巫术才能治愈。

在菲律宾的传统医疗体系中，关于人为什么会生病，菲律宾人的看法也是多种多样，概括起来大体有3种。有些人认为行善会使人健康，作恶会使人得病；有些人认为，冷热违和，干湿不调会使人得病；更多的人认为超自然的精灵和邪术会使人得病。如阿埃塔族人认为，人类生命的源泉来自于灵魂，灵魂会在人睡着时暂时离开人体，如果离开的时间长了，人就会得重病。阿埃塔族人还认为，精灵"anito"与人类生活在同一时空，人类因为看不到"anito"，就会在不经意间打扰到"anito"的生活，愤怒的"anito"就会给人类带来疾病和灾祸。对于一些常见的疾病，如头痛、肚子痛等，阿埃塔族人会使用草药进行治疗。但是，当草药医治不好，或小病持续时间过长时，他们就会认为是精灵作祟。必须召开交灵会"anitowan"，召唤守护精灵来治疗疾病。彭托克部族也信仰"anito"。他们认为"anito"包括生灵、死灵以及存在于自然界的各种精灵。那些死于非命的人，他们的灵魂会变成恶灵；自然界的各种精灵也都具有亦善亦恶的两面性。当人类灵魂离开躯体，或者恶灵侵入人类身体时，人就会得病，这时就要举行招灵会和驱灵会来治病。当人们不小心触怒了自然界的各种精灵时，它们也会给人带来疾病和灾难。伊富高部族认为人的疾病是由妖术、邪术、死灵的妨害、精灵的影响以及灵魂出窍等原因引起的。针对不同的病因，要进行相应的巫术仪式予以化解。如果是死灵造成的疾病，人们会举行洗骨仪式来治疗。哈努诺部族认为人生病时，人的肉体和精神会陷入到一种异常状态之中，人会出现疼痛、乏力、发热、恶寒、呕吐、眩晕等症状。他们认为人的疾病分为头部疾病、皮肤疾病、骨骼疾病、腹部疾病和灵魂疾病等5种，前4种疾病可以通过草药治疗，而精神疾病只能通过巫术仪式，由寄居于精灵石中的守护精灵来治疗。

面对超自然的疾病，只能用超自然的方法来治疗。民都洛岛芒扬族的分支——塔狄阿望部族（Tadyawan）会通过演唱精灵歌"barawunan"来驱灾治病。巫师演唱精灵歌以使自己的灵魂进入精灵世界，从而获得疾病治疗的能力，完成疾病治疗仪式；普通人演唱精灵歌可召唤出自己的守护精灵"kamuroan"，它会帮助驱赶恶灵，解决各种难题。精灵歌的歌词通常充满了对精灵的崇敬：

"精灵啊，请听我的歌唱！我的灵魂正在走向你的天堂！首饰和戒指，我已经用线串成美丽的珠串，正准备把它供奉给我的神明！美丽的珠串将会挂在你的门前，长长的垂到了地上，它的光芒将会照亮你的宫殿！"[①]

阿埃塔族人会举办交灵会"anitowan"，召唤守护精灵，通过精灵附体来治疗疾病。首先，病人家属会找到巫医"manganito"，请求她举行交灵会。巫医同意后会去病人家，她拥有的守护精灵会上病人的身，以查找病因。查找到病因后，巫医会要求病人家属做好交灵会的各种准备工作。到了晚上，病人家属和亲戚朋友都会到场参加交灵会。人们围坐成一圈，中间空出的地方成为舞场。在吉他的

① 小幡壮：「詩歌・問答話・狩猟詩歌：フィリピン・ミンドロ島焼畑農耕民タジャワンの事例研究壮」，『民族學研究』55（3），日本民族学会、1990年、326頁。

伴奏下，人们轮流进入舞场跳舞，气氛逐渐热闹起来。随着气氛的不断热烈，巫医也开始跳舞。当现场的气氛达到顶点，巫医的舞蹈达到癫狂时，巫医会突然进入到一种恍惚的状态，此时她的守护精灵便离开了她的身体，进入到了病人的身体中，并开始治疗疾病。

从精灵歌和交灵会可以看出，菲律宾民间信仰中的疫病治疗巫术主要有两种类型，即灵魂出窍型和精灵附体型。不论是哪种治疗方式，巫医都是必不可少的。巫医已经成为菲律宾传统医疗体系的重要一环，并与现代医疗体系一起发挥着重要作用，两者和谐相处，并行不悖。目前，菲律宾的巫医，其职能也已逐渐多样化，主要有4种：一是治病，分为草药治疗法和借助超自然力量的疗法两种；二是组织祈福活动，通过向精灵献祭，保佑别人获得丰收，买卖兴隆，家道兴旺乃至旅途顺利等；三是占卜，可为人预测幸与不幸，恋爱顺与不顺，找工作、升学成与不成等等；四是念咒，作为治疗疾病的重要一环，念咒可以使病人增强信心，减轻痛苦。

除了巫术活动以外，菲律宾民间信仰中还有一些关于疾病治疗的风俗习惯。这些风俗习惯有可能最初来源于疫病治疗的巫术活动，只是随着时间的推移，这些巫术活动已经深入到人们的日常生活之中，成为了生活习惯。在米沙鄢等低地地区就有一些这类的风俗习惯。当一个人生重病的时候，人们会杀一头猪来安抚居住在丛林里的邪恶精灵，让它不再给人带来疾病。人们会把猪肉煮熟，并扔到丛林中精灵可能居住的地方。当精灵对人们的供奉满意时，病人就会痊愈。还有一些人也认为邪恶精灵会给人带来疾病，但是，他们安抚精灵的方式却不同于上面的例子。在生病时，他们会给精灵供奉香烟、一两个熟鸡蛋或者一只白或黑色的小鸡。人们还相信，当鱼刺卡在喉咙里的时候，让猫爪子在喉咙上摸一下或者把鱼刺放在自己脑袋上，卡着的鱼刺就会被去除。还有人相信，晚上抱着一只小鸡，敲着一个破罐头盒在自家房子周围转几圈的话，自己的近视眼就会被治好。

五、魔胜巫术

魔胜巫术是指利用一些替代物，通过镇压、诅咒等方式达到制胜、压服等目的的巫术活动。对于菲律宾民间信仰中的魔胜巫术活动，可从魔镇的施加和魔镇的破除这两方面进行考察。

　　芒扬族哈努诺部族的邪术巫师就可以使用精灵石对他人施加魇镇。如附着邪术精灵"apo panhiri"的精灵石在邪术巫师"panhirian"操控下，能给被施加邪术者带去疾病；附着邪术精灵"apo paɲiwa"的精灵石在邪术巫师"paɲiwaan"控制下能使被施法术者产生剧痛等。哈努诺部族的人们非常惧怕邪术精灵，一旦受到邪术巫师的魇镇，他们就会请拥有守护精灵的巫师，通过念咒、祈祷的方式，借助守护精灵的力量来破除魇镇。除了直接对人施加魇镇外，邪术巫师还会给物品，尤其是财物施加魇镇。如果有人妄图偷盗或者破坏这些物品，他就会受到惩罚。如巫师会用法器"sapol"给香蕉地或椰子林施咒，如果有人偷盗香蕉或椰子，他的身上就会起疹子和水疱，不治疗的话人就会死去。另外，哈努诺部族还流行一些寄居着精灵的护身符或法器，其中有一些也具有对他人施加魇镇的功效。如，寄居着精灵"pintas"的法器能使别人的恋人生病；居住着精灵"tagablag"的法器则能挑拨恋人之间的关系，使他们之间产生嫌隙。

　　在一些低地地区，人们相信使用人偶"bolto"能施加魇镇。"bolto"是一种木雕的人偶，在其身体关节、胃部、口腔等处都钻有一些小洞，在这些小洞或者直接在人偶上进行针刺的话，人偶所代表的敌人就会被杀死。人们还相信，如果一个人在星期二或星期五生病的话，他的疾病一定是由别人的魇镇法器或者是邪术引起的，这时必须请巫师"arbolaryo"来治疗，因为普通的药物治疗方法对巫术引发的疾病不起作用。在锡布延岛（Sibuyan）和马斯巴特岛（Masbate）等地还存在一种广为人知的巫师"magbabarang"。他拥有很多种类的虫子，而且这些虫子都听命于他，无辜的人或者受欺负的人可以向他寻求报复，他能对有罪的人施加名为"barang"的邪术使其患病。但如果被施法者并未实施罪行，则魇镇就不会起任何作用。还有一种名为"mamalarang"的邪恶巫师，他通过甲虫来施加魇镇。甲虫一般被装在瓶子或是一节竹子之中，用生姜来喂养。当有人请他实施魇镇的时候，他会先举行一个祈祷仪式，在仪式中他会给甲虫下达命令，并告诉它受害者的位置。仪式结束后，甲虫被放飞，寻找受害者，然后钻入其体内。甲虫可以通过人体的各种孔洞，如鼻子、嘴巴、眼睛、肛门甚至是体表的伤口钻入人体。根据甲虫进入位置的不同，受害者会得不同的疾病。广泛存在于低地区民间信仰中的邪恶巫师阿斯旺也会对人施加魇胜巫术。比如，她们会给人吃东西，这些东西都是由人的内脏变成，人一旦吃了，就会变成阿斯旺。对于阿斯旺的魇镇，有很多破除方法，如在菜上滴石灰水或橘子汁的话，菜就会现出原形；有些地区则使用棕榈叶破除阿斯旺的魔法；还有的地区甚至用十字架做护身符，以抵御阿斯旺的攻击。

除了上述的各种魇胜巫术以外，在米沙鄢的一些地区还存在名为"buyag"和"hiloan"魇胜巫术。这两种魇胜巫术都是由灵力强的人施加给灵力弱的人。"buyag"是通过眼神或话语使人致病的魇胜巫术。一个灵力弱的人在碰到一个灵力强的人时，他必须先向灵力强的人打招呼。如果被灵力强的人瞪了一眼的话，灵力弱的人必须回瞪一眼。他还要尽量找一些话题与灵力强的人交谈。只要他能在交谈中掌握先机，他自己的灵力才能在对方的强大灵力面前取得先机，否则自己就会得病。"hiloan"则是一种通过下毒使对方致病乃至死亡的魇胜巫术。毒药完全不用经过什么媒介，只要用手轻触一下对方的身体，或者轻轻拍打对方坐着的椅子，毒药就会进入对方的体内。如果对方的灵力较弱，那么他就会立刻中毒。为了防止中这种魇镇，当你被别人触摸时，你必须回摸对方一下，这样可以使对方下的毒反弹回去。

魇胜巫术，由于具有制胜和压服的功利性作用，其生命力自然非常顽强，不会随着社会的进步而立刻消失。即使魇镇的实施并没有什么实际的效用，但是单单就实施过程而言，其对施加者的精神抚慰作用也是非常大的。也许这就是菲律宾民间信仰中依旧存在着魇胜巫术的一个较为合理的解释吧。

第三节　祖灵崇拜与英雄崇拜

祖灵崇拜也称为祖先崇拜，它的思想基础源于万物有灵信仰，认为去世的先祖依旧会对生者的生活会产生各种影响。祖灵，就是去世先祖的魂灵，是一种死灵，由于相信先祖的死灵会对现实生活产生影响，于是产生了对先祖死灵的各种祭祀活动。祖灵包括很多不同的层次，有远古始祖或祖先、民族祖先、部落祖先、氏族祖先、家族祖先等。他们大多都曾真实存在，如氏族酋长、部落首领、家族的创始人、有特殊贡献的人等等。他们死后就转变成为了后世以及后代祭祀、崇拜的对象。对祖灵的崇拜往往与英雄崇拜密切相关，被祭祀的祖先通常也是某个氏族、部落或者民族的英雄人物。因此，英雄崇拜在某种程度上也就可以看成是祖灵崇拜的一个组成部分。

一、祖灵崇拜

祖灵崇拜是民间信仰中的重要实践活动之一，与一个民族的世界观，尤其是对死后世界的认识有密切关系。菲律宾的原始信仰中，普遍存在对死后世界的描述。由于信仰万物有灵和灵魂不灭，菲律宾先民相信，即使人死去了，灵魂依旧存在。有的人相信，正常死亡的人，他的灵魂通常会变成善灵，而死于非命的人，他的灵魂会变成恶灵，会给活着的人带来不幸；有的人相信，每个人都有善恶两个灵魂，善的灵魂在人死后会进入"天堂"，恶的灵魂在人死后会依旧游荡在人世间，给活着的人带来疾病和灾祸。在菲律宾民间信仰中，祖灵崇拜的最直接的表现就是各种不同的葬仪。

阿埃塔族人的葬仪最为简单。他们认为人死以后，灵魂是不灭的。关于灵魂的去向，是否有善灵、恶灵的区分等等，他们也不甚清楚。他们只是简单地认为，人死以后，肉会变成泥土，骨头会变成火焰，而人的灵魂则四处徘徊。人死以后，其埋葬地附近几年内不能进行任何农业生产。阿埃塔族人对死者的记忆非常淡漠，坟墓也修得非常简单。在葬仪上，他们遵循下面两项原则：一是尸体要埋葬在远离部落的地方；二是活着的人要尽快忘却失去亲人的痛苦。他们之所以这样做，是因为他们认为死灵对生者来说是非常危险的，他们会带来疾病或庄稼歉收等灾祸，必须要把他们撵得远远的，使他们无法干扰到活人的世界。

哈努诺部族的葬仪就复杂多了。哈努诺部族认为，人的灵魂一旦远离人的身体并不再返回，人就死亡了。人的死亡主要分为两种，一种是衰老而死，另一种是病死。人死以后，灵魂会进入到一个叫"karadwahan"的灵魂居所。这个灵魂居所就在部落附近的森林深处，它的入口处有巨人和恶狗把守。灵魂必须在巫师"pandaniwan"咒语的引导下才能找到进入的道路并避开巨人和恶犬的袭击。"karadwahan"的生活与人世间没有什么两样，只是没有自然灾害、疾病和饿馁，生活非常惬意。具体的葬仪过程如下：

第一步：守夜。守夜的目的是防止恶灵侵扰死者亲属。由于哈努诺族人认为，恶灵是致人死亡的罪魁祸首。当家里有人亡逝，恶灵必定会在死人周围徘徊。这时，死者亲属就危险了。由于恶灵害怕日光和火，只能在晚上出没，因此，死者亲属为防止恶灵作祟，在死者去世的第一个夜晚要点亮火把，彻夜不眠。这一过程不仅体现了生者对死者的尊重，对生者也起到了保护作用。

第二步：盖棺，埋葬。守夜后，死者亲属在现场制作一个竹制的棺材以盛装遗体，之后，死者亲属中的长者对着棺材进行问话。问话的内容包括：死者是否被恶灵害死，是否希望二次葬以及二次葬的时间，还有丧礼后聚会的时间。死者当然不会回答，答案由死者的另一位亲属根据敲击棺材的声音来决定的。问话体现了生者对死者的缅怀之情，反映了生者依旧把死者当成活着的成员来对待。询问完毕，棺材就可以抬到部落附近的墓地埋葬。

第三步，巫师念咒与驱除恶灵。这一过程有两个目的，一是通过巫师念咒语，可以引导死者的灵魂顺利找到通往"karadwahan"道路并免受巨人和恶狗的阻挠，二是由于有人死亡，大量恶灵就会聚集，巫师通过念咒语，可以把这些恶灵赶走，防止它们伤害其他人。

第四步，二次葬与聚会。二次葬与聚会看似由死者决定，但其实不然。举行二次葬和聚会需要有一定的经济实力，因此进行二次葬与宴会，不仅体现了生者对死者的缅怀之情，而且也是一个家族经济实力和地位的展示。哈努诺族人认为灵魂离开一段时间后会回到部族中来，为了让其再次返回"karadwahan"，就要举行二次葬。二次葬一般于死者埋葬的一年以后进行，由掘骨师主持，死者亲属参与。掘骨师会把死者的骸骨收集起来，摆成一定的形状，然后用衣服包起来放到死者生前居住的房子中。经过一系列的缅怀仪式后，人们再聚一起大吃一顿。聚会后，人们会把骸骨安葬在一个洞穴里。这个洞穴一般在海边或在面向大海的山丘上。

伊富高部族也会进行与哈努诺部族相类似的二次葬仪式——洗骨葬仪式，即通过风葬、洞穴葬、土葬等形式的葬仪对死者进行缅怀，待到死者的遗体腐烂后，把骸骨取出清洗后重新安葬。在伊富高部族，只要死者年满一岁以上，都要进行洗骨葬仪式。伊富高部族认为，人体由灵魂、肉、骨头和皮肤组成的。在第一次葬时，人们会先把遗体摆放在椅子上进行几天的展示，藉此方便亲友的拜祭和缅怀。之后，用苇席和布把遗体包裹好，然后在山坡上挖一个洞，把遗体暂时埋葬在那里。一年后的忌日，死者亲属要进行名为"bolangon"的仪式，祭奠死者的灵魂。经过"bolangon"仪式，死者的灵魂不再徘徊于墓地，而是变成祖灵，飞升入天界。洗骨仪式一般在埋葬三四年以后进行。洗骨仪式进行时，人们会把遗体从坟墓中挖出，去除掉上面的腐肉并洗净。进行洗骨仪式的目的是防止死灵给生者带来疾病或灾祸。洗骨之后，人们会把死者的骸骨用布包好带回家，悬挂在屋内房顶的架子上。到家后，人们会杀猪供奉，然后把猪肉炖熟，亲属们一起吃掉。如果死者的亲属有人生病，人们会再次打开布包进行洗骨，有时洗骨仪式可能会达到四五次之多。

上述葬仪多出现在山地区文化类型之中，对祖灵的崇拜还显得非常原始。在低地区文化类型中，对祖灵的崇拜则表现出更高级的形式。低地区的各民族普遍认为魂灵是他们在"那个世界"的代言人。他们通过雕刻祖先的石像、木像、牙像或金像以表达崇敬之意。这些造像通常被放入称为"ulango"的庙宇里供奉。

菲律宾民间信仰中的祖灵崇拜相对来说还是非常原始的，祖灵在大多数情况下只是在死后世界里的家庭代祷人角色，有时甚至会成为给后辈带来疾病和灾祸的恶灵，人们对他们唯恐避之不及。

二、英雄崇拜

祖灵崇拜的另一个体现就是英雄信仰。与祖灵崇拜不同的是，对英雄的崇拜并不局限于以血缘关系为基础的家庭或家族中，而更广泛地存在于一个部族或民族中。或许可以这样理解，"英雄"的形象与事迹已经成为整个民族或部族共有的精神财富，相比这一光环，其出身来源、家庭及后人则显得无足轻重，往往也无迹可寻。从这个角度来看，"英雄"更像是一种群体价值取向体系，凭借着对相同英雄的崇拜，族群成员在来源和相互关系上认同、认可并达成默契，以便在同一个族群共同生活。英雄信仰在民族或部族认同中具有重要的表征功能，这可能与其实践方式紧密相连。菲律宾先民对英雄的崇拜普遍缺少丰富的物质形式和礼仪形制，主要通过对英雄形象及事迹的反复诵念、吟唱并代代相传来强化记忆传承，体现族群成员在身份认同方面的默契以与其他共同体相区别。换言之，英雄崇拜的表现形式在于群体记忆，即以族群成员的口头传颂作为缅怀英雄的主要实践方式。也许正是因为选择了这样一种方式，菲律宾古代的口传文学才会如此发达，而以英雄为主题的史诗更是多姿多彩，成为英雄信仰最重要的物质载体。据不完全统计，菲律宾各民族的英雄史诗超过百部。[①]经由国内外学者发掘、搜集、整理的已有20多部，主要包括：伊洛克族的《拉姆昂传奇》(Lam-ang)、比科尔族的《伊

---

① 史阳：《菲律宾民间文学》，北京：宁夏人民教育出版社，2011年，第91页。

巴隆》(Ibalon)、伊富高族的《阿里古荣呼德呼德》(Hudbud hi Aliguyon)、卡林加族的《乌拉林》(The Ullalim)、加当(Gaddang)的《鲁马林道》(The Lumalindaw)、苏洛德族(Sulod)的《希尼拉沃德》(Hnilawod),以及巴拉望地区的《库达曼》(The Kudaman),棉兰老地区的《阿格尤全集》(The Agyu Cycle)、《图勒兰甘》(Tulelangan)、《达冉根》(Drangen)、《古曼》(Guman of Dumalinao)、《科拉波甘的王国》(Ag Tubig Nog Keboklagan)、《桑达尤德传说》(Keg Sumba)等。①正是被记录在这些长度可达数千行甚至数万行的叙事史诗或史诗集群中,英雄的形象及事迹才能活跳在群体记忆中,成为凝聚族群精神的重要手段。

从内容上来看,英雄史诗可以划分为战争史诗、浪漫史诗和迁徙史诗,虽然在微观层面有所不同,但总的大都是反映英雄为了部族的集体利益或履行责任与敌对势力斗争,或为部族谋取幸福生活的事迹。如伊洛克族的《拉姆昂传奇》:

从前在那尔布安地区有一对夫妇唐胡安和娜蒙安,他们即将迎来出生的孩子。然而孩子出生当天,唐胡安必须前往山上向骚扰本部族的伊戈洛特人复仇。孩子出生即能开口说话,自取名为拉姆昂,并自己选择了教父。拉姆昂终日盼父不见归,一天晚上他梦到父亲已被伊戈洛特人杀害,便动身上山为父报仇。仅有9个月大的拉姆昂只身全歼杀害其父的伊戈洛特人,村里的姑娘闻讯前来帮他洗净身上的血迹和脏污,这些污物毒死了整条河的鱼虾。到了适婚年龄,拉姆昂听说了伊内丝·卡诺扬的美貌,便带上白公鸡和小狗前往求婚。在伊内丝家门前挤满了求婚者,这使拉姆昂大为恼火。他命令白公鸡啼叫,房屋顿时倒塌,压死了所有求婚者,而后他命令小狗吠叫,房屋又恢复原样。伊内丝全家走出来,白公鸡替拉姆昂诉说衷肠,伊内丝答应只要拉姆昂拥有与她家等量的财富就以身相许。一眨眼的功夫,拉姆昂带来一条装满黄金的小船,价值远超伊内丝家,两人便结为连理。部族规定成了家的男青年必须轮流去海里抓拉郎鱼,这次轮到拉姆昂,拉姆昂预见自己将会被鲨鱼咬死,但他为了履行义务而勇敢上路,结果确是被鲨鱼吞噬。伊内丝痛不欲生,在白公鸡的指点下,她雇了一名潜水能手下海收集拉姆昂的骸骨。在白公鸡和小狗的帮助下,加上伊内丝夜夜虔诚祈祷,最终拉姆昂复活,一家人幸福地生活下去。②

---

① 吴杰伟、史阳:《菲律宾史诗:翻译与研究》,北京:北京大学出版社,2013年,第5-7页。

② Lam-ang, KapitBisig.com, http://www.kapitbisig.com/philippines/tagalog-version-of-epics-mga-epiko-lam-ang-epikong-ilokano_600.html, 2014/3/12, 10:00。

又如棉兰老岛伊拉农族的《阿格尤》：

从前，阿尤曼地区的伊拉农族靠收集蜂蜡为生，他们把蜂蜡售卖给摩洛人，然后换取大米、盐、糖等生活必须品。伊拉农族人阿格尤因欠下摩洛大督一百堆蜂蜡，不得不带领族人逃离阿尤曼。然而摩洛大督穷追不舍，阿格尤率领族人奋力抵抗，获得胜利并迁至毗那玛顿山，在山脚下重建家园。一天，阿格尤上山打猎，捕获一头野猪，同行的兄弟姐妹们采集到挂满蜂蜜的蜂窝，他们和族人共同分享了猎物。兄弟班拉克的妻子姆甘因患麻风病而留在了阿尤曼，阿格尤便让班拉克将一些野猪肉和蜂蜜送过去，但班拉克拒绝了，另一位兄弟罗诺代其前往。罗诺在半路上听到雷鸣般的声音，说要让姆甘吃下献祭给众神的食物以获不朽。罗诺返回告知阿格尤，当阿格尤赶到姆甘家，姆甘早已飞升而去，留下一间空置的金屋。阿格尤回到毗那玛顿山脚，带领族人再次迁徙至淲戈扬宕，但是遭到当地人的攻击和驱赶，阿格尤和族人奋战三日三夜无果。阿格尤年轻的儿子塔纳格尤主动请缨，百般无奈下阿格尤让其出战。塔纳格尤出师大捷，败阵的首领欲招塔纳格尤为婿但遭其拒绝。塔纳格尤继续向前征战，再次获胜并再次拒绝招婿请求，而首领的女儿帕尼古安自愿跟随塔纳格尤返回淲戈扬宕，两人遂结为夫妻。阿格尤的族人还是不断遭到骚扰和侵犯，塔纳格尤一次又一次穿上他的金甲战衣，用他的金杖将敌人赶进了深山。阿格尤十分高兴，并将松拉望村分给塔纳格尤，并要求其发誓终生守护和管理好村子，于是塔纳格尤和妻子率部众前往松拉望村建立家园。①

再如马拉瑙族（Maranao）的《达冉根》：

在遥远的棉兰老岛上有一个国王，他有两个儿子：马达利和班杜干。班杜干天资聪颖，武艺超群，远胜马达利。一次，年幼的班杜干只身杀死祸害村民的鳄鱼，村民们万分感谢并大加赞赏。随着年龄的增长，班杜干成长为王国里数一数二的战士，他每次带领士兵作战都能凯旋归来，他的事迹口口相传，邻邦闻风丧胆，再不敢来犯。国王逝世，长子马达利继承王位，而百姓却认为英勇善战的班杜干才能保护王国，应该成为新国王。对此，班杜干则有不同看法，他知道马达利精于统治和外交，能带给百姓更好的生活，于是说服他的追随者支持马达利。然而，班杜干的优秀才能和英俊相貌吸引了王国里所有的姑娘，甚至是马达利的

---

① Agyu, KapitBisig.com, http://www.kapitbisig.com/philippines/bilingual-tagalog-english-version-of-epics-mga-epiko-agyu-an-ilianon-epic-bilingual-tagalog-english-version_795.html, 2014/3/12, 10：00。

妻妾们。妒火中烧的马达利下令不许任何人与班杜干说话，违者将会受到严厉处罚。从此，所有人都害怕受到惩罚而对班杜干避而远之，伤心的班杜干只能远走他乡。[①]

从这些具有代表性的英雄史诗中可以看到，英雄的形象实际上来源于人类，但同时又具有超越人类的能力。这种能力乃是天赋异秉，其诞生之初的种种异象就已有所预示，而在其成长和发迹的过程中，超越人类的异能也随之增长并显现，助力其完成从人类到英雄的华丽转身。从这些对英雄形象的共同界定中不难看出，菲律宾先民所崇拜的英雄带有浓厚的神性，或者说，英雄其实是介于人类和神灵之间的过渡形态，拥有人的外表和神的能力，而对英雄的崇拜更多地反映出菲律宾先民对人类拥有超自然能力的渴望，反映了先民征服自然、驾驭自然的生产、生活轨迹。从这个角度来看，英雄崇拜在本质上是神灵信仰在人类世界的延伸，通过英雄这一形象，神灵的世界和人类世界开始有了更多交集，而不仅仅是因获得神灵庇佑或触怒神灵而受到惩罚才感知神灵的存在和力量，英雄成为神灵在人类世界的实体形态。英雄史诗的产生也恰恰反映了从神到人的过程。菲律宾先民的口头叙事长诗中还有一种描述神灵创世的史诗，与其相比，英雄史诗的出现更晚一些，大约在原始社会解体、奴隶制度确立之时出现的。如果说创世史诗是神的传说，那么英雄史诗则是人的故事，伴随着生产力的发展，菲律宾先民逐渐认识到人类改造自然的能力，其视角也自然而然地从对神灵的关注转移到对自我的关注。与此同时，巴朗盖社会结构的建立和社会阶级的出现也需要有关大督及其家庭等贵族阶层权威性的依据，除了家世、武力、财富等作为大督必要的素质外，神性的光辉能很好地掩盖和弥补大督的其他不足，如拉姆昂依靠口齿伶俐的白公鸡向伊内丝诉说衷肠，骁勇善战的班杜干却不如马达利精于治国等情节都印证了这一点。值得注意的是，史诗中所塑造的英雄多在身体力量和武艺上超乎常人，这也反映了巴朗盖时期菲律宾先民的审美心理。虽然金属工具的出现促进了生产力的发展，以农耕为主的群居生活形态也逐步固定下来，但男性成员的身体力量和武艺仍然是巴朗盖存在和发展的重要基础。而且巴朗盖之间除了物品交换外，很少出现进一步的良性互动，反而是以冲突形式为主的互动关系占主导，男性成员的身体力量和武艺就成为在冲突中获胜的关键。由此来看，英雄信

[①] Darangan, KapitBisig.com, http://www.kapitbisig.com/philippines/tagalog-version-of-epics-mga-epiko-darangan-epikong-maranao_935.html, 2014/3/12, 10：00。

仰除了为族群认同奠定基础的功能外，还有助于在族群的男性群体中形成尚武的氛围，激发他们为族群战斗、牺牲的精神。

虽然菲律宾先民的英雄信仰在表现上普遍缺少丰富的物质形式和礼仪形制，但其实践方式——吟唱表演——仍然需要具备一定仪式的要求。在婚礼、洗礼、祭祀等典礼仪式或节庆聚会上，史诗吟唱表演是必不可少的环节，一方面是为了彰显祖先的英雄事迹，提高民族自豪感；另一方面则是强化群体记忆，启发、教育年轻一代。史诗歌手基本上限于当地的一些技艺高超的艺人，他们通常是向年长亲属或当地知名艺人学习。歌手吟唱时听众要保持安静，制造平和、肃穆的氛围，以利于歌手完成较长史诗的吟唱并表达虔诚的敬重之心。

第四节　预兆及禁忌

菲律宾人拥有发达的原始信仰体系，包括神灵、精灵、魂灵信仰以及相应的巫术实践，也许正是因为这样，菲律宾人非常迷信，其信仰体系中的预兆和禁忌也异常丰富。

一、预兆及禁忌的产生

预兆是人类将一些随机现象与未来所发生的事件之必然性相关联的实践活动。这种活动古已有之，在古印度文化中被归纳为梵文"Shakuna"，而且还出现了专门研究"预兆"的学科（Shakun Shashtra）。从预兆发生的来源来看，主要可分为内源性和外源性两种。内源性指的是以人类为感知本体，即人的生理、心理活动成为预兆的表征和依据，例如无缘无故打喷嚏、面红、耳热、眼皮跳等，又或是突感烦躁、紧张、愉快、喜悦等，在先民看来都具有必然的指向。而外源性则指的是外部世界的自然现象所引起的预兆，如莫名其妙的声响、不期而至的客人，或是出现不合时宜的植物、动物等，这些与预设和经验相违背的现象被看作是超自然的力量在向当事人传达一种信息。预兆信仰广泛存在于各民族中，包括身体预兆、自然预兆、动物植物预兆、梦的预兆等等。预兆既有积极的，也有消极的，当然，每个民族对同一现象的理解和解释不尽相同，这就使得预兆五花八门。

禁忌发端于原始社会，是先民对外在世界不断探知和认识过程中的经验在精神层面的反映，以此来规范人类的行为和日常生活。最古老的禁忌与人类的繁衍生息密切相关，通过形成一种规则以防止阻碍种族延续的乱伦行为出现。随着原始社会生活的发展，这一规则延伸至更宽泛的领域，开始出现针对死亡、外敌以及首领的相关禁忌，体现了人类对于生物生存形态、群体认同、社会阶层的分类意识不断细化和深化的过程。无怪乎弗洛伊德将禁忌视为道德和宗教的基础形态，甚至早于神灵信仰[①]，而这一观点也为部分学者所接受。同时，禁忌也是一种最古老的惩罚体系，违犯禁忌者必须承受由此带来的后果，而连带者的责任也通常由其承担。禁忌的种类多种多样，包括生育禁忌、人体禁忌、图腾禁忌、仪式禁忌、岁时禁忌、饮食禁忌、动物禁忌、社交禁忌、行业禁忌等等，而每个民族的禁忌类型及偏重也是千差万别。

菲律宾社会的预兆及禁忌伴随着先民的"超自然观"而产生并发展起来，发达的万物有灵信仰体系和多元文化的交叉影响为预兆及禁忌培厚了肥沃的土壤。与菲律宾的原始信仰一样，一些早期的预兆及禁忌带有浓厚的印度文化色彩，例如：少女在烹煮食物时不能对着炉子欢快地歌唱，否则注定要嫁给一个年老的鳏夫；彗星是凶兆，它预示着饥荒、战争等灾祸即将降临；怀孕的妇女若吃到连体香蕉则预示会生双胞胎；猫儿用爪子擦脸表示将有客人登门拜访；晚上梦到牙齿掉落，则将有近亲殒命等等。除了印度文化外，基督教—天主教文化、伊斯兰文化的到来对于丰富预兆及禁忌的内容也起到了促进作用。今天的菲律宾人尽管过上了西化的现代生活，但仍然十分重视预兆及禁忌，尤其在乡村地区，人们还是尽量谨守祖先留下的这些经验和教训，以避免遭逢厄运或受到惩罚。

二、仪式中的预兆及禁忌

婚礼、丧礼等重要仪式与每个菲律宾人的一生都息息相关，每种仪式场合都有相应的预兆和禁忌，通常得到菲律宾人的高度重视。

（一）与婚礼相关禁忌

新娘在婚礼前不能试穿婚纱，否则婚礼便不能顺利举行；刀子等尖锐物不能作为婚礼的礼物，因为其将预示着婚姻破裂；赠送马桶作为结婚礼物可以为新婚夫妻带来好运；情侣在结婚前要避免外出远行，否则会发生事故；新郎在婚礼仪

---

① Taboo Or Not Taboo: *Forbidden Thoughts*, *Forbidden Acts in Psychoanalysis and Psychotherapy*, ed. Brent Willock, Rebecca C. Curtis, Lori C. Bohm, Karnac Books Ltd, 2009, pp.5.

式中若坐在新娘的前面，那他将会是个怕老婆的丈夫；婚礼举行时下雨，预示着新婚夫妇会幸福甜蜜；婚礼上如果蜡烛突然熄灭，预示着靠近蜡烛一侧的新人将早于对方去世；新郎要比新娘更早到达教堂，否则会带来厄运；兄弟姐妹如果在同一年结婚会遭逢厄运；接新娘时打碎东西预示着好运；如果新娘希望以后万事做主，那就踩着新郎的脚走向神坛；新娘不要在婚礼上佩戴珍珠，否则将一生都在心痛和眼泪中度过；如果未婚的女性紧跟新人进入教堂，那她将很快结婚；婚礼进行时婚戒或新娘的头纱掉落，表明婚姻将不幸福。

（二）与丧礼相关禁忌

葬礼期间清扫家里的地板会带来厄运；葬礼过后不要将盘子叠放在一起，否则还会继续有亲人离世；亡人的直系亲属在葬礼后不能在家里沐浴、梳头，但可以去别人家沐浴、梳头；鳏寡之人的专用座椅已婚人士不可使用，否则也将成为鳏寡；孕妇不能瞻仰亡人，否则将难产或胎死腹中；眼泪不能掉落在棺材上，否则亡灵将不得安息；葬礼中若是迟到，那就不要出席了；丧礼期间遗体必须得到不间断的看守，以防恶灵偷走遗体；遗体下葬后，所葬之处要清理干净，所有人进屋前必须洗手；亡人若为寿终正寝，儿孙要亲吻其手以获福佑并表示永别之意；奠仪不要用硬币给付，即使要用也不要使硬币发出声音；遗体抬出室内时头部应先出去；在丧礼举行的房间中，镜子要用布盖住，否则亡人的灵魂会在镜中显现；亡人的家属不能对前来帮忙或吊唁的人说谢谢；丧礼中不能穿着红色或浅色的衣服；丧葬期间不能吃蔬菜和鸡肉；出席丧礼的每个人都要摸一下棺材，否则亡灵会跟随其而去；在丧礼中，如果一个家庭中的所有成员都直视亡人的脸，那么亡灵会带走全家人的性命。

三、日常生活中的预兆及禁忌

（一）与死亡、疾病相关

如果一只黑色的蝴蝶萦绕某人，说明他刚有亲人过世；用餐后餐具未洗涤并收拾好前不能出门，否则家庭成员中会有人死去；群体数量不能是3或13，否则会引起死亡；晚上吃酸味的水果会引起双亲早逝；病患在前去就诊路上的碰到黑猫，预示着他会死去；无端闻到蜡烛燃烧的气味，预示着近亲将会逝世；如果梦到牙齿掉落或被拔除，家里的某位成员将会死亡；家里有人去世后不能立即吃辣木根，否则其他家庭成员也会死去；晚上剪手指甲预示家里有人将死去；若三人照相,则位于中间者会遭逢不幸;公鸡下午打鸣,表示有人死了;如果病患家附近出现猫头鹰,那么病患将不治而亡;孕妇不能照相,否则胎死腹中;孕妇不能穿黑色衣服,否则会引起腹中胎儿死亡;某人的影子如果无头,则其必将死去;天黑后打扫庭院会引起死亡;如果亡人的脚朝着初升的太阳,则其某位亲戚将离世;头发湿的时候上床睡觉会引起失明;周五洗澡、剪指甲的人会生病;晚上清理耳垢会造成耳聋;向地下泼洒热水的时候要事先告知周围的精灵,否则会患病;拿别人的影子开玩笑会使其发疯;触碰青蛙的尿液会长疣;女性生理期内洗澡会引起精神疾病,而此期间吃酸食则必患胃部疾病;饮用狗血会患肺结核;食用没有受精的鸡蛋会变傻。

(二)与人体相关

脚上有痣的男性具有冒险精神;脸上有痣的男性将会生意兴隆;鼻心有痣的女性将富有但不快乐;眼部有痣的男性具有异性缘;手上有痣的人不是有钱就是小偷;背部生痣预示着懒惰;耳大的人将会长寿;胯宽的女性将会生育多个孩子;天生卷发的人情绪化且坏脾气;眉毛间距小的人会有很强的嫉妒心;胸毛浓密的男性会花心;男性掌纹从手掌延伸至手指,预示着他将会事业有成;牙齿间隙宽的人喜欢撒谎。

(三)与运势相关

路上遇见黑猫预示着厄运,因为黑猫是伪装的恶魔;巧逢黄色的蝴蝶会带来好运;如果棕色的蝴蝶飞入家里,主人将会丢失钱财;如果早晨被鸟儿的鸣叫唤醒,那么好运将至;梦到鱼、树或蛇,意味着将会有好运或财运;躺下的时候双脚冲门的方向将会早逝;用珍珠作为装饰物预示着将与眼泪相伴;不要修补穿在身上的衣服,那会带来血光之灾;脚踩枕头不吉利;如果路上遭遇不顺就不要再继续旅程,否则灾祸会降临;旅行时用背包垫坐,则将不会到达目的地;打碎镜子将会连续7天都倒霉;除夕午夜吃下12颗象征着12个月份的葡萄,新的一年就会交上好运和财运;夜半许愿会招来恶灵。

(四)与饮食相关

生日吃米粉,预示着长寿;用餐时汤匙落地,则将会有女性客人登门,叉子落地则象征着男性客人即将到访;烹煮食物时炉火跳动或噼啪作响,家里将会来客人;猫儿用爪子擦脸时盯着的方向,将是客人到来的方向;未婚女子烹调时不要唱歌，否则会嫁给年老的鳏夫；不要拿盘子里的最后一块食物，否则将会孤独终老；不要清洗邻居带来的食具，因为将会有更多的食物被送来；匆忙用餐后要将碗碟旋转几次，这样才能防止变故；不要吃掉送给邻居的食物，否则会生病；如果不喜欢盘里的食物，也不能把盘子拿走，否则将会一辈子挨饿；暴食花生将会患丘疹；偷窃邻居家母鸡下的蛋会打嗝不止；水牛奶与酸味水果同食将患上胃病；饮用咖啡会阻碍身体生长；食用芍药将患上精神疾病。

四、有关居住的预兆及禁忌

如果房屋修建的工作要在晚上进行，必须选择满月的晚上；3、6、7、8、9和11月份适宜修建房屋；不要把房屋建在死胡同里；修建房屋时要在房屋框架中放置相应物件，古老的硬币或金属圣物能够驱逐恶灵，乐谱、奖章及硬币能保证家庭和睦；楼梯台阶的级数不能是3的倍数；搬家要在周三或周六；满月前一天搬家，则终身衣食无忧；第一次进入新家必须带上米和盐；搬入新家后在客厅撒上硬币就会交好运；搬入新家后9天内，家里成员的数量要保持一致，否则会有灾祸降临；屋里出现蜜蜂象征着好运将至；寄居于房屋的鸽子飞走，预示着家庭纷争不断；在屋里撒盐可以让不速之客尽快离开；用餐时不能撵走客人，否则会将运气也一并撵走；要将房屋里的所有窗户打开以迎接新年，这样才能得到神灵的庇护。

五、有关生育的预兆及禁忌

产检及产前护理的工作必须由接生婆或生过孩子的女性担任；产检时孕妇只能由家庭里的女性成员陪伴；如果孕妇脸上多发斑点，则将会生女儿，而孕妇容光焕发，则必生男孩；在孕妇肚子上用链子悬吊指环，指环左右摆动预示着男孩，指环转圈则预示着是女孩；孕妇喜食甜食则生女儿，喜油炸食品则生儿子；孕妇不能吃粘稠的食物，否则会流产；孕妇吃鱼，孩子必会聪明；孕妇吃芒果，则孩子将会多毛；如果孕妇对某人大发雷霆，则孩子的相貌将会像这个人；孕妇胸前要佩戴十字架，以避免恶灵的侵扰；如果孕妇开车，预示着胎儿将会碰到脐带绕颈的问题；孕妇不能参加葬礼，否则亡灵将带走胎儿。

不论是众神信与精灵信仰还是祖灵与英雄崇拜，不论是各种巫术还是各种预兆与禁忌，这些菲律宾民间信仰中的要素，大都直接脱胎于菲律宾的原始信仰及其实践活动，它们是菲律宾民间信仰的重要内容，但是并未涵盖菲律宾民间信仰的全貌。基督教（主要是天主教）等世界性宗教在菲律宾传播的过程中，为了保证传播的顺利进行，必须要适应菲律宾社会生活的实际，并要与菲律宾的原始信仰相调和。在融合了菲律宾原始信仰要素之后，基督教等世界性宗教就带上了浓厚的菲律宾色彩，其信仰实践活动的本土化现象非常普遍。而菲律宾的民间信仰也从它们那里汲取了丰富的营养，进一步展现出了多姿多彩的风貌。

比如，菲律宾对安蒂波罗女神（Birhen ng Antipolo）的信仰就与西班牙殖民时期的大帆船贸易密切相关，并直接来自于西班牙殖民者的民间信仰。菲律宾人相信，向女神祈祷可以保佑人们的航海安全。在班塔延岛（Bantayan Island）地区，巫医"mereko"在治疗疾病时会诵念拉丁语的咒语，这显然是受到了西班牙与天主教的影响。新比斯开省（Nueva Vizcaya）的农民在播种时会先朗诵《使徒信经》（Apostles'Creed），当朗诵到第五条："我信其降地狱，第三日自死者中复活"这一句时，农民们就开始播种了。农民们相信，只要朗诵这句话，庄稼就会快速生长。在甲米地省（Cavite）巴科奥尔市（Bacoor），人们每年五月会祭祀天主教大天使圣弥额尔（St. Michael），人们载歌载舞，祈求渔业的丰收。在班乃岛，在举行棕枝主日（Palm Sunday）的节日仪式上，神父会分发棕榈叶，并声称它可以治疗胃痛或者月经不调。当地的巫医也会使用棕榈叶治病，他们会燃烧棕榈叶，把其灰烬与草药和圣水调在一起给人服用。当疾病是由阿斯旺引起时，巫医会动用十字架、圣水以及传统法器来抓捕阿斯旺。就像巫师使用精灵附体的方法治病驱魔一样，在菲律宾的圣婴信仰中也存在类似的圣婴附体现象。当一个人（通常是女人）遭逢重大的人生变故后，她就有可能变身为一名圣婴灵媒。她会在自己家中建一个自己的小礼拜堂，召开一些祈祷活动。很多人都相信她能够圣婴附体，并凭借圣婴的力量帮助处理各种邻里纠纷，劝导人们友爱向善。

菲律宾原始信仰中的众神与精灵信仰体系与天主教对圣人的信仰是非常契合的。西班牙传教士在传教过程中，就利用了这一点，通过神灵的转化使人们更易接受天主教。如天主教中的圣人"San Isidro Labrado"、"San Miguel"、"San Vicente"、"San Pedro"等就转变成为菲律宾农民和渔民的庇护神灵。菲律宾还是一个拥有诸多节庆的国家，这也与天主教的传播有关。传教士为了吸引菲律宾人信教，对天主教宗教节日进行了改造，使之从单一的传播福音的宗教活动，转变为包含福音传播、商业活动、文化休闲与社交娱乐的多功能节日，成为菲律宾人普遍欢迎的盛典。在菲律宾的很多农村地区，农民虽然大都信仰天主教，但是他们却很少去教堂做礼拜，也很少读圣经。他们所热衷的却是各种天主教节日，因为通过节日可以大大增进亲戚朋友之间的联系，促进村庄或者部落的繁荣。

在信仰伊斯兰教的摩洛文化区域，伊斯兰教与当地的原始信仰也发生了一定的融合，形成了菲律宾化的伊斯兰教。其突出特点就是伊斯兰教信仰与菲律宾的原始信仰并行不悖，当地人觉得对伊斯兰教的唯一神明安拉的信仰与他们对传统众神与精灵的信仰并不矛盾。他们在进行农耕、治病、丧礼等各种仪式时，会使用各种法器和咒语，并邀请巫师来主持仪式。可以说，这些地区的民间信仰就像一根看不见的丝线，它把信仰伊斯兰教的不同民族区分开来，是他们对自己民族产生强烈认同感的源泉。

当你走在马尼拉的街道，你会发现一些商店、餐厅的外墙上有神龛。这些神龛里不仅供奉着天主教的圣像，而且还供奉着关公等财神爷的塑像。这显然是菲律宾华人开设的店铺。据统计，马尼拉的华人已经有60%以上信仰了天主教。[①]这些华人家里的神龛中，也是天主教的圣像与中国的神灵一起供奉的。而且与菲律宾本地的天主教圣像不同，华人家里的圣像穿的是中国的传统服装，神龛的样式也是中国风格的。可见，以华人文化为代表的外来族群的文化在与菲律宾文化的交流碰撞中，也在开始发生调适与变化，以期使自己更好的融入到当地社会中去。

① 陈衍德：《多民族共存与民族分离运动——东南亚民族关系的两个侧面》，厦门大学出版社，2009年，第141页。

第五章　宗教

　　菲律宾是一个多宗教国家，目前主要宗教有天主教、基督新教、伊斯兰教、佛教等。其中，菲律宾基督教势力最大，教徒约有8 000万，占全国总人口的90%以上，其中以罗马天主教徒人数最多，占全国总人口的84%，在东帝汶独立前曾是"亚洲唯一的天主教国家"；新教教徒约占4%，菲律宾独立天主教会——伊格莱西亚教和阿格里佩教分别占2.3%和2%。另一个大的宗教群体为穆斯林，信徒多为少数民族，约占总人口的5%，主要分布在南部的棉兰老岛、苏禄群岛和巴拉旺岛等地。佛教有5万多信徒，占总人口的0.1%，信仰者多为华人。原始宗教信仰者占总人口的0.2%，散布于山区的原始部落。[①]此外，菲律宾还有印度教、锡克教、犹太教等其他外来宗教，但信徒人数极少，多为外来移民的后裔或外国国民。

　　菲律宾宗教发展大致可分为两个时期，即伊斯兰教传播时期和基督教时期。[②]13世纪末，伊斯兰教从印度尼西亚苏门答腊岛传播到菲律宾南部，菲律宾开始了伊斯兰化进程。伊斯兰教曾一度影响到整个群岛的大部分地区，在南部苏禄地区和棉兰老岛上还出现了政教合一的苏丹王国。随着西班牙殖民者的到来，菲律宾的伊斯兰化进程被打断，菲律宾宗教发展进入基督教时期。菲律宾的基督教化可以说是西方殖民主义征服的直接结果，1565年起，天主教随着西班牙殖民统治在菲律宾迅速传播。1898年，美军进入菲律宾后，新教开始在菲律宾传播。1902年，菲律宾本土天主教派独立教会（阿格里佩教）成立。此后，菲律宾基督教，特别是天主教经过改革和斗争，赢得了群众的信赖，巩固了自身宗教影响，牢牢保持着菲律宾第一大宗教的地位。

　　不论是天主教、伊斯兰教、佛教、新教还是其他宗教，宗教在菲律宾人的生活中居于中心地位。宗教联系是家庭范围之外的亲属关系、契约关系以及其他社会关系的一部分。今天的菲律宾人享有宗教信仰自由，可以自由地选择加入何种

---

① 马燕冰、黄莺：《菲律宾》，北京：社会科学文献出版社，2007，第42页。
② 部分学者将菲律宾宗教的发展分为三个时期，分别是早期的原始宗教时期，伊斯兰教传播时期和天主教时期。本书将原始宗教看作民间信仰，自成一章专门论述。

宗会众体。菲律宾的基督教教派五花八门，有菲律宾浸礼会会议派、圣公会、耶和华见证会、第七日复临教派、联合基督教会、联合卫理公会派等等。

根据宪法规定，菲律宾采取宗教信仰自由、宗教平等和政教分离的政策。对于信教的人，无论是种族、性别、信仰如何，国家一律保障其平等就业的机会；不得制定任何关于设立宗教机构或禁止其自由活动的法律。菲律宾相关法律还规定，宗会众体下属的非营利性的基金和社会慈善机构一律免税，其中包括教会拥有的非营利性广播电台、电视台等机构。宗教领袖负责各种宗会众体、派别、财产的管理活动。

第一节　天主教

一、由来及发展

天主教是西班牙的国教，自地理大发现以来，西班牙历代君主都把向海外传播天主教作为帝国海外扩张的重要国策。在当时，西班牙统治者和天主教传教士都以占领中国、建立以中国为基地的"东方天主教帝国"为目标。为此，他们首先以菲律宾为征服中国的重要基地，以传教作为扩张工具，开始向菲律宾传入天主教。16世纪后半期至17世纪前期是天主教在东南亚传播的关键时期，菲律宾皈依天主教的人数也不断增加。到17世纪中期，吕宋岛沿海平原地区的居民几乎都接受了天主教，而米沙鄢群岛的天主教化也在17世纪中期前基本完成。

天主教的传入是伴随着西班牙殖民者对菲律宾的扩张而进行的。早在1521年麦哲伦环球航行时，西班牙殖民者就随船队途径菲律宾中部进行探路。1565年，西班牙在墨西哥的殖民官员黎牙实比率领远征队抵达菲律宾，西班牙开始真正征服菲律宾。当时随行的有5名奥古斯丁教会的传教士，他们成为天主教向菲律宾群岛正式传播的先驱，其中为首的是乌达内塔神父（Andrés de Urdaneta）。在西班牙王室的支持下，天主教的势力逐渐全面地渗透到西班牙殖民菲律宾的行动之中。黎牙实比及远征队将官与传教士商量重要事项，利用他们的传教活动获取土著首领和民众的支持和信任。黎牙实比在菲律宾推行赐封制度，强行命令当地居民放弃原始宗教改信天主教，否则以"异教徒"罪名加以关押或处死。菲律宾人只有皈依天主教之后才能获得土地，还不得不向其归属地的监护主进贡物品以换取安全保护和受教育的权利。1569年，西班牙殖民者在菲律宾建立政教合一的殖民统治，随后天主教各教会接踵而来，纷纷在菲律宾设立分会，以传播和发展天主教势力。其中，除了1565年同黎牙实比一同来到菲律宾的奥古斯丁会之外，还有3个受命将菲律宾土著基督教化的比较固定的教派，分别是：1578年到达菲律宾的方济各会、1581年到达菲律宾的耶稣会和1587年到达菲律宾的多明我会。到1591年，整个菲律宾群岛已经有140名传教士，马尼拉主教区也升格为大主教区，1594年，西班牙国王菲利普二世给各教会划定了传教区域。其中，他加禄地区主要由奥古斯丁会和方济各会负责；邦阿西楠与卡加延地区由多明我会负责；邦板牙省和伊洛克省被分派给奥古斯丁会；吕宋岛西南部的甘马粦省被分派给方济各会；米沙鄢群岛被分派给奥古斯丁会和耶稣会。

起初，天主教在菲律宾的传播遭到了菲律宾人民的漠视和抵抗。1601年，一名奥古斯丁会教士在邦板牙传教，因拒绝当地人要他离去的要求而被杀死。多明我会教士初到邦阿西楠，亦受到当地人民的封锁和抵制。尽管如此，天主教传教活动仍然迅速发展。1576年，菲律宾群岛只有传教士13名，1586年增加到94名，1578年则达到了267名。在信徒人数方面，1570年不过数百，1578年约为10万人，1586年超过了20万人，1594年则达到了28.8万人。1622年，就有500万人以上信奉了天主教。天主教从一个无法被接受的地位在50年里一跃成为菲律宾最有影响力的宗教。19世纪后半期，天主教徒开始激增，1898年已达650多万人。此后，随着民族独立运动的高涨，菲律宾人要求组织自己的教会的观点受到广大群众的支持。现在菲律宾全国有16个教省，即16个大主教管区，下辖72个主教区。2000年人口普查，天主教徒占菲律宾全国总人口的81%。[①]

二、特点

天主教在菲律宾传播的过程中，为了吸引更多的信众，也进行了一些本土化的调适，使得菲律宾的天主教既继承了罗马天主教传统和西班牙风俗，又融合了本土历史文化的特征，成为本土化的天主教（Folk Christianity）。

（一）宗教生活

菲律宾天主教徒也做祷告、弥撒和诵读圣经，要在中午12点和傍晚6点做祈

---

① 李涛、陈丙先:《菲律宾概论》，广州：世界图书出版公司，2012，第76页。

祷（the Angelus 或 orasyon），还执行天主教的洗礼、按手礼①、婚礼、忏悔礼、敷擦圣油仪式②、圣职就职礼、望弥撒等圣礼。教徒们对神坛都无比敬仰，对圣像十分虔诚。但是，菲律宾天主教与正统的罗马天主教又有着较大的区别。菲律宾天主教没有系统的理论体系、严密的组织和森严的教阶制度，教徒们不止信仰天主教的上帝和圣灵，还信仰传统宗教的神灵。菲律宾天主教仪式趋于简化，其宗教生活方式也一改其神圣面貌，而更关注趋福避难、农业丰收、子孙繁衍等现实生活中的世俗功利。

最能体现菲律宾天主教特点的是它的宗教节日文化。菲律宾天主教的节日丰富多样，教徒除了庆祝国际上通行的万圣节、圣诞节、复活节之外，还过一些富有当地特色的宗教节日。这些宗教节日主要分为4类：第一类是纪念耶稣受难与殉道的节日，如黑色纳萨雷内节、莫里奥内斯节等；第二类是纪念圣婴的节日；第三类是纪念圣母玛丽亚以及天主教历史上传说的一些著名女性的节日，如圣海伦娜等；第四类是纪念守护神灵的感恩节，主要是农夫的守护神灵圣伊西德罗，渔夫的庇护神圣米格尔、圣文森特、圣帕德罗以及各巴朗盖的庇护神。节日庆典一般由教会发起、组织，由地方政府和当地要人筹集经费、捐款赞助，逐渐演变成全民参与的活动。节日期间除了组织布道、圣餐仪式、做弥撒、忏悔等各种宗教仪式外，还穿插反映宗教历史的音乐、歌舞、选美、戏剧等娱乐节目和斗鸡、斗牛等体育竞技活动，将宗教教化与世俗娱乐相结合，体现了天主教与菲律宾原始信仰及民间传统文化的融合。可以说，菲律宾天主教节日已经成为一种兼具娱乐休闲、信息交流、商品贸易以及社会交往等多种功能的集会，是菲律宾民族文化的重要组成部分，对加强菲律宾民族凝聚力与认同感有重要作用。

（二）宗教场所

菲律宾的天主教堂一般建在原住民聚集的村镇里。西班牙殖民者照搬在墨西哥的城镇规划经验，将教堂修建在广场中央，而广场又位于主干道的交叉点，周围分布着商业区和大户住宅，形成教区。教堂恰好就在整个教区的中心位置，也是整个教区宗教及行政的中心，便于传教士以教堂钟声宣召群众到广场集中，或发布宗教和行政管理的信息。

在建筑风格上，由于教区的传教士几乎都来自西班牙和墨西哥，因此教堂的

---

① 又叫"坚信礼"、"坚振礼"等。
② 罗马天主教会给病弱教徒举行的一种宗教仪式。

建造和装饰受西班牙、墨西哥天主教堂的影响，多采用巴洛克式风格和样式。菲律宾天主教堂更多地吸收了墨西哥巴洛克式建筑的特点，使用大量镀金图案、装饰奢侈的墙面、刻面精美的柱子以及正立面檐口的山花曲线等，显得富丽堂皇，波折流转，正符合天主教会炫耀财富和追求神秘感的要求。此外，在吸收本土艺术风格的基础上，菲律宾天主教堂采用大量植物纹样装饰，显得更加繁复、华丽，并且结合当地多台风、多地震的气候和地质因素，教堂多被设计成长方形，无侧廊和交叉部，适量降低建筑高度，从而形成了一种独特的宗教建筑样式。

菲律宾最具代表性的天主教堂当属马尼拉的圣奥古斯丁教堂，它是整个菲律宾的宗教和文化中心。教堂的墙垣、天花板和地面都由大理石砌成。通往教堂内大殿的拱形走廊一边是拱形窗户，一边是宗教油画。教堂内殿的天花板上雕刻着各种各样的花草，屋顶有意大利艺术家创作的立体感很强的幻影画作品，穹顶垂着巨大的枝形吊灯，殿中有雕刻着玫瑰形饰物的高大柱子，唱诗班阁楼的顶部装饰着手持喇叭的天使。

由于参与建造的艺术家或工匠的文化背景不同，菲律宾天主教堂还融合了多民族的文化因素和文化传统，而使其建筑风格趋于多样化。例如，伊洛伊洛（Iloilo）地区的米亚高天主教堂（Miagao Church）的立面采用大量的植物纹装饰，钟塔具有爪哇岛坎蒂（Candi）的意蕴；北部伊莎贝拉（Isabela）的图茂尼教堂（Tunauini Catholic Church）以复杂的砖饰闻名，遗存了印度教—佛教建筑的特点。宿雾的卡卡天主教堂（Carcar Catholic Church）的尖顶状钟塔塔顶变成了清真寺中常见的洋葱头顶，教堂使用清真寺常用的三心花瓣拱和几何形纹样。

（三）神职人员和宗教组织

菲律宾天主教神职人员的成长经历了一个漫长而坎坷的历史过程。西班牙殖民统治之初，天主教在菲律宾传播规模受限，天主教扩大传播的需求与传教士的缺少形成一对矛盾。教士在菲律宾村社中的地位突出，菲律宾人把做教士当作一项荣誉，甚至当成让家庭摆脱经济困境的绝佳途径，但是由于缺乏专门的神学教育也难以胜任神职。这一问题随着18世纪初圣·菲力普和圣·克莱门特两所神学院的建立而有所转机。学院招收和培养少数菲律宾传教士，1708年，已经有菲律宾传教士被授予圣职，到1720年，菲律宾传教士可以被授予圣职成为一项制度被确立下来。18世纪下半叶以来，菲律宾传教士开始迅速增长。1809年，在菲律宾的西班牙传教士仅300人，而菲律宾传教士有1 000人。至19世纪40年代，菲律宾传教士达到2 000人左右，大大超过西班牙传教士的500人。尽管如此，西班牙传教士固守"欧洲中心论"和白种人的优越感，对菲律宾传教士的成长重重阻挠，最终引发了针对西班牙会众要求宗教平等的阿波利纳里奥起义（1840—1842年）。菲律宾本土教士的成长不仅推动了天主教的本土化，为"教区菲化运动"奠定了基础，更重要的是推动了近代菲律宾民族意识的觉醒。[①]现在，菲律宾共划分为90个教区，有两个枢机主教，掌管马尼拉教区和宿务教区，还有120位主教、4 300多名神父、7 000多名修女。[②]全国性的组织有天主教主教会议、大修道院院长联合会，前者是菲律宾教会的最高权力机构。菲律宾政府实行"宗教信仰自由"、"政教分离"和鼓励宗教发展的政策。教会则对政府持"积极合作"、"善意批评"的态度，形成了政教相互依存的关系。

三、影响

作为菲律宾第一大宗教，天主教在菲律宾宗教界几乎有着无法撼动的地位，它的影响已经深入菲律宾历史文化的各个方面，主要从以下几个方面进行阐述。

（一）对菲律宾政治的影响

天主教对菲律宾政治的影响大致分为两个阶段。第一阶段指西班牙殖民统治时期，殖民者在菲律宾采用"政教合一"的政策，教会和殖民政府之间的联系十分紧密。一方面，教会依托殖民政府的政策进行传教，另一方面，殖民当局也需要借助宗教这一工具来巩固自己的统治。教会可以直接影响政府的决策。17世纪下半叶，教会越来越多地卷入政治事务，甚至还代行殖民统治机构职务，政治权利涉足修改法案、监督选举、协助人事任命等等。此外，天主教还在菲律宾民众中建立了广泛而深远的群众基础，为19世纪末反对西班牙教会、争取教区菲律宾化的斗争奠定了群众基础。第二阶段是菲律宾独立战争之后，政府采取"政教分离"的政策，教会与政府之间的联系被削弱，不再像以前那样对政府运作产生直接影响，而是主要通过影响民众来间接影响政治，比如在选举时通过发表支持某位候选人的言论影响选民的投票意向。随着国家政治世俗化的发展，宗教逐步退出某些社会生活领域，主要作为一种精神力量存在。在社会稳定时期，天主

① 施雪琴：《简论近代菲律宾传教士的成长及其意义》，载《南洋问题研究》，2004年第4期，第60页。
② 李涛、陈丙先：《菲律宾概论》，广州：世界图书出版公司，2012年，第45页。

教是菲律宾政治中的隐性力量，教会的影响较小，而在社会秩序发生动荡、民众对世俗政治失去信任的时候，天主教会又成为左右政局的重要力量，直接参与到各种政治活动中。现代菲律宾教会对政治影响的典型案例是菲律宾著名的前枢机主教海棉·辛（Jaime Cardinal Sin）在任18年中，曾两次运用自己的影响力号召群众上街，把贪污的菲律宾总统赶下台。一次是1986年，以阿基诺夫人为首的反对党和马科斯政府的政治斗争进入白热化，阿基诺夫人的支持者拉莫斯将军发动兵变，马科斯派遣军队前去镇压。天主教会公开指责马科斯的欺诈行为，支持阿基诺反对党，呼吁民众拥护兵变，在路上拦截前去镇压的政府军，使当局陷入被动，最终保护了兵变部队，推翻了马科斯长达21年的统治，促成了阿基诺的上台。另一次是2001年，民众对埃斯特拉达受贿案的处理结果不满，对法律和政府的信任急剧下降。教会与反对派共同发起和推动民众进行街头抗议，最终导致埃斯特拉达本人及大批内阁成员纷纷辞职。

（二）对菲律宾语言和文学的影响

天主教传教士通过对菲律宾民族语言的拉丁化与传教的"本土语言化"，促进了菲律宾语言的发展。在西班牙人到达菲律宾时，菲律宾的他加禄语就已经有了包含17个字母的书写体字母表。出于翻译天主教教义的需要，传教士们参照拉丁语和卡斯第语（Castilian）的语音、语法结构来重新构建他加禄语，使其语音结构和词汇系统更加丰富，以此将宗教文献翻译成菲律宾民族语言的版本，为传教提供便利。传教士们不仅通过各民族文字传播天主教教义，还通过用民族语言布道演讲的方式进行传教。传教士认为来自天国的上帝的智慧是通过口—耳进行传播的，这就要求传教士们学会使用当地语言，并且促进了他们对这些语言的研究，从而出现了大量的语言研究成果，比如1593年菲律宾印刷出版了第一本他加禄语和西班牙语对照的《天主教教义》（Doctrina Christiana）。从1594到1650年，菲律宾民族语言的发展步入黄金时期。四大修会为了适应传教士的语言学习，纷纷建立印刷出版机构，大量出版由传教士们编写的语言学习字典和语法手册，以及用他加禄语、宿雾语、邦板牙语、伊洛克语、比科尔语等语言编写的天主教教理问答、天主教教义、忏悔录等书籍。这些研究成果的产生和传播既扫除了天主教在菲律宾传播的障碍，也直接推动了菲律宾民族语言的发展。

从16世纪中叶到19世纪初，在长达200多年的西班牙殖民统治时间里，菲律宾文学以宗教文学为主，作者多为西班牙移民、传教士，其表现形式多为教义书、祈祷书、圣徒传记和其他一些宗教材料，主要用于宣传天主教教义。随着各大教会纷纷设立出版社，宗教文学得到大力普及和推广。这种宗教文学以一套独特的价值观念体系和文学手段构筑成一种信仰模式，在西班牙征服菲律宾的过程中起到了重要作用。一方面，西班牙传教士在对菲律宾民间文学进行收集和整理的过程中，既记载、保留部分民间文学文本，同时对民间文学作品进行改写，渗入了大量殖民者的意志和观念，使之成为宣传解释天主教教义的宗教文学作品。另一方面，教会在传教过程中，引进了大量西班牙文化，将西班牙的宗教诗歌和宗教戏剧等传入菲律宾。其中，宗教诗歌多为用韵文叙述基督生平和受难故事的受难诗。宗教戏剧主要有3种形式：以基督生平及其受难为内容、一般在天主教的四旬守斋节期间演出的晚餐室戏；以基督教徒战胜穆斯林、宣扬基督教威力为主要内容的"摩洛—摩洛"剧；还有娱乐性极强、以喜剧为主的音乐戏剧。

（三）对菲律宾民众日常生活的影响

天主教对菲律宾民众日常生活的影响可以说是贯穿始终，无孔不入。人一出生就要进行圣洗，结婚要在教堂举行仪式，死后要在天主教的公共墓地举行葬礼。政府、军队、医院、商业大楼等重要部门的建筑上，都插有基督教旗帜，定期举行宗教仪式，重要的政治场合和国际会议也要由神职人员进行说教布道。街头传教布道的集会随处可见，听众云集。电台电视台也要定期播放布道节目。圣周期间，首都马尼拉与北吕宋岛的不少信徒为了表示自己的虔诚，不惜伤害自己的身体。此外，菲律宾天主教严格奉行罗马教廷的戒律，不准离婚、不得实行计划生育，不许堕胎。深受天主教教义的影响，很多菲律宾家庭没有节制生育的观念，不采取任何避孕措施，孕妇也不能到医院堕胎。因此，尽管菲律宾是亚洲人口增长最快的国家之一，其经济发展已经受到人口增长的强力制约，但由于教会的反对，政府在推行计划生育方案时阻力重重。菲律宾教会还一直反对死刑，要求彻底废除死刑。他们认为，"不论是自由人或是在监狱中服刑的人，都应该过合乎尊严的、完全的和有意义的生活"，政府应该给违法的公民进行再教育，为被关押的犯人创造重新做人的机会。①

---

① 姜永仁、傅增有等：《东南亚宗教与社会》，北京：国际文化出版公司，2012年，第448页。

第二节 新教

一、由来及发展

　　美西战争后，美国取代西班牙成为菲律宾新的殖民者，通过传播基督新教从精神上同化菲律宾人，将其建成皈依美国文化与政治原则的榜样殖民地。在这一背景下，新教自19世纪末20世纪初开始传入菲律宾。美国新教教会是菲律宾传教的主力。1898年8月28日，美国占领军随军的卫理公会牧师在菲律宾主持了第一次新教礼拜，吸引了众多菲律宾人参加。卫理公会成为第一个进入菲律宾传教的美国新教教会。该教会最初主要在吕宋岛低地和马尼拉的北部地区传教，后来扩展到南部的米沙鄢与棉兰老等地岛屿，逐渐发展成为菲律宾最大的新教教会。1899年4月，美国长老会派传教士罗杰尔斯到菲律宾传教，该会发展成为菲律宾第二大新教教会。基督友爱会于1901年抵达菲律宾，主要在菲律宾北部的高山省传教。公理会于1902年来到菲律宾，主要在菲律宾南部棉兰老岛传教。美国圣公会(The Episcopal Church)、浸礼会(The American Baptist Missionary Union)、基督传教会(The Christian and Missionary Alliance)、基督会(Disciples of Christ)、基督复临安息日会(Seventh-day Adventists)等也纷纷派出传教士到菲律宾传播福音。此外，美国还派遣大量的新教教师，在普及美式文化教育的同时，在菲律宾公众中传道，发展更多的新教教徒。

　　另一方面，各大新教差会纷纷任命菲律宾籍的神职人员，选拔有威望的菲律宾传教士进入管理层。美国政府在菲律宾推行"自治"、"自养"与"自传"的三自传教政策，鼓励菲律宾本土教会的建立，同时又要求菲律宾教会处于美国新教教会的管辖之下。1909年，第一个菲律宾本土新教教会成立。教会的本土化在一定程度上推动了新教在菲律宾的传播与发展，也吸引了越来越多菲律宾教徒，教众数量从1903年的4 000人上升至1928年的131 000人，教会数量也从45个增加到594个。[1]据1940年菲律宾传教委员会的一份报告显示，基督新教在菲律宾各地大约有2 000所教堂，5 000所主日学校，有120 000人参加主日学校的学习。[2]新教教

---

① Gregorio F. Zaide, *The Pageant of Philippine History*, Manila, 1979, pp.387.

② 施雪琴:《普世福音与新殖民主义——20世纪初期基督教在菲律宾的传播剖析》,载《南洋问题研究》,2007年第1期,第85-92页。

众数量的快速增长在一定程度上也得益于菲律宾民族主义的发展。新教在菲律宾传播之初就与美式文化所倡导的民族、民主以及爱国主义紧密结合在一起，这一点与菲律宾的民族主义形成了某种契合，与此同时，新教教派对天主教的抨击也成为菲律宾新兴民族资产阶级打击西班牙殖民势力和文化的有力借口，因此吸引了不少菲律宾本土的民族主义团体。

目前，菲律宾全国共有150余万新教教徒，约占菲律宾总人口的4%。主要派别有基督教合一教会、基督复临安息日会、卫斯理会、浸礼会、传教会等25个主要的新教教派，有3个主要的教会联合会，分别是菲律宾全国教会联合会、菲律宾福音教会联合会以及菲律宾耶稣运动。①

二、特点及影响

菲律宾的新教总是与美国的影响密切相关。美国殖民统治时期，新教传入菲律宾，第七日复临教派、长老会、圣公会、卫理公会派、路德教派、联合兄弟会等各派教徒也随之而来。美国新教教会不可否认是菲律宾传教的主力，卫理公会是第一个进入菲律宾传教的新教教会。美菲战争爆发后，该会负责印度与东南亚地区传教工作的牧师瑟波（James M. Thobur）来到马尼拉，最初主要在马尼拉以北的卡加延到维甘（Vigan）以南的南伊罗戈地区传教，后来扩展到中部的米沙鄢与南部的棉兰老等地岛屿。之后，美国圣公会、浸礼会、基督传教会、基督会、基督复临安息日会等也纷纷派出传教士到菲律宾传播福音。在几乎整个20世纪里，美国的各种新教教派，甚至包括一些少数教派都不断地向菲律宾派遣传教士。这些传教士通常能够在天主教未获普及的山区部族中找到愿意改宗新教的信徒，而城市的不少中产阶级人士也对新教饶有兴趣。在美国殖民政府建立的公共教育机构中，很多从美国来的志愿教师都是新教教徒，他们为新教在低地平原的传播以及社区教会的成立做了大量基础性工作。而殖民政府对新教教徒的态度也有助于新教在菲律宾精英阶层中的传播，跟随新教教派的知识精英往往能够获得更高的政治和社会地位，成为公务员、律师以及小企业家。尽管相较于天主教徒，他们在数量上是少数派，但却丝毫没有影响到他们的行政职位和地位，这也鼓励了更多地精英重新选择信仰。

---

① 李涛、陈丙先：《菲律宾概论》，广州：世界图书出版公司，2012年，第76-77页。

第二次世界大战后，大量从新教衍生的新兴教派进入菲律宾，如新教会使命（New Tribes Mission）、世界宣明会（World Vision）、校园传道会（Campus Crusade for Christ）等。据信，当时在菲律宾的新教教派超过200个，信众占总人口的3%。1986年，在菲律宾的非天主教传教士共计1 931名（不包括耶稣基督教会和后期圣徒教会），其中只有63名来源于20世纪初传入菲律宾的新教教派，换言之，超过1 800名传教士都属于后来进入菲律宾的新教教派。①各种新生教派的传教活动对天主教来说是一种冲击，尽管天主教仍然占据主导地位，但其对社会的影响力还是受到了挤压。这些新生教派还与原有的新教教派抢夺教徒，无形中产生了更多的竞争和矛盾。菲律宾新教教派众多而混乱的局面在一定程度上也影响了传教效果，这一局面直到联合基督教会（United Church of Christ in the Philippines）与菲律宾基督教协进会（National Council of Churches in the Philippines）成立才得以缓解。在两会的主导下，多个新教教派相互合并，有助于解决传教活动无序竞争、矛盾频发的问题，但这并不意味着矛盾的消失。两会主导的教派成员以中产阶级人士居多，他们拥有优越的社会、经济条件，成为教会在开展布道活动时可资利用的对象，对那些规模较小、以平民为主的教派团体形成挤压之势。因此，直到1990年代，以基督教协进会为首的教派与其他处于边缘地位的小型教派团体之间还存在着难以跨越的鸿沟和明显的对立，这种充满着阶级色彩的对立已经超越了宗教的范畴。

新教的传教使团对菲律宾最大的贡献在于教育和医疗领域。新教教会在整个群岛上都建立了大大小小的医疗福利机构，其中大型医院有马尼拉的圣·卢克医院（St.Luke's Hospital）、玛丽·约翰斯顿医院（Mary Jhonston Hospital）、玛丽·智利综合医院（Mary Chiles Hospital）、圣费尔南多的贝泰尔医院（Bethany Hospital）、伊洛伊洛的传道医院（Mission Hospital）等。新教使团还组织建立社区诊所、药房，除了方便社区居民，还对贫民实施免费救治。在教育方面，新教教会建立私立学校，包括小学、中学、职业学校和大学，甚至在一些偏远地区都能看到新教的教育机构。新教对大学教育的创办主要分为两个阶段。第一个阶段是在20世纪初期，这一时期殖民政府为了巩固统治基础，大力鼓励和促进美式公共教育机构迅速发展，许多集传教士与教师身份为一体的教职人员成为教育队伍的主体。这一

---

① *Protestantism*, U.S. Library of Congress, http://countrystudies.us/, 4/16/2014, 9：00。

阶段创立的著名大学有西利曼大学（Silliman University），这是美国在亚洲创立的第一所大学，此外还有菲律宾中央大学（Central Philippine University）、菲拉莫基督教大学（Filamer Christian University）。第二个阶段主要是在第二次世界大战之后，菲律宾获得独立，亟需在民族主义的旗帜下构建统一的民族认同和国家意识，因此也加大了对教育的发展力度。在政府的鼓励下，新教教会继续创建了亚德温斯特大学（Adventist University of the Philippines）、菲律宾基督教大学（Philippine Christian College）、威斯利安大学（Wesleyan University-Philippines）、西内格罗斯大学（West Negros University）、亚洲三一大学（Trinity University of Asia）等。除此之外，新教教会还在马尼拉都会区及周边城市为外来务工人员修建宿舍，成立社区的阅览室、青年基督教徒协会，印发英语、本土语言等版本的圣经，在传教的同时也丰富了社区民众的业余生活。

第三节　伊格莱西亚教

一、由来及发展

伊格莱西亚教（Iglesia ni Cristo）又称基督堂教会，成立于1914年7月27日，发起人为费利克斯·马纳洛（Felix Manalo）。伊格莱西亚教是源自菲律宾本土的最大的基督教组织，也是亚洲最大的独立教会。

伊格莱西亚教成立的历史背景可以追溯到20世纪初。美国统治菲律宾后，为推动基督新教在当地的传播，大力推行本土化运动，对菲律宾教会实行有条件的"自治"政策，但绝不允许其独立于美国新教教会的管辖之外。美国基督教会对菲律宾人带有种族歧视，认为菲律宾人是"低等的、未开化的"民族，对菲律宾教会采取家长制作风加以严格管制，受到了菲律宾民族主义者的强烈反对，引发了菲律宾宗教民族主义者反对殖民主义的抗争。1914年7月27日，费利克斯·马纳洛建立伊格莱西亚教，集中体现了菲律宾宗教民族主义的诉求。伊格莱西亚教的成立是菲律宾民族主义发展的成果，也将菲律宾宗教民族主义推向高潮。

伊格莱西亚教从一开始就用菲律宾语布道。1924年，该教仅有3 000～5 000名追随者和40余座教堂，且局限于马尼拉市及其周边6个省份。但到第二次世界大战前，已经建立起全国性网络，甚至传播到海外。战争结束后，信徒人数从1936年的大约8.5万人增至1954年的20万人。1950年，由于健康原因，费利克斯·马纳洛让儿子厄兰诺·马纳洛（Eraño Manalo）主持教会工作，到1963年费利克斯·马纳洛逝世之前，伊格莱西亚教发展成为菲律宾全国性宗教，共有1250座地方性教堂，35座大型教堂，1970年教徒人数达50万。厄兰诺·马纳洛于2009年8月31日逝世。他在担任首席牧师（executive minister）期间，一直致力于将该教推向国际化，其教团遍及世界各大洲。1968年7月27日，该教第一个海外教团（congregation）在夏威夷首府火奴鲁鲁成立，厄兰诺·马纳洛主持了首次礼拜活动；1968年8月，驻美国旧金山教团成立；1969年，驻关岛教团成立；1971年，驻加拿大教团成立；1972年，首个驻欧洲地区教团在英国成立；驻德国、瑞士、中国香港、日本东京等地教团也纷纷于70年代成立；1976年，驻泰国教团成立；1978年10月，首个驻北非教团在尼日利亚成立；1979年，驻文莱教团成立；1987年，教会在美国加州设立办公室，负责监管西方11个教团的活动；1987年，驻西班牙教团成立；1990年，首个驻拉丁美洲教团在古巴关塔那摩成立；1991年，驻墨西哥教团成立；1994年7月27日，驻意大利教团在罗马成立；1996年3月，驻耶路撒冷教团成立；1997年，驻希腊雅典教团成立。此外，该教在越南、印度尼西亚、新加坡、马来西亚、哈萨克斯坦、俄罗斯库页岛都有教团。到2001年，教会共有海外教团200个，其中有150个教团位于美国的39个州。

2000年菲律宾人口普查，伊格莱西亚教有176万余信徒，占全国总人口的2.3%，成为菲律宾国内仅次于罗马天主教（84%）、伊斯兰教（5.0%）、基督新教（4%）的第四大宗教。到2008年，该教在全世界96个国家有5 000个教团，预计该教会在全世界范围内有300万到1 000万信徒。①厄兰诺·马纳洛逝世后，其子厄德瓦尔多·V·马纳洛（Eduardo V. Manalo）成为现任首席牧师。在位4年期间（2009—2013），他新任命了2 248名牧师，新开设了171个本土教团，12个教区，2个海外分部，新建了485个祷告场所（其中44个在海外）。

二、特点

（一）核心教义与价值观

伊格莱西亚教教义认为由耶稣在1世纪建立的教会是纯正的基督教，而罗马天主教会是变节的教会，其他教会是变节的罗马天主教的衍生物。伊格莱西亚教

---

① 李涛、陈丙先:《菲律宾概论》，广州：世界图书出版公司，2012年，第77页。

认为《旧约》中的"东方"即预指即将成立基督教会的菲律宾，因此在菲律宾注册是为了履行《旧约》的预言，在远东地区重建真正的基督教会，菲律宾是远东教会的中心，而马纳洛就是圣父派来的最后一位使者，是圣经的履行者。作为教会的创始人，马纳洛还被尊为教会的首席牧师、首席神学家和精神领袖。

伊格莱西亚教强调自身的独立性，既不从属于任何大的教派或宗教联盟，也不是小型宗教组织的集合。该教将《圣经》奉为唯一的经典，奉造物主圣父为唯一的真神，否认传统基督教义中的圣父、圣子、圣灵三位一体的上帝学说，不认为《圣经》证明了耶稣的神性和圣灵。该教拒绝将耶稣神化，认为耶稣是圣父之子，是圣父最高级别的创造，是圣父和人类之间的调节者，是圣父派来为人类洗脱原罪的使者，其命运在创世纪之前就已经决定了。伊格莱西亚教训导信徒为"神的选民"，只有通过信仰伊格莱西亚教才能得到拯救，基督会用"自我牺牲的爱"的血液来救赎已故信徒的灵魂。

（二）教徒发展与生死观

成人经过伊格莱西亚教的浸礼后即可成为耶稣的门徒，而新生婴儿要在由教会神职人员主持的礼拜大会上经过圣父的洗礼才能成为信徒。信徒从提交正式申请到完成洗礼至少需要6个月的时间。申请者在当地教团注册后成为学员，要参加28次培训课程，每次时间大约半小时到一小时。培训内容主要为教会的成立历史和基本教义，印在所发的《伊格莱西亚教基本信条》手抄本上。培训结束后，学员要见习15场祈祷会，学习如何适应教会生活。6个月期满后，在礼拜会上表现积极并遵守教会信条的学员将参加面试，面试中会被问到关于教会信条的知识，面试通过后才能参加最终的洗礼。违反教条的信徒将被提出警告，累教不改者将被驱逐出教会而失去救赎的机会。有饮血、与非本教教徒恋爱或通婚等严重违反教规行为的信徒将被强制驱逐出教会。

伊格莱西亚教相信来世与复活，认为人由身体、灵魂和精神组成，人死后，精神追随圣父而去，身体和灵魂则进入墓地，直到基督二次降临而获得重生。所有圣父的已故子民将转世成为虔诚信徒，与圣父、耶稣和费利克斯·马纳洛一同生活在圣城或新耶路撒冷。一千年以后，信徒们将再次复活，而非伊格莱西亚教徒将再次死亡。

（三）领导与组织机构

伊格莱西亚教先后有3任首席牧师。现任首席牧师为厄德瓦尔多·V·马纳洛，是教会的最高领导，他和由一些资深牧师组成的顾问委员会或教会经济理事会一同构成伊格莱西亚教的中央行政机构。教会官员中有很多女教徒，但所有的牧师都是男教徒。教会鼓励牧师结婚生子。

　　教会总部位于奎松城，内含中央议会和大多数部级机构，由1 000名专业人士和志愿者担任公职。中央行政人员和各部部长被分派到各个教区主持工作，一个教区通常由30到120个教团组成，其行政范围相当于菲律宾一个省。首个教区在邦板牙成立，在这之前，所有教团都由费利克斯·马纳洛直接管理。2014年，伊格莱西亚教在菲律宾国内拥有教区97个，在海外拥有20个教区，还分别在美国加州的柏林盖姆和英国伦敦的希斯罗设立了两个驻外总部。

（四）教堂的建筑风格

　　伊格莱西亚教堂主要用于举办仪拜和其他宗教活动。教堂外表采用新哥特式风格，建筑呈高、直、窄的连锁梯形布局，外有尖塔，象征着直通上帝以表虔诚，拱门多采用哥特式尖形或撒拉逊式平形风格。教堂表面大量采用白色外墙和奇特的外部装饰，雕刻有玫瑰图案。教堂有多个入口通往神殿，神殿里信徒们坐在过道两旁，面朝布道的讲坛。唱诗班的阁楼位于讲坛后面，大型教堂内部还有洗礼池。这种风格的教堂从20世纪40年代末50年代初开始兴建，第一座于1948年在马尼拉三巴乐（Sampaloc）落成。中央大教堂于1984年7月27日落成，能容纳7 000人。教堂有八角形的尖塔和精致的棱状格窗。一般来说，地方性的小型教堂可以容纳250到1 000人，马尼拉和省会的大教堂能容纳3 000人左右。

（五）日常宗教活动

　　教徒坚持日常的礼拜，平日和周末各一次。礼拜使用当地语言。礼拜内容包括唱赞美诗、祷告、学习圣经、募捐、祈福等等。圣父和耶稣都要受到祭拜。每个教团的牧师在礼拜上按照首席牧师指定的大纲进行布道。执事负责引导礼拜者入席和收集捐赠。当地唱诗班负责唱赞美诗。第一本赞美诗集于1937年出版，包含大约300首圣歌。小孩的礼拜每周末都举行，以苏格拉底问答式的授课方式进行。教会规定，无故不执行礼拜属于重罪，因此信徒们从不缺席每两周一次的集体礼拜。教会还要求信徒把祷告作为日常生活的一部分，几乎在做所有的事情之前都要祷告，比如吃饭、睡觉等。

　　1969年开始，菲律宾伊格莱西亚教会开设无线电台，1983年播出第一期节目。教会还通过基督教时代广播服务有限公司（CEBSI）播送宗教节目，菲律宾国内主流电视频道 INC TV-49、美国 Direc TV Channel 2068 等多国共计 60 多家电视台以及无线电台都向伊格莱西亚教提供专用频道，还能通过伊格莱西亚教媒体官方网站（www.incmedia.org）进行收听和观看。

三、影响

（一）对国际社会的影响

伊格莱西亚教已成为菲律宾的第四大宗教，但其影响不仅限于菲律宾国内，甚至扩大到世界各个地方。2013 年 4 月 13 日，该教成立了专门机构来扩大自己的传教范围。为了吸引更多的信徒，伊格莱西亚教还经常举行大型宗教集会和一些慈善活动，得到国际社会的广泛认可和欢迎，赢得了较好的国内、国际声誉。

1981 年 11 月 19 日，伊格莱西亚教启动"援助人类"（Aid To Human）项目，在有驻外教团的地方为需要的人们、特别是受灾群众提供救济物资、卫生保健等服务，举办有关防灾、急救、计划生育方面的知识讲座，以及开展义务献血、社区清扫等公益性活动。2011 年 2 月 4 日，专门负责教会项目管理的费利克斯·马纳洛基金会成立，并在美国、日本、韩国、西班牙、俄罗斯等地设有分支机构。2012 年，教会设立国际分部，为海外信徒提供可持续宗教服务。2014 年 2 月 5 日，教会在全世界 29 个国家的 135 个地方同时发起了一场慈善行走活动，创下了两项世界吉尼斯纪录。马尼拉有 175 509 名教徒走完了全程（1.6 公里），世界其他地方则有 519 521 名参与者走完全程。慈善活动的全部筹款将用于救济"海燕"台风灾害的幸存者。2014 年 2 月 22 日，教会在新怡诗夏省（Nueva Ecija）八打雁市马利加亚区启动首个灾民安置项目。与此同时，教会在 8 小时内向饥民派送了 30 多万份救灾物资。2014 年 3 月 14 日，首席牧师厄德瓦尔多·V·马纳洛主持了"社区可持续发展（EVM Self-Sustainable Community Rehabilitation）"项目的启动仪式。项目耗资 10 亿比索，为台风"海燕"的受灾民众建设至少 1 000 个住宅点。这一项目还包括建立服装、水产加工、生态农业工厂，为社区民众提供生计。当天，教会还向灾民们分发了 15 万份救灾物资，每份救灾物资包含 3 公斤大米、罐头食品和方便面。

（二）对国内政治的影响

伊格莱西亚教是一个重要的选票集团，它能从很大程度上左右选举结果。据媒体调查，有 68% 到 84% 的成员会选择教会领导层支持的候选人。从某种程度上说，这是因为伊格莱西亚教教义具有很强的凝聚力。一些报道说伊格莱西亚教选民有500万到800万，但是实际选民不到200万。一个有趣的现象是，伊格莱西亚教会支持的政治候选人总是在初选的时候脱颖而出，但却在最后的选举中败下阵来。如1992年商人爱德华多·科胡昂科在菲律宾总统大选中败给菲德尔·拉莫斯，2007年迈克尔·德芬索、拉尔夫·雷克托、维森特三世以及2010年拉斐·比亚松相继在参议院的选举中落败，伊格莱西亚教会支持的杰米·埃洛伊塞和拉斐尔·南特也都分别在2007年的邦阿西楠省和2010年的奎松省省长选举中落败。早在第一届自治政府时期，首届总统曼努埃尔·奎松就与费利克斯·马纳洛保持良好的关系，也曾参考其对政治的看法和建议，这也增添了伊格莱西亚教的政治影响力。当然，也并不是所有的政治候选人都愿意借助伊格莱西亚教的政治影响力而上位，例如迪奥斯达多·马卡帕加尔，他在1957年的副总统选举中拒绝了伊格莱西亚教会的资助并获胜，在1965年的总统选举中再次拒绝伊格莱西亚教会的赞助，不过最终败于费迪南德·马科斯。也许是由于民族主义的出身，伊格莱西亚教也十分注重争取、保持其在政治上的既得优势，这一点从其谨慎挑选所支持的候选人亦可窥一斑。在1969年的菲律宾总统大选中，伊格莱西亚教会原本支持前总统塞尔吉奥·奥斯米纳的儿子参选，但选举形势发生变化，伊格莱西亚教会转而支持呼声很高的马科斯，并在马科斯胜出后一直拥护他的统治，直到1986年他出逃流亡。2002年，菲律宾新闻调查中心报道时任伊格莱西亚教首席牧师的厄兰诺·马纳洛表示将支持潘菲洛·拉克松（Panfilo Lacson），认为其很有可能会在2004年的总统大选中打败曾被逼下台又将卷土重来的约瑟夫·埃赫尔西多·埃斯特拉达，这条消息也让即将参加选举以实现连任的格洛丽亚·马卡帕加尔·阿罗约心生忧虑。最终，阿罗约还是想尽办法改变了伊格莱西亚教会的初衷，争取到其支持并成功连任总统。为了驳斥关于"贿赂教会"的传闻，阿罗约郑重地向伊格莱西亚教会发出公开信，信中表示其决不会用金钱来玷污教会的盛誉，这封信在全国各地的教团宣读。

除了对政治竞选结果具有影响，伊格莱西亚教会对重要法案能否出台也起到一定作用。2012年关于生育及生殖健康的法案正是在伊格莱西亚教会的力挺下获得通过，尽管在当时这项法案遭到了时任总统的阿罗约和天主教会的共同反对。伊洛伊洛第一区议员代表珍妮特·加林（Janette Garin）曾表示，伊格莱西亚教会对于某项法案的意见是相当重要的，因为这很可能关系到该项法案能否在众议院获得通过。[①]2008年7月27日，正值伊格莱西亚教成立94周年纪念，菲律宾国会议员、政府官员以及其他行政官员都前往参加纪念典礼，并高度评价了伊格莱西亚教在菲律宾历史上的作用。伊格莱西亚教会所在地——奎松市第二区的议院代表安妮·苏沙诺（Annie Susano）指出，伊格莱西亚教在改善国内外菲律宾教众及其他菲律宾人的经济条件方面发挥了积极的作用，不仅对塑造菲律宾的民族精神有所贡献，而且对于目前和未来的国家发展也具有重要贡献。[②]也就是这一原因，总统阿罗约宣布每年的7月27日为"伊格莱西亚日"，让上百万教徒共同观摩庄严的纪念典礼。2009年7月，"伊格莱西亚日"又通过立法审批，正式成为菲律宾民众的公众假期。2010年，伊格莱西亚教会支持诺诺·阿基诺和马尔·罗哈斯（Mar Roxas）结成竞选伙伴参选总统、副总统。阿基诺胜利当选，罗哈斯则落败，伊格莱西亚教会也因此放弃了对阿基诺的继续支持。2012年2月28日，伊格莱西亚教会在全国范围组织大型福音布道会（Grand Evangelical Missions）。据菲律宾《每日询问者报》消息，作为布道会内容之一的祈祷集会实际上是为了向阿基诺政府施压，而伊格莱西亚教会的一位内部人士也承认，这场祈祷集会是要通过展现伊格莱西亚教会的号召能力以指斥阿基诺政府对伊格莱西亚教徒的不公正待遇。对于这一说法，教会的官方发言人则表示了否定。

无论如何，拥有众多教徒的伊格莱西亚教事实上已经成为一支不可忽视的政治力量。鉴于其信众及教团遍布菲律宾全国各个选区，而其教徒则分布于全球102个国家及地区，政府也不得不加强对伊格莱西亚教的重视。大多数信仰伊格莱西亚教的菲律宾教徒都从天主教徒转化而来，而外籍教徒则多因联姻而改宗，复杂的家庭、姻亲基础上的跨国关系也使得教会与政府的关系愈加敏感。

（三）在宗教界的反响

伊格莱西亚教在宗教界饱受非议，由于其对于教义和信条的理解及解释与传统的基督教会大相径庭，且其在行政管理和宗教实践中会邀请非宗教团体，许多护教团体和主流派别对其有诸多非议。美国最大的天主教徒教学和传福音的传播团体之一的天主教解答会（Catholic Answers）认为，伊格莱西亚教在其教会杂志中更多地体现出对基督教教义和信条的指责，与一些边缘组织一样形容基督教为"巴比伦的娼妓（Whore of Babylon）"，描述教皇是"启示录里的野兽（Beast of

---

① Kwok Abigail, *Solon: Iglesia stand on population bill "important"*, Inquirer.net, 09/18/2008。

② Suarez E.T., *Officials celebrate with Iglesia ni Cristo on its 94th anniversary*, The Manila Bulletin Online, 7/27/2008。

Revelation)"，这是公然的反天主教、反基督教的行为。基督教在线护教会(Let Us Reason Ministries)也反对伊格莱西亚教，因为伊格莱西亚教声称只有他们才有解释神的意旨和宣讲圣经的权利，而且其教义中还明确表示只有信仰伊格莱西亚的教众才能得到救赎。伯里亚圣经研究会(The Bereans Apologetics Research Ministry)也指出，伊格莱西亚教对其创始人费利克斯·马纳洛的宣传具有虚假性，他既没有给美、英、意、法四巨头出谋划策，也没有参与结束第一次世界大战的议和过程。结合其在政治领域的重要影响，伊格莱西亚教会还遭受到一些诸如菲律宾新闻调查中心(Philippine Center for Investigative Journalism)等媒体机构的责难，认为其运用政治影响力的行为反映了教会试图干涉菲律宾政治的意图。

第四节　菲律宾独立教

一、由来及发展

菲律宾独立教(Iglesia Filipina Independiente)又称阿格里佩教(Aglipayan)，成立于1902年8月，是独立于梵蒂冈教权之外的菲律宾本土的独立天主教会，是菲律宾民族独立革命的产物。最初的创立者是菲律宾爱国文人及政治家伊萨贝罗·德罗斯雷耶斯(Isabelo de los Reyes)。他生于1864年，早年参加反抗西班牙殖民者的菲律宾革命，并撰写了反对天主教的著述。德罗斯雷耶斯作为独立教的名誉主教，终其一生为传播独立教著书立说，并参与培养独立教的神父。在创立了菲律宾独立教后，德罗斯雷耶斯邀请格利高里·阿格里佩神父(Gregorio Aglipay)担任主教。阿格里佩原是一名天主教神父，他于1860年出生于吕宋北部的巴塔克(Batac)。19世纪末，随着菲律宾传教士的逐渐成长与教区世俗化运动的发展，菲律宾爆发了旨在反抗西班牙天主教会专制统治的"教区菲化运动"。这一运动是菲律宾历史上第一次民族主义运动，促进了菲律宾人民民族意识的觉醒与民族主义的兴起。1896年，菲律宾革命爆发，阿格里佩义无反顾地加入到菲律宾共和军，反抗西班牙的殖民统治。之后，他参与表决通过《马洛洛斯宪法》(Malolos Constitution)，这部宪法标志着菲律宾第一共和国的建立。虽然菲律宾革命以失败告终，但菲律宾革命推动了菲律宾宗教民族主义的发展，在菲律宾民族主义力量的支持下，以阿格里佩神父为首的菲律宾传教士继续同西班牙天主教会进行斗争，以争取菲律宾天主教的独立。1902年10月，阿格里佩神父接受了独立教主教一职，并在汤都天主教堂（Tondo Catholic Church）附近的空地上主持了第一次弥撒集会，数千名脱离西班牙天主教派的教徒前来参加。

菲律宾独立教的最终目的并不是反对天主教，而是反抗外来天主教势力对菲律宾的压迫与专制统治下的不公正的社会、政治秩序，以争取菲律宾人自己对教会的自由、自主、自治的权利。因此，菲律宾独立教保留了天主教教义、弥撒与其他圣礼仪式等传统，同时结合菲律宾的历史传统，创造了民族化的天主教神学体系。菲律宾独立教会在成立初期就得到了许多人的拥护。1903年估计有150～200万加入了独立教会，占当时菲律宾人口的1/4。[1]1918年教徒人数也达到全国总人口的14%。20世纪30年代以后，随着阿格里佩神父去世，教会对社会的影响越来越小。1961年，菲律宾独立教会与菲律宾圣公会相互结合，又得到迅速发展。目前，该教共有教徒100多万人，主要分布在吕宋岛中部、西北部和棉兰老岛的北部地区，占全国总人口的2%。[2]

二、特点及影响

创立之初，阿格里佩神父坚持"宗教自由、宗教平等"的原则，将民族主义、宗教独立与反抗教会的专制统治作为菲律宾独立教会运动的宗旨与目标。菲律宾独立教否认罗马天主教皇的绝对权威和教阶制度，要求驱逐西班牙传教士，主张菲律宾天主教的自由独立。菲律宾独立教坚持使用本土语言传教，并允许神父结婚和参与政治。菲律宾独立教的诞生把菲律宾宗教民族主义发展推向高潮。

在宗教教义上，菲律宾独立教否认三位一体的教义和基督的神性，并对天主教教理进行了有利于民族独立的改革。除保留天主教术语、一神思想与某些天主教教义外，菲律宾独立教紧密结合菲律宾历史文化，创造了独特的民族神学思想。菲律宾独立教将古代菲律宾人信奉的自然之神巴特哈拉尊奉为菲律宾民族的唯一至高神，将菲律宾民族英雄黎刹与甲米地三烈士——1872年被西班牙殖民当局杀害的"教区菲化运动"的三位主要代表：佩莱斯神父（Fr. Pedro Pelaez）、布尔戈斯神父（Fr. Jose Apolonio Burgos）和戈麦斯神父（Fr. Mariano Gomez）——尊奉为独

---

① 施雪琴：《宗教民族主义与文化解殖——近代菲律宾反教会运动浅析》，载《东南亚研究》，2007年第1期，第83-87页。

② The World Factbook: Philippines, Central Intelligence Agency（US），https://www.cia.gov/library/publications/the-world-factbook/geos/rp.html，2014/4/20，8：00。

立教会的圣徒。在宗教礼仪上，允许神职人员结婚，但也保留了菲律宾广泛流行的本土化天主教的许多传统仪式。此外，该教积极参与政治活动，直接干预历届政治大选，被认为是重要的"团体选票"之一，对菲律宾社会有较大的影响。

第五节　伊斯兰教

一、由来及发展

伊斯兰教在菲律宾的传播最初是通过移民活动来完成的。苏禄群岛是伊斯兰教最早传入菲律宾的地方。在伊斯兰教传播到菲律宾以前，南部的和乐岛已经成为东南亚的贸易中心之一。13世纪末期，一批以商人为主的马来族穆斯林从加里曼丹岛移居和乐岛，成为菲律宾最早的穆斯林。据和乐岛上发现的一块1310年建立的墓碑记载表明，墓主杜汉麦巴鲁（Tuan Mash ā 'ikha）正是当时穆斯林移民的首领。14世纪后半叶，伊斯兰传教士开始在苏禄传教。据苏禄王国世系表记载，苏菲派（Sufi）传教士卡里姆·马赫杜姆（Karim-ul Makhdum）于1380年前后来到苏禄群岛的布安萨定居，成为第一位在菲律宾传教的伊斯兰传教士。他在锡穆努尔岛上建立了第一所清真寺，吸引了许多当地人来听讲。1390年，苏门答腊岛米南加保苏丹国的王子巴金达（Raja Baginda）带领一批朝臣武士来到布安萨，在当地传播伊斯兰教的同时，还建立了政权。到15世纪中叶，伊斯兰教在苏禄已广泛传播，首领们都愿意接受伊斯兰政治制度。1450年，阿拉伯商人赛义德·艾布·伯克尔（Sayid Abu Bakr）从苏门答腊来到苏禄传教，娶巴金达之女，继承了王国，并自封为苏丹，创立了苏禄苏丹国。此后还颁布了伊斯兰教国的成文法典《苏禄法典》。穆斯林传教士以此为基地，开始向周围传播伊斯兰教，其影响力一直延伸到巴西兰岛、巴拉望岛、三宝颜的南部海岸地区和加里曼丹岛。

晚些时候，伊斯兰教传入菲律宾南部的棉兰老岛，其过程与苏禄相似，也经历了从传教活动、建立移民居留点到确立伊斯兰教政治制度的过程。据马京达瑙王国世系表记载，15世纪中叶，伊斯兰传教士谢里夫·奥利亚经由苏禄来到棉兰老岛传教，并与土著首领的女儿结婚。到15世纪末，普朗伊河（Pulangi River）流域已有一些穆斯林移民的聚居点。16世纪初，葡萄牙人攻占马六甲，使得伊斯兰教徒从马来半岛向加里曼丹、菲律宾等地迁移。1515年，马来半岛的柔佛穆斯林王族谢里夫·卡本斯旺（Sherif Muhammad Kabungsuwan）率领随从携带火器从柔佛来到棉兰老岛马拉邦海岸。他加强伊斯兰教传播，又通过展示武力和联姻等方法同土著首领结盟，推动了当地伊斯兰化的进程，最终在普朗伊河流域建立了马京达瑙苏丹国（Sultanate of Maguindanao），颁布了《卢瓦兰法典》（The Maguindanao Luwaran）。伊斯兰教得以进一步向棉兰老岛的达沃湾（Davao Gulf）、布基农—拉瑙地区（Bukidnon-Lanao）扩展。15世纪至16世纪中叶，伊斯兰教逐步从苏禄和棉兰老岛向北传入民都洛岛及其周边地区，继而向北传到吕宋岛。在这一进程中，很多当地巴朗盖首领率众皈依伊斯兰教，并且使用苏丹的称号，在他们所统治的巴朗盖中逐步建立苏丹制度，其中最为有名的当属苏莱曼（Sulayman）统治下的马尼拉巴朗盖。伊斯兰教以其内在的扩张性渗透深入菲律宾的土著社会，并通过与世俗王权的结合，通过国家机器的力量推广伊斯兰教。

16世纪后半叶，西班牙殖民者的到来阻断了菲律宾北部吕宋岛的伊斯兰化进程。1565年，黎牙实比抵达菲律宾中部宿雾，西班牙人开始了对菲律宾的征服活动。1570年，萨尔多塞（Juan de Salcedo）率领远征队对民都洛岛及其附近的伊利姆岛（Ilim）、卢邦岛（Lubang）的穆斯林展开大规模袭击，从而基本控制了菲律宾中部各岛上的穆斯林。同年，西班牙远征队击败苏莱曼军队，占领马尼拉城，建立殖民统治中心。此后，伊斯兰教从菲律宾南部向中部、北部的传播进程被迫停止。西班牙天主教传教士在吕宋岛和米沙鄢群岛地区大力传播天主教，迫使大量当地居民改信天主教。随着西班牙殖民政权、美国殖民政权及独立后菲律宾政权时期战争、移民活动①和反殖民抗争的不断延续，穆斯林的影响被逐渐挤压至菲律宾南部地区的棉兰老、苏禄等地区，从而形成了菲律宾伊斯兰教今天的分布和发展局面。以棉兰老岛为例，该地穆斯林总人口虽由1903年的25万增长到1980年的约250万，所占比重却从76%下降到23%。目前，棉兰老岛地区有75%是天主教徒或基督教徒，20%是摩洛穆斯林民族，5%是当地的原住民。②

在20世纪60年代世界伊斯兰复兴运动蓬勃兴起的大背景下，近几十年来，菲律宾伊斯兰教发展呈现新的特点。菲律宾穆斯林更加追求正统的宗教社会，在南部大力修建清真寺和宗教学校，招收大批男女学生在此学习伊斯兰教的基本教

---

① 西班牙殖民政权、美国殖民政权及独立后菲律宾政权时期，组织大量中北部地区的天主教徒向南部地区移民，导致当地人口结构发生根本性变化，伊斯兰教的生存和发展空间受到挤压。
② 姜永仁、傅增有等：《东南亚宗教与社会》，北京：国际文化出版公司，2012年，第440页。

义，学习用阿拉伯语阅读《古兰经》，或者在一些穆斯林学院开设伊斯兰高级课程。此外，他们还注重加强与国际伊斯兰社会的联系，邀请国外伊斯兰传教士到菲南部讲习，派更多穆斯林到国外伊斯兰中心朝圣或求学。

二、特点

（一）菲律宾穆斯林的分布有很强的地域性和民族性特征

目前，菲律宾全国穆斯林人口约400万，约占全国总人口的5%。菲律宾伊斯兰教主要分布在南部的棉兰老地区，包括了棉兰老岛和由369个岛屿组成的苏禄群岛，面积96 438平方公里，约占菲律宾国土面积的1/3。因为与马来西亚、印度尼西亚相邻，很早就有穆斯林移民将伊斯兰教传入此地，进而扩展到菲律宾其他地区。菲律宾的穆斯林多来源于少数民族群体，统称为"摩洛民族"。其中，居住在棉兰老岛、哥打巴托的棉兰老河沿岸的马京达瑙人是菲律宾最大的穆斯林群体；居住在棉兰老岛南拉瑙省和北拉瑙省的马拉瑙人是虔诚的伊斯兰教徒；居住在苏禄群岛的陶苏格人有95%是穆斯林，是"穆斯林中的穆斯林"。这三大亚族的穆斯林人口占全国穆斯林的92%，其他穆斯林团体还有苏禄群岛的萨马尔人、南棉兰老地区的伊拉农人和桑吉尔人（Sangil）、巴拉望南部的巴拉望诺人、卡加延群岛的贾马—马蓬人等10多个部族。这些族群在14—15世纪相继皈依伊斯兰教后，逐渐具备了一系列共同的文化特征，但同时又保留了各自的文化特点。

（二）菲律宾穆斯林的宗教生活兼具传统特点和本土特征

菲律宾穆斯林多为逊尼派，以《古兰经》为经典，信仰真主安拉。一方面，他们尊崇伊斯兰教基本教义，经常到清真寺内参加由伊玛目主持的祭祀活动，重现穆罕默德出生日和升天日、穆斯林新年等宗教节日，执行伊斯兰教的风俗习惯，如禁食猪肉，为成年男子施行割礼，允许一夫多妻，实行礼拜，采用伊斯兰教纪年，实行伊斯兰教法，前往麦加朝觐等等。教徒们到伊斯兰教学校就读，学习阿拉伯语，接受《古兰经》的教导，形成了与菲律宾主流社会相异的文化。另一方面，菲律宾穆斯林在实际操作中也做了一些简化处理，比如，不重视平时的祈祷，在拉马丹月（穆斯林历的第九个月）不进行严格的斋戒（白天不能进食）等等，摩洛人的妇女也比其他许多伊斯兰社会的妇女自由得多。他们还吸收和保留了一些当地原始信仰和民族风俗，并将其融入到婚丧、出生等仪式之中，比如通过供奉善恶精灵来祈求健康、家庭和庄稼收成方面的好运。此外，菲律宾伊斯兰教清真寺也结合了当地的建筑特色，充分体现了伊斯兰文化与本土文化的融合。

三、影响

（一）伊斯兰教对菲律宾历史文化产生了深远的影响

伊斯兰教文化促进了菲律宾文化的发展。《古兰经》《圣训》《教法书》《古兰经评著》等宗教材料和一些阿拉伯文学作品被翻译成当地语言。摩洛民间文学的形成也得益于伊斯兰教的传播和发展，很多民间故事和传说都带有非常明显的伊斯兰教和阿拉伯文化的痕迹，有的民间故事还采用了类似于阿拉伯《一千零一夜》的"故事套故事"的连环穿插式结构。菲律宾穆斯林文学的代表作还有抒情诗《我的七爱之歌》和《送别歌》等。菲律宾穆斯林还以阿拉伯字母为载体来记录本民族语言，从而规范了民族语言的文字书写系统，克服了伊斯兰教文化传播的语言障碍，促使伊斯兰文化广泛深入土著民众之中。

伊斯兰教还推动了菲律宾南部的历史进程。早在13、14世纪，菲律宾处在由氏族公社向民族国家逐渐形成的转型时期，伊斯兰教的到来为菲律宾带来了一神信仰、政教合一的封建性政治制度和以《古兰经》为根本的法律，顺应了菲律宾社会发展的需要。另一方面，传入菲律宾的伊斯兰教是比较温和、开明的苏菲教派，将伊斯兰教正统思想与传统信仰、传统习俗有机结合，使外来的伊斯兰教适应了本地化的发展。因而伊斯兰文化和土著文化得到了很好的融合，很快为当地土著民族所接受。伊斯兰教的广泛传播与苏丹国家的建立，推动了菲律宾的伊斯兰化进程，不仅使伊斯兰教的风俗习惯得到普遍执行，而且伊斯兰社会的政治、法律、经济、文化、教育制度也在菲律宾南部群岛逐步建立起来。比如，马京达瑙苏丹国颁布的《卢瓦兰法典》大量引用苏菲派教法著作作为法令来源，苏禄苏丹国颁布的《苏禄法典》则是由阿拉伯字母记载、用当地语言写成，它们在当地构建起一套完整的社会政治、生活制度体系，成为苏丹国统治的基石。菲律宾南部的伊斯兰化不仅有效地阻止了近代欧洲殖民主义的扩张，而且推动了菲律宾南部各民族伊斯兰意识的形成和发展，对增强其民族凝聚力有着重大意义。当他们面对殖民者的入侵时，就能把保卫乡土看作神圣的宗教义务。伊斯兰教在菲律宾南部的发展也使得菲律宾穆斯林与东南亚、西亚、中东等地的穆斯林有了更多的联系，菲律宾穆斯林成为世界穆斯林共同体的组成部分，逐渐成为影响东南亚地区乃至国际政治、经济格局的重要方面。

（二）摩洛分离主义问题

"摩洛"一词原是西班牙人对菲律宾穆斯林的蔑称，后来逐渐为各方所接受。摩洛人主要聚居在菲律宾的苏禄群岛、棉兰老岛、巴拉望岛等地，包括马拉瑙人、马京达瑙人、陶苏格人、萨马尔人、雅坎人等10多个部族。"摩洛问题"又称"穆斯林问题"，特指菲律宾南部棉兰老岛、苏禄群岛等地的穆斯林分离倾向及由此引发的暴力冲突。马科斯当政时期（1966—1986年），随着南部移民区天主教徒与穆斯林冲突的扩大，摩洛分离主义运动愈演愈烈，一场地方性的冲突逐渐演化成联合的"解放战争"。1968年成立的"穆斯林独立运动"首次公开提出分离主张，1972年由不同部族的青年激进派组成的摩洛民族解放阵线更是走上武装斗争的道路。进入20世纪80年代后，反抗运动高潮逐渐回落，其态度从强硬转为缓和，政治诉求转变为在菲律宾内部实行自治，反抗手段转为采取武力威胁与和平谈判交替进行的方式。[①]目前，菲律宾南部主要的分离主义势力有摩洛民族解放阵线、摩洛伊斯兰解放阵线（Moro Islamic Liberation Front）、和阿布沙耶夫武装（Abu Sayyaf）。这三大组织通过与政府军对峙、交火或从事恐怖主义活动，来最终实现在南部建立独立的伊斯兰教国家这一目标，成为菲律宾社会稳定的重大隐患。

摩洛分离主义运动有其深厚的历史渊源。西班牙殖民者到来后，通过传播天主教和武力征服等手段，挤占和打压穆斯林的生存发展空间，阻断了菲律宾的伊斯兰化进程。1578年，西班牙殖民者在完成对菲律宾中、北部的殖民征服之后，又挑起了同菲南部穆斯林持续近300年的战争，直到19世纪后期才勉强征服菲律宾南部的穆斯林政权。尽管西班牙统治者最终于19世纪末撤出菲律宾，但菲律宾穆斯林的噩梦远没有结束。接管菲律宾殖民统治的美国通过推行"以菲治菲"、"以北治南"的改造政策，冲击了穆斯林社会原有的结构和秩序，挤占了穆斯林的政治、经济、文化利益，特别是土地政策和移民政策削弱了穆斯林的生存基础，从而激起了南方穆斯林的强烈反抗。在这一漫长的历史过程中，北方天主

---

① 陈衍德：《多民族共存与民族分离运动——东南亚民族关系的两个侧面》，厦门大学出版社，2009年，第161-173页。

教自始至终被殖民者用作对抗穆斯林的工具，北方天主教徒将穆斯林视为"异教徒"仇人和落后的、未开化的"野蛮人"，而南方各部族穆斯林则打着宗教"圣战"的旗号团结起来抗击敌人。这一敌对打下了宗教文化对抗的深刻烙印，加之与地域差异因素相结合，导致了南北两大群体的剧烈分化。因此，尽管殖民者相继撤出，菲律宾最终取得独立，但南部穆斯林与北方基督教徒之间的仇恨没有消弭。穆斯林作为菲律宾国民的认同感并不强。穆斯林群体认为自己是菲律宾最早从事殖民抗争的主要力量，为民族解放和国家独立作出了巨大的牺牲，然而在菲律宾独立以后却没有获得相应的政治、经济、社会、文化地位，地区控制权反而落入天主教徒手中。菲律宾当局的土地政策和移民政策使得当地穆斯林人口比重急剧下降，穆斯林的土地被进一步剥夺。以棉兰老地区为例，非摩洛人的比重从1939年的66%迅速上升到1975年的80%，人均土地则由1939年的5公顷下降到1960年的1.75公顷。[1]大部分穆斯林被迫到偏远的山区和海岛从事原始落后的生产，过着经济贫弱、与世隔绝的生活。1997年菲律宾国民发展状况报告指出，在6个最不发达的省份中有5个来自伊斯兰省份。根据菲律宾教育部1994年的数据，全国15岁以上没有接受一年以上教育的人数比例是3.7%，而在自治区，这个数字高达27.8%。[2]穆斯林与天主教的隔阂与仇恨愈久弥深，导致了南部地区持久的宗教冲突，使菲律宾社会难以长久稳定。

第六节　其他宗教

一、佛教

7世纪后，苏门答腊的室利佛逝迅速兴起为东南亚的海上强国，不仅控制了印度与中国之间的海上贸易通道，还一度成为大乘佛教的中心。8世纪至13世纪期间，室利佛逝王国曾将其势力扩张到菲律宾的南部群岛，佛教由此传入该地区。但佛教尚未在菲律宾生根，伊斯兰教、基督教就相继传入菲律宾，于是古代佛教就在菲律宾销声匿迹了。西班牙统治时期，佛教又随着闽南移民的到来传入菲

[1]　李涛、陈丙先：《菲律宾概论》，广州：世界图书出版公司，2012年，第71-72页。
[2]　许利平：《亚洲极端势力》，北京：社会科学文献出版社，2007年，第105页。

律宾，但尚未进入有组织地进行传播的阶段，其信仰也只停留于流俗的形式。现在人们所说的菲律宾佛教，一般是指美国殖民统治时期由华侨从中国传入的汉传佛教。它始于1937年闽南高僧性愿法师赴菲弘扬佛法，担任马尼拉信愿寺住持，这标志着菲律宾侨社佛教传播进入一个新阶段。汉传佛教传入之初，信众和法师都是来自闽南的华侨，因此以闽南话作为佛事课诵，整个佛教形式犹如闽南佛教的翻版。1958年以后，随着台湾的外省法师、闽南以外的大陆法师的加入，菲律宾佛教才更多元化。2000年人口普查，菲律宾佛教徒人数约5万人，占全国总人口的0.1%，主要分布在马尼拉、宿雾、三宝颜等地。[①]

印度佛教曾通过马来人间接传入菲律宾群岛，存在不久后便销声匿迹，对菲律宾历史文化的影响十分有限。古代佛教在菲律宾留下的痕迹目前主要通过少数几件文物体现出来，如：1917年在棉兰老岛东北地区出土的13世纪晚期到14世纪初期铸造的佛教真言宗陀罗盘膝坐像，1961年在八打雁出土的浮雕陶牌上的大乘佛教莲花雕刻图案。相比之下，由于菲律宾华侨人数较多，而华侨又多信奉佛教，因此近代传入的汉传佛教业已成为菲律宾宗教信仰体系的一个有机组成部分。经过几代人的努力，华侨们组建了许多佛教团体，修建了多所寺庙，积极参与佛事活动，热心菲国内慈善公益事业，使得菲律宾佛教体系更趋完善，在社会上有一定的影响力。

（一）宗教生活及其特点

闽南华侨来到菲律宾之初，常将家中佛像携带至侨居住所，供奉起来私下祭拜，某些地方久而久之演变为华侨的香火中心。例如，19世纪末的马尼拉市怡干洛街的观音堂、路夏义街的南海佛祖，以及三宝颜市的福泉寺便是这样形成的。但起初这些寺庙多由华人佛教徒自行参拜，并无专职僧人主持佛教仪式和讲授经文义理，称不上有组织的宗教行为，仅是民间的流俗信仰而已。直到1931年阴历四月初八，中华佛学研究会正式成立，菲律宾才有了第一个佛教组织机构。1937年，中华佛教研究会组织兴建了第一所正统佛寺——大乘信愿寺，又聘请闽南名僧性愿法师担任住持，正式向众信徒宣讲佛法，主持寺内的佛事活动。从此，菲律宾佛教从无组织的自发信仰转为有组织的自觉信仰。

佛教传入菲律宾起初是出于"警觉痴迷，劝善惩恶，节制欲望"的目的，然

---

① 陈衍德：《现代中的传统——菲律宾华人社会研究》，厦门大学出版社，1998年，第218页。

而演变到后来却显露出商业化和世俗化的趋势。侨居到菲律宾的华侨多在当地从事商业活动，多有向神灵祈祷财运的习俗。第二次世界大战结束后，很多华商发了财，他们将其归功于神明保佑的结果，于是兴建大量佛寺以报答神恩。这些新寺庙因而被视为成功华商的纪念碑，神圣的宗教殿堂成为追求并取得经济成就的象征物。此外，菲律宾佛教徒喜欢烧纸钱和冥器，意在供神明和鬼魂享用。这一仪式极度盛行，甚至连佛寺都破例成为信徒烧纸钱的场所。宗教仪式所表达的对亡灵的祈祷，实际上也是对自身的祝福，从而折射出活人对钱财的追求。

（二）宗教组织和宗教场所

1931年成立的中华佛学研究会是菲律宾的首个佛教组织。1953年成立的世界佛教徒友谊会菲律宾分会（会址设在信愿寺内）被认为是全菲律宾佛教组织的最高领导机构。此外还有设在马尼拉市怡干洛街的居士林以及其他一些佛教弘法、教育、慈善团体机构。、

目前菲律宾共有佛教寺院20多所，其中大马尼拉地区18所，各省市9所。在大马尼拉地区的18所寺院中，有6所由比丘主持，2所由比丘尼主持，8所由清姑修士主持，2所由在家信众私建。各省市的佛寺分布情况为：碧瑶市（Baguio）1所，宿雾市2所，达沃市1所，三宝颜市2所，巴科罗市1所，独鲁万市1所，甲万那端市（Cabanatuan）1所。其中，大乘信愿寺是菲律宾第一所正统佛寺，也是影响力最大的佛寺。该寺位于马尼拉市，先后聘请性愿法师、瑞今法师等名僧担任住持。1958年，大乘信愿寺与马拉汶社的华藏寺合并为十方选贤常住（道场），推选一名法师担任上座，作为最高领导，实行统一的行政管理。上座不得连任超过4届12年。上座下设三纲首领，分别是主持寺务的事主、主理弘法的法主、主理财政的藏主，负责辅佐上座处理佛寺的内外事务。与一般寺庙不同，大乘信愿寺内的人员都是专职僧侣，而不是从事世俗职业的兼职人员，其宗教传播和训导活动更加专业化、系统化。

菲华佛寺通常举办三大活动：宗教、教育和慈善。宗教活动包括法会和弘法。法会有定期和不定期两种。定期法会有四项：每周日上午的共修法会；每年农历正月初八至初十的千佛法会；每年农历七月十三至十五日的普利法会；每逢释迦牟尼的诞辰、成道纪念日，以及诸菩萨的诞辰日所举行的诵经熏修仪式。不定期法会一般在特殊日期举行，如新建筑落成日、上座诞辰纪念日等。弘法即弘扬佛

法，包括多项活动，如每周日上午的佛法座谈会、下午的念佛、静坐、讲经等活动；每年暑期举办的佛学讲习班，由"青年活动中心"举办的佛学讲座、家庭布教、佛曲合唱团等等。教育活动主要指由佛寺创办学校招收学生就读。慈善活动主要指佛寺成立的慈善机构组织的各项慈善救济活动。

二、锡克教、印度教

印度教是源于印度的传统宗教，以上古时梵天传给人类的《吠陀经》(大约撰于公元前1500年)为蓝本，再结合佛教、耆那教、婆罗门教教义的基础上形成。目前，印度教在全世界大约有10亿信徒，仅次于基督教、伊斯兰教和佛教，为世界第四大宗教。锡克教是15世纪在印度教巴克提派和伊斯兰教苏菲派的共同基础上产生的宗教，目前约有信徒2800万人，主要分布在印度的旁遮普邦。

10世纪至14世纪初，印度文化经东南亚古国室利佛逝和满者伯夷传入菲律宾，19世纪中叶在宿务麦克坦岛发现了印度教智慧神——象头神的铜像。尽管如此，并没有古代印度人移民菲律宾的迹象，到18世纪中叶菲律宾还是东南亚唯一没有印度人移民的地区。1762年，英西战争爆发，英国海军从印度殖民地招募了600多名印度士兵随英军攻占菲律宾。战争结束后，英军撤退，但印度士兵滞留下来，成为菲律宾最早的印度移民，定居在马尼拉郊外的卡因塔村。19世纪末，由于菲律宾移民政策的宽松和海上交通的便利，印度人开始自发地向菲律宾移民。20世纪40年代末，印巴分治造成的宗教冲突和种族屠杀使得部分难民移居菲律宾。70年代后，很多印度籍劳工和技术人员随所在的跨国公司来到菲律宾长期工作和居住，出现了锡克人移民菲律宾的高潮。随着大量新移民的涌入，菲律宾印度人急剧增加，已成为菲律宾社会较大的外来族群之一。这些移居菲律宾的印度人主要分属于两大族群：一个是来自旁遮普地区的锡克人，另一个是来自英属印度信德省的信德人，他们分别是锡克教和印度教的信仰者。据统计，1952年来菲的1 535名印度移民中大约3/5是锡克人，2/5是信德人。1982年菲律宾印度人有2 033人，1990年则增至4 129人，2000年增为34 955人，其中的60%是来自旁遮普邦的锡克教徒，40%是印度教徒。2006年，菲律宾印度人已增至62 500人，其中锡克教徒就占了51 000人，有40 000人居住在马尼拉及周围地区，5 000人在吕宋地区，4 000人在米沙鄢省，另有约2 000人分散在菲律宾各地。① 此外，很多

---

① 杨静林：《印度锡克教徒在菲律宾的历史与现状》，载《南亚研究季刊》，2011年第3期，第74页。

锡克教徒通过非法途径移民菲律宾，在人口数量和规模上大大超过菲律宾印度教徒，成为菲籍印度人的主体。

在不断地发展过程中，菲律宾锡克教、印度教已经发生了重要变化，这些变化不仅体现在教际之间的互动关系上，还体现在对原有宗教传统的传承上。

虽然锡克教源于印度教，但是两者在宗教教义、节日和仪式上存在一定的差异。"锡克"在梵文中是"门徒"的意思，锡克教徒自称为祖师的门徒。锡克教认为神是唯一的、是全知全能的，是宇宙万物的缔造者，祖师是神的使者，享有无上的权力，人要靠神的惠顾和祖师的指导才得以解脱。而印度教认为万物有灵，主张个人修行和积德，追求"梵我合一"。锡克教主张在神的面前人人平等，反对种姓分离与歧视妇女。而印度教则规定了严格的种姓制度，虽说不为现代法律认可，但其等级观点对现代社会仍然有着深远的影响。此外，锡克教还反对祭祀制度与偶像崇拜，主张简化礼仪，积极入世。然而，菲律宾的印度教徒和锡克教徒极力缩小这种差异。1932年，他们共同出资在马尼拉巴科修建了锡克教寺庙，作为举行宗教仪式、社群活动及一些重要节日集会的公共场所。后来由于在阿拉提（Arati）仪式上的分歧，印度教徒退出锡克教寺庙，并于1962年建立起第一座单独的印度教寺庙。尽管如此，印度教徒仍然将锡克教经典摆放在寺庙中间，雇请锡克教"古鲁"来做祷告仪式，甚至还允许锡克教徒在印度教寺庙中进行宗教活动。随着印度移民的增加，菲律宾的印度教寺庙和锡克教寺庙也相应增加，到20世纪90年代，分别建成11座印度教寺庙和20多座锡克教寺庙，吸引了大量信徒前来参加礼拜、婚礼、洗礼、宗教节日集会、宗教礼仪学习等活动。此外，这些寺庙还经常举办一些慈善募捐活动和承担外事接待任务。它们不仅是汇集菲律宾锡克教徒和印度教徒、联络在菲印度人情感的场所，也是融入菲律宾、融入国际社会的重要平台，对锡克教、印度教在菲律宾的传播与继承，加强在菲印度人群体内部团结有着非常重要的作用。①

印度移民将其独特的宗教文化输入菲律宾的同时，受到了当地主流文化的冲击，他们在菲律宾的文化中处于边缘化的境地。为了适应菲律宾主流社会，他们在尽力保留传统习俗的同时，也作出了一些缩小文化差异方面的改变。一方面，菲律宾锡克教徒保留了诸多锡克教的宗教传统。比如，教徒们仍然遵守着

---

① 王虎、杨静林:《菲律宾的印度人》，载《世界民族》，2011年第3期，第64页。

诸多宗教禁忌，比如：禁止盲目崇拜，包括禁止朝圣、斋戒、净化仪式（ritual purification）、割礼（circumcision）、偶像崇拜、墓葬祭祀等；禁止过度贪恋物质财富；禁止杀生献祭，包括禁止宰杀动物充当圣典祭品，禁止娑提（sati），即妻子在已故丈夫的葬礼上自投火中为丈夫殉葬的仪式等等。他们还沿袭了传统的初生婴儿取名办法和男婴庆生仪式。新生儿出生后，父亲到锡克教庙里咨询神职人员，神职人员将经典翻开，将当前页的第一个字母作为婴儿名字的首字母，父母在此基础上给孩子取名。如果有家庭新添男丁，则要于1月13日这天在锡克教庙中举行"多尔黑"（Dorhi）仪式，即为男婴举行的庆生仪式，为前来参加仪式的人免费分发糖果和食品，以示对神的感谢。另一方面，菲律宾锡克教徒为适应当地环境而有所变通。锡克教的习俗规定虔诚的教徒必须遵守5条戒律，即蓄长发、加发梳、佩剑、戴手镯、穿短裤。然而这一装扮在成为当地人笑料之后，很多人为避免遭受歧视而不得不把胡子和头发剪短。在宗教节日方面，很多锡克教徒忙于生计，难有足够的时间出席日常的宗教活动，因此索性省去了繁琐的礼拜日，只保留了拜萨哈节（Baisakhi），即锡克教卡尔沙（Khalsa）教团成立纪念日，还有光明节（Diwali），以庆祝流亡14年的罗摩王战胜十头魔王返回阿约提亚城。

　　另外，菲律宾锡克教、印度教的教徒在对菲律宾的本地认同上存在着较大差异。菲律宾的锡克教和印度教虽然有着相似的渊源，教徒都来自印度本土，但是它们对当地社会的认同程度存在差异。对在菲的锡克教徒来说，菲律宾社会给他们提供了一定的生存机遇和发展空间。尽管他们加入了菲律宾国籍，特别是在菲律宾出生的锡克教徒从小接受菲律宾式的教育，在异国他乡的文化背景中成长，但这并没有削减教徒们的宗教热情，并不能动摇锡克教的文化根基，因为他们相信，旁遮普人的语言、锡克教文化与习俗及宗教价值观会在印度故土得以保留和传承。因此，菲律宾的锡克教徒积极加强与当地人之间的联系，积极融入主流社会。以婚俗为例，在菲律宾的锡克教徒冲破了种姓制度的束缚和族群内婚制的限制。不仅不同种姓的锡克教徒可以通婚，而且有更多的锡克教男子选择与菲律宾当地妇女实行跨种族、跨宗教婚姻，这种联姻成为菲律宾锡克教徒融入当地社会的一种途径。但对在菲的印度教徒来说，就算加入了菲律宾国籍，他们也不认同自己是菲律宾人。印度教本来就有强烈的封闭性宗教传统，印度教徒和非印度教徒之间不易融合。菲律宾的印度教徒坚守族群认同，为了保持心理上的优越感，他们有意在菲律宾社会中将自己和锡克教徒区别开来。因此，他们不能像锡克教徒那样更好地融入菲律宾社会，而显得孤立于菲律宾主体民族之外。种姓制度仍然影响着菲律宾印度教徒的婚姻观念。印度教徒实行严格的族群内婚制，严禁与菲律宾当地人联姻。他们认为与低等种姓或族群之外的人通婚是对传统习俗的违背，也是对种姓制度和家族荣誉的亵渎。

三、道教

道教是中国土生土长的宗教，移居菲律宾的华人在信仰佛教的同时，大多也信仰道教，于是将道教带到当地。道教在菲律宾传播，使得华人的思想和行为模式得以延续，对当地社会也产生了较大的影响。道教具体何时传入菲律宾已无从知晓，有组织的道教团体和道观的建立及其活动的展开，是近几十年来才有的事。据统计，菲律宾全国有道观和道坛58座、道教徒3.8万余人，是中国最大的海外道教徒群体，其道观和道坛数目在海外各国中也名列前茅。目前，道教在菲律宾华人最集中的大马尼拉地区形成了以加洛干市大道玄坛、马尼拉市九霄大道观和帕赛市（Pasay）九八凌霄宝殿三大道观为轴心的传播网络。而菲律宾南方大都会宿雾市的定光宝殿则成为菲律宾南部道教传播的中心。由于道教具有很强的适应性，它将菲律宾民间信仰的很多内容纳入道教体系，不仅广泛吸收了菲律宾华人各阶层人士，还吸引了一部分菲律宾人前来参与道教活动。

华人来到菲律宾后，随即面临着生存和发展的问题，逐渐产生了一种实用主义的文化取向。而注重现世、讲究养生的道教恰能在他们遭遇挫折之后带来精神慰藉，能够满足他们追求生命永恒、寻找精神寄托和归宿的心理需求，甚至还能解决生活中的实际问题。道教的教化功能与现实主义需求相结合，为菲律宾华人所秉承和发扬，成为体现华人社群民族精神不可或缺的要素。

菲律宾道教既有对中国传统道教的继承，也有对其他宗教的吸收与融合。从神谱上看，菲华道教还试图将佛教神明和地方神祇统合进来，道观中除了供奉太上老君、云梦师祖、玉皇大帝、关公、包公等道教诸神，还供奉佛教的释迦如来、阿弥陀佛、观音大士和福建安溪的地方神"清水祖师"、福建莆田的妈祖等，甚至有的庙宇还将天主教的女神当作道教神明来奉祀。这反映出道教在由母国向海外传播的过程中发生了变异，而这一变异是由于道教本身的开放性和包容性。道教与佛教、儒教的合流，蕴含了丰富的中国传统文化，菲律宾华人将其带到当地，比较完整地传播了中国的传统文化和思想观念。菲华道教的仪式主要有祭拜仪式和诵经仪式,与中国本土的相比,在形式上有所简化,时间上有所缩短。在巫术信仰盛行的国度,道教的禁咒符箓(即以口头或文字来逐鬼驱邪)、扶乩求签(即道士们代神预言信徒们的前途与未来)等法术由于迎合了当地人的传统风俗而倍受青睐,而道教法术中的医学内容与当地的巫医信仰则有异曲同工之妙,满足了人们强身健体、祛除疾病的现实追求。道教不单是对诸神的崇拜,还蕴含了古代天文、医学、数术等知识,还发展了星术、风水等技术,因此能极强地渗透到民众的日常生活当中。道教在菲律宾的传播,并不像天主教、新教那样借助于殖民统治,而是借着占菲律宾人口比例很小的华人群体得以传播,进而在菲律宾社会中立足和发展,其根本原因就是道教能够合理吸收儒教、佛教的内涵,充分融合当地民间信仰,最终成为菲华群体文化中不可分割的一部分,甚至是菲律宾文化中影响越来越大的成分。

第六章 艺术

    艺术源于生活，是人类灵魂与智慧的结晶，民族的艺术则源于民众，是跨越时空的历史与文化交融的凝萃。作为多元族群共存共生、多样文化交织融合的菲律宾，其民族艺术样式更是丰富多彩、历史悠久。从文学、戏剧、音乐、绘画、雕塑这些传统的艺术形式，到日常装饰、节庆活动、宗教信仰、街头文化当中发展且流行起来的各种艺术种类，无不受到菲律宾不同时期历史发展的影响而呈现出鲜明的时代烙印，并且其多元族群文化的互动与冲击，让不同时期的艺术形态呈现出丰富的多样性与层次性。菲律宾的艺术传统深受外来殖民文化的影响与渗透，西班牙语、英语等外来语言交替成为不同时期菲律宾民众的工作语言，一方面虽然冲击了菲律宾的本土艺术传统，但另一方面也促进了当时外来文化与本土知识的交融，更打破了菲律宾在语言方面的地区差异性。这些用外来语言和艺术形式创作的艺术作品，虽然深受外来文化的影响，有着相当程度的模仿，但也继承了菲律宾民族艺术的传统，有着一定程度的批判性与创新性，并逐步成为菲律宾民族主义者反抗外来殖民统治的工具，使其民族主义和国家认同的理念在艺术创作方面得到进一步的形成与发展。

第一节 文学

    由于有着相对悠久的口头创作与传承的历史，菲律宾文学长期保持着较为自由的创作形式和鲜明的本土特色，直到19世纪才显著受到外来殖民文化的渗透和影响。16世纪中叶，西班牙人开始对菲律宾进行殖民统治，殖民当局不但不鼓励在菲律宾传播西班牙语，更采取语言分化政策，禁止、限制菲律宾人使用西班牙语。因此这一时期的菲律宾文学，尤其是诗歌仍然保持着相对自由的口头传统，并未受到西班牙文化太大的影响。

    然而到了19世纪，随着掌握西班牙语的菲律宾本土以及西菲混血精英阶层的涌现，菲律宾文学的口头传统也逐步受到不断涌入的西班牙文化以及欧洲文化的影响。随着西班牙语逐步成为当时菲律宾人的工作语言，不但促进了当时外来文化与本土知识的交融，更打破了菲律宾在语言方面的地区差异性。更为讽刺的是，到了19世纪末，西班牙语成为菲律宾民族主义者反抗西班牙殖民统治的工具，随着民族独立运动的不断高涨，这一时期出现了一批反对殖民主义的爱国诗人和作家。菲律宾民族主义英雄何塞·黎刹（1861—1896）就采用西班牙语创作出大量的诗歌、散文和小说，对西班牙殖民者进行抨击与控诉。

19世纪末美西战争之后，美国取代西班牙成为菲律宾的宗主国，美国殖民政府积极推广公共教育，并且在菲律宾普及英语，英语迅速取代西班牙语成为国家公共语言。在政治和商业生活中，英语不仅扮演重要角色，在文学创作方面，也涌现出不少用英文写作的小说、诗歌和散文，这些作品虽然受到美国文化的影响，有着相当程度的模仿，但也继承了菲律宾民族主义文学的传统，有着一定程度的批判性与创新性。尽管英语成为这一时期的官方语言，但菲律宾主要的本土语言也并未消失，并且由于某些有关革命民主主义的话题遭到禁止，不少菲律宾本地作家和出版商就采用本土语言进行创作与出版，这些采用本土语言写作的作家丰富和发展了菲律宾的民间文学。

1935年菲律宾自治政府成立之后，全国掀起了发展国语、取代英语的爱国运动，自治政府在宪法中确定以"他加禄语"为国语，之后自治政府颁布法令要求在菲律宾的小学和中学教育中教授他加禄语。1946年独立后的菲律宾政府积极推广他加禄语，宪法正式将他加禄语更名为"菲律宾语"，1974年更出台双语教育政策，规定英语和菲律宾语同为基础教育和中等学校的教学用语。①因此，当前越来越多的菲律宾作家、诗人和文学评论家用以他加禄语为基础的菲律宾语进行写作，这也与菲律宾不断增长的民族主义认同有着密切联系。

一、早期口传文学

谜语、谚语和格言是菲律宾口传文学的基础，它们也共同构成了菲律宾本土诗歌的基石。这些口传文学有些来源于菲律宾乡村火塘边茶余饭后的笑谈，有些则是被编入娱乐歌曲中反复传唱。这些口传文学大多讲诉农耕、捕鱼、狩猎等日常生活，以及反映恋爱、结婚、生病、死亡等人生阶段。大部分的菲律宾口传文

① 李涛、陈丙先编著：《菲律宾概论》，广州：世界图书出版公司，2012年，第313页。

学以民间故事的形式流传下来，既具有教育意义，又具有娱乐功能。

其中比较复杂的史诗故事，通过超自然的故事情节或者英雄行为，传达了群体的神话传说和基本的社会价值。如他加禄语记载下来的神话《巴特哈拉》——又名《阿巴》（Abba），就讲述巴特哈拉是一位力量强大的神灵，生活在最高的天界，是创造一切的造物主，天空、大地、海洋、植物都是由它创造的。除了这种自然属性之外，神话还赋予它道德属性，它是人类的主人，保护人类，并掌管对人类的道德奖惩。此外还有英雄史诗，以长诗形式写成，来源于民间口耳相传的故事，目前菲律宾归入史诗的文学作品主要出自菲律宾的山区省份、棉兰老岛和穆斯林群体当中。包括伊洛克人的《拉姆昂》、吕宋岛上伊富高人的《阿丽古荣呼德呼德》和卡林加人的《乌亚里姆》，米沙鄢群岛上苏洛德人的《拉保东公》等，它们记录了不同民族早期的生活习惯和价值观念，具有很高的文化研究价值。[①]

此外，流传到现代的口传文学还有古代的《祈祷诗》、《暖屋歌》，代表穆斯林—菲律宾文学的抒情诗《我的七爱之歌》、《送别歌》，代表菲律宾高原文学的伊富高人著名叙事诗《邦都地方的狩猎歌》和《孤儿之歌》等，以及古代民间故事《麻雀与小虾》、《安哥传》和《世界的起源》等等。尽管菲律宾的谚语、民间故事、神话、史诗等口传文学形式有着悠久历史，但它们与当代菲律宾社会仍然有着千丝万缕的联系，它们体现了菲律宾的社会信仰和价值观念，构成了菲律宾文学的基石，也为众多的当代文学、舞蹈、戏剧、诗歌等提供了丰富的素材与故事框架，对菲律宾其他文学形式的发展有着重要的影响。

二、西班牙殖民统治时期文学的发展

西班牙人占领菲律宾群岛之后，随行的天主教传教士就开始在菲律宾大力推行天主教。为了劝说和吸引当地居民入教，西班牙传教士创办学校，整理和发掘当地的语言和民间文学，用拉丁化的当地语言进行传教。最早在菲律宾印刷出版的文学读物，就是为了在菲律宾传播天主教，用西班牙语和他加禄语印行的《基督教教义》。这一时期大部分的宗教读物还会采用菲律宾各地的民族语言进行编写，宗教出版机构大量印刷教义问答手册、祈祷书、忏悔手册、赞美诗集等。西班牙传教士们还借助菲律宾当地人的口头传统，采用菲律宾本土短诗说唱（dalit）

---

① 庞希云主编：《东南亚文学简史》，北京：人民出版社，2011年，第434-440页。

的形式传播天主教教义,使其很快成为一种具有宗教性质的抒情诗。因此,菲律宾早期的诗词和歌曲是菲律宾口传文学当中最早被印刷成文字的文学形式。

这当中最为复杂而重要的抒情诗是耶稣受难诗(Pasyon),主要描述耶稣受难的故事。其最早的版本发表于1704年,由加斯帕·阿奎诺·德·贝兰(Gaspar Aquino de Belen)创作。用他加禄语创作而成的耶稣受难诗很快就在菲律宾各地传播开来,并且被翻译成菲律宾其他地区的当地语言而获得更广泛的流传。到了1814年,耶稣受难诗又被新的诗歌版本所取代,也是用他加禄语创作,并且成为日后在四旬斋期间举行的公共朗诵(pabasa)的基础。耶稣受难诗也发展出戏剧形式——耶稣受难剧(sinakulo),通常在圣周期间上演。

除了宗教性诗歌的兴起,非宗教性的世俗诗歌也在19世纪中期开始涌现。早期的世俗诗会搭配音乐形成有关爱情、冒险的浪漫歌曲形式,或者成为欧洲宫廷爱情故事的菲律宾式翻版。然而,随着菲律宾民众与西班牙殖民者之间的矛盾日益尖锐,这种新的世俗文学形式开始具有了政治用途,即用于反对西班牙殖民统治的斗争。菲律宾爱国诗人弗朗西斯科·巴尔塔萨尔(Francisco Baltazar,1788—1862年)在狱中用他加禄语创作了著名的寓言叙事长诗《弗罗兰第和罗拉》(Pinagdaanang Buhay ni Florante at Laura sa Cahariang Albania,1838)。该诗沿用骑士诗歌的形式,以反抗异族侵略、谴责民族叛徒、歌颂爱情与自由为主题,并且由于其生动流畅的语言深受菲律宾民众喜爱而广为流传,被誉为菲律宾近代文学的第一篇杰作,巴尔塔萨尔也因此被誉为"菲律宾的诗王"。[①]

到了19世纪末,由于西班牙大帆船贸易的衰落和菲律宾农业出口贸易的兴起,菲律宾本土农业地主阶级的经济实力开始超越居住在菲律宾的西班牙人,掌握西班牙语的菲律宾本土以及西菲混血精英阶层也逐步形成。随着菲律宾受教育阶层的扩大,欧洲近代自由、民主、独立等观念也深刻地影响了菲律宾知识分子,他们用西班牙语为媒介对菲律宾文学进行改革的同时,也以此宣传民族独立、传播启蒙思想。其中以何塞·黎刹为代表,他将这一时期的菲律宾文学带入了一个新的高度。何塞·黎刹在1861年出生于菲律宾内湖省卡兰巴镇(Calamba)的一个华人家庭,很早就表现出文学方面的天赋,18岁时就以诗歌《献给菲律宾的青年》获得艺术文学协会举办的文学创作比赛第一名。在这首诗里,黎刹鼓励

---

① 马燕冰、黄莺编著,《菲律宾》,北京:社会科学文献出版社,2007年,第309页。

青年们要树立民族自信心和自豪感。1882年赴欧洲学习期间，他与流亡的菲律宾爱国志士组织爱国团体、创办刊物《团结报》(La Solidaridad)，掀起著名的"宣传运动(Propaganda Movement)"。尽管黎刹也是一名出色的散文家和诗人，但其最著名的作品是他用西班牙语创作出的两部小说《不许犯我》(又译为《社会毒瘤》，Noli Me Tangere，1887)和《起义者》(El Filibusterismo，1891)。作品大胆反映菲律宾社会的各种尖锐矛盾，揭露西班牙殖民当局的罪恶行径，描绘出菲律宾的民族灾难，唤醒菲律宾民众争取独立自由的意识。1892年6月，黎刹返回菲律宾后，建立了一个非暴力的改革社团"菲律宾联盟"。同年7月6日黎刹被捕，随后被流放到棉兰老岛的达皮丹镇(Dapitan)。1896年12月30日，西班牙殖民当局以"非法结社和文字煽动叛乱"的罪名在马尼拉将其处决。临刑前，黎刹与未婚妻约瑟芬·布蕾肯(Josephine Brecon)举行了刑场上的婚礼，最后写下绝命诗《永别了，我的祖国》。他的壮烈牺牲使菲律宾人意识到除了脱离西班牙独立外别无选择，随后爆发了菲律宾革命，他也被后世誉为"菲律宾国父"。①

这一时期，受过欧洲教育、能用西班牙语写作的菲律宾知识分子不但发行报纸，也创作各种诗歌和散文，剧作家们还对当时流行的西班牙萨苏埃拉(zarzuela)戏剧进行创作和改编，采用寓言和双关语对殖民当局进行讽刺和批判。在西班牙殖民统治末期，菲律宾文学由于采用西班牙语进行创作，打破了不同地区和语言的差异，现代民族国家意识也开始随着民族主义文学作品的不断涌现而逐步形成。

三、美国占领时期到1960年之前的文学

虽然美国占领菲律宾之后发起了声势浩大的"反西班牙化"和推广英语作为通用语言的运动，但在1910年代之前，西班牙语依然在政府机构、学术界和商业圈中被使用，并且被认为是富裕的旧式上层阶级使用的尊贵语言。这一时期仍然有不少菲律宾作家用西班牙语创作出优秀的文学作品，如作家杰西·巴尔莫里(Jesus Balmori)就用西班牙语创作了四卷诗歌、三部小说以及大量的散文。此外，菲律宾民族主义者、第二次世界大战后担任菲律宾参议员的克拉罗·瑞克托(Claro M. Recto)也以用优美、流畅的西班牙语创作散文、诗歌和戏剧而著称。

---

① Paul A. Rodell, *Culture and Customs of the Philippines*, London：Greenwood Press, 2002, pp.63-64。

　　尽管西班牙语对20世纪的菲律宾文学仍然有一定的影响，但是美国通过推广公共教育，将英语规定为学校的教学语言，使得英语在菲律宾社会当中得到迅速推广，1920年代之后一大批用英语写作的优秀作家就如雨后春笋一般纷纷涌现。此外，英文报纸在菲律宾出版，宣传和推广美国文化和生活方式。美国文化和价值观的影响使菲律宾文学也产生了新的变化，素体无韵诗、短篇小说、文化批判类散文开始出现在菲律宾文坛上。这一时期诗歌方面的代表人物是何塞·加西亚·维拉（Jose Garcia Villa, 1908—1997），他以用英语创作出新的诗歌形式而著称，是迄今为止菲律宾最著名的用英语写作的诗人。他个性反叛，在菲律宾大学就读期间，就因为写出离经叛道的诗歌作品《人之歌》而被学校停学，后在美国获得艺术学学位。他不但创作诗歌，也写作短篇小说。主要作品有短篇小说集《青春的注脚》（1933）、诗集《众多的声音》（1939）、《我来，在此》（1942）等等。维拉的诗歌无论是在创作的内容还是形式上，都体现他突破条规、自由奔放的风格。[1]

　　与此同时，其他用英文写作的作家则寻求一种更有社会责任感的艺术形式。这些作家当中的许多人都与菲律宾大学有着密切的联系，包括散文家萨尔瓦多·洛佩兹（Salvador P.Lopez）、短篇小说家阿图罗·洛托（Arturo Rotor）和曼纽尔·阿古拉（Manuel Argulla）等。到1920年代末，他们出版了一系列的短篇小说集，比较著名的有洛托（Rotor）的作品《伤痕》（The Wound and the Scar, 1937），阿古拉（Arguilla）的作品《我的兄弟莱昂如何将妻子带回家》（How My Brother Leon Brought Home a Wife, 1941），冈萨雷斯（N. V. M. Gonzalez）的作品《咸面包》（Bread of Salt）和《温暖的手，四月的风》（A Warm Hand, The Winds of April, 1940）。还有以短篇小说集《我父亲的笑声》（The Laughter of My Father, 1944）成名的作家卡洛斯·布罗森（Carlos Bulosan）。这些作家的作品都反映出他们对菲律宾社会中存在的不公与压迫的批判。

　　尽管第二次世界大战期间，日本对菲律宾的占领使得英文著作的出版锐减，但是战后菲律宾文学界却出现了对高质量文学的探索，更为关注文化认同问题。冈萨雷斯（Gonzalez）的小说《优美的季节》（A Season of Grace, 1956），《竹竿舞》（The Bamboo Dancers, 1959），以及短篇小说集《沃土中的孩子和其他故事》（Children of the Ash-Covered Loam and Other Stories, 1954）都是其中的佼佼者。

---

[1]　庞希云主编：《东南亚文学简史》，北京：人民出版社，2011年，第48页。

与此同时，多产作家尼克·杰奎因（Nick Joaquin）的诗歌和短篇小说被收录入多种文学选集之中，但他的小说《有两个肚脐的女人》（The Woman Who Had Two Navels，1961）才最能显示其文学才华和文章的精妙之处。在第二次世界大战后比较活跃的作家还有比恩韦尼多·桑托斯（Benvenido Santos），创作了短篇小说集《可爱的人》（You Lovely People，1955）。同样重要的还有克丽玛·波罗坦·土维娅（Kerima Polotan Tuvera），创作了《敌人之手》（The Hand of the Enemy，1961），以及艾迪伯托·坦波（Edilberto Tiempo）的作品，尤其是他在1947年创作的战争小说《深夜守候》（Watch in the Night）。

尽管在美国统治期间，菲律宾的英语文学获得了长足的发展，而且对今天的菲律宾也有着一定的影响，但是用菲律宾本国语言创作的文学作品对菲律宾文学才真正起着更为重大的影响。对大部分的菲律宾人来说，英语始终是第二语言，最能自由表达他们内心思想和反映其渴望的还是用本土语言创作的文学作品。采用菲律宾本土语言进行文学创作与菲律宾民族主义的发展有着密切相关，尤其是面对美国的文化冲击。这些本土语言作品尤其是诗歌，继承了菲律宾古代的口传文学传统。许多有才华的他加禄诗人采用吟诵的韵文创作出了大量的诗歌作品。尤其是多产诗人何塞·杰西（Jose Corazon de Jesus，1896—1932），他创作了一系列表达菲律宾人民渴望独立的诗歌、讽刺小品和歌曲，如优美的民族主义赞美诗《我的祖国》（Bayan Ko，1929）等。口传文学也为短篇小说的创作提供源泉，许多作家成为他们本土语言文学的奠基人。随着本土语言文学的发展，许多采用本土语言出版的地方文学杂志也纷纷创办，刊登这些本土文学作家的诗歌、散文和小说等。

随着电影产业的兴起和流行，菲律宾本土语言文学，尤其是他加禄语文学在1930年代获得了飞速的发展。在第二次世界大战之前，本土语言作家就已经拥有了较大的读者群体。到1940年代，菲律宾就已经出版了超过50种的本土语言杂志。这些杂志还会将文学作品从一种本土语言翻译成另一种本土语言，以适应不同读者群体的需求，并且创造更广阔的市场需求，这也使得菲律宾民族语言文学具有更大的影响力。1930年代末，菲律宾政治领导人希望打破美国的统治，促进本国语言文化的发展，使得本土语言文学发展得到更大推动。太平洋战争期间，占领菲律宾的日本政府禁止英文著作的出版，也使得许多原本用英语写作的作家开始尝试用菲律宾本土语言进行创作，这给予本土语言文学强有力的促进。

在美国占领菲律宾初期，最著名的本土文学作家是洛佩兹·桑托斯（Lopez K. Santos，1879—1963），被誉为"他加禄小说之父"。他不仅发展了菲律宾的本土语言文学，还将西班牙殖民时期的浪漫主义文学风格与美国的社会现实主义风格相融合，赋予菲律宾本土语言文学以独特的风格。以西班牙文学传统为基础，桑托斯将自己的生活经历和社会主义理想融入文学创作，于1905年创作出小说《曙光和日出》（Banaag at Sikat）。桑托斯具有开创性的作品风格受到其他具有社会责任感的作家的追随，例如福斯蒂诺·阿吉拉尔（Faustino Aguilar，1882—1955）作品中对外国统治菲律宾和土地剥削制度的关注；阿吉拉尔的早期作品《黯然失色》（Pinaglahuan，1907），采用爱情的三角关系来传达出社会主义者对现实的强烈批判。这一主题在他1926年创作的小说《岛屿的秘密》（Lihim ng Isang Pulo）中得到进一步的发展。拉扎罗·弗朗西斯科（Lazaro Francisco，1898-1980）也是具有社会批判精神的作家，他创作的小说描述和探讨了吕宋岛中部剥削农民的租佃制度。他对社会责任感的兴趣使其在第二次世界大战后创作出不少优秀作品，如《世界依然美好》（Maganda Pa Ang Daigdig，1956）和《浪潮》（Daluyong，1962）。[①]

第二次世界大战后，著名作家、工人运动领袖阿玛多·赫尔南德斯（Amado V. Hernandez，1903—1970）创作了一系列反映社会现实生活的作品，1959年创作小说《被捕食的鸟》（Mga Ibon Mandaragit），两年之后又创作了《鳄鱼的眼泪》（Luhang Buwaya），他的叙事诗《菲律宾妇女》（Filipinas）荣获1938年"共和国文学奖"。赫尔南德斯在第二次世界大战中成为游击队员，战争结束之后回归新闻行业，并坚持领导工人运动，成为菲律宾"劳动组织委员会"的主席（CLO），1951年"劳动组织委员会"总部遭到军队袭击，赫尔南德斯遭到逮捕并且被指控犯有叛国罪。在这期间他创作了《被捕食的鸟》和具有强烈自传色彩的叙事诗《解放祖国》（Bayang Malaya）。直到1970年去世前，他仍然不停地创作诗歌和散文，他的作品始终给予年轻作家激励与灵感。

四、1960年代以来的当代文学

1960年代以来的当代菲律宾文学呈现出一种相对多元的发展趋势，一方面是以传承口头文学和诗歌传统为己任的他加禄语诗歌文学的兴起，另一方面是英语

---

① Epifanio San Juan, *Introduction to Modern Philipino Literature*, New York: Twayne Publisher, 1974, PP.18-19.

创作文学的延续。此外，一些年轻的作家开始尝试用他加禄式英语（Taglish）——一种流行于都市当中融合了英语和他加禄语的混合语言——进行实验性创作。这种混合用语增加了文章语言的层次性，使创作者运用其双重含义来对社会现状进行隐喻和讽刺。这类型的作品有精选诗集《创作者诗选：1961—1967》（Manlilikha, Mga Piling Tula：1961—1967, 1967），以及罗兰多·提尼奥（Rolando Tinio，1937—1997）用他加禄语创作的《呼唤板球》（Sitsit sa Kuliglig，1972）和《自以为无所不知的人》（Dunung-Dunungan，1975）。

　　这种早期在诗歌方面兴起的实验性写作，以及由此引起的对社会现实的关注以及批判性文学风格，之后也逐步拓展到其他年轻作家对短故事和小说的创作上。在这些小说家中，英语作家弗朗西斯科·何塞（Francisco Sionil Jose）的作品充分表达了其对菲律宾社会变革所负有的责任感和信念，他的社会和政治观念清楚地呈现在其创作的长篇小说五部曲《罗萨莱斯萨迦故事》（Rosales Saga）当中，每部小说的故事都发生在何塞的家乡邦阿西楠省的罗萨莱斯（Rosales）。作品通过描写家庭当中的冲突与混乱，探讨了国家认同问题，描绘了阶级斗争的社会基础以及菲律宾的殖民主义，反映了地主所有制下人与人之间的压迫与剥削关系。他的作品不仅在菲律宾被国人广泛阅读，还获得国际社会的广泛关注，被翻译成多国文字出版。

　　这一时期还掀起了"文学源于大众，又服务于大众"的运动，无论是诗歌创作还是小说作品都更加具有社会关怀，并且作者还不断反思他们在交流过程中对语言的运用。这种自我反思过程不仅仅强调使用本土语言，并且对使用最直接而简洁的文字和故事主线进行探索，还重新燃起人们对民间文学传统、流行文学和大众评书的兴趣。这一运动的领导者有克拉利他·罗亚（Clarita Roja）、罗杰里奥·西凯特（Rogelio Sicat）、里卡多·李（Ricardo Lee）和拉哈提·鲍蒂斯塔（Lualhati Bautista）等。随着1972年9月"军管法"的实施，马科斯政府试图压制这一文学运动，但没有成功。一些作家通过地下活动加入到这一抵抗运动中，创作出版了如《农民：无名的英雄》（Magsasaka：Ang Bayaning Di Kilala，1970）这类抵抗文学选集。

　　用英语创作的菲律宾文学也有着新的发展，主要在F.赛尼尔·乔斯（F. Sionil Jose）创作的《旅行者》（Viajero，1992），琳达·泰·卡斯伯（Linda Ty-Casper）创作的《花园中的小聚会》(A Small Party in a Garden，1988)，米歇尔·斯金纳（Michelle Skinner）的《芒果季节》(Mango Seasons，1996)和卡洛斯·孔斯特（Carlos Constes）的《经度：一部小说》(Longitude：A Novel，1998)等小说当中有着明显的体现。还有两名居住在美国的菲律宾侨民作家尼诺切卡·洛斯卡（Ninotchka Rosca）创作的《战争之国》(State of War，1988)，和杰西卡·哈格多恩（Jessica Hagedorn）的作品《总督》(Dogeaters，1990)中都采用超现实主要的写作手法来批判菲律宾社会，并且获得国际读者的欣赏和认可。

在诗歌方面，由于众多作家及其作品的问世而显得生机勃勃，这当中最为著名的是维吉里欧·阿尔马里奥（Virgilio Almario），被誉为"当代他加禄语诗人"。他的主要作品包括《相片和纪念品》(Mga Retrato at Rekwerdo，1984)、《线索》(Palipad-Hangin，1989)，都以菲律宾流传至今的具有深厚底蕴的传统诗歌为基础。对这一时期的菲律宾诗歌创作产生重要影响的还有诗人乔斯·拉卡巴（Jose F. Lacaba），他的诗歌中以大量采用平民使用的习语为特色；以及阿尔弗莱多·莎朗加（Alfrredo N. Salanga）创作的作品《评论、沉思、信息》(Commentaries，Meditations，Messages，1985)和《无常天气中的海龟声》(Turtle Voices in Uncertain Weather，1989)。

此外，随着1986年马科斯政府的倒台，菲律宾文学更加追求个人情感与旨趣的表达，菲律宾女性文学也因此开始兴起，并且开始关注更为广阔的社会现实。体现这一时期发展趋势的作家有乔伊·巴里奥（Joi Barrios），在她创作的诗歌集《甜蜜果实和爱情诗歌》(Minatamis at Iba Pang Tula ng Pag-Ibig，1998)中，收录了她创作的具有革命性的讽刺爱情诗歌。还有任教于夏威夷大学的菲律宾教师鲁斯·马邦洛（Ruth Elynia S. Mabanglo）创作的《认识我的祖国》(Get to Know My Country，1986)等作品。

当代菲律宾文学融合了多种语言——西班牙语、英语、他加禄语以及其他本土语言，以及这些语言背后丰富的文化传统，并用这些语言为媒介传达出菲律宾的社会现实、价值观念、文化传统、甚至社会政治诉求。尽管菲律宾文学发展受到多方面的影响，并且容纳了复杂的文化元素，但随着菲律宾独立之后，文化和教育在民众当中的进一步普及，民族意识的逐步树立，菲律宾民族文学也寻求着自身进一步的新发展。

第二节　戏剧

菲律宾戏剧在其发展过程中，伴随着外来文化的冲击与影响，经历了几个重要的关键发展时期，不断地丰富和发展着菲律宾戏剧的表演内容和形式：

第一阶段是16世纪中叶到19世纪，在西班牙人还未抵达菲律宾之前，早期先民在生产和生活中形成了"雏形戏剧"，然而随着西班牙殖民统治的逐步展开，无论是宗教的"摩洛—摩洛"（moro-moro）戏剧，还是世俗的"萨苏埃拉"（Zarzuela）戏剧，各种形式的戏剧都被介绍进来，菲律宾人很快将其本土化，成为菲律宾文化的一部分。

第二阶段从到19世纪末到20世纪中叶，受到西班牙文化影响而发展形成的"萨苏埃拉"戏剧发展达到了巅峰阶段：在菲律宾人民争取独立期间，通过改编萨苏埃拉戏剧，菲律宾戏剧开始承担起散布民族主义信息的重要功能，由于社会和政治因素而产生的抵制美国的"煽动戏剧"（seditious plays），在戏剧的社会意识层面得到长达一个世纪的持续回应。虽然戏剧也遭到歌舞杂耍剧和无声电影的巨大冲击，但美国的殖民统治却为新的菲律宾戏剧奠定了基础。由于在公共教育系统中采用英语教学的全新美式教育方式，新的戏剧形式由此逐步萌生起来。新一代得到掌握英语和戏剧表达方面的训练，成为受到大学教育的剧作家和表演者，他们最终成立了演出公司，到省会城市进行演出，将他们的戏剧正式带给民众。

第三阶段是从1960年代至今的当代戏剧时期。菲律宾当代戏剧不再以英语为中心，这使得更多的观众能够充分理解戏剧的语言及其传达的信息，以综合运用民族主义的语言而展现其特点，这种新的戏剧形式影响了相关的社会戏剧，使得几乎消失的西班牙式的戏剧形式得以重生。这类戏剧的再生在其社会重要性方面与其观众的增长呈现出一致性。尽管在观众人数方面，戏剧在日常生活中仍然无法与大量的电影观众相匹敌，然而随着人们对戏剧兴趣的增长，已经使得社会的不同阶层可以支持新的表演形式。

此外，菲律宾华语戏剧也是菲律宾戏剧大家庭中重要的一员。这是长期流传于菲律宾华侨华人社会，用华语（包括普通话和闽南话、广东话等地方方言）表演的各种戏剧形式，主要由戏曲和话剧构成，还有偶戏和歌舞剧等戏剧形式。这些戏剧形式最初从菲律宾华侨的故乡传播而来，在菲律宾戏剧发展的诸多潮流当中，形成了自己的发展轨迹。

一、戏剧的起源和西班牙文化的影响

在西班牙人到来之前，菲律宾原住民就在长期的生产和生活当中形成了"雏形戏剧"，这种戏剧的主要功能在于讲述故事和传递社区价值，由本地的巫师或者巫婆通过仪式的形式展现出来，他们在表演的过程中会加入当地的音乐和舞蹈，这些仪式就是最初的"雏形戏剧"，主要有皮影戏"卡利洛"和诗体对歌辩论"拉普洛"与"卡拉加丹"两种形式。它们在村民的集会上用来祈求丰收、捕猎成功，或是希望在战斗中获胜，或者是在丧礼上演出让死者逝后得以转世。[①]这些仪式戏剧也被用于治疗疾病，以及在生育、割礼、恋爱、结婚和死亡等等生命仪式的场合中出现。舞蹈表演者的很多动作是模仿猴子、鸟类等动物的形态，或者是模拟耕种稻谷、植物的活动，甚至是战斗的场景。所有的雏形戏剧都会描述恋爱的场景，有些甚至包括女性被诱拐的情形。在娱乐功能之外，早期戏剧的表现形式有助于促进社区的联结，因为观众也常常加入成为表演者，群体的价值理念得以传达并且通过分享得以体验。

在西班牙殖民统治时期，天主教传教士们希望将宗教秩序通过戏剧的潜在作用传达给地方民众，因此无论是宗教的还是世俗的，各种形式的戏剧都被介绍进来，成为菲律宾文化的一部分。大部分的戏剧在诸如圣诞节、四旬斋或者复活节等这些节庆活动中上演，它们也会在群岛地区的城镇当中被搬上舞台。17世纪中期，一种被称为"Comedia"的宗教戏剧被西班牙人引入，菲律宾人很快将其本土化，逐渐演变成独具菲律宾风味的世俗宗教戏剧"Komedya"，也被称为"摩洛—摩洛"戏剧，其不变的主题就是展现中世纪欧洲天主教与穆斯林之间的冲突与征战。"摩洛—摩洛"戏剧也常常上演城镇保护圣人的生平和被包围的天主教徒得到拯救的奇迹故事。这些戏剧常常以打败穆斯林敌人为结尾，因此获得天主教观众的欣然接受和热烈欢迎，在菲律宾农村地区广泛流行。

最受欢迎的宗教戏剧是耶稣受难剧（sinakulo），也被称为受难记（pasyon）。这种剧从上帝创造万物开始讲述，但重点放在基督耶稣的生平和死亡，在四旬斋期间上演，在圣周期间会连演8天。形式从相对简单的朗诵到当地的社区名人支持

---

① 马燕冰、黄莺编著：《菲律宾》，北京：社会科学文献出版社，2007年，第311-312页。

的复杂的舞台演出，以此作为他们奉献义务的一个方面。在礼物赠与的活动中，捐献者并不追求任何迅速的社会回报，但是他们的慷慨也确实强化了其在社区中的社会经济地位。受难记的重要性并非被过分强调，因为它在全国各地的信众中都十分流行，而且通过每年的表演，宗教和社区的价值观念也被传播并且强化。受难记的剧本也成为菲律宾文学的早期形式，这个故事后来也被菲律宾的许多地方语言所吸收。因为受难记的故事被广泛流传，因此它所传达的信息已经远超了严格意义上的宗教范畴。

除了世俗宗教戏剧和耶稣受难剧之外，还有许多其他的宗教戏剧在特定的节日和事件中上演，比如圣诞节期间上演的三王剧（Tatlong Hari），以及其他重要的宗教节日中所产生的一系列表演，尤其是在复活节期间的庆祝活动就催生出了很多宗教戏剧。甚至由于宗教节日所孕育出来的戏剧演出本身最终也成为一个节庆活动，例如马林杜克岛的面具节（Moriones）就是由一出宗教戏剧发展而来，它讲述了罗马士兵朗基努斯见证耶稣基督的复活，而最终成为基督徒的故事。①

在19世纪晚期，受到启蒙运动的影响，西班牙也逐步放松对殖民地的宗教控制，世俗戏剧也开始进入菲律宾。最早进入菲律宾的一种戏剧形式是"萨苏埃拉"，也被称为"轻音乐剧"、"音乐歌舞剧"等，它主要是用现代的概念、歌曲、舞蹈来刻画普通人的爱情故事。最初的"萨苏埃拉"由西班牙达里奥·赛斯佩蒂斯剧团首次在马尼拉为西班牙观众上演，它凭借优美动听的曲调、丰富多彩的舞蹈、传奇性的故事和戏剧性的诙谐，很快就被菲律宾观众所接受，并且迅速火遍全国各地。各个省都迅速地成立了剧团，有些富裕的省还组建了演出公司，由职业的演员、剧作家、经理、音乐人组成，为早已不满足于单纯宗教娱乐的观众们带来耳目一新的感受。新戏剧创造中最为成功的是塞瓦里诺·雷耶斯（Severino Reyes），他不断发展萨苏埃拉，并用其灵活性来展现当代社会风貌，谴责社会罪恶，讽刺文化的缺陷，也为它的观众带来爱情故事、歌曲和舞蹈。"萨苏埃拉"传入菲律宾，不仅仅带来了新的戏剧形式，也带来了许多新的歌曲和舞蹈。这一戏剧形式主题也更为深刻而严肃，吸引了马尼拉和各省省会当中更具鉴赏力的观众，尽管其他主题浅显的戏剧拥有更多的观众，但"萨苏埃拉"吸引了更为重要的拥护者。

---

① Paul A. Rodell, Culture and Customs of the Philippines, London: Greenwood Press, 2002, pp.149-150.

19世纪末到20世纪初的菲律宾，正处于反殖民斗争的浪潮之中，世俗戏剧的发展在菲律宾民族国家的兴起过程当中也经历了重要的发展阶段。因为菲律宾多元种族的融合，当地精英通过采用新的艺术形式来作为世俗启蒙的工具，减轻教会对普通民众的思想束缚。戏剧所具有的社会和政治上的双重意义，在当时的菲律宾民族主义者反抗西班牙的殖民统治和抵制美国入侵期间得到了极大的体现。在精英领导的民族主义运动中，深受西方民族主义启蒙的知识分子与艺术家们将戏剧艺术作为反殖民斗争的重要武器，将独立的理念融入对萨苏埃拉戏剧的改编当中，热切地表达民族自觉的呼声。此时菲律宾国内的大众娱乐尚未受到美国电影的冲击，戏剧文化繁荣兴盛，戏剧成为民族主义文化上的集中表达。各种蕴含反殖民意味的民族主义的"萨苏埃拉"剧目不断涌现，其中反对西班牙殖民统治的有《爱国者》（1906）、《起义》（1900）、《热爱故土》（1900）等剧目。

而在这一时期，反对美国人入侵菲律宾的"煽动戏剧"（Seditious Plays）也大大发展。这些经过改编的"煽动戏剧"，充满了民族主义的理念和政治寓意，反映社会现实，围绕菲律宾人的日常生活，通过描写日常生活，直接或间接表达对外来殖民者的不满，以至于当时刚刚接手菲律宾的美国殖民当局不得不专门出台"煽动法案"，以禁止这些"煽动戏剧"的上演，并逮捕了一些活跃的反美戏剧家。在这些戏剧中，塞瓦里诺·雷耶斯1902年创作的戏剧《没有受伤》（Walang Sugat），刻画了残忍虐待卡蒂普南士兵的天主教修士，而他的情人朱丽尔（Julia）也成为菲律宾人民寓言式的再现。在这里面，从西班牙天主教修士到美国殖民地官员之间有着极易理解的转换关系。因此，美国殖民当局企图禁止这些煽动性戏剧的上演，常常突击检查剧院。又如在1902年，胡安·阿巴德（Juan Abad）由于戏剧《金色手镯》（Tanikalang Guinto）的上演而被捕，该剧讲述了菲律宾姑娘莉瓦兹（Liwaz）遭受舅舅美国人玛伊姆波特（Maimbot）的迫害，她的菲律宾革命党情人库莱雅（K' Ulayaw）企图营救她，但是在营救中遭枪击致死。斗争的灵魂迪瓦（Diwa）进行斡旋，保证这对不幸的情人在复活后得以团聚，这种关于祖国遭受苦难，在未来的解放中得到拯救的故事是典型的菲律宾早期民族主义戏剧所表现的内容。

在形式上，现代的"萨苏埃拉"戏剧更多采用本地语言。1900年，第一个有记载的使用本地语言的"萨苏埃拉"戏剧正式上演，并取得巨大成功，此后，菲律宾其他地区的本土语言"萨苏埃拉"戏剧纷纷迅速涌现出来，极大地促进了民族主义运动的兴起。从改编"萨苏埃拉"戏剧开始，菲律宾本土戏剧也开始逐步职业化，随着"萨苏埃拉"剧的本地化，编剧与演员逐渐开始由菲律宾当地具有民族主义思想的知识分子担当，出现了一批专门编写、演绎音乐剧的戏剧工作者，这些菲律宾本地最早的职业戏剧人成为推动民族主义运动的重要力量。

二、戏剧在20世纪的衰落与重生

20世纪的最初10年，菲律宾戏剧，尤其是"萨苏埃拉"剧获得了前所未有的空前流行。然而，它的统治地位也开始逐步受到这一时期引入的美国歌舞杂耍剧的削弱，这些歌舞杂耍剧融合了戏剧性很强的滑稽短剧、喜剧小品、合唱队女孩和歌曲演唱。由于大部分歌舞杂耍剧中的娱乐元素来源于美国当时的流行文化，因此越来越受欢迎。这些舞台表演限制了菲律宾戏剧的发展。早期菲律宾歌舞杂耍剧当中的乐手和歌手采用并且模仿美国的流行演出者，因此将"美国梦"的观念深深地植入了大众的心灵。而当菲律宾剧院引入早期的无声电影时，菲律宾戏剧遭到了更为严重的打击，观众的注意力几乎全部被早期电影所吸引。许多"萨苏埃拉"剧的演员投身到菲律宾新兴的电影产业中，而给他们以训练的戏剧业却由此受到沉重打击。在1930年代末期，只有一些"萨苏埃拉"剧团还继续存在，仅在吕宋岛北部讲伊洛克语的省份中，地方的传统戏剧还继续演出，但是这些剧团演艺的水准已下降很多。

虽然受西班牙影响的戏剧形式遭到歌舞杂耍剧和无声电影的巨大冲击，美国的殖民统治却为新的菲律宾戏剧奠定了基础。得益于在公共教育系统中采用英语教学的全新美式教育方式，新的戏剧形式由此逐步萌生起来。在整个菲律宾，由于成百上千的新式小学的创建，英语通过学校基础教育得到大大普及。不久，菲律宾各大专院校纷纷设立戏剧团体和专业科系，新一代得到掌握英语和戏剧表达方面的训练。第一部英语戏剧名为《当代菲律宾人》(A Modern Filipina, 1915)，由菲律宾国立大学的贾素萨·阿罗洛(Jususa Araullo)和杰里诺·卡斯迪莱卓(J.Lino Castillejo)创作。其他的剧本和演出纷纷涌现，使得戏剧突破"萨苏埃拉"公司巡回演出的方式，发展出正式的剧院演出。更为重要的是，英国和欧洲的舞台剧作者为新一代的菲律宾戏剧发展带来了希望。

　　值得注意的是，出自接受大学教育的剧作家们创作的剧本开始讨论国家事务，而非一味地模仿美国或者欧洲的形式。在第二次世界大战期间，一些有才华的剧作家们在维尔弗雷多·玛·盖尔雷洛（（Wilfrido Ma. Guerrero）、埃尔贝托·弗罗雷蒂诺（Alberto Florentino）和塞维里诺·蒙塔诺（Severino Montano）的领导下，走向对菲律宾社会进行更为现实主义描述的道路，开始探讨关于国家的贫穷和受压迫这些之前都未曾涉及的问题。尤其值得一提的是尼克·乔奎因（Nick Joaquin）创作的佳作《菲律宾艺术家肖像》(Portrait of the Artist as Filipino，1954)，在1952年发表后很快被搬上舞台，该剧是对受西班牙影响的贵族阶层及其人道主义价值的颂歌，强烈地谴责了作者看到的战后道德沦丧的现象。该剧首先是在旧马尼拉城里的遗址上演出，其后的两年中还演出了56场，并且都是在最不可能的地方如斗鸡场、网球场进行演出。①

　　然而，因为这些剧作家用英语写作剧本，只有少数人群能够理解剧作中的细微表达，他们的影响也仅仅限于人数有限的城市知识分子。巨大的冲击还是发生在1960年代，随着民族主义运动的发展，菲律宾的知识分子阶级开始批判依赖英语文化概念来进行本民族文化的表达，以及用美国的思维模式来进行文化沟通的方式，开始对民族戏剧的创作与表演进行探索和发展。

　　独立之后的菲律宾政府为了弘扬民族文化，也大力支持民族戏剧的发展，先后成立了音乐戏剧基金会和东南亚文化巡回表演团等团体。1962年12月，著名剧作家威·玛·格雷洛创办流动剧团并任导演，长期在全国各地巡演，在培养人才、普及民间戏剧方面作出了重大贡献。1973年7月创办的、以著名演员罗·克·卡皮奥为团长的东方艺术戏剧演出团，经常演出《黑暗中的孤独》《顿洛区的纽约人》等名剧，批判崇洋媚外的奴化思想，倡导高尚情操和爱国主义精神。奥诺弗里·佩桑汉领导的马尼拉大学青年剧团用他加禄语创作，实行自编、自导、自演，其由波尔·杜莫尔创作的《白鸟》和《对塞拉比欧老人的审判》闻名全国。其他一流的剧团还有竞技剧团、菲律宾保留节目剧团和菲律宾剧人剧团等等。②

———————

① ［马来西亚］克里申·吉著，张力平译：《东南亚现代戏剧概述》，载《戏剧艺术（上海戏剧学院学报）》，2001年第2期，第49-62页。

② 马燕冰、黄莺编著：《菲律宾》，北京：社会科学文献出版社，2007年，第313页。

三、当代戏剧

菲律宾的当代戏剧以综合运用民族主义的语言而展现其特点，这种新的戏剧形式影响了相关的社会戏剧，使得几乎消失的西班牙式戏剧形式得以重生。这类戏剧的再生在其社会重要性方面与其观众的增长呈现出一致性。尽管在观众人数方面，戏剧在日常生活中仍然无法与大量的电影观众相匹敌，然而对戏剧兴趣的增长，已经使得社会的不同阶层可以支持新的表演形式。

菲律宾戏剧再生最本质性的特性是不再以英语为中心，这使得更多的观众能够充分理解戏剧的语言及其传达的信息。这一运动的领袖是马尼拉大学的罗兰多·提尼欧（Rolando Tinio），他将西方剧作家例如莎士比亚、契诃夫等人的作品翻译过来，这使得菲律宾观众能够适应当代戏剧，并且使得当代戏剧更能为菲律宾观众所接受。同时，在1960年代末期，埃尔贝托·弗罗雷蒂诺（Alberto Florentino）这类原先用英语写作的剧作家开始转用本国语言写作，这样的转变进行得十分顺利。支持这一运动的是一系列新的戏剧团体，如UP戏剧巡演公司（UP Repertory Company）、菲律宾教育戏剧协会（PETA）、阿特尼欧实验剧院（Ateneo Experimental Theater）等，他们给作家和导演提供尝试和冒险的舞台。

在这些戏剧团体中，产生巨大影响的是菲律宾教育戏剧协会，1967年由塞西里·古伊多特·阿尔瓦雷（Cecile Guidote-Alvarez）创立，它既是演出团体又是培训中心，影响力扩展到菲律宾的各个省份甚至其他的东南亚国家，不断传播其独特的戏剧方式和哲学理念，它以天主教解放神学（Liberation Theology）及保罗·弗雷勒（Paulo Freire）的"被压迫者教育学"（Pedagogy of the Oppressed）为其运作思想，并且提升了布艾的"被压迫剧场"理论，认为剧团的主要任务不仅仅是为被压迫的民众演出，而是鼓励、协助他们演出自己的故事，使习惯沉默的参与者透过艺术创造的过程进行自我解放。从70年代开始，菲律宾教育戏剧协会每年针对社区排演戏剧300场左右，并且成立了"基本综合性剧场艺术工作坊"，创造性地将戏剧演出与民众培训、群众教育乃至大众政治结合起来。在戏剧内容上，认为无论是历史剧还是寓意剧，都以阐明当代的社会问题为目标。这种"民众戏剧"、"政治戏剧"，最大的特点在于鼓励民众自己创作表演。除去基本的群众演员培训课程之外，更强调对社区现状的调查与演出。

与这些戏剧团体一起兴起的还有奥诺弗雷·帕桑让（Onofre Pagsanjan）创立的

"成长剧院"（Dulaang Sibol），它从高中毕业者中招收成员。这个小公司旨在培养年轻演员，如今一些国家级的戏剧领袖都是从该剧院开始他们的演艺生涯的。此外，艾米利亚·拉排那·博尼法西奥（Amelia Lapena-Bonifacio）和比恩万尼多·伦本拉（Bienvenido Lumbera），都是菲律宾大学里面戏剧专业的教授兼剧作家，也增强了该运动的合法性。尽管有一些剧本仍然是用英语写的，并且百老汇的歌舞剧仍然在菲律宾上演，但菲律宾戏剧已经彻底发生了转变。

菲律宾戏剧的转变不在于将其与外面世界的影响相隔离，而是对新的戏剧表现形式不断增长的兴趣使得艺术再复兴。现实主义和心理主题已经对菲律宾戏剧产生一定影响，并且在许多才华横溢的新兴剧作家的笔下成为主流题材，比如罗杰里欧·西凯特（Rogelio Sicat）创作的《摩西》（Moses, 1969）对国家的司法管理提出了严厉的批判；罗兰多·提尼欧创作《贫民窟的生活》（A life in the Slums, 1976），向菲律宾观众展现了该国穷人的现实生活；托尼·佩雷斯（Tony Peres）创作的《通向北方的道路》（Sa North Diversion Road, 1988），批判了菲律宾当代社会中隐藏的不安心理。其他的剧作家也对荒诞主义进行了实验性的尝试，伯托特·博莱切特（Bertolt Brecht）的想法增强了对社会压迫的描写。与此同时，阿尔·桑托斯（Al Santos）的作品《Mayo A-Beinte Uno》1977年5月21日上演，描述了菲律宾农民组织反抗政府军队，最终遭到恐怖屠杀的事件。1960年末到1970年初，菲律宾戏剧甚至吸收了中国文化大革命中的样板戏，如《智取威虎山》和《红色娘子军》的表演形式。

在当时的菲律宾戏剧界，有着通过戏剧表达让人们忘记国家分裂这一新的强烈愿望，这一诉求是有着明显的政治基础的。新兴戏剧的政治特性明显源于以社区为基础的戏剧团体的组建，它们的目的就是要用舞台为政治服务。这些群体的早期代表是吉唐·希拉赫斯（Gintong Silahis）创作的《障碍》（Barikada, 1971），它描述了军事管制法实施之前"UP公社"的创立，发出了艺术政治责任感的号召。同一时期，上演了博尼法西奥·伊拉甘（Bonifacio Ilagan）的《罢工，罢工》（Welga, Welga, 1972），它讲述了一个联盟不仅仅是为了获取经济利益，更为了原则而斗争的故事。政治责任感的号召被许多新的艺术家所关注，戏剧团体如阿德拉（Adela）社区组织，创作了《糖毕竟是甜的》（Matamis Man Gali Ang Kalamay, 1991）一剧，针对剥削移民糖业工人的现象进行了严厉指责，该剧在西内格罗斯省的锡莱（Silay）上演，这里是米沙鄢群岛制糖工业的中心。

此时的菲律宾戏剧也给世俗宗教戏剧（komedya）、"萨苏埃拉"和受难记这些表演形式以重生，甚至对新的戏剧表达形式进行了实验性的尝试，研究过去的表演方式为现在的演出服务。例如世俗宗教戏剧这种表演形式有着很强的交流功能，它充分地整合了西班牙文化传入几百年以来的菲律宾文化，而"萨苏埃拉"在它被歌舞杂耍和电影取代之前所具有的流行性，同样表明它对当地观众具有的吸引力。早在1962年，马克斯·阿兰尼克（Max Allanigue）所创作的"摩洛—摩洛"戏剧《洛丹特王子》（Prinsipe Rodante），试图在不同信仰的人们当中寻求和解，而非如传统戏剧一般强调宗教冲突。阿尔·桑托斯（Al Santos）创作了一出"新受难记"形式的戏剧《城市穷人的受难记》（Sinakulo ng Maralitang Taga-Lungsod，1988），将受折磨的基督塑造成一个在马尼拉的"烟雾山"中整日捡垃圾的无家可归者，他费尽心力寻找废品回收商人愿意购买的物品。①

在马科斯军事管制统治的初期，菲律宾剧作家、导演和演员不得不减轻他们作品的火药味，用一种暗示性的语言来传达他们的信息。但在1983年参议员阿基诺（Aquino）被暗杀之后，戏剧一度成为动员公众舆论反对政府的直接而公开的武器。例如，比万多·琅勃拉（Bienviendo Lumbera）创作出了一种新的戏剧表演形式，在现代歌剧中结合当代摇滚乐，讲述了西班牙时代的民族英雄黎刹。另一出戏剧《勇士》（Bayani）用黎刹的生平和殉难来质疑当前的领导者，将马科斯政权的独裁统治与处死黎刹的西班牙殖民统治者等而视之。该戏剧在前参议员阿基诺被暗杀后不久就搬上舞台，吸引了大量的观众观看。在马科斯专制统治的末期，菲律宾戏剧所反抗和揭露的社会现实，逐步集中于关注贫穷和不公等系统性的社会问题上，那些基本的和个人的诉求不复存在。目前，戏剧界开始关注菲律宾海外劳工的困境，如里奇·李（Ricky Lee）的《家务助手》（D.H.，1992）和乔伊·巴里欧斯（Joi Barrios）关注妇女问题的戏剧《妇女之夜》（Damas de Noche，1991）。

1998年，在菲律宾举办的跨世纪庆典中，戏剧作品在使国家倡导的爱国主义更为具体化的过程中承担了主导性作用。因为这是一个历史性的庆典，为此而创作的戏剧集中于国家的独立斗争及其领袖人物身上。保罗·杜莫尔（Paul Dumol）创作的三部曲，被菲律宾文化中心（Tanghalang Pilipino）搬上舞台。三部曲中的前

① Doreen G. Fermamdez's pamphlet, Dulaan: *An Essay on the American Colonial and Comtemporary Traditions in Philippine Theater*, Manila: Cultural Center of the Philippines, 1994.

两部《斯波桑故事》(Cebesang Tales)和《起义者》(El Filibusterismo)都是根据黎刹的作品改编而成，第三部作品《年轻的知识精英》(Ilustrado)讲述了黎刹的生平。在这一作品中，剧作家保罗·杜莫尔和作曲家鲁本·萨亚比伯(Ruben Cayabyab)集合二人之才能来为当今的菲律宾青少年重新解释和谱写关于国家英雄故事的歌曲，由此与当今的菲律宾青少年相联系。其他的剧作家包括卢向·勒塔巴(Lucien Letaba)和察雷·德拉帕那(Charley de la Pena)1995年演出的戏剧《1896》，由菲律宾教育戏剧协会组织演出，由于被翻译为各地语言，使得该剧能够在马尼拉以外的地区巡回演出。菲律宾国家戏剧组织所扮演的角色在20世纪获得成功的反响，表现了菲律宾戏剧的活力与美好，即使是在电影、电视、VCR影像制品无处不在的当代社会。十分幸运的是，菲律宾还有着如安东·胡安(Anton Juan)、托尼·马博萨(Tony Mabesa)这些富有奉献精神的艺术家，他们不停地创作、指导和表演，也有一些得到剧院和观众支持的戏剧团体，为民众在电影和电视之外提供多种可供选择的艺术精品。

在20世纪90年代以后全球化与文化多元化的发展趋势下，菲律宾越来越受到外来文化的影响。此时的菲律宾戏剧不再以抗争为主题，政治戏剧逐渐谢幕，戏剧重新回归文化舞台，继续思索菲律宾文化的真正内涵。此时的戏剧界开始探索多元性与地方性，更为关注底层的非主流文化，并且展开少数民族戏剧文化运动。在多元性方面，从戏剧种类来看，出现了百花齐放的局面，体裁也异常丰富，从心理剧到现实剧、民间戏剧、音乐剧、经典剧作改编等等，内容上也从关注菲律宾历史和民众的当代生活，进一步扩展到关注女性主义、儿童问题、生态环保这些全球性问题。此时的菲律宾戏剧界开始努力推动戏剧的地方化与社区化，试图以此来发现菲律宾民族文化的精髓。戏剧类型上，虽然仍以草根戏剧为宗旨，但已经从"事件驱动的解放戏剧"转变为以教育功能为主的"社区戏剧(community theater)"。这种社区戏剧的探索是对菲律宾前殖民时期本土祭祀表演的回归与发掘，戏剧界也在这种返璞归真中找寻真正的自我。为适应这种地方化趋势，本土语言戏剧重新发展起来，各地的社区戏剧运动开展得风风火火。从2001年开始，在深受西班牙文化熏陶的比科尔地区，当地的阿奎那大学(Aquinas University of Legazpi)在社区举办了名为"街道戏剧(Rokyaw)"的戏剧文化节，以此促发当地民众思考本地的文化遗产，并对其文化认同进行探索。由于这种对文化地方性和原生性的追求，南部棉兰老伊斯兰地区和山地区逐渐成为新的戏剧文化活动地，并与原本十分活跃的城市剧团（以马尼拉为中心）互为联络。据统计，目前在菲律宾全国有大大小小300多个剧团，南部则有100多个剧团活跃在村舍、城镇中，为山民和穆斯林民众发掘文化价值和认同。菲律宾教育戏剧协会原先遍布全国的分部也精简为马尼拉、南吕宋、民都洛、大马尼拉区、科迪勒拉5个分部，并从之前的指导、统合工作转向交流、协调。这些社区戏剧不再被寄予宏大的政治意味，而是以促进社区教育及民众文化意识为导向。[①]

四、华语戏剧

菲律宾华语戏剧是长期流传于菲律宾华侨华人社会，用华语（包括普通话和闽南话、广东话等地方方言）表演的各种戏剧形式，主要由戏曲和话剧构成，还有偶戏和歌舞剧等戏剧形式。这些戏剧形式最初从菲律宾华侨的故乡传播而来，在不同的历史环境、社会环境、文化环境中，形成了自己的发展轨迹。

华语戏曲主要随华人移民从中国传入菲律宾，由于菲律宾华侨以福建人尤其是闽南人居多，广东人次之，其他地区的人再次之，华侨的籍贯构成特点决定了流传于菲律宾华人社会的戏曲剧种，因此以高甲戏为代表的福建戏、以闽南方言民谣为基础的歌仔戏在菲律宾华侨中深入人心，而粤剧和京剧也拥有相当数量的观众。华语戏曲传入菲律宾，其传播和发展经历了三个阶段：

第一阶段为20世纪初到1940年代上半期，是菲律宾华语戏曲兴起的时期。如果从南音传入菲律宾算起，则可追溯到19世纪初甚至更早。南音又称弦管、南管、郎君乐等，是发源于福建泉州的古老音乐，现有史料中关于南音传入菲律宾的记载，最早见于马尼拉长和郎君社，成立于1820年。与长和郎君社一样具有悠久历史的南音团体还有菲律宾金兰郎君社，该社社址在马尼拉华人区树日街，经常为马尼拉市各主要团体的庆典活动演出，闻名遐迩。这两个南音社团的成立说明19世纪初期南音在菲律宾华侨当中流传已久，根植已深。此后南音社团在菲律宾不断发展，多时共有二三十个社团活跃在菲律宾各地，较为著名的还有南乐崇德社和国风郎君社。华语戏曲大规模传入菲律宾是在20世纪初，最重要的是福建戏，包括泉州提线木偶、高甲戏、梨园戏、闽西汉剧、台湾歌仔戏等。1898年，美国在美西战争中打败西班牙，取代了其对菲律宾的统治权，所幸美

---

① 彭慧：《20世纪菲律宾的戏剧和民族主义运动初探》，载《华侨大学学报》，2011年第3期，第101-102页。

国统治当局对华侨在菲律宾的活动限制较少，华侨社区的稳定、经济的繁荣使得娱乐业的发展成为可能，戏曲市场逐渐繁荣，20世纪初各种中国戏班相继来到菲律宾进行演出。比较著名的有泉州提线木偶名艺人蔡庆元，及其延聘的当时名艺人何经锭、赖海、连焕彩等，于1908年和1914年先后两次带着木偶戏班到东南亚巡演，在菲律宾演出长达4个月，受到当地华侨欢迎。高甲戏班福和兴（后田班）也于1909—1914年在东南亚巡演，并来到菲律宾演出，此后高甲戏班不断来到菲律宾，在1920、30年代形成一个演出的热潮。梨园戏双凤珠班（小梨园）于1924—1925年，到印尼泗水、菲律宾马尼拉等地演出《陈三五娘》等剧目。到了1930年代，台湾歌仔戏迅速发展并相继传入厦门、泉州和闽南华侨聚集的东南亚等国。1930年台湾歌仔戏班"德盛社"一行五六十人到新加坡、菲律宾演出长达6个月之久。在菲律宾也有为数不少的广东移民，因此广东地方戏曲剧种在菲律宾也有一定的市场。当时菲律宾有一个粤剧"全女班"在演出，之后又有粤剧戏班班主何浩泉与菲律宾当地剧场主人合作，组织戏班前来演出。马尼拉市有个凤凰剧团经常演出粤剧，有时也以本团演员作班底，邀请中国粤剧演员前去领衔演出。除了粤剧之外，这一时期也有潮剧戏班来菲律宾演出，1917年前后，潮剧女演员黄锦英（1901—1976）随六茹戏班到暹罗、新加坡、菲律宾等国公演，在《扫窗会》中扮演王金真，声、色、艺俱佳。①菲律宾粤侨还组织戏曲、音乐团体，提倡粤剧、粤曲，先后在1923年成立了广东音乐研究社，1927年成立了平民剧社。此外，京剧（平剧）在当时的菲律宾也已经有一定的影响力。1918年菲律宾华侨京剧票友成立了天声票房，1932年华工商协会票房成立，到1942年票友们又成立了菲律宾华侨移风票房，票友和票友组织成为菲律宾华侨社会京剧发展的中坚力量。

　　第二阶段为1940年代下半期到1960年代末，为菲律宾华语戏曲的繁荣期。第二次世界大战结束之后，菲华戏曲市场复苏，其间来自中国大陆、中国台湾、中国香港、新加坡等地的戏班和艺人使得以剧场演出为主的菲华戏曲市场再度兴旺，其中以歌仔戏和高甲戏的联合剧团最受欢迎，京剧团体也曾热闹一时。同时良好的戏曲环境，也促进了菲华社会内部各类戏曲、音乐团体的不断发展，还出现了职业高甲戏剧团。第二次世界大战后，由于菲律宾没有和中华人民共和国建

---

① 赖伯疆，《东南亚华文戏剧概观》，中国戏剧出版社，1993年，第217页。

立外交关系，因此这一时期菲华戏曲市场的主力来自台湾歌仔戏、高甲戏团，早期有台湾歌仔戏名小生锦玉已创立的锦玉已歌剧团和苏焕中率领的台湾联合剧团相继到菲律宾演出，之后有都马、台声、宜春园、康乐总队等多个剧团赴菲演出，主要演出剧目有《三娘教子》《白蛇传》《薛仁贵征西》等。台湾联合剧团的到来不仅又一次在菲华社会形成了观演高甲戏的热潮，还带来了《昭君出塞》《白兔记》《陈三五娘》等梨园戏的折子。此外，除了台湾高甲戏、歌仔戏团纷纷来菲演出之时，也有不少台湾和香港的京剧团体前来菲律宾演出。如1957年在台湾戏曲界有"青衣祭酒"之誉的女演员金素琴率领剧团在马尼拉、宿雾等地演出近一个月，演出剧目有《拾玉镯》《大登殿》《玉堂春》《金玉奴》等。1960年台湾复兴戏剧学校在校长王振祖带领下，前往马尼拉、宿雾等地公演，并参加1961年菲律宾国际展览会演。1959年香港名伶李吟秋应大东广播社之邀，在马尼拉金城戏院公演，以及在广播电台演唱，演出剧目有《起解》《别窑》《霸王别姬》等。由于菲华社会有不少粤侨，战后有人到香港和广州聘请剧团前往演出。粤剧著名玩笑旦陈非侬到香港组织戏班赴菲演出，他邀请了靓少凤和何芙莲前往。1956年韦凡响剧团来菲献艺历时3个多月，该团台柱正印花旦周海棠集"声色艺"于一身，这些剧团的到来使菲律宾的华语戏剧市场更加繁荣和丰富多彩。战后的菲华社会也出现了一些专业剧团，如成立于1951年的南国剧艺社，成立于1950年代的胜兴剧团，创办于1962年的秀联兴剧团，以及成立于1965年的金秀英剧团，这些剧团很少在剧院公演，主要在菲华社会的各种节庆民俗活动中演出。南国剧艺社和胜兴剧团为了传承剧艺，招收儿童为艺员并聘请名师教导。由于菲华社会爱好南音的人众多，这里聚集了许多闽南音、戏曲人才，如陈而万、李祥石、刘鸿沟等，在他们的努力下，一些音乐团体于提倡南音的基础上开始排演梨园戏，其中较为活跃的是四联乐府，该乐府是1950年由丝竹尚义社总社、同盟公所、莽原公所、同惠堂组织的闽南音乐团体，其代表剧目为小梨园名剧《荔镜缘》《五娘私奔》和《雪梅教子》等。此外，成立于1962年的拉牛坂市华侨音乐社，以提倡南音为主，对戏曲的训练和演出也很积极，先后排演《桃花搭渡》《哑子背疯子》等梨园戏剧目。菲华社会原有的3个票友组织——天声票房、工商协会票房和移风票房战后都开展活动，尤其是天声票房和移风票房在1950、60年代非常活跃，他们几乎每年都会在亚洲、金城等戏院进行公演，而且他们的演出也由玩票性质渐渐向更加规范、更加专业化的方向发展。在粤剧方面，菲律宾粤侨在战前成立的平民剧社和广大音乐研究社也在1950年代末到1960年代上半期大大活跃起来，不仅经常在亚洲、花光等大戏院进行公演，还常常为粤侨各界、马尼拉华侨各界组织的活动及社会公益事业而演出。1946年，一些爱好粤曲的人士还发起成立了粤风剧艺社。该社先是提倡粤曲，1950年代开始以提倡正当娱乐、发扬粤剧传统艺术为宗旨，活跃在粤剧舞台上。该社拥有胡守真、成玉叶、金明等著名演员，还经常邀请香港的票友和名伶参加演出。

第三阶段是1970年代之后，菲律宾华语戏剧的市场日趋萧条，华语戏曲从剧场退出，戏曲作为一种娱乐形式日趋没落。导致这一变化的主要原因在于观众群体日益缩小，喜欢戏曲的"老华侨"越来越少，他们的子孙辈受到西方文化的影响和新兴娱乐的吸引，对戏曲缺乏兴趣，传统戏曲逐渐失去剧场演出的阵地而退守于菲华社会的各种节庆民俗活动尤其是酬神演出之中。然而到了1980年代，随着菲律宾同中国建交，两国间的文化交流日益频繁，中国戏曲团体纷纷来菲访问，尤以福建的戏剧团体为多。如泉州木偶剧团1983年应菲律宾邀请前往访问演出，在59天里共演出73场，观众达8万人次。之后又于1988年、1992年两次赴菲演出，均获得巨大成功。在泉州木偶剧团之后，福建的戏剧团体也相继到菲律宾演出。1986年厦门高甲剧团一行前往马尼拉进行民间文化交流演出，演出剧目有《春草闯堂》、《乘龙错》、《陈三五娘》、《审陈三》、《益春告御状》等等，共演出32场，观众23万多人次。福建省梨园实验剧团也于1986年前往菲律宾访问演出，演出剧目有《陈三五娘》、《李亚仙》、《高文举》等，一个月演出30场。2004年，天津少儿京剧团应菲律宾文化中心邀请，来菲参加菲律宾2004年国家戏剧节，并菲演出《林冲夜奔》、《三岔口》、《探皇陵》等剧目。然而，中国戏曲团体赴菲演出虽使得菲华戏曲的剧场演出热闹一时，对华语戏曲的发展产生积极的影响，但却不能从根本上扭转其在剧场中的颓势。

菲律宾华语话剧是在"五四"运动前后以新剧形式传入菲律宾的。话剧在菲律宾的传播，不仅带来了新的艺术形式，也带来了现代思想。现代华语话剧传入菲律宾华人社会，其发展经历了三个阶段：第一个阶段从1920年代到1940年代，话剧传入并逐渐为人们所认识，这时候菲律宾华语戏剧演出采用的多来自中国的剧本，话剧运动也受到中国的影响，期间在抗战救亡时期出现了一个话剧演出的高潮。1920年代涌现出华侨新剧社、学生联合会新剧社和中华新剧研究社等新剧团体。除了排练演出如《流寇队长》、《八百壮士》、《赵老太太》等大量爱国救亡的剧本之外，还编演鲁迅先生的《阿Q正传》、曹禺的《雷雨》《日出》和李健吾的《这只不过是春天》等剧目。第二阶段从1940年代下半期到1960年代，菲律宾华语戏剧的发展逐渐摆脱中国大陆的影响，开始提倡并演出本地剧人创作的剧本，并在1950年代到1960年代出现一个演出和创作的高潮，期间台湾官方和文化艺术界的支持不容忽视。在这一阶段，学校是话剧活动的重要阵地，伊洛伊洛华商中学、亚巴里启智中学、逦乙中华中学、古达描岛中华中学、马尼拉中正学院等，相继开展演剧活动，举行国语话剧比赛。除了学校之外，还有一些由文学界人士、话剧爱好者组成的话剧团体和各类社团也积极开展演剧活动，其中最为著名的是由资深剧人苏子创办的马尼拉业余剧艺社。该社社员众多，人才济济，除了苏子本人，还有亚薇（蔡景福）、许希哲、陈明勋、叶家义、吴文品等菲华文学界和话剧界的精英。从1949年起，该社演出《国家至上》、《樊笼》、《悭吝人》、《马尼拉屋檐下》、《阿飞传》等名剧，以及独幕剧《沙乐美》、《华侨小姐》、《黎明之歌》等。其中由社员林泥水创作的《马尼拉屋檐下》和《阿飞传》深受好评和观众欢迎。第三个阶段从1970年代至今，随着华文教育日趋式微、华文报刊遭禁、菲华社会运动和文学运动陷入低潮等原因，菲律宾华语话剧活动由热闹归于沉寂，演出和创作的数量锐减，不过剧本创作更趋多元化，一部分作家开始以写作剧本来彰显菲律宾华人文化的个性。在1980—1990年代，菲华文学再度繁荣，华语教育也得到大力提倡，菲华话剧时有盛事出现，但是总的来说还是无法扭转沉寂的局面。

与话剧同为戏剧样式的歌舞剧也于中国歌舞剧萌生之后传入菲律宾，但是第二次世界大战结束之后方有较大发展，到1970、1980年代进而出现以菲律宾华人社会历史为题材的歌舞剧作品《侨中颂》和《菲华颂》，表现出菲律宾华人戏剧本土化、特色化的发展方向。无论话剧还是歌舞剧，都开始传达出建设菲律宾华人自身的文化、融入当地社会的信息。在菲律宾华语戏剧的本土化趋势中，我们看到新的希望与努力方向。

第三节　音乐

由于相继受到西班牙和美国的殖民统治，无论在宗教、语言、文化，还是艺术、音乐、生活方式等诸多方面，菲律宾都呈现出一种内外交融的状态。在漫长的岁月中，外来文化与本土文化相互影响，许多传统的民族音乐与西方音乐相融合，形成了独特的菲律宾风格。

在一些没有受到西班牙和美国殖民统治的少数民族聚居的地区，还存在着相对淳朴的原住民舞蹈，以及为其伴奏的音乐，他们居住的地区远离外界，利于他们保持传统的舞蹈样式和乐器演奏方式，使得其传统能够流传至今。而菲律宾的主体民族他加禄人传承来源于西班牙文化却具有菲律宾民族特点的民歌音乐形式。如抒情歌曲题材的"昆迪曼"（kundiman），是菲律宾最著名的音乐样式。它来源于西班牙殖民统治时期传入的西方音乐文化，通常为节奏缓慢的三拍子，多为小调式，变化音和转调手法的运用、曲式结构和演唱方法等明显地表现出西方音乐的风格。它的题材部分为倾诉个人的爱情，也有关于爱国主义的内容，表现出菲律宾人的性格特征和精神气质，它悠美而哀伤的旋律表现了菲律宾人民悲惨的命运，以及对自身美好生活的渴望与追求。

与此同时，西班牙传统音乐仍然在"龙达拉"（rondalla）乐团———一种菲律宾民族乐器合奏乐团——的演奏下活跃于菲律宾全国各地。此外，在菲律宾，纯正的美国爵士、民谣、民歌、摇滚等其他音乐，也能在电视台、收音机和各种城镇酒吧中听到。事实上，在亚洲范围内，菲律宾音乐家演奏美式乐器和发声方式的能力都是颇具盛名的。国际知名的音乐人以及那些嘻哈说唱音乐人，都有众多的菲律宾模仿者。但最为重要的是，虽然采用西方的音乐形式，但菲律宾人重视在歌词和节奏中传达出他们自身的情感、愿望、价值和梦想。近年来，越来越多的菲律宾表演者开始将本土乐器与音乐形式融合于他们自己的音乐创作中。这种混合的音乐风潮培育出一种生机勃勃的音乐文化，这也为菲律宾人保留自身的音乐传统打开了新的出路。

一、少数民族传统音乐

尽管在全国人口中的比重不大，但是菲律宾相当多的少数民族独立于西方音乐的影响，保持了自己传统的音乐文化，如居住在吕宋岛北部科迪勒拉山脉的少数民族、米沙鄢群岛地区的居民、棉兰老岛上的穆斯林和当地土著居民，以及苏禄群岛的原住民等。这些人群基本上在任何较为重要的场合中都会表演歌唱或者舞蹈，包括各种世俗活动和宗教信仰仪式，例如在出生、成年、恋爱、结婚、死亡等人生礼仪当中，以及日常生活中的劳作、教育、治疗疾病、说笑、讲述传说故事的时候，还有节日庆典、房屋落成、部落结盟等重要场合。吕宋岛北部阿布拉省的少数民族部落汀岩人（Tingyans）在节庆时演唱喜庆调（daleleng），而在表达友情和恋情时则演唱抒情调（salagintok）。科迪勒拉山脉的彭托克人（Bontok）在晚上吟唱小夜曲（ayegkha），而在修筑他们的梯田时，会一边工作，一边哼唱劳动小调（annoay）。对棉兰老地区少数民族部落哈努诺人来说，潘鲁丹节（panludan）是一个持续两三天的社会宗教节庆，这期间人们会持续不断地进行音乐和舞蹈的表演。在菲律宾南部信仰伊斯兰教人群的社会生活和宗教生活中，音乐都扮演着重要角色，例如陶苏格人的一种名为 "luguh maulud" 的音乐形式，被他们用于庆祝穆罕默德的生日。①

　　尽管不同人群的演唱方式有所差异，但也有一些相同点，即演唱往往是由歌者单独演唱或者是群体合唱。许多歌曲还是即兴创作的，演唱者水平的高低通常取决于他为每首乐曲创作新歌词的能力。一些歌曲常常是情人们在恋爱时演唱，或者是朋友之间的相互打趣。这些即兴演唱的歌曲没有限定的歌词或者时间长度，都可以根据需要扩展或者缩短。同时，由于每一个都可能随时加入演唱，因此声音的状态也是不统一的。这种在音乐上即兴演唱的社会性质在当代的菲律宾社会仍然存在，当外国来访者突然被要求为大家当众演唱歌曲时，会因此感到十分惊讶。也许我们会认为表演的好坏是十分重要的，但是对于这些菲律宾人来说，人们是否愿意参与进来共同分享活动才是最重要的。大部分的演唱者为了克服自身演唱能力的限制，会通过增加不同的音高、音调、抖音、颤音，或者是配合其他的乐器来丰富他们的表演。

　　虽然歌曲演唱中没有伴奏的情况是相当普遍的，但是菲律宾的原住民音乐有很多竹制、铜制、木制、有些甚至是兽皮或者天然材料制成的乐器。尽管彼此之间会有一些差异，但是分布在菲律宾不同地区和群体当中的这些乐器中的一部分甚至是遍布整个东南亚的，当中的大部分都是十分相似的。这里面最常见的就是用竹子制作的乐器，有各种各样的造型和风格，有的是用嘴唇演奏的竹笛，有些是用鼻子演奏的鼻笛，有些是环状的竹圈鼓，吕宋岛科迪勒拉山脉的一些人群还会演奏竹排箫。另一方面，在菲律宾全国各地还有各种各样的琴，如在棉兰老地区和吕宋岛北部的许多人会演奏一种两弦竖琴。更为常见的是一种口琴，通常是用竹子做成，也可以用铜管制作。一些少数民族还会演奏木制吉他，其他人群

---

① Felipe Padilla de Leon, "Philippine Music," in Amparo S. Lardizabal and Felicitas Tensuan-Leogardo ed., Readings on Philippine Culture and Social Life, Manila: Rex Bookstore, 1976, pp.156-162.

则会演奏一系列的打击乐器，如打击棒、铃锤、贝壳喇叭、摇铃、蜂鸣器以及各种圆锥形或者圆柱形的鼓。菲律宾原住民乐器中最令人印象深刻的应该是一种被广泛使用的铜锣，在吕宋岛北部的科迪勒拉山脉、棉兰老地区穆斯林民众和非伊斯兰教信仰人群，以及米沙鄢群岛上一些人群中都被长期使用。例如吕宋岛北部的卡林加人在唱歌跳舞的时候，会使用一种大而扁平的手持的铜锣有节奏地进行敲击。而棉兰老岛上信仰伊斯兰教的穆斯林则会使用形态各异的有浮凸饰物的铜锣，包括在演奏木琴时，会在旁边用一系列的小铜锣来增强声势。穆斯林既使用一些支在木制框架上的有较大浮凸饰物的锣，也使用一些手持的浮凸饰物较小的铜锣。这些人群和他们的音乐长期被菲律宾的主流民众所忽视，近些年来也逐渐被一些新的音乐人所关注，他们尝试将这些传统乐器和音乐主题与现代的音乐形式相整合。

二、西班牙文化影响下的音乐

1565年，大批西班牙人的到来，标志着菲律宾音乐经历了重要的转折点，由此菲律宾音乐与欧洲音乐开始碰撞在一起。对罗马天主教神父们而言，音乐在他们劝服当地居民改变信仰的过程中起着极其重要的作用，他们用音乐和歌曲来让当地居民认识基督耶稣和天主教的圣人们，以及传播天主教的教规。孩子们在新建的教堂中被教唱赞美诗，这些年轻的歌者成为传播神父信息的重要中介。在17世纪初期，天主教的方济会修士和奥古斯丁教会的修士们创建了许多儿童唱诗班，并且创建神学院为成百上千的儿童教授宗教音乐。100多年之后，马尼拉建起了一所专门的音乐学校，传教士们还建立了教授管风琴的学院。19世纪早期，坐落于今天马尼拉北部的黎刹省的拉斯·皮纳斯（Las Pinas）小镇，还建造起了闻名世界的竹制管风琴，这一年久失修的管风琴在1960年初被修复，如今已经成为菲律宾竹制乐器的辉煌之作，也见证了西方宗教音乐传入菲律宾的历史。[1]

除了宗教音乐，西班牙殖民统治时期也将欧洲的世俗音乐引入菲律宾。虽然世俗音乐的传播比起得到传教士们支持的赞美诗和宗教颂歌要慢得多，然而其通过与舞蹈相结合，已经深深地扎根于菲律宾的民族文化之中。在19世纪晚期，美国殖民统治菲律宾的最初几年，一个很常见的现象就是菲律宾人非常喜欢举办舞

① Paul A. Rodell, Culture and Customs of the Philippines, London: Greenwood Press, 2002, pp.176-177.

会（baile）。新的西班牙世俗音乐，也通过各种西班牙戏剧形式进入菲律宾。尤其是在西班牙殖民时期，通过"摩洛—摩洛"戏剧和宗教戏剧，西班牙军队进行曲传入菲律宾，而"萨苏埃拉"戏剧则促进了"哈拉那（harana）"和"昆迪曼（kundiman）"等歌舞剧形式的发展。欧洲音乐的引入也带来了欧洲乐器合奏演出这种表演形式，"龙达拉（rondalla）"和"孔帕扎（comparza）"这两种音乐尤其深受影响，二者都需要各种管弦乐器配合演奏，比如曼陀铃、短笛、墨西哥传统吉他、班卓琴等，这些乐器大都渊源于欧洲，但今天这些乐器从形制、音色到演奏方法都经过改造而有所变化，已经成为菲律宾独特的民族乐器。有时候为了丰富乐队的低声部，还会增加弹拨乐器"曼多拉（mandola）"及低音鼓、铃鼓、木琴、铙钹、三角铁等打击乐器。"龙达拉"乐队既能演奏西方古典乐曲，也能演奏菲律宾民间音乐，并且常为歌曲和舞蹈伴奏，一些专业作曲家也为"龙达拉"乐队创作。由于乐队的规模可大可小，舞台、广场、室内均可演奏，因此菲律宾有成千上万个水平参差不齐的业余和专业的"龙达拉"乐队，如今它已经深深扎根于菲律宾人的音乐生活之中。[1]随着西方音乐的引进，钢琴也在菲律宾获得相当重要的地位。在欧洲和美国，拥有钢琴是家庭富有和有文化的重要象征，许多菲律宾青少年也被要求勤学苦练，以便能够熟练演奏钢琴这一复杂的乐器。在西班牙殖民统治的后期，西班牙的铜管乐队也开始组建，他们在宗教游行和市民集会中演奏进行曲。

在19世纪末，当菲律宾新一代人开始质疑和抵抗西班牙的殖民统治时，军队进行曲这种新的音乐形式变得尤其重要起来。在菲律宾革命组织"卡蒂普南"的创立者博尼法西奥的要求下，于力欧·那朴（Julio Nakpil）写下了菲律宾第一首爱国主义颂歌。为了宣传民族主义，他和其他的菲律宾作曲家很快创作了一系列的爱国主义进行曲。尤其是胡连·菲立佩（Julian Felipe）创作的著名的《民族进行曲》（Marcha Nactional），最终成为菲律宾国歌。"昆迪曼"音乐也在跨世纪革命时期，因宣扬爱国主义而再次流行，它通过演唱浪漫的爱情歌曲隐喻地表达爱国情怀。在美国殖民统治菲律宾时期，"昆迪曼"类型的爱情歌曲继续承载着传达爱国主义精神的目的。如在1928年由诗人何塞·杰西作词，音乐家康斯坦西奥·德·古斯曼（Constancio de Guzman）作曲的歌曲《我的祖国》得到了民众的强烈共鸣，在1960年代和军管法实施期间，都被爱国学生作为非正式的国歌进行

---

① 侯军：《不同文化背景中的菲律宾音乐（上）》，载《交响（西安音乐学院学报）》，1994年02期，第31-35页。

演唱。之后，成千上万的马尼拉市民高唱着《我的祖国》，用他们的身体来阻挡政府的坦克，在"人民力量"革命的领导下，终于在1986年推翻了马科斯的独裁统治。

三、美国文化影响下的音乐

如果说在西班牙殖民统治时期，欧洲音乐的输入拓展了菲律宾音乐，那么从1898年美国占领菲律宾起，美国对菲律宾文化的影响如潮水般涌入，给菲律宾音乐带来了新的革命。当时源于美国的每一种音乐形式的起步与发展，都在菲律宾得到迅速的反应。舞曲、拉格泰姆音乐、布鲁斯音乐、爵士乐、摇摆乐、布吉伍吉爵士乐，甚至是第二次世界大战时期兴起的摇滚乐、乡村音乐和饶舌乐等等，菲律宾作曲家和音乐家们都很快掌握。西班牙在菲律宾引入欧洲音乐是出于宗教目的，并未主动地在菲律宾传播世俗音乐和舞蹈，而美国人则更为喜欢音乐舞蹈这些娱乐消遣活动，也更乐于与它的新殖民地人民共同分享这些文化财富。早期，夜总会、歌舞厅和各种被名为歌舞杂耍（bodabil）的音乐秀很快得到流行，菲律宾音乐家们在这些地方找到工作和欣赏他们的观众。

菲律宾迅速且热切地接受了美国文化和音乐洪流的涌入。这一文化渗透过程是如此快速，以至于似乎破坏了菲律宾本土的音乐文化，而原住民音乐在西班牙殖民统治时期也只是缓慢且小心翼翼地吸收了一些新的文化影响。而到了1920年代，"萨苏埃拉"戏剧和用菲律宾式的欧洲音乐进行表演的流动演出戏剧公司几乎销声匿迹了，年轻的音乐家更热衷于学习芝加哥传来的新爵士乐，而非"艾维特（awit）"和"昆迪曼"这些传统音乐。然而，菲律宾文化依然十分顽强，并没有完全屈从于美国文化的主宰。例如菲律宾电影产业的发展，为年轻的音乐人和作曲家们的作品提供了十分有利的出路。由于菲律宾电影采用本土作曲家的作品，与"萨苏埃拉"剧相关的歌曲和音乐才得以存活下来。歌曲如米盖尔·维拉德（Miguel Velarde）演唱的《因为你》（Dahil Sa Iyo），辛普西·苏艾瑞（Simplicio Suarez）的《一直爱的是你》（Ikaw pa Rin）和康斯坦西奥·德·古斯曼（Constancio de Guzman）的《爱是天堂》（Langit ang Magmahal），都是作为电影插曲而流行开来的。与此同时，第二次世界大战前的一些电台也为观众播放一些菲律宾本土音乐，使菲律宾传统音乐得以传承。

在美国殖民统治菲律宾时期，菲律宾革命阶段延续的爱国主义传统也给音乐家们造成强烈影响。菲律宾总统乔治·博克伯（Jorge Bocobo）就读的大学一直活跃着民族主义者，该校的音乐学院长期记录民间音乐和传统舞蹈，为后世留下这些传统文化的珍贵记录。该学校也培训新一代的作曲家和音乐人，他们通过将本土音乐和当代音乐相融合的方式来保存这些菲律宾传统音乐形式。此外，他们以此方式创作了许多著名的管弦乐作品，尼卡诺·阿布拉脱（Nicanor Abelardo）和弗朗西斯科·圣地亚哥（Francisco Santiago）就写了一系列的著名的"昆迪曼"曲子。20世纪初，在西班牙殖民时期就出现的"龙达拉"乐队，在安东尼奥·莫利纳（Antonio J.Molina）的指导之下，这一受到西班牙文化影响的协奏乐队获得了新的生机，拓展成为交响乐的形式。

在菲律宾音乐家的努力下，军乐队也有了新的发展。最为著名的是由克罗奈尔·拉维（Colonel Walter H. Loving）创立的菲律宾警察乐队。在第二次世界大战解放马尼拉时期，由于他的逝世，乐队由克罗奈尔·布恩那万图拉（Colonel Antonio Buenaventura）带领。"龙达拉"乐队演奏的音乐当时仅能在南部群岛的城镇中听到，也只有军乐队这一独特的音乐团体会在城镇的广场上为仪式庆典或者葬礼演出这种音乐。这些乐队为那些并没有接受过正规音乐训练的音乐人提供了创作的基础与空间。

菲律宾乐团的不断完善和菲律宾高等教育的发展，都使得菲律宾音乐开始借鉴西方古典音乐。菲律宾音乐人很快已发现通过借鉴这一新的音乐领域，他们能够更为细腻的传达自己的艺术感受。菲律宾交响乐的早期代表，是一系列根据菲律宾民族英雄黎刹的生平而创作的乐曲，早在1911年就被广泛演奏。到了1920年代，菲律宾大学的音乐学院培养了一大批的音乐家，诸如胡安·赫南德（Juan S. Hernandez）创作的毕业作品《西蒙序曲》（Simoun Overture，1920），还有之后的希拉里·卢比欧（Hilarion Rubio），其毕业作品为《佛罗伦萨与劳拉序曲》（Florante and Laura Overture，1933）。这些交响乐和室内乐受到西方古典音乐的强烈影响，然而到了第二次世界大战前期，年轻的菲律宾作曲家们希望从自己国家传统音乐的根源寻找创作的灵感的倾向开始显现。

菲律宾大学的学生安托尼欧·米利那（Antonio Milina）根据伊洛克族（Ilokano）的民间舞蹈创作了弦乐四重奏作品《姗姗来迟》（Pndangguban，1925）。而布恩那万图拉（Buenaventura）的室内音乐作品《伊戈洛特的情歌》（Igorot Love Song，1930）也采用了民间的歌曲和主题。尼卡诺·阿布拉多（Nicanor Abelardo）在芝加哥接受研究生阶段的音乐教育，他的毕业作品首次突破了菲律宾本土音乐古典浪漫主义的传统形式，加入了现代音乐的元素，然而他的音乐最终也没有远离菲律宾民间音乐的旋律和节奏。他写了很多"艾维特、"库民堂（kumintang）"和"昆迪曼"乐曲，甚至尝试开创菲律宾传统音乐的新风格。在阿布拉多的引领之下，弗朗西斯科·圣地亚哥在1939年发表的四乐章作品《他加禄 D 小调交响曲》（Taga-ilog Symphony in D minor），在第一乐章采用了民间音乐的旋律，并在管弦乐编曲中采用传统乐器演奏。在第二次世界大战爆发之前，菲律宾的高等院校培养了一大批新的作曲家，他们探索着借由融入原住民音乐元素来开创全新的菲律宾音乐。

四、寻求音乐认同

随着1946年菲律宾从美国获得独立，以及国内音乐产业的不断发展壮大，菲律宾音乐也开始急迫地寻求自身的民族和文化认同，这种对认同的探求不但鲜明地体现在交响乐领域，也在流行音乐上展现出来。尽管受到美国音乐产业的深刻影响，当代的菲律宾流行音乐赋予菲律宾一代又一代的年轻人以发言权，并且被用于教导独特的菲律宾文化价值。在第二次世界大战之前，菲律宾的国家音乐以新的方式得到了持续性的进一步发展。菲律宾音乐的持续发展，在该国作曲家创作的深刻作品中得到显著体现。这些作曲家大部分都是在美国统治菲律宾的初期接受音乐训练，在某种意义上来说，这些作曲家很自然地要为国家音乐的未来寻找出路，尽管他们创作的交响乐、歌剧乐和室内乐等从未能够在热门音乐排行榜上进入前列。通常菲律宾音乐人创作新作品的创作灵感来自于民族的传统音乐，他们的音乐作品也以描述菲律宾人民、历史和自然环境为主。

第二次世界大战前菲律宾音乐家们对新的音乐形式的探索，为当代菲律宾音乐的发展打下了坚实的基础。早期的著名作品有布恩那万图拉根据棉兰老地区的少数民族马诺博人（Manobo）的音乐创作的《棉兰老掠影》（Mindanao Sketches，1947）；卢西欧·派卓（Lucio San Pedro，1913-2002）在《管弦乐和小提琴协奏曲》（Concerto for Violin and Orchestra，1948）中采用了民歌主题，在他1992年获得菲律宾国家文化遗产奖的作品《褐色的民族》（Kayumanggi）中，也可以见到这种民歌元素；乔斯·马瑟达（Jose Maceda）作为先锋派的本土音乐作曲家，于1975年创作的《起伏》（Udlot-Udlot），使用超过800名表演者用传统乐器演奏。路克里西亚·卡西拉格（Lucrecia Kasilag，1818-2008）给菲律宾音乐带来了十分重要的影响，她创作的《钢琴和管弦乐合奏音乐会》(Concert Divertissement for Piano and Orchestra，1960)，将西方音乐和菲律宾穆斯林音乐中的锣、吟唱和节奏相结合。此外，她的作品《风和打击乐的托卡塔曲》(Toccata for Winds and Percussions，1958)和《菲律宾弥撒曲》(Misang Pilipino，1965)获得了菲律宾共和国文化遗产奖，她也为巴亚尼汗(Bayanihan)舞蹈公司担任音乐指导，而且还是位于马尼拉的菲律宾女子大学音乐美术学院的院长。她在菲律宾文化艺术中心担任了20年的领导者，成立了菲律宾音乐乐团，她还为菲律宾的电影、戏剧和芭蕾舞剧写曲，使菲律宾音乐保持其民族文化之根。[①]

近年来，菲律宾新一代的作曲家已经开始涌现出来，如雷蒙·桑托斯(Ramon Santos)，他的音乐主题来自东南亚的其他国家，甚至还有中国。弗朗西斯科·费里希诺(Francisco Feliciano)已经开始在为现代歌剧创作的作品中采用本土故事和音乐元素，例如在他1984年创作的《黑母狼》(La Loba Negra)中充满着历史的隐喻。这些作曲家们在1990年代继续创作，他们也有许多学生，如巴雅尼·里欧(Bayani Mendoza de Leon)创作的于1992年上演的《受伤的珍珠》(Sugatang Perlas)，综合了歌者、舞者和室内音乐家的表演。

在正式的音乐厅和学术型的音乐学校之外，菲律宾的大众民间音乐也由于菲律宾大学的保护工作而得以传承。1950年代，一系列的音乐书籍得以发行，这有助于民间音乐的曲调知识得以流传，如《尼帕棚屋》(Bahay Kubo)、《我有一个铃》(Leron-leron Sinta, Atin cu pung Singing)、《爸爸妈妈去捕鱼》(Si Tatay Namasol sa Dagat)、《年轻少女的爱恋》(Ti Ayat ti Maysa nga Ubing)等歌曲都被收录进去。由于这一保护工作的开展，这些曲子也成为公立学校音乐节目的一部分，以及合唱队表演的保留曲目。同时，"萨苏埃拉"戏剧的伴奏音乐也随着1970年代民族主义的兴起而得以复兴，"萨苏埃拉"基金会由此的创立，尼卡诺·提扬森(Nicanor Tiongson)创作的《1907年的菲律宾共和国》(Philippinas Circa 1907)使得这一几乎被人们忘却的音乐形式再次唤起人们的注意，许多其他当代的"萨苏埃拉"音乐也随之纷纷涌现。

在美国殖民统治时期，菲律宾电影仍然采用"萨苏埃拉"和"昆迪曼"歌曲，但是开启它们在唱片业中的复兴还是在第二次世界大战之后。维拉(Villar)唱片

---

① Christi-Anne Castro, *Musical Renderings of the Philippine Nation*, New York: Oxford University Press, 2011, pp. 51-57.

公司在菲律宾音乐发展中具有极为重要的地位，采用新式的唱片复制设备和超长录音技术。在1950年代末期和整个1960年代，面对美国和英国流行音乐的冲击中，维拉唱片公司为了保持菲律宾本土音乐的流传进行了顽强斗争。在这一时期，唱片公司发行了超过500张专辑和3000多首单曲的"昆迪曼"歌曲，包括情歌、乡村歌曲、舞曲和菲律宾流行音乐。其音乐覆盖菲律宾所有地区（包括一些小地方）的乐队和小型乐队的录音，大量的菲律宾歌唱家如"昆迪曼"歌手西维尔·托雷（Sylvia Torre），他加禄情歌偶像鲁本·塔加洛（Ruben Tagalog）、赛里·波提塔（Cely Bautista），伊洛卡诺歌手雷·卢塞罗（Raye Lucero），都是由于维拉的支持而得以展开其演艺生涯。由于有着唱片发行的基础，国家广播电台才能在播放进口的美国音乐的同时，也大量播放本土音乐。[①]

五、抵抗音乐和"皮努埃"（Pinoy）摇滚

从1960年代晚期开始，菲律宾音乐受到国内政治事件的影响，它迅速成为政治抵抗和社会评论的工具。与学生抵抗运动的密切关系展现出菲律宾抵抗音乐的复兴。正如19世纪末20世纪初，菲律宾音乐在抵抗西班牙和美国的殖民统治上所发挥的作用，1930年代菲律宾激进的土地分配和工人运动中，革命者也利用音乐作为团结、组织和宣传的工具。这一时期的一些音乐就直接针对年轻人和女性，如《清醒吧，年轻人》（Gumusing Ka Kabataan）和《被动的妇女》（Babaeng Walang Kibo），这些歌曲的许多歌词是相当尖锐的，但仍采用传统的音乐形式来表达悲伤和温柔的感情。在第二次世界大战期间，当菲律宾的共产主义者和社会主义政党联合起来组成反日军事力量时，这些1930年代创作的悲伤歌词被改编成了"虎克曲"（Hukbalahap或Huks）。[②]当时，音乐主要被用来吸引农民，以得到他们的支持，关于过去的歌词变得越来越繁复。一首追忆战争时期的歌曲《我的受奴役的国家，这就是你的孩子的生活》（Ing Bie Ding Anac Mu, Balen Cung Alipan）的歌词有着广泛的号召力。在战后对新的菲律宾独立政府的反抗中，游击队继续利用歌曲作为他们武器，来谴责政府对他们的背叛。如一首激进的歌曲《金色的自由》（Gintong Catimauan）就否定了他们是叛乱者的说法，并且要求得到公正的对待。

---

① Elmer L. Gatchalian, M. Carunungan, and Danny Yson, "Industry" in CCP Encyclopedia of Philippine Art, vol.6, Philippine Music, Manila: Cultural Center of the Philippines, 1994, pp.194-195.

② 第二次世界大战期间，菲律宾共产党于1942年组织"虎克党"（Hukbalahap，即抗日人民军），以游击战术对抗日本侵略者和第二共和政府。

　　在1960—1970年代反对马科斯军管统治时期，在音乐上的激进传统通过校园传播，成为学生运动的一部分。尽管受到中国文化大革命意识形态的强烈影响，但菲律宾学生领导的音乐运动并非是对这一意识形态的简单模仿。例如，创作于1930年代的反抗歌曲都被改编以适应当前形势的需要，有着悠扬而舒缓节奏的优美的“昆迪曼”歌曲《我的祖国》，为抵抗马科斯肆意屠杀学生的独裁军队而被重新演唱而再次流行。菲律宾革命领袖博尼法西奥于1896年创作的诗歌《对祖国母亲的爱》（Pag-ibig sa Tinubuang Lupa），被用“昆迪曼”的形式演唱而变得非常流行。尽管如此，这一时期大部分的抵抗歌曲除了在革命者当中得以传唱，都由于太过激进而难以广泛流行。

　　然而，由于得到专业音乐人的参与，抵抗歌曲对菲律宾主流音乐造成极大影响。在这之前，尽管在维拉唱片公司的作曲家、歌手和音乐人的努力之下，菲律宾音乐能够面对英美等国音乐的冲击保持住自己的地位，但抵抗音乐有助于菲律宾本土音乐产业表现出对菲律宾国家的热爱，而非仅仅停留在面对外国音乐的涌入，维持个人自尊心和自信心的层面。抵抗运动中的许多激进歌手，为其后菲律宾音乐的发展开拓了新的道路。如菲律宾的流行声乐三重唱APO远行社团，创作的歌曲《你不会一个人》（Hindi Ka Nag-iisa）就是为了抨击1983年菲律宾总统阿基诺夫人（Benigno Aquino）遭到暗杀的事件，该歌曲成为1986年人民力量革命运动的主题曲。

　　参与抵抗运动的学生所展现出来的巨大力量，也转变了菲律宾音乐的主流，尤其是在该国的摇滚乐方面。早在1973年，十字若望乐队（Juan de la Cruz）演唱的《我们的音乐》（Ang Himig Natin）使得“皮努埃”摇滚在菲律宾广为人知。直到1970年代末乐队解散时为止，该乐队还演唱了不少大受好评的歌曲。其他的菲律宾摇滚乐队也纷纷涌现，包括女子摇滚歌手桑帕古塔（Sampaguita）、阿纳克巴彦组合（Anak Bayan），以及麦克·哈诺普尔（Mike Hanopol）。“皮努埃”摇滚最为著名的团体是热狗（Hotdog）乐队，其融合了西方流行音乐和菲律宾元素的歌词，打造出著名的“马尼拉之音”，这也是一种将菲律宾的西方音乐源流和当代菲律宾通俗语言——他加禄式英语相结合的歌曲。

　　1970至80年代，菲律宾的民间音乐也逐步受到民众喜爱，摇滚音乐不再一统天下。这一潮流的主导者是弗洛朗特·利昂（Florante de Leon），演唱了《我是菲律宾人》（Ako'y Pinoy）和《奉献》（Handog）等歌曲，俘获了这一时期的菲律宾民众的心，鼓励其他民间音乐歌手也创作出了更多的作品。这其中的代表人物是诗人兼词曲创作人乔伊·艾亚拉（Joey Ayala），他将摇滚和菲律宾少数民族的传统乐器相融合，体现出了这一时期菲律宾民众的心态，他创作歌曲中的尖锐歌词是对当时马科斯军事管制政府的强烈反抗。希伯·巴托龙（Heber Bartolome）和他的蜕变乐队（Banyuihay）成功地将摇滚融入他们的创作，其创作的《我们是菲律宾人》（Tayo'y Mga Pinoy）和描述因贫穷而成为妓女的姑娘们的《尼娜》（Nena），都成为菲律宾当时的热门歌曲。

在这些成功的音乐人中，最负盛名的是费迪·阿吉拉（Feddie Aguilar），他因《孩子》（Anak）一歌而一炮而红。这是一首以菲律宾家庭观念为主题的民谣歌曲，它也因成功地将西方音乐与独特的菲律宾风格相结合而蜚声国际，既采用了西方的音乐形式，也加入了pasyon这类菲律宾人极易辨认的传统音乐元素。《孩子》这首歌被认为承载着菲律宾的流行文化，因此在2000年春天，一部以这首歌为主题的同名电影，不但得到了菲律宾民众的欢迎，还获得了影视界的高度评价。

今天的菲律宾音乐界可谓生机勃勃，异彩纷呈。原住民音乐坚持了其本土据点，而且受到越来越多的音乐人和观众的欢迎。在菲律宾各省，用当地语言演唱的地方音乐仍然在本土乐队的伴奏下演出，"龙达拉"乐队仍然在创作自己的音乐。在菲律宾的唱片业，目前本土艺术家占据60%的市场份额。事实上，最受欢迎的歌手和演唱组合，即使是最新的摇滚团体，所演唱的都是菲律宾音乐人创作的作品。APO组合出道至今已经30年，这一团体采用传统的民族乐器，并使其为当代观众所接受，使得菲律宾本土音乐不断发展，避免其成为放置于博物馆展览的文化遗产。在当代菲律宾音乐界，摇滚音乐与其他音乐的界限是非常模糊的，各种乐队和歌手都在走跨界音乐的路线。时至今日，当代菲律宾主流的流行音乐形式，仍是受到许多本土和外来因素影响的复杂混合物。尽管菲律宾音乐当中也有相当程度的亚洲文化成分，尤其是具有东南亚传统风格的音乐元素及乐器与西方风格的并置时，这一点尤其明显，然而菲律宾人并没有固守亚洲风格，而是在其音乐中更多地展示其与西方音乐融合的特点，这与菲律宾历史发展的历程以及身处其中的民族音乐发展之路有着密不可分的关系。

第四节 其他艺术形式

菲律宾艺术是一种本土文化传统采用西方艺术形式的混合物，是充满着生机的当代民间艺术。相对古老的艺术形式仍然在菲律宾的很多少数民族中得以保存，但这些传统也正在现代化的冲击之下而面临着急速的消亡。西方文化对菲律宾艺术的影响在不同的层次都得到体现，在高雅艺术方面，菲律宾艺术家们创作着能够与在国际性的当代艺术展上陈列的展品相媲美的复杂而精致的艺术作品，这些艺术家们致力于运用自己的智慧和技巧，创作出以民族身份认同和社会当代性为主题的艺术品；而在民间和大众艺术的层面上，早期的以装饰宗教场合和节日庆典，以及在公共交通工具吉普尼车上进行创作的城市流行艺术，目前已经被采用明亮色彩和丰富的艺术创造来展现菲律宾民众日常生活的艺术趋势所逐步取代。

一、本土艺术传统

在西班牙殖民统治之前，菲律宾原住居民采用艺术来展现自身的宗教观念，以及他们与自然环境之间的关系。考古证据表明，从墓室出土的用于陪葬的陶罐显现出当时陶器制作所具有的基本工艺成熟度，陶罐上经常出现坐在船上的人形图案，预示着古代菲律宾人存在着身体需要通过水路抵达死后世界的观念。其他类型的陶器则采用几何图案和自然主题进行装饰，作为日常生活使用的陶器依据功能特性被制作成各式各样的形状，有时候会被制作成动物或者人的形状。除了本地制作的器具，菲律宾人也使用中国或越南制作的陶器，这些陶器质量优良且有更为丰富的装饰设计。中国瓷器的工艺也被菲律宾人模仿，并且在现今菲律宾伊罗戈省的维甘地区进行生产。谷物神的木制神像和木制的人偶也被保存下来，大部分存在于吕宋岛北部的山区和菲律宾南部的穆斯林居民区。在穆斯林聚居的地区，由于伊斯兰教不鼓励人形塑像的制作，因此会大量采用曲线设计，用各种藤蔓和树叶造型的图案，以及传说中嘴衔着鱼的鸟的雕像进行装饰。

菲律宾本土的艺术智慧也通过个人装饰艺术体现出来。从岩洞中发现的布料碎片表明，菲律宾前殖民时期的编织艺术仍然在少数民族地区流传。用菠萝纤维、蕉麻以及其他用于纺织的植物纤维等这些纯天然材料制作而成的树皮布，也用靛蓝、生姜、彩色木块和富含高金属含量而呈现出色彩的泥土等自然材料来进行染色，使得布料呈现出一系列微妙的色彩和阴影。作为衣物的补充，许多早期的菲律宾人还使用大面积的纹身。一些纹身是男人成为武士的标志，但在平原地区生活的菲律宾人当中，纹身仅仅用于美化身体。这种采用纹身进行美化身体的行为尤其在米沙鄢群岛的居民中大为流行，他们采用各种各样的几何图形或者植物图案装饰自己的身体。相类似地，菲律宾人的帽子也利用各种葫芦、藤条或者结实的树叶编织而成。而用天然植物编织而成的席子和篮子，也用各种花朵图案或者多彩的抽象几何图案进行装饰，给人以不同寻常的视觉感受。

首饰最初的作用应该是护身符，佩戴者借助其魔力驱除恶灵，后来才逐渐发展出装饰功能。各种颜色的珠子、动物的长牙和水牛角等被用铜链或铜铃串联在一起，制作成为项链、戒指、耳环、手链、脚链等，有些甚至和复杂的纹身相互搭配，作为人的身体永恒装饰的一部分。在吕宋岛北部和棉兰老岛的一些地区，金银被打制成圆盘形的项圈。其他金属材料也被打制成某种动物的造型，一些珍贵的金属材料还被加入黄铜，卷成铜线的形状。吕宋岛科迪勒拉山脉的人群和菲律宾南部的穆斯林居民还使用铜锣。同时，一些人群还发展出已经失传的蜡塑雕像技术，用制作好的蜡范来形塑融化的黄铜，以制作出人形铜像。最为高超的金属制作工艺用于制作武器，如科迪勒拉山脉武士所携带的长矛，上面有繁复的铁质装饰图案，以及南部穆斯林男人使用的波浪形大刀等，都展现出金属制作过程中技术与艺术的完美结合。

二、西班牙影响下的艺术传统

西班牙殖民者的到来，给菲律宾带来了具有深厚传统的西方宗教艺术，这一艺术的影响力一直持续到19世纪。新艺术的到来对菲律宾人来说并不陌生，但是这种新的欧洲艺术媒介在菲律宾的影响是完全不同且具有革命性的。由于西班牙人需要在菲律宾建造和装饰新的教堂，以及制作各种宗教性的物品，菲律宾人很快就在这一过程中学会了西方的雕刻、塑像、油画和建筑等方面的技艺。而木刻这类菲律宾的传统技艺也被用于制作装饰圣坛和游行队伍中的圣像。在西班牙人到来之前，菲律宾木刻匠人就有雕塑本土传统神像的传统，当西班牙殖民统治菲律宾之后，西班牙人让菲律宾工匠大量雕刻天主教圣像，如耶稣像、圣母像、圣徒像等等。然而本土塑像的风格，如代表精灵的塑像形象也会偶尔出现在菲律宾工匠的作品中，这种情况并不多见，因为工匠们受到相当严密的监控，使得制作出来的塑像形象缺乏个性与独创性。

菲律宾的金属制造工艺在此时也得到发展，因为教堂对铜铃的需求，以及西班牙军队需要制造更多的大炮，同时菲律宾富裕家庭中的窗户也开始用格子图案的铁制枝条来进行制作。优良的金属被用于制作十字架上的耶稣塑像，以及制作各种作为天主教徒护身符的宗教挂坠。在大帆船贸易中没有被转运到中国的金银，被制作成为妇女的首饰以及各种受欢迎的宗教肖像。尽管采用各种不同的艺术媒介，但是由于西班牙在宗教传统上的严格限制，直到19世纪，菲律宾在艺术上都没有很大的发展。在19世纪之后，一些西班牙富商和中菲混血精英在建造他们的新居时开始吸纳世俗艺术，他们则较少受到原先艺术传统的限制。

在西班牙殖民时期，菲律宾家居建筑中最基本的要求是家具要有储物功能，因为当时的菲律宾房屋建筑中没有设计储藏室，所以在富裕的家庭当中，有用于悬挂礼仪服装等造型精美的雕花橱柜，以及各种用于放置衣服、床上用品、餐具以及餐桌布艺的橱柜。随着菲律宾富裕家庭的不断增多，之前粗糙的长凳被设计得越来越精美、制作精良的椅子所取代，有些椅子还具有精美的藤编网眼支架，以及用来放置腿脚的宽大而平坦的足踏。铺在竹地板上的席子也逐渐地被床取代，精美的藤编沙发也出现在富裕家庭的客厅，欧式的高脚餐桌和与之搭配的成套直背椅也越来越多地出现在菲律宾家庭当中。这些家具上的需求使得掌握木工技术的菲律宾艺术家们，不断设计并制作了出美观与功能性兼具的家具作品。

除了作为室内装潢的家具，19世纪的菲律宾艺术家们也从艺术地再现菲律宾人的日常生活中发现了新的商机。19世纪，许多因公务前往菲律宾造访的外国人，喜欢购买一些小的木雕像和油画作为纪念品带回去。而越来越多的富裕人士希望将自己的画像挂在家中，以显示他们的财富和社会地位。这种不断增长的世俗艺术需求突破了宗教艺术的桎梏，使得这一时期出现了达米安·多明戈（Damian Domingo）这样的著名艺术家。他的绘画作品和平版印刷品售价不菲。1821年，多明戈创办了菲律宾第一所艺术学校，在这所艺术学校的影响之下，菲律宾绘画艺术开始更多地转向对风景和日常生活场景的描绘。

在19世纪后半叶，一些菲律宾艺术家前往欧洲学习，他们当中的一些人在艺术创作上获得了很高的成就。1884年，胡安·卢纳（Juan Luna）凭借其巨幅画作《古罗马斗兽场》（Spoliarium）获得了在马尼拉举办的西班牙国家艺术节的金奖。有趣的是，这幅画作描绘了角斗士尸体被拖走的场景，是对西班牙殖民统治的含蓄批判，展现了艺术家自身的真情实感。殖民主题被巧妙地融入作品当中，即使这幅作品被用于讽刺西班牙对菲律宾的殖民统治，但卢纳在作品中所展现出来的高超的艺术造诣仍然使其赢得赞誉。

三、20世纪艺术形式的发展

美国殖民统治菲律宾初期，菲律宾的主流艺术由两位著名的艺术家所主导，即风俗画家费尔南多·阿穆索罗（Fernando Amorsolo）和古典派雕塑家古勒玛·托伦提诺（Guillermo Tolentino）。阿穆索罗用印象主义的技巧描绘菲律宾的乡村景致，他的乡村风景画描绘了丰收的场景：沐浴在热带阳光里满足的农民和笑容满面的年轻姑娘，刻画出了田园牧歌式的美好生活。他的作品给第二次世界大战前菲律宾画坛定下了标准和基调。而托伦提诺的雕塑作品却与之大相径庭，他的作品基于其在罗马学习时掌握的古典主义题材，充满了随时会喷涌而出的激情。他最为重要的作品是遇刺的菲律宾民族英雄博尼法西奥的纪念碑，这是马尼拉市郊的卡洛奥坎市的标志性建筑，这里也是当时菲律宾革命组织卡蒂普南的领导者博尼法西奥首次号召民众起来反抗西班牙殖民者的地方。托伦提诺还创作了雕塑作品《祭品》（Oblation）——一个张开双臂迎向太阳的裸体男性塑像，它是菲律宾大学的标志。

到了第二次世界大战之后，阿穆索罗画派在菲律宾的统治地位受到被称为菲律宾现代美术之父的维多利欧·埃德斯（Victorio C. Edades，1895—1985）领导的菲律宾现代主义画派的挑战，他们认为艺术作品不应该仅仅表现田园牧歌式的美好生活，也应该揭露生活中丑陋的一面。埃德斯于1920年代在美国华盛顿大学学习建筑和绘画，当时的美国也正经历社会制度变革，埃德斯在那里受到了现代艺术的启蒙与熏陶。他于1928年返回菲律宾，并于当年12月在马尼拉埃米塔的菲律宾哥伦比亚俱乐部举办个人画展，展示其在美国留学期间所创作的作品，震惊了当时保守的菲律宾美术界。埃德斯创作的人物形体比例不符合传统标准，笔触粗糙，仿佛是还未完成的习作，画中人物如浑身尘土汗水的建筑工人、在泥泞中打滚的摔跤手等等，都和以阿穆索罗为代表的民俗画风格大相径庭。埃德斯的代表作《建筑工人》(the Builders)，以褐黄、暗褐、土红以及有力的黑色线条描绘了一群正在吃力地搬运着石块的建筑工人，画面沉重而压抑，展现了工人阶级的艰苦生活。

埃德斯和与他理念相同的艺术家们组成一个称为"13现代人"（the 13 Moderns）的画家联盟，将一些后来在欧美等国发展成为主流的艺术潮流率先引入菲律宾。埃德斯尝试将当代艺术形式中所表达的感觉与激情引入油画作品，如立体派、抽象主义，以及具象表现主义等。尤其是在第二次世界大战期间，日本大举进攻菲律宾，使得菲律宾民众经历了长达3年的苦难生活，日军撤退时还在王城一带对菲律宾人进行大屠杀，这使得当时的艺术作品不应该只是田园牧歌式的装饰品，而应当承担起反映现实生活、记录真情实感的媒介作用。埃德斯带领的现代主义画派逐步在第二次世界大战后的菲律宾画坛占据上风。战后菲律宾美术现代主义运动以维参特·马南萨拉（Vicente Manansala，1910—1981）、赫南多·奥堪波（Hernando R. Ocampo，1911—1978）和凯撒·勒嘉斯皮（Cesar T. Legasp，1917—1994）为代表，他们联合其他现代主义画家，如安妮塔·马格赛赛—何（Anita Magsaysay-Ho，1914—2012）等，成立了以菲律宾美术画廊为活动据点的新写实派。①

维参特·马南萨拉1930年毕业于菲律宾大学美术学院，曾经留学加拿大蒙特利尔及法国巴黎。他被认为是菲律宾立体主义最主要的倡导者，擅长其充满立体主义和新现实主义的都市生活作品中，抓住当时社会的氛围和关注的焦点，将立体主义菲律宾化。他的代表作《贫民窟的圣母》（Madonna of the Slums，1950）刻画了来自菲律宾乡村却蜗居于城市贫民窟中的母子形象，将西方的宗教象征菲律宾化，通过贫民母子无助而恐惧的形象，体现战后菲律宾人一贫如洗的境地。当这一潮流被引入首都马尼拉时，其他地区的艺术中心也仍然存在并且蓬勃发展。尤其值得关注的是马尼拉以东，内湖畔城镇中聚集的艺术家们。在安哥诺（Angono）镇，当地的民间传统最初被当代主义艺术家卡洛斯·弗朗西斯科（Carlos Francisco）所发展，之后在乔斯·布朗科（Jose Blanco）及其才华横溢的孩子们的努力下变得生机勃勃，他们采用现实主义的绘画方式，将该镇居民呈现于大尺幅的绘画作品当中，获得了菲律宾国内以及国际的赞誉。

赫南多·奥堪波大学时主修法律，并进行文学创作，在开始其绘画生涯之前他曾为各种报纸和杂志撰写文章，并且曾经撰写剧本并担任电视导演，这一切都

---

① Rodolfo Paras-Perez, *Edades and the 13 Moderns*, Manila: Cultural Center of the Philippines, 1994；以及郭建超、周雁冰：《东南亚现代美术》，南宁：广西美术出版社，2006年，第37页。

丰富了他的社会经验。他的绘画作品主要反映了菲律宾战后充满矛盾的社会现实，对菲律宾贫富悬殊的现象表达出强烈不满。此外他也用浓烈而大胆的色彩描绘菲律宾丰富多彩的自然风光，将具有菲律宾特点的动植物、阳光、雨露高度抽象化，将抽象艺术引入菲律宾绘画，为菲律宾抽象绘画塑造了与西方抽象主义极为不同的新兴艺术风格。

凯撒·勒嘉斯皮曾荣获"菲律宾国家艺术家"（Filipino National Artist Awardee）称号，他的作品也以刻画城市中遭到非人待遇、令人同情的乞丐和工人为主，如其代表作《男人与女人》（Man and Woman, 1945）和《机件》（Gadgets, 1947），通过对都市现实生活的敏锐观察，表现了都市及工业社会对普通百姓的剥削和奴役。

安妮塔·马格赛赛—何（Anita Magsaysay-Ho）是"13现代人"当中唯一的女性艺术家，曾经师从于埃德斯。她从菲律宾大学毕业后便留学美国，在那里受到美国现代主义的洗礼，并研究用蛋白调和颜料作画，以制造出明亮感的效果。她的绘画以描绘菲律宾自然风光，刻画丰收时节或市场中的菲律宾女性形象为主。

1960年代，菲律宾艺术界更加倾向社会现实主义，尤其是在马科斯连任两届总统期间。年轻艺术家本·卡布莱拉（Ben Cabrera）展现出新的艺术风格。他运用各种不同的艺术媒介，如绘画、版画复制、蚀刻版画，以及照片与绘画混搭等，最大限度地呈现他的社会主张。卡布莱拉用革命历史事件来影射当代的政治问题，尤其是那些与菲律宾人身份认同的复杂性密切相关的问题，如天主教徒与穆斯林，都市与乡村等。他的作品以及其他艺术家与他风格类似的作品，都有着极强的民族主义主题，这当中也混杂着地方性与超现实主义的面向。

随着1972年军事管制法的实施，社会现实主义的倾向也越来越明显，其主张第二次世界大战后的潮流是建立在民族主义的主题之上的"无产阶级艺术"，这也是菲律宾当代艺术的特点。在这股浪潮之下，艺术媒介也得到进一步的拓展，试图打破艺术家和普通大众之间的鸿沟。例如，他们用卡通和菲律宾漫画书的形式来作画，同时制作各种海报和移动壁画来与民众沟通，使他们的艺术主张具有更强的政治影响力。

与此同时，布兰达·法卓多（Brenda Fajardo, 1940— ）开始着手探索社会象征和女性主义问题，探讨不同历史时期的菲律宾人心目中的女性角色。她和其他艺术家开始采用本土材料，例如竹子、椰子、藤条以及各种植物的种子，把这些放入他们的作品中以增强本土真实性。将本土与民间材料相结合以呈现当代视角，这使得菲律宾当代艺术家登上了国际舞台。如基拉多·谭（Gerardo Tan, 1960— ）

就曾在美国和澳大利亚墨尔本举办过展览。艺术家们也为此比之前获得更广泛的大众关注，许多百货大楼也为此开始开设艺术画廊。然而，这些位于高档百货大楼的艺术画廊并没有使艺术更接近平民百姓，因为当时的百货大楼仍然是为菲律宾社会当中的中、上层阶级人群所服务的。

图6-1　上为《古罗马斗兽场》，左下为民族英雄博尼法西奥的纪念碑，右下为《贫民窟的圣母》

资料来源：http://19thcenturyrealism.com/wp-content/uploads/2013/04/Spoliarium.jpg, 2014/7/12, 16:00.https://c1.staticflickr.com/3/2727/4072141920_87a482b3b3.jpg, 2014/7/12, 16:00.

http://uploads4.wikiart.org/images/vicente-manansala/madonna-of-the-slums-1950.jpg, 2014/7/12, 16:00.

四、大众民间艺术

菲律宾除了具有高意趣的艺术文化，也有充满活力的民间艺术传统，其通过该国的各种民间节庆、城市流行艺术地点，甚至是在对国家公共汽车的创新中体现出来。菲律宾各地的城镇在每年的狂欢节期间都会被装点得五光十色，用棕榈叶和各种纸制饰品装饰下的竹制拱门使得城镇的主要街道充满着节日的气氛，房子、树上、旗杆上都悬挂着各式各样的彩旗，甚至食物在节日期间的盛宴中也变成了一种艺术品。如在圣尼古拉—托伦提诺（San Nicolas de Tolentino）节上，会散发特制成圣人形象的饼干。在布拉干省的圣米格尔（San Miguel），干乳制成的糕点"帕斯蒂拉丝"（pastillas）用有着水果或鲜花图案蕾丝花纹的彩纸包裹着，有些上面还印有欢迎词。在圣诞期间，一种名为帕罗（parol）的艺术装饰品会被悬挂在房子的窗户上以欢迎来访者。这种五角星形的装饰品是用薄薄的竹条编织成框架，糊上半透明的彩纸，然后在其中两个星形角上粘上裁剪好的纸条制成的。一些大型的帕罗里面还会装上小的彩色灯泡，而过去是点上小蜡烛，以营造出光彩炫丽的效果。

内湖省的佩尔（Paere）镇是菲律宾著名的马谢（paper-mache）节庆人偶制作中心，最受欢迎的是用红色绘制的马形纸偶，它用覆盖着鲜花图案的精美的马鞍进行装饰。在20世纪初人们就已经开始制作这一艺术装饰品，目前它已经发展为一种民间艺术品并得到广泛流传。佩尔镇制作的塑像，在内湖省以及邻近地区的节庆活动当中都能看到。此外，天主教的棕榈主日（复活节前的星期日）期间，要用棕榈叶进行装饰。这些棕榈叶可以用一些小的花朵进行装饰，复杂些的会用彩色的叶子编织成形，并系上彩色的绉纱花朵。这些棕榈叶在教堂的祷告中使用，然后被悬挂于家里以驱除恶灵。

不得不提到的还有五月中旬，在奎松省的卢克班城和萨里阿亚城的帕西亚斯（Pahiyas）丰收节，人们会做一种彩色米制薄脆饼（Kaping），并把这些饼挂在房屋四周作为吊饰，或者制成鲜花状的装饰品。其他的一些节庆活动，如马林杜克岛的面具节、班乃岛的阿提阿提汗狂欢节等，都为当地居民提供展示其民间艺术创造力的机会。他们为节庆活动制作各种服饰和装饰品，并且在节日期间举行游行活动，利用戏剧形式重现各种宗教场景，如在面具节游行上模仿罗马角斗士行进的情形，以及在狂欢节中表演各种民间舞蹈。在菲律宾各地的护城神节中，居民们都会给城镇的护城神圣像穿上最好的服饰，使得它们在节庆期间显得光彩夺目。

此外，菲律宾的都市地区也成为地下流行艺术聚集的家园，一些才华横溢却因贫穷无法接受正规艺术训练的菲律宾人，用他们的艺术创作力来补充其微薄的收入。他们将工厂和废物堆积场里的废弃物重新利用，手工制作成可以使用的物品。如利用服装厂剩余布料制作小地毯，用鸡毛制作鸡毛掸子，灰泥制作小塑像，用废弃易拉罐制作儿童玩具，用彩绘椰子壳制作存钱罐以及制作各种各样的贝壳制品。这些物品都展现出菲律宾民众的创造力，渗透着个性的艺术观感。

图6-2 上为帕罗,下为纸马谢

资料来源:https://s-media-cache-ak0.pinimg.com/236x/10/0b/f9/100bf9ea5fbc66cd0f2f273a477a78ac.jpg,2014/8/10,10:00.https://c1.staticflickr.com/1/56/131677520_b8a716974a.jpg,2014/8/10,10:00.

在马尼拉城古老的旅游景点区也散布着许许多多的艺术工作室,他们模仿阿穆索罗的经典名作,制作出大量模式化的田园牧歌式乡村场景的绘画作品。这些对菲律宾乡村生活给予憧憬的作品或被游客们买走,或是被菲律宾中产阶级家庭装饰在墙上或新钢琴旁边。对菲律宾艺术者来说,他们从事的更为大量的艺术形式,并且在国内外都有着重要意义的是菲律宾的漫画产业。菲律宾漫画是一种流行文学样式,漫画书的制作也需要大量熟练的插画师。除了满足菲律宾国内的漫画市场需求,许多美国和日本的漫画书公司也将他们的作品外包给菲律宾艺术家。例如,迪斯尼公司超过60%的卡通人物是在菲律宾制作的,而不是在好莱坞。[1]

菲律宾街头还有一种最为明显的民间艺术样式,那就是独特的吉普尼车(Jeepney),那是第二次世界大战之后开始涌向菲律宾全国各个大街小巷的一种公共交通工具。最早的吉普尼车是将美军部队多余的车辆进行翻新,将车厢后座的架构进行拓展,并安装长凳座椅后给乘客使用。吉普尼车可以载约17人,1个司机和2个乘客在前座,7个或者更多的乘客坐在后座的两排长凳上。当一些原来的吉普车生锈之后,菲律宾人还会将发动机换掉,并且按照当地风格组装出新的车身。随着菲律宾人逐渐根据自己的需要对车子进行改装,吉普尼车也变得越来越

---

[1] Paul A. Rodell, *Culture and Customs of the Philippines*, London: Greenwood Press, 2002, pp.56-57.

炫丽多姿，成为菲律宾民间文化的移动告示牌。每一辆吉普尼车都有着自己独特的彩绘，安装了额外的车灯、镜子和反光镜、天线接收器等。车蓬上还有各种装饰，如车主最喜欢的歌曲名称、乡村风景画或者摆着诱惑姿势女性的海报、车子制造商的名字，甚至是车主的昵称，如"男孩爱人"、"吉普尼之王"、"动感小子"等等。除了这些特殊改造，吉普尼车都会将广告牌放置在挡风玻璃的顶上，以吸引潜在顾客的注意力。

在乘车期间，乘客之间、乘客与司机之间形成一种团体互助关系，乘客们在吉普尼车内互相帮助，如帮助坐在后面的乘客传递车费给司机，或是帮助要下车的乘客提醒司机停车以免司机没有听见。在吉普尼车的微观世界中，呈现出菲律宾社会的群体特性。不幸的是，这种吉普尼车营造给乘客在旅途中的团体氛围也正在逐步衰落。在1980年代，吉普尼车运行的高峰时期，马尼拉街头几乎有近3万辆吉普尼车。[1]然而，出于节省燃料和疏通都市街道的需要，吉普尼车受到了严格管制，逐步被更为节能和宽敞的公共巴士所取代，尤其是空调巴士。近年来，大量装着空调、有着固定停靠站点的公共巴士已经几乎取代了主要城市中的吉普尼车，而附着在吉普尼车上的民间艺术也随之受到限制。然而，在菲律宾的乡村地区，依然还能看到吉普尼车花花绿绿的身影，以及附着其上的生命力顽强的大众流行艺术。

图6-3　各色吉普尼车

资料来源：http://retiredinsamar.files.wordpress.com/2013/01/jeepney-just-one-more.jpg，2014/8/18, 9:00.

http://impactsocialmedia.net/discussion_boards/yabb_boards/philippines_talk/yabbfiles/Attachments/jeepney04.jpg, 2014/8/18, 9:00.

---

[1] Valerio Nofuente, The Jeepney: Vehicle as Art, International Popular Culture, 1, no.1, 1980, pp.38-47.

第七章 传统习俗

　　菲律宾传统习俗是菲律宾文化的重要组成部分，它是民族文化、传统信仰和时代观念多重融合的产物，贯穿在普通民众的日常生活之中，成为承载人们物质生活和精神生活的有机统一体。生老病死、婚丧嫁娶、节庆仪式等传统习俗的产生、发展及演变，不但与个人成长、家庭养育息息相关，更受到族群文化模式、宗教信仰、经济发展、政治事件等诸多社会因素的影响。这些传统习俗既有全民性、广泛性的一面，也有区域性、族群性的特点。由于菲律宾区域和文化的分散、多元状态，使得对这方面内容的介绍只能以主要地区或常见的现象为主，而不得不舍掉很多更为丰富而多样化的细致描述。本章主要关注恋爱婚姻、节庆仪式、丧葬习俗和巫医传统，这些议题在一定的人群和区域之中，是可以较长时间得以保留和传承的，通过对这些历史悠久的传统习俗的了解，我们能够透视和发掘出流传于菲律宾民众当中的意识、理念与信仰的发展和变化，从而更好地理解深藏于他们心中的民族文化观念是如何随着时代发展而不断流变的历史过程，而传统习俗也随着人们观念的改变而呈现出一种不断变化发展的状态。

第一节　婚姻习俗

　　婚姻习俗与其相关的仪式行为，是个人及社会长期形成的婚恋观念的外在体现。婚恋观念的形成与变迁，必然会受到家庭结构、文化模式、经济发展等一系列社会因素的影响。因此我们会看到，随着菲律宾向现代化社会不断迈进，以及文化多元性的交融与冲撞，传统的恋爱方式也越来越被当代的文化观念、生活方式和行为所取代。然而，尽管传统的婚恋方式已经大部分消失，菲律宾年轻人享有越来越多的恋爱自由，但是菲律宾家庭对儿女婚恋的控制力并未消失，一些传统的婚恋观念依然在以大家庭为主的菲律宾社会存留下来。此外，诸如语言、族群、宗教信仰等因素对男女青年的婚配限制在当代工业化和都市化的影响下已经越来越小，但仍然对菲律宾社会的婚恋观念有着相当程度的影响。因此，菲律宾人的婚姻习俗也随着婚恋观念的延续与改变，呈现出传统与现代相互交融的复合样貌。

一、婚恋观念

过去，菲律宾年轻人可以在青少年时期就开始谈恋爱，尤其是在那些乡村地区，但是近年来由于家庭或经济的压力，使得越来越多的年轻人推迟结婚年龄。这种推迟结婚年龄的趋势，随着接受高等教育以获得更高的社会和经济流动性的年轻人的增长，在菲律宾社会变得越来越明显。不仅是年轻人结婚越来越晚，许多传统的恋爱习俗在1950年代之后也逐渐消失了。在此之前，这些恋爱习俗广泛流行于除了某些偏远乡村之外的菲律宾大部分地区。这些恋爱习俗包括：作为追求者的男子在月光皎洁的晚上来到年轻姑娘的窗下，为她唱情歌或者弹奏吉他以博取其芳心；在一些公开交际的场合，年轻男子们会相约去给姑娘们唱歌，未婚姑娘从唱歌的男子中寻求自己的意中人，有时候会以对歌的形式表达自己的心意，这样的聚会常常成为促成男女恋爱的平台；还有一些腼腆的追求者，也会请他们口齿伶俐的朋友代为向姑娘传达自己的心意；此外，未婚的年轻男子还常常会去帮助自己喜欢的姑娘干家务活，如挑水、砍柴、种地等等，以此展现自己的能力和心意。如果姑娘喜欢该男子，甚至成为男子的恋人，两个家庭会正式会面，男方家庭会向女方父母赠送礼物，双方家庭会对两人的婚事进行沟通和安排，有时候还会邀请当地比较有威望的人，如宗教神职人员或者政府官员来为两个家庭之间的婚约作协商和见证，并且为两人未来即将进行的正式婚礼做好安排。

自从19世纪以来，西班牙文化也将保守含蓄的婚恋方式带入到菲律宾社会。在这种观念影响下，求爱的单身男子不应当轻易表露出对意中人的喜爱与顺从之情。如果他要约会自己的意中人，需要征求女子家人的同意，告诉他们约会的时间和地点，什么时候回来，而且女子出门约会还通常会有年长女性的陪伴。大部分的父母不会允许自己的女儿与男子去偏僻的地方约会，以避免她们受到诱惑和侵犯，他们通常希望追求者到家里来会见他们的女儿，而非到其他地方约会。在男女双方恋爱关系确定之前，他们的父母需要知道他们之前曾与什么样的对象交往过。男女双方的家人和亲友都会在他们的恋爱过程中进行观察并且提出建议，不为家人和朋友认可的恋爱关系基本上都难以持久。家庭成员和朋友都在菲律宾人的恋爱和结婚过程产生一定的影响，因为菲律宾人通常十分重视家人和朋友的意见，并且在他们的恋爱出现问题时也会立即寻求他们的帮助。

然而，随着家庭丧失传统的支配地位以及控制年轻人的能力，男女青年恋爱交往的传统方式也迅速发生转变。在美国殖民统治菲律宾期间广泛推广的公众教育是造成这一转变的一个很重要的因素。男女同校不仅增加了男孩与女孩的非正式接触，更使得性别隔离成为一种极其迂腐和落后的行为。更为重要的是，不断增长的非农职业从经济上大大冲击了传统的农业家庭经济，使得青年男女能够脱离传统家庭的束缚。而且，随着交通设施的改善，许多出生在农村的年轻人能够迁移到城市地区开始独立自主的生活。尽管不符合菲律宾社会的主流观念，但是当代都市社会赋予女性更多的主动权，如邀约年轻男性去看电影，或者给他们送纸条和小礼物等。在城市开放的社会环境中，男女青年们一起出去闲逛不会遭到非议，更不会受到父母的监视，甚至很多年轻情侣会单独约会。

当前，过去那种保守而压抑的恋爱方式已逐步被当代的菲律宾年轻人所抛弃，随着现代科技的进步，人们之间的沟通方式越来越便捷，因此传统的恋爱方式也越来越被当代的生活方式和行为所取代。由于20世纪是手机通讯蓬勃发展的时期，因此青年男女们可以远离家人和亲友的妨碍，通过手机和短信自由地结交异性朋友，与心仪的对象谈情说爱。短信联系通常是约会的前兆，恋人们通过短信确定约会的时间和地点，约会成为恋爱的家常便饭。随着互联网时代的到来，网恋也成为当下菲律宾青年所热衷的恋爱方式，年轻人在网络上寻找自己心仪的另一半，并且使得远距离的恋情、跨国恋情成为可能。

尽管过去传统的婚恋方式已经大部分消失，但是一些传统的婚恋观念依然存留下来。而且虽然身处现代都市中的菲律宾年轻人享有越来越多的恋爱自由，但是菲律宾家庭对儿女婚恋的控制力也并未消失。父母尽量促成子女与他们认为合适的婚恋对象相结合，尤其是在关系亲密的朋友中，以及与其在政治上或经济上有关联的家庭中寻找合适的人选。同时，父母会毫不犹豫地阻止子女与他们认为不合适的人交往，有些家长会将自己的女儿送到外省去度长假，以避免其与不适合的男孩交往。而作为子女，通常会比较尊重父母的意见，希望自己的婚姻得到父母的肯定与祝福，因为在菲律宾家庭中，孩子与父母的关系是非常紧密的。

此外，还有其他的一些因素会限制男女双方的进一步交往与结合。尽管这些因素会随着都市化的进程不断地被冲击和瓦解，但是它们仍然对菲律宾社会的关联性具有相当程度的重要影响。尽管菲律宾人对外国人和最新的国际时尚潮流都有很高的接受度，但是他们在婚恋对象的选择方面，很少会接受与自己所在群体之外的人结合。人们倾向于与相同城镇或者相同地区的人结婚，这使得与婚姻紧密相联系的家庭能够在社区内部不断积累财富。大部分的菲律宾人也倾向与自己社会经济地位相当的人结婚，社会与经济地位差异较大的男女很难为双方家庭所接受。有些不同区域的富裕家庭联姻，也是出于彼此之间共同的社会经济利益。此外，除非有一些显著的社会或经济利益，否则语言与族群的差异也是婚姻双方相对难以跨越的界限。因此直到现在，菲律宾拥有不同语言的族群之间的通婚仍十分罕见。还有一个婚配当中需要考虑的重要因素是宗教信仰，尽管菲律宾文化对不同的宗教信仰均持宽容态度，但是具有不同宗教信仰的男女青年也很难结合在一起。天主教和伊斯兰教都倾向于鼓励信徒内部的联姻，因为宗教信仰与社会认同密切相关，因此跨越宗教信仰的婚姻通常会受到双方亲友的强烈反对。因此，尽管这些因素对男女青年的婚配限制在当前工业化和都市化的影响之下已经越来越小，但仍然对菲律宾社会的婚恋观念有着相当程度的影响。

二、婚姻习俗与仪式

尽管随着现代社会的发展，菲律宾的婚姻习俗和观念发生了很大的变化，但男女双方在结合之前依然较为严格地遵循求婚、订婚和结婚这三个不同的步骤，由于地区差异和时代发展，这几个阶段在菲律宾不同地区、以及不同时代也有着不同程度的表现形式，笔者在此只能以为大部分菲律宾人所遵循的习俗进行概括介绍如下。

（一）求婚礼仪

这一阶段一般是由男方亲自上门拜访女方家人，在取得他们的认可之后两人的恋爱关系才算正式确定下来，过去，只有男性追求者获得女方家人的同意之后，两人才能开始进行交往和恋爱。通常求爱的男性会在另一个受人尊敬的长者的陪同之下，与女方的父亲或者母亲接触，提前商议好适合上门拜访的日期和时间。当前，这种恋爱之前需要取得女方父母同意的习俗仍然在菲律宾的一些省份存在，然而由于受到西方影响，该习俗也为了适应现代社会的发展而呈现出多样化趋势。其中一种方式就是男性追求者打电话给女方父母或者监护人，请求他们允许通过一位长者安排双方会面。另一种方式是追求者在公共场合会见女方父母，正式提出前去女方家中拜访的请求。不管哪种方式，都是为了在正式拜访之前表现出男性追求者对女方父母的尊重。当拜访的请求得到允许的时候，追求者会在朋友或长者的陪同之下拜访女方父母，并且向他们赠送礼物，礼物通常是美味的甜点或者当地小吃以及美丽的鲜花。这些小吃或礼品是送给女方家人的，而鲜花和甜点（巧克力或糖果）是送给女孩的。在一些相对保守的菲律宾家庭，在求婚阶段，双方父母会首次见面，这是给双方家庭认识彼此的机会。有时候，这种求婚被认为是对女方父母的追求，以赢得他们的心，允许男子去追求他们的女儿。如果初次见面进展顺利，正式的拜访日期就会随之确定下来，有时候也取决于男女双方恋爱的进度，通常由女方向男方传达可以正式拜访时间。

对于重视家庭关系的菲律宾人来说，求婚过程恰恰是将家庭的重要性赋予给婚姻最好方式，对菲律宾人而言，结婚不仅仅是两个年轻人的结合，更是双方所在家庭甚至两个家族的联合，因此在求婚的过程当中，男方及其家人不仅因此拜访了女方父母，也借此机会认识与接触到女方的其他家庭成员，为今后双方家庭之间的良好关系打下基础。

（二）订婚礼仪

经过男方提出的求婚之后，如果女方接受追求者的求爱和承诺，通常一段时间之后就会答应追求者的求婚，不过有时候也要经过好几个月才能得到女方的同意。过去，严格的女方父母会对追求者进行一系列的考验，如让他做一些诸如砍柴、挑水之类的家务活，又或者帮助女孩的父亲做一些农活。现在，更为流行而现代的方式是逛街时殷勤地帮女方的父母提东西，开车经过女方家时顺路接他们外出，以及做些有助于赢得女方家人好感的事情，以便更好地促进男女双方的感情。

在女方宣布接受男方的求婚之后，男女双方就会进入订婚阶段，双方家人就开始制定结婚计划，商议婚礼的时间、地点、经费预算、客人名单等。从这时起，男方就开始被视为该家庭的一员，即未来的女婿，通过各种方式被介绍给女方的亲朋好友们，两人也借此宣布订婚关系以及结婚的计划，并顺便送上婚礼的请帖。订婚时间的长短取决于双方家庭之间的约定，通常从几个月到一两年不等，但通常会长达一年以上，以便更好地确定结婚的日子，以及为正式的婚礼做好充分的准备。在订婚的这段时期，男女可以相对自由地约会，但是在一些严格的家庭里，女方有时还是会有家人陪同。现在，刚开始是会有年长的女性陪同未婚女孩前往约会，但之后恋人们就可以自由约会了，尤其是生活在大城市中的家庭，并没有乡村地区那么严格。

（三）结婚仪式

在菲律宾被西班牙殖民统治之前，古老的婚礼仪式通常由部落的祭司主持，而且一般会持续三天左右，婚礼仪式就在祭司的屋子内举行。第一天，新郎和新娘会前往祭司的处所，祭司会将他们的手放到一起覆盖在一个装着生稻米的盘子上面，并且为他们祈福。第三天，祭司会将新郎和新娘的胸部扎破取一点血，把两人的血与水混合放在容器中，之后，再次将他们的手放在一起，新郎和新娘向对方宣誓自己的爱三次之后，祭司会用之前装生稻米的盘子盛出煮熟的米饭来给新郎新娘吃，并且将混合着二人血液的水给他们喝掉，最后将两人的手和脖子用绳子绑住，或是将两人的头发缠绕在一起，祭司就宣布他们正式结为夫妇。在菲律宾的一些地方，也会由部落的酋长或者是德高望重的长老担任婚礼的主持人，如分布于菲律宾棉兰老岛山区的巴戈博人（Bagobos）和曼达亚人（Mandayas）都还存在着类似的婚礼习俗。

西班牙殖民统治菲律宾之后，由于传教士在菲律宾广泛传播天主教，使得从18世纪初期开始，菲律宾的结婚仪式随着宗教信仰的改变也随之发生了很大的变化。目前，尽管本土的结婚仪式仍然存在于菲律宾的某些地方，但由于天主教徒仍然在菲律宾人口中比重最大，因此大部分的菲律宾人会在教堂中举行天主教式的结婚仪式。对信仰天主教的菲律宾人来说，宗教仪式下举行的婚礼才具有唯一的有效性，而民事上的婚礼仪式反而没有那么丰富的内涵。因为婚姻稳定是维持和巩固菲律宾家庭的核心因素，因此人们相信在上帝面前许下的结婚誓言是得到认可和庇佑的。因此，在深受天主教影响的菲律宾，离婚在宗教上是不合法的观念可谓深入民心。在双方家庭的期待和宗教观念的约束下，菲律宾人的婚姻有着较强的稳定性。

无论新人处于怎样的社会地位或者经济状况，他们都希望婚礼能够办得让人难忘，因为作为天主教徒的菲律宾人认为自己一生只会结一次婚。由于婚礼如此重要，人们会花费数月的时间来筹备婚礼，邀请各地的亲朋好友前来参加。在菲律宾，男方及其家庭要负责结婚典礼的所有开销，包括戒指、食物、蛋糕、鲜花、场地、乐队、摄影等等，有时候甚至连女方与其家人的服装，以及婚礼随行人员的花费都由男方支付。这也显示出男方已经做好了承担未来生活经济重任的能力，并为即将组建的家庭和妻子提供物质保障的证明。

　　在婚礼的服装方面，过去的新娘会在婚礼上穿自己最好的衣服，有些充满着节日的缤纷色彩，也有些是时尚的黑色，但由于美国文化的影响，白色婚纱近年来一直受到新娘们的欢迎。而新郎通常会穿上菲律宾传统的巴龙（barong）礼服，这是一种几乎透明的刺绣上衣，用高档布料制作而成，衣服下摆撒开在黑色裤子的外面，衣服里面要穿上一件白色的T恤衫打底。而近年来，一些美国籍的菲律宾新郎也会穿着黑色无尾晚礼服。而受邀请的男性宾客们通常会穿着他们最好的巴龙礼服出席婚礼。

　　菲律宾的天主教婚礼仪式通常还包括长达一小时的弥撒，新郎会比新娘提前一小时抵达教堂迎接宾客，新娘则由婚车送到，新郎在父母的陪伴下等待新娘的到来，之后在新人的带领之下大家一起进入教堂进行婚礼仪式。婚礼现场一般要有特别的"主婚人"来为整个婚礼作见证，首要主婚人通常是教父母、老师、受尊敬的长辈等等。第二次序主婚人则由伴郎伴娘们担任，负责主持结婚仪式中的特殊部分，如婚礼中的点蜡烛、栓盖头和牵绳子等仪式。新人交换结婚戒指之后，新郎会送给新娘结婚礼物，礼物一般由13片金币（或者是银币或钱币）组成，象征着新郎承诺要把自己的幸福和财富都奉献给妻子和未来的儿孙们。除此之外，婚礼上通常还会有点蜡烛、栓盖头和牵绳子等民俗仪式，这些仪式分别由3组男女配对的主办人主持。点蜡烛仪式先由第一对主办人各自点燃一根蜡烛分别交给新郎新娘，然后由新人用手中的蜡烛共同点燃一根蜡烛，这象征着双方家庭借由儿女的爱而联合起来，以及在二人婚后生活中能够得到基督光明的帮助。栓盖头仪式则是由另一对主办人将一个巨大的面纱栓在新娘的头顶和新郎的肩上，这个盖头象征着新婚夫妇合二为一。在栓盖头仪式之后，第3对主办人用一根绳子以"8"字形——象征永远忠诚——松松地绕过新娘和新郎的肩头，意味着二人一生永不分离。

　　婚礼仪式结束之后，会有为庆祝婚礼而举办的宴会活动，宴会中有各种歌舞表演和丰富可口的食物，有些庆祝活动会持续一整天，有时候甚至是好几天。宴会通常会在大型饭店或酒楼举办，有时也在露天举行。尊贵的客人会与新郎新娘坐一桌，包括双方父母以及伴郎伴娘等。新郎新娘还会当场切婚礼蛋糕，并且互相喂对方吃蛋糕。用盒子装的小糕点会分发给来宾，作为他们参加婚宴的纪念品。目前，大部分的婚礼仪式都深受到西方文化的影响，即使是那些在传统天主教堂举行的婚礼仪式。在一些相对传统的西班牙式婚礼中，新人们会在庆祝活动中跳起"钱舞"（money dance），新婚夫妇一边随着歌曲跳舞，客人们就一边往地上抛洒硬币或是往新人的衣服上面用别针别上钱，这些钱被称为"订金"，象征着来宾们对新人婚后富裕、美好生活的祝愿。

图7-1　新婚夫妇跳起"钱舞"

资料来源：http://1.bp.blogspot.com/-QLQme1pgWuc/UFNU9sUMN4I/AAAAAAAAIjo/nXMA935Vx-w/s1600/J35.jpg，2014/8/3，11:00.

度蜜月也在时下的菲律宾新婚夫妇当中十分流行。他们通常希望在开始新的婚姻生活之前，到一个遥远的度假胜地进行结婚旅行，在这之后他们就要回归日常的家庭生活，组建自己的小家庭，或者成为大家庭的一部分。新婚夫妇通常要与新郎的家人共同居住一段时间之后，才开始自己的家庭生活，在此期间新娘要向婆婆学习如何成为一名合格的家庭主妇，以及担任未来家庭中的母亲角色。由于菲律宾人紧密的家庭关系，许多孩子即使成年之后还会和父母住在一起，因此，新娘进门之后不仅要处理与公婆的关系，还要与丈夫的兄弟姐妹共住一个屋檐下，有时候甚至还需要处理与他们住在一起的亲戚之间的关系。然而，当前由于许多新婚夫妇需要前往大城市工作，很多新人会选择在城市中组建自己的小家庭。

三、少数民族的婚恋传统与习俗

由于菲律宾不同地区与多元民族之间的文化差异，以及受到西方文化影响的程度差异，菲律宾的少数民族之中的婚恋传统与习俗也有着丰富多彩的表现形式，以及多样化的发展趋势。

因为彼此之间极为密切的文化联系，菲律宾北部吕宋岛上各个地区的少数民族发展出较为相似的婚恋方式，这些恋爱方式的形成源于他们的生活状况、文化传统、生存环境以及资源。居住在吕宋岛北部的伊戈洛特族人会将适婚的女孩们与其他人隔离，让她们共同居住在名为"少女屋"（Olog）的公共屋内，而适婚的男孩子则共同居住在"男子公所"（Ato）内。男孩们会经常结伴从"男子公所"前往"少女屋"去看望女孩们，并借此展开初期的恋爱。男孩们通过演唱内涵丰富且具有暗示性的本地歌曲来表达自己对女孩的感情，而女孩们也会用歌声作出回应。青年男女之间的这种恋爱行为都在"少女屋"头领——一个年老已婚的妇女或者是一个没有生孩子的寡妇——的监督之下，她会将恋爱发展的状况告诉女孩们的父母。而在吕宋岛的伊洛克族人中也流行通过演唱歌曲或朗诵诗歌进行求爱的习俗。追求者通常选择月光皎洁的夜晚，带着为其伴奏的朋友，前往姑娘家中为其演唱情歌，以表达自己的心意。作为回应，姑娘也会通过回唱歌曲以表达自己的感受，双方轮流互相演唱歌曲，直到彼此心意相通。这种通过歌唱进行恋爱的方式，在他加禄族中也被称为"Harana"。求爱的男子在月圆之夜来到女子的窗前为她演唱情歌，同伴们则在一旁弹奏着吉他、小提琴或者尤克里里等乐器为其伴奏。如果男子的求爱成功，他们会被邀请进入女子的房中继续演奏，女子也被要求加入他们的歌唱，并且演唱自己的歌曲作为回报。那些从另一个村镇前来的男子们还会被请到女子的家中品尝宵夜。

此外，还有一种公鸡求爱的习俗。在此公鸡充当着媒人的角色，由追求者送到意中人的家里，如果姑娘的家人将公鸡留下，则表明姑娘接受男子的求爱。也有些地方的男子半夜偷偷跑到意中人所住屋子的下面，用竹竿敲打窗户，低声向姑娘倾诉爱慕之情。还有就是背诵情诗或者写情书，并且向意中人赠送具有象征意义的礼物，使得恋爱过程十分浪漫，以获取意中人的芳心。而在布拉干（Bulacan）地区，由于房子大多是用竹子和棕榈叶搭建而成，追求者能够容易偷偷溜地进姑娘的房间，与姑娘谈情说爱。而巴拉望（Palawan）地区的人们则有比较独特的求爱方式，他们会编出一些谜语，姑娘会用恋爱谜语来考验追求者和他的父母，如果追求者的回答能够使得姑娘及其家人满意，他们就会同意追求者的求爱，进而接受追求者家庭的礼物，进入订婚阶段。

米沙鄢群岛上的宿雾族人是当地人数最多的族群，他们的恋爱方式也大多采用朗诵情诗或者演唱情歌的形式，通过情歌的优美曲调和动人歌词，男子表达出对心上人的爱慕之心。此外，赠送情书也是一种十分流行的求爱方式，求爱者将写满爱意的情书交给他信任的朋友或者意中人的亲戚，让他们帮自己将情书送给自己追求的对象。男子还常常给女子赠送定情信物，以使她们更容易坠入情网。他们不但给女子赠送礼物，也给她们家人和亲属赠送礼物，并且会给女子家里干一些家务活和农活，以展现自己的真诚和能力。

菲律宾南部棉兰老地区的人群仍然遵循着较为传统的恋爱方式，尤其是陶苏格部族，他们有不同的求爱方式，其中一种较为大胆而鲁莽的求婚方式是，追求者给意中人的父亲带来一件巴龙礼服，然后请求姑娘的父亲将女儿嫁给他，如果姑娘的父亲拒绝，他就可以用巴龙礼服来击打对方，然而当这种具有威胁性的求婚方式结束之后，陶苏格人就会举办复杂而盛大的婚礼。婚礼当中的仪式也十分华丽而壮观。棉兰老岛上的巴戈博人在前往意中人家中求婚时会带上矛和刀，如果姑娘的家人接受了他带来的礼物则说明求婚成功。此外，棉兰老岛上信仰伊斯兰教的穆斯林在正式结婚之前会进行一些复杂的婚前仪式，这些仪式虽然在结婚之前举行，但是却通过仪式宣告二人已经形成订婚关系。这之后就是婚前的正式约定，双方父母会协商讨论二人是否已经适合结婚，如果双方同意二人的婚事，男方就会通知父母所在村落的首领，该首领会负责处理嫁妆，嫁妆包括金钱、衣服、珠宝和其他值钱的物品。订婚之后才会举行正式的婚礼仪式，通常会举行丰盛的宴会，还有歌舞和音乐表演。

第二节　节庆

菲律宾是世界上节日最多的国家之一，国家法定节假日和全国各民族的传统节日每年有几百个，其中全国性的节日就有20多个，因此在一年当中，菲律宾全国各地举办的节庆活动此起彼伏。受传统的民族习俗与外来宗教文化的熏陶，菲律宾的许多节日都带有浓厚的异域情调和宗教色彩，其中较为隆重的宗教节庆与天主教传统节日有关，其他还有五月花节、护城神节等，在这些节日期间往往要举行盛大的狂欢活动。

菲律宾纷繁多彩的宗教狂欢节庆活动，充分展现了菲律宾人热情开放、爱好交往的民族特性。尽管菲律宾人尽情沉浸于节日的欢乐气氛之中，但对于他们来说，节庆活动不仅仅只是一种社交聚会，更体现着普通民众乡村生活的特征，这些节庆活动通常对民众的农业生活、宗教信仰、社会价值和家庭纽带都有着更深层次的重要意义。同时，乡村的节庆习俗也孕育出菲律宾戏剧传统的重要形式，包括一些戏剧音乐、甚至文学和艺术的某些领域。初次造访菲律宾的人会很快意识到大部分菲律宾的节庆活动是宗教性的，或者至少是充满着浓重的宗教意义和象征形式，这些都体现着民众虔诚的宗教信仰。在菲律宾人的宗教生活中，天主教的统治地位不仅仅体现在其拥有人数最多的信众，更体现在其深刻而持久的文化影响，这一点在节庆习俗中尤其明显地展现出来。节庆在菲律宾社会生活中的重要性并不十分明显，而是更多地影响着民众的宗教信仰层面。节庆也为富人提供展示自身的机会，并且再次强化了普遍的社会价值和重要的家庭观念。对于非天主教信仰的菲律宾少数民族，比如居住于吕宋岛北部科迪勒拉山脉的少数民族，以及菲律宾南部岛屿的信仰伊斯兰教的人群来说，节庆也是他们日常生活的核心内容。与此同时，节庆活动也形塑了菲律宾民众的生活方式，激发出民众的自豪感并以此增强民族凝聚力。所有的这些节庆活动，都在菲律宾人民形成自我文化认同感的过程中起着重要作用。

一、城镇狂欢节

充满文化与宗教氛围的节庆活动是一年一度的城镇狂欢节，也称护城神节（Patron Saints Day），其目的是为了纪念守护城镇的圣人。该节日不仅与罗马天主教会有着直接关系，在现实层面上与城市自治也有着密切的联系，而这一联系虽然不甚明显却根源于菲律宾的国家历史。西班牙在殖民统治时期，他们认为在每一个特定的社区创建一个独立教区是形成一个自治城市很重要的一步。西班牙在菲律宾实行政教合一的殖民统治政策，位于马尼拉的殖民政府希望每个城镇都在一个神父的管理之下，只有那样的社区才能拥有充分的自治地位，而那些只有访问神父的社区仍然受到已经建立起市政府的西班牙居民区的支配，因此，对护城神节日的庆祝实质上也是对城镇存在和认同的欢庆。今天，建立一个新的市政府要求有一个教区神父的历史已经成为陈迹，但是护城神节依然成为所有城镇重要的节庆活动。

正如节日已经承载着信仰和俗世的双重意义，实际的庆祝活动也已经成为宗教和世俗结合的产物。教区神父组织对护城圣人进行纪念，包括宗教游行队伍、连续9天的祷告和至少一次弥撒。与此同时，一个由杰出人士组成的委员会负责所有的非宗教节庆活动，包括舞蹈表演、评选节日皇后和国王的选美比赛、运动会（篮球循环赛、斗鸡等等）、抽奖、戏剧演出、演讲、商业活动，有时候还有狂欢节。这些委员会当中的成员资格和其在组织阶层中所担任的职位十分清楚地显示出他们的社会地位，更明确地说，显示他们为此次活动贡献了多少金钱。这一年度节庆活动的独特之处就在于宗教和世俗的力量必须充分合作，而在其他节庆活动中二者则并非总是如此。有些节庆则是严格宗教性的，比如"圣周"（Holy Week）中没有世俗的节庆活动，而一些世俗的节庆活动，如独立日（Independence Day）也没有宗教的成分。

因为城镇狂欢节与社区有着紧密的联系，各城镇之间会相互竞争，看谁能够举办最为精彩的节庆活动，一些城镇还因为炫目的节庆活动而享有盛名，因此对城镇中所有的居民而言，参与和资助节庆活动都成为巨大的压力，即使是那些非天主教徒或者没有宗教信仰的居民也不能幸免。该活动也是相邻城镇之间的邻居和朋友巩固社会联盟关系的绝佳时机，人们之间可以相互邀请对方前来品尝节日期间为客人准备的丰盛的节日美食。事实上，在节日期间拜访朋友及会见社会或政治方面的支持者都是一件值得重视的事情，人们都必须提供一些机会以防冒犯或者冷落了自己的朋友。

然而，菲律宾的城镇狂欢节最重要并且基本的社会功能是提供给家庭团聚且维持其紧密联系的机会，有时候也包括远房亲戚以及刚组建不久的小家庭。菲律宾人会尽他们最大的努力回到家乡来庆祝节日，即使是那些许多年前就已经移居到遥远都市的人们，甚至是那些与他们过去的乡村大家庭已经缺乏联系的人们。虽然在其他时候探望故人可能更为方便，但是菲律宾的城镇狂欢节还是有着不可阻挡的魅力。

二、天主教节日

作为具有悠久天主教信仰传统的国家，菲律宾的宗教节日与许多其他国家的天主教节庆有着相似之处。然而，在对相同节日的具体庆祝方式上也有着许多有趣的不同，并且某些节日在菲律宾比在其他地方更受到重视，这些变化和重视程度上的差异通常与菲律宾家庭仪式生活的参与度有关，也与该国的农业生活有关，还有在天主教进入之前就已经存在的民间习俗也给天主教节日带来一定的影响。

菲律宾圣诞节的庆祝活动与其他地方一样，也是要进行宗教祈祷，有圣诞老人派发礼物，大家欢唱圣诞歌曲，屋内装点圣诞树，树上悬挂彩灯，亲友之间互赠圣诞礼物等等。此外，很多菲律宾人还会悬挂星形的灯饰帕罗。在邦板牙省的首府圣费尔南多（San Fernando）就因圣诞期间举行的灯饰节而著称。在圣诞节前9天，所有的教堂清晨4点就开始举行弥撒活动，开始庆祝圣诞即将到来。在一些社区，庆祝活动会一直持续到1月6日举行"三王宴"（the Feast of the Three Kings）为止，这期间会举办各种庆典和表演活动。

另一个十分重要的节日是漫长的四旬斋（Lent），该活动在各地广泛庆祝，但其节庆形式也有所变化和差异。比如，在棕榈主日（Palm Sunday）——复活节前的星期日，经过装饰的棕榈叶被带入教堂用于弥撒活动之后神父的祈福仪式，之后棕榈叶被带回家悬挂在门口或者窗户上，被用于保护居住者免受恶灵的侵扰。此外，城镇居民们通常会在节日的晚间聚集在一起进行耶稣受难圣诗咏唱，他们咏唱并且复述基督受难的故事。许多城镇还会上演宗教戏剧，演出基督遇难时所发生的各种事件，一个特别的场景是耶稣受难日（Good Friday）的鞭笞者，他们用嵌满玻璃碎片的绳子或尾部是麻线的竹条鞭打自己，直至他们的背部布满鲜红的血印，之后用醋摩擦伤口。一些更为狂热的信仰者甚至真的将自己钉在木头十字架上，之后被忠诚的鞭笞者悬挂一会儿以模仿基督受难的情形。在一些城镇，复活节（Easter Sunday）会与另一种称为"Salubong"的仪式相结合，表现准备升天的基督与圣母玛利亚不期而遇的情形，他们分别从教堂不同的道路出发，直到他们在城镇广场上一个特别为此搭建的平台相遇为止。

在马林杜克岛（Marinduque）上，同在四月斋节期间但与其他地方庆典很大不同的就是举办面具节（Mariones Festival）。这是根据罗马总督朗基努斯（Longinus）的传说而举行的节日，左眼失明的朗基努斯用长矛刺伤了基督的侧腹，当朗基努斯将长矛抽出时，一滴血落入了他的眼睛，使他瞬间恢复了视力，他立即被感化并开始信仰基督，但最终还是被他的罗马同伴处死。该岛城镇的男人们用混凝纸制作硕大而多彩的头盔，装扮成古代的罗马士兵在街上游行，表示忏悔。这个宗教庆典还要重演朗基努斯被砍头的场景，以此来纪念朗基努斯。

对菲律宾家庭来说还有一个具有重要意义的宗教节日，就是在11月1日举行的万灵节（Araw ng mga Patay），这是一个祭奠和怀念逝者的节日，尤其是缅怀逝去的家庭成员。人们要清扫墓地、整晚守夜、祈祷、为逝去的灵魂奉献鲜花和食物，因为他们会在这天回来人间探望。这一节日与家庭关系密切相关，并且连结生者与逝者，所以这是家庭团聚的重要日子。在菲律宾，万灵节是正式的法定节日，在这期间交通状况会十分拥堵，都市里的人们都会返回到家乡，致使公路上常常车满为患。

三、其他宗教节日

菲律宾人也庆祝其他一系列的宗教节日，一些与罗马天主教传统有关，而其他的则融合了天主教和天主教传入之前的元素。

比较著名的是纪念耶稣受难和殉道的节日，如黑面拿撒勒耶稣节（Festival of Black Nazarene），每年1月9日在马尼拉的奎阿坡区举行，该节日在17世纪初从墨西哥传到了菲律宾。当宗教仪式结束之后，信徒们（只限男性）将安奉在奇亚波教堂里的黑面拿撒勒圣像抬出，放在鲜花装饰的彩车上游行。这尊圣像为黑色木雕，呈跪姿，肩背着大十字架。在游行过程中信徒们争相触摸圣像，认为这样会治愈百病。该节日非常隆重，每年有10～20万信徒从全国各地赶来，有些虔诚者甚至跣足而行。[①]

在这些节日当中还有各式各样以纪念圣母玛利亚（Virgin Mary）以及天主教历史上传说的一些著名女性的节日。圣母玛利亚在菲律宾很受爱戴，在菲律宾人看来，她是圣洁、母爱的象征，而且菲律宾人还把传统文化中对母亲的敬仰融合在对圣母的崇拜中，希望带来子孙的繁衍。这一类型的节日主要有：五月花节（Flores de Mayo Fiesta），通常5月在全国各地举行，为了纪念圣母玛利亚，身着白衣的女孩会围绕圣母玛利亚的圣像抛撒鲜花，这个风俗历经百年不衰。社区还会举办名为"Santacruzan"的美少女游行，以此纪念找到圣十字架的圣海伦娜（Saint Helen）；每年10月在马尼拉奎松市举行纪念玫瑰圣母玛利亚的庆典，该庆典的来源可以追溯到17世纪中叶，相传由于得到玫瑰圣母相助，西班牙人与菲律宾人的海军联盟打败了荷兰舰队的进攻，因此举行盛大的庆祝活动来纪念这一重大历史事件；每年四五月在内湖省（Laguna）帕齐尔镇（Pakil）举行图伦巴节（Turumba Festival），是为纪念受难的圣母玛利亚所遭受的七重创伤，信徒

---

① 施雪琴：《菲律宾天主教宗教节日的文化特征与功能嬗变》，载《东南亚研究》，2003年第6期。

们会抬着圣贞女玛丽的圣像游行，并祈求健康、丰收与子孙繁衍；吕宋岛比科尔地区（Bicol）的那加河（Naga River）流域举行的派娜法兰西亚庆典（Festival of Penafrancia）也与圣母有关。该庆典的最后一天，载着圣母玛利亚圣像的船队在河中航行，从全国各地赶来的信徒们追赶着船队，齐声高呼"圣母万岁"，期盼圣母为他们带来好运。其他乡村教区里形式多样的玛利亚节，或者源于奇迹事件，或者源于与玛利亚雕像有关的幽灵。还有一些节日是与圣婴（Santo Nino）崇拜有关，主要基于对上帝之子的尊崇。如在宿雾举行的仙努诺节（Sinulog）就是为了纪念圣婴的狂欢，在每年1月的第3个周日举行，该节也是宿雾节日的鼻祖。节庆期间，会有一支色彩缤纷的队伍抬着全城人顶礼膜拜的圣婴像举行游行仪式，欢庆的人们还会跳起一种独特的仙努诺舞蹈，两步向前，一步向后，周而复始，象征河水的韵律。在当地盛行的比萨扬语中，"仙努诺"一词即意为模仿河水起伏节奏的舞蹈，最初是原住民神灵崇拜仪式的舞蹈，但是随着宿雾部族改信天主教之后，仙努诺也演变成了膜拜圣婴像的舞蹈。该节日也是为了纪念麦哲伦到达宿雾这一重大历史事件，同时也是纪念第一位接受洗礼的菲律宾人——胡安娜（Queen Juana）王后祈求圣婴带来降雨的故事。

　　许多纪念圣婴的活动也在马尼拉各地和广大的乡村城镇中举行。其中十分著名的是在班乃岛上阿克兰省的首府卡利博（Kalibo）举行的阿提阿提汗（Ati-Atihan Festival）狂欢节：据班乃岛古代文献记载，13世纪中叶，印尼苏门答腊的室利佛逝势力到达加里曼丹岛，该岛统治者马卡土诺苏丹（Sultan Makatunaw）采取高压统治，导致岛上10名马来酋长携带眷属、战士和奴隶出逃，驾船抵达班乃岛，当时居住在岛上的原住民是皮肤黝黑的阿提人（Atis）①，双方经过交涉，马来人以黄金购买岛上的平原地带，阿提人则退居山区，从此和平共处。为了庆祝二者的友好往来，阿提人就开始表演舞蹈，即"阿提阿提汗"，而新移民们也将身体涂黑与原住民们一起跳舞。之后西班牙人到来之后就将此庆典与圣婴崇拜相结合，使其成为具有天主教意义的节日。节日期间，庆祝者们用煤油将他们的皮肤抹黑，在脸上涂上丰富的彩绘，穿上各种炫目的服装，街头狂欢活动从1月开始，持续整整一周左右。

① 即菲律宾的尼格利陀人，民族学上称为阿埃塔族，阿提是阿埃塔族的部族之一。

图7-2　阿提阿提汗狂欢节的舞者

　　还有其他与庆祝者的现实利益密切相关的宗教节日，比如与农业生产、出行、土壤肥力密切相关的节日。与农业生产有关的节庆活动一般在5月举行，这时正是农闲期，到了六七月份雨量充沛，则进入下一个稻谷种植季节，就要进行一系列的耕犁和插秧等生产活动。5月15日纪念圣伊斯多（San Isidro）的节日是水牛节，尽管现代菲律宾的农业已经逐步机械化和商品化，但是水牛仍然是大量农民进行农业生产的重要劳动力。节日期间，农夫们会将精心打扮的水牛带到镇上的教堂接受神父的祝福，然后赶着牛群游行，最后的庆典活动会在牛参加的各种比赛中达到高潮。另一个纪念圣伊斯多的节日是在塔亚巴斯省（Tayabas）的卢克班城（Lucban）和萨里阿亚城（Sariaya）举行的帕西亚斯（Pahiyas）丰收节。传说圣伊斯多是一位勤劳的农民，当气候不好别人都歉收时，他仍能获得丰收，因此他死后被奉为土地的保护神。人们用各种物品如泥土、辣椒、树叶、椰子壳、稻秆等等来装饰房子，还用一种以染成各种颜色的米团为原料做成树叶形状的薄饼挂在房屋四周作为装饰，各家屋檐下挂着五颜六色的食品和丰收的果实，亲朋好友从各地赶来过节共享丰收的喜悦，人们抬着圣伊多斯的神像在社区中游行，游行结束之后，孩子们可以尽情地向房主索取美味的食物。

　　每年5月，成千上万的菲律宾人会前往黎刹省朝拜安提波洛圣女（Virgin of Antipolo），她能在一系列事件中显灵，几百年前被视为墨西哥与菲律宾之间大帆船贸易的保护神。在过去危险重重的大航海时代，许多船只在暴风雨中沉没，或者遭到海盗的劫掠，而疾病甚至会夺去更多人的生命，因此许多航海者都会在出海之前去朝拜圣女寻求保护。

靠水出行的观念使得河流在菲律宾人的日常生活中有着重要意义，也因此带来许多在天主教传入之前就已经存在的河流庆典。大部分的河流节庆集中于马尼拉周围的省份，然而，最大型的河流节庆活动是在吕宋岛比科尔地区的那加河流域举行的派娜法兰西亚庆典。这一节庆在11月的第3个星期六，举行连续9天的祷告和一个星期的节庆活动。在那个星期六，圣人的神像会被从其所在的教堂送到主教区的大教堂，然后再顺着河流的航道回来。有说法认为：作为天主教传入之前的仪式，这一行程是为了驱除河流里面的恶灵，因此神像返回时要选择一条比较长的河道。

此外，每年5月17—19日在布拉干省的奥万多（Obando）举行的生育节也是菲律宾民间宗教的盛大节日。该节日是为了纪念镇上的3位庇护神：为不孕夫妇带来孩子的圣·克拉拉（Sta. Clara），为未婚男女找到对象的圣·帕斯库尔·贝伦（San Pascual Baylon）以及渔民和农夫的庇护神灵塞兰宝贞女（Senora de Salambao）。节日期间，许多希望怀孕生子的妇女前来跳舞，农民和渔夫盛装打扮，祈祷孩子的降临和希望来年获得好收成。当地的市镇官员也要前来助兴，非常热闹。这个节日是天主教文化与菲律宾民间信仰传统相融合的典范。传说圣·帕斯库尔·贝伦原是16世纪欧洲的一名牧羊人，喜欢在祈祷时跳舞，这一仪式被菲律宾人融合在5月的祈求来年丰收与子孙繁衍的传统仪式中，形成了今天的生育节。

四、非天主教节日

吕宋岛北部科迪勒拉山脉的居民们有自己崇拜的神灵，并不庆祝诸如圣诞节、四旬斋、派娜法兰西亚庆典等这样的周年节日。他们的节庆活动与农业生产周期或者主要的人生阶段有关，比如出生、结婚和死亡等。在这些仪式庆典中有祈雨仪式（manerwap）；有庆祝仪式（ap-pey），在插秧之后持续3天的节庆活动，给控制植物成活的自然神灵以抚慰；有感恩仪式（lesles），是庆祝丰收的感恩节；还有多重目的并存的生育节（Iyag），在这期间不同季节的神灵都会被召唤出来。在这些节庆仪式当中，还会祭祀动物，跳起专门的舞蹈，并由社区当中的富者举办宴会。

与北部山区的居民相比，南部岛屿的穆斯林人群有着一系列与宗教献祭有关的更为复杂的节庆活动。最重要的节日是开斋节（Hari-raya Puasa），是在斋月30天禁食期结束之后举行节庆活动。对当地人而言，这一节日的重要性堪比天主教徒的圣诞节，因为它也有十分重要的宗教意义。宴会上会准备特别的食物，给孩子们赠送礼物，并举办体育比赛。其他重要的节日还有哈芝节（Hari-raya hadji），在伊斯兰历的十二月十日，在这一天，到麦加朝圣的穆斯林信仰者们会前往麦加并拜祭穆罕默德的陵墓，然后到他们当地的清真寺祈祷，并给来访者提供各种精美的食物。还有圣纪节（Maoloden Nabi），在伊斯兰历的三月十二日，纪念穆罕默德的诞生，伊斯兰历的七月二十七日则是纪念他的升天。这些场合是十分庄重的，但也会为穷人提供宴会。伊斯兰文化还未传入之前，流传下来的节庆仪式有八月份举行的对逝者的追思活动，伊斯兰教传入后穆斯林们延续了这些节日，像天主教徒的万圣节一样，穆斯林们也清扫他们家庭成员的坟墓，并焚香和献花。还有驱除厄运的节日 Panulak Bala，穆斯林阿訇将水泼溅到庆祝者身上表示为他们净化，之后庆祝者会将一枚小石头扔入海里或者河流中，以表示扔掉他们灵魂的污点。

五、民族性节日

虽然美国为菲律宾制定的独立日是1946年7月4日，但是目前菲律宾国家法定的独立日是6月12日，以纪念阿奎那多（Emilio Aguinaldo）将军宣布菲律宾脱离西班牙殖民统治宣告独立。尽管1898年建立的菲律宾共和国只建立了几个月就被美国军队包围了，但是阿奎那多将军的独立宣言被认为是菲律宾真正独立的开始。殖民者赋予的独立并非真正的独立，只有人民争取并宣称的独立才是，即使当时的政府被外国军事力量所征服。当天马尼拉要举行盛大的纪念活动，早上总统要到黎刹纪念碑前主持升旗仪式并发表讲话，届时全国各地的教堂都敲响大钟，电视台、电台播放国歌，还要举行体育比赛和文艺演出。然而，菲律宾人民也庆祝7月4日，将其作为菲美友谊日进行纪念，尽管目前该节日已经没有以前那么重要。菲律宾还有两个节日是为了纪念在第二次世界大战中共同对抗日本侵略者的菲律宾和美国士兵们：其中4月9日是巴丹日（Bataan Day），1942年4月9日巴丹岛被日本军队占领，当地民众奋起反抗，这一天即是纪念在第二次世界大战中为保卫祖国而阵亡的英雄；而5月6日，则是纪念科雷吉多岛战役（Battle of Corregidor）中巴丹半岛（Bataan Peninsula）沿岸岛屿防御工事的沦陷。

与国家独立日一样，还有许多节日都是为了纪念国家英雄或者抵抗西班牙殖民统治的历史事件。8月28日是"国家英雄日"，纪念1896年8月这天爆发的巴林塔瓦克起义（Cry of Pugadlawin），安德烈·博尼法西奥领导约1 000名菲律宾爱国人士，号召人民拿起武器反抗西班牙殖民统治，拉开了菲律宾反抗西班牙殖民统治斗争的序幕。11月28日是"英雄节"，也叫"博尼法西奥日"，那天是著名的革命领袖博尼法西奥的生日，他是反抗西班牙殖民统治的第一个革命组织"卡蒂普南"的创立者之一，围绕其位于马尼拉北部加洛坎市的英雄纪念碑为中心，全国各地都会举行各种纪念活动。12月30日是另一个"英雄节"，市民通常举行游行以纪念菲律宾著名的民族英雄、文学家、诗人何塞·黎刹，以藉此表达对为了国家独立而牺牲的英雄的敬意，因此这天也成为"黎刹日"。

此外，还有一系列与世界其他国家类似的民俗节日，比如1月1日的新年，新年与家人团聚是菲律宾的传统，家家户户团聚一堂，共进晚餐，共同庆祝新年的到来。人们还汇集于各区的教堂，充满虔诚和希望参加新年弥撒。人们还会精心打扮，举行盛大的狂欢游行和新年舞会。农历一月初一是春节，这一中国传统节日也被居住在菲律宾的华侨、华人一直保留下来，他们的庆祝习惯与中国大体相同，要阖家团聚、吃年夜饭，家人、亲戚和邻居之间要相互拜年。5月1日国际劳动节，菲律宾人的庆祝习惯与世界各国一样。12月25日是圣诞节，这也是菲律宾一年当中最为隆重的节日之一。从12月16日黎明前举行弥撒敬礼开始，一直到次年的1月6日才结束。基督教信徒们事先在家里安放神像、装点圣诞树、悬挂彩灯，为过节作准备。24日平安夜晚上，全家聚在一起，吃以火鸡为主菜的圣诞晚餐，人们互相赠送礼物，家人欢聚团圆。25日凌晨教堂钟声一响，教徒们就提着各种彩灯去迎神游街，并举行花灯制作比赛、街边舞蹈和美食节等活动，人们通宵达旦地唱歌跳舞、尽情狂欢。

第三节　丧葬习俗和巫医传统

在菲律宾，丧葬的仪式和习俗包含着一系列个人的、文化的、传统的信仰和实践，这些与死亡、亲人去世、表达敬意、埋葬和对死者的悼念紧密相连。这些丧葬实践行为受到多元信仰和文化的形塑，而这些信仰和文化也是在菲律宾历史的不同时期传入并产生影响。当代大部分的菲律宾人也和他们的祖先一样，相信有所谓死后的世界，并且会对死者表达相当的尊重和敬意。即使是菲律宾的穆斯林，他们虽然会在死者死后24小时之内就将其埋葬，但也会举行3天到一周不等的守灵仪式。守灵仪式在乡村通常是在家里举行，而城市里的守灵仪式则基本上在殡仪馆中进行。尽管大部分的菲律宾人是天主教徒，但他们仍然会有一些关于死亡的传统本土观念，还有那些长期流传于民间的巫医传统，尤其在少数民族聚居地区和一些医疗条件相对较差的地方深入民心。

一、守灵和服丧习俗

当家中有亲人过世，除了要将死者过世的消息口头通知亲朋好友，也会在报纸上刊登讣告，讣告上通常会列出死者近亲属的名字，葬礼结束之后还会刊登一个致谢的通告。菲律宾的天主教信徒通常会举行守灵仪式（lamay 或 paglalamay），这种仪式通常会持续5至7天，如果死者亲属等待其他远行亲属的归来，持续时间会更长。在这期间，人们会对尸体进行清洁和防腐，再将其放入棺材内，然后将棺材停放在死者家中或者是殡仪馆内。棺材周围通常会有灯光环绕，旁边摆放着给前来参加吊唁的人签名的名册，收纳捐赠的盒子以及祭奠的鲜花，死者的家人、亲朋好友们在一旁守灵。除了前来吊唁，哀悼者和拜访者通常也会赠送一些奠仪（abuloy），以帮助死者家人支付葬礼费用。在晚上守灵时，死者家属还会为前来吊唁的人提供食物和热饮，灵堂周围也会有一些娱乐活动，如聊天、唱歌、吉他演奏，甚至是打牌等赌博游戏来使守灵者保持清醒。通常关系密切的吊唁者会向死者家属询问一些关于死亡时间、原因或者是葬礼和宴请花费的问题，以表示对他们的关心和慰问。一般的来访者则通常会做弥撒和祷告，为死者祈福。

在下葬的日子，棺材通常由死者家人放入灵车，亲朋好友们扶着灵车一起行进至教堂，然后再到墓地，其他悼念者则跟随着葬礼的队伍缓缓前进。天主教徒的葬礼上还要做弥撒，而新教教徒的葬礼上会唱赞美诗，牧师为祷告者朗诵。在葬礼上，传统习俗要穿黑色服饰以示悼念，而菲律宾华裔则通常穿白色衣服，胸前别上一块黑纱。也有人在葬礼上穿白色透明的巴龙礼服和黑色的裤子，胳膊上套着黑色臂带，由于巴龙礼服是菲律宾人在正式场合穿着的传统服饰，因此这样的装扮也是适宜的。下葬之后，死者亲人会给悼念者念珠之类的物品来为死者做9天的祷告（pasiyam或pagsisiyam）。做完9天的祷告之后，亲朋好友们会一起进行正式的聚餐。祷告9天的习俗是基于"灵魂会在第9天离开进入死后世界"这一传统的民间信仰。通常天主教信仰者，在这之后第40天还会有一个特殊的祷告仪式，源于基督从复活到升天经历了40天时间。过去，死者近亲的服丧期会长达一年，这期间仍然要穿着丧服，服丧期满后会为死者举行祭祀仪式（babang luksâ），这之后近亲属们才能脱下丧服，穿上色彩艳丽的服装。近年来，对服丧期间服饰穿着的要求没有过去那么严格，但仍然要求死者的近亲属们要穿着丧服，一段时间之后再回归正常的服饰穿着。现在，通常9天祷告结束之后，就意味着服丧期的结束。

二、埋葬和悼念活动

过去，菲律宾人十分重视丧葬仪式，他们有时还会将尸体进行防腐处理，使逝者过世之后身体也能保持完整。不少地方会有二次葬的习俗，重新将坟墓掘开，将死者残留的骸骨拾出放入特别准备的罐子中，重新进行埋葬。天主教传入菲律宾之后，也有天主教信徒将逝者的骸骨拾出，将其重新下葬于教堂的墓地中，并为其树立墓碑。尽管这种将死者重新埋葬于教堂墓地的习俗一直持续至20世纪，但从19世纪开始，由于菲律宾人开始意识到公共卫生的重要性，因此在城外划定了专门用于埋葬的区域。时至今日，作为一种特殊的信仰体系，市政当局建设的公墓会为逝者家属提供一系列的丧葬服务。

在一些越来越富裕的地区，富人们精心设计新的墓地，美如公园。如1823年在马尼拉修建的帕高墓地（Paco Cemetery），该墓地呈圆形，有两层同轴的围墙，将死者的墓地与用于行走的开放空间隔开，围墙中心位置有个椭圆形的小教堂。类似的墓地也在其他的一些著名市镇中建立，如在南伊罗戈，内湖省，阿尔拜（Albay）和伊洛伊洛等省。到了19世纪末，在马尼拉的北部建起了拉洛马（Large La Loma）墓地。在美国统治菲律宾期间，又陆续建立了一系列风格各异的墓地，这些墓地采用了各具特色的建筑风格，包括中国式的、新古典主义、哥特式的和当代艺术装饰风格。第二次世界大战之后，为了纪念在太平洋战争殉难的军人，美国在菲律宾也以现代纪念公园的形式建起了墓地，作为其在菲律宾的国家英雄墓地。目前，丧葬和纪念公园已经成为一项巨大的产业，每一个公园都有自已专属的教堂，在青草绿树掩映下的墓地和陵寝，以及为安慰逝者亲人设置的现代雕塑。

对菲律宾的天主教徒来说还有一个具有重要意义的祭祀习俗，就是天主教的万灵节（All Soul's Day）。天主教的万灵节在11月2日，是为了纪念那些还在炼狱中进行涤罪的基督教徒亡灵，但是菲律宾的天主教徒们将其提前到11月1日进行。前往祈祷和祭祀的人们会奉献鲜花、点燃蜡烛来抚慰亡灵，减轻炼狱中亡灵们所经受的痛苦。鲜花提醒人们这些逝者与生者之间的亲密关系，逝去的人也像活着的人一样，曾经向往着美好而多彩的生活；点燃的蜡烛则象征着逝者与生者共同分享的爱、希望和快乐，尽管逝者已经远去，但蜡烛所象征的美好却可以永存。

菲律宾的华人后裔也会举行万灵节，他们在这天来到亲人的坟前扫墓，为死者的灵魂奉上鲜花、水果和食物，认为死者的灵魂会来与他们一起分享食物。他们在坟前不点蜡烛而是点香，点燃两柱香以照亮死者的灵魂，而第三炷香则奉献给神灵。他们还会在死者坟墓上供奉纸做的"金银财宝"、"衣服"、"汽车"、"戏院"等祭品，供死者在阴间使用。

三、传统死亡观念与仪式

在西班牙殖民者未进入菲律宾之前，当地流传着许多与船有关的传统的死亡观念与仪式。在许多丧葬仪式中，船是非常重要的载体，它是将死者及其随葬品带入死后世界的交通工具，因此有着船葬仪式以及船棺这种独特的文化遗存。菲律宾土著盛行万物有灵的信仰体系，他们相信万事万物皆有灵魂，即使是人造物中也有灵魂存在，因此船也拥有自己的灵魂，它与用于修造它的树木有关，在造船的过程中，也会举行一系列根源于灵魂信仰的仪式。

在菲律宾传统的死亡仪式中，船的形象是十分重要的，因为它是万物有灵信仰的一部分。对死者的服丧形式共有4种。一种是禁食服丧，适用于死者是服丧者的父母或者近亲的情况，服丧者不吃米饭，只吃香蕉和马铃薯，只喝椰子酿造的酒（tuba），用藤条缠绕住整个手臂和脖子，这种服丧形式只有服丧者被俘虏或杀死另一个人时才结束。第2种是由妇女进行服丧的形式，她会和另一个妇女以及3个经过挑选的勇士登上一艘巴朗盖船（barangay），一个驾驶船，另一个向外舀水，第三个待在船头。在行驶这艘装满酒缸的船时，男人会唱起歌来表达他们在战斗中的勇敢。当他们抵达目的地时会举行盛大的宴会，当此名妇女再次吃米饭并穿戴金饰品时，表示服丧结束。第3种服丧仪式要求服丧者待在尸体旁边3天，期间不能吃任何固体状的食物，在这之后，服丧者可以吃东西但不能吃经过火烹饪的食物，直到他猎头成功。第4种是针对巴朗盖首领——大督的服丧方式，每个人都要观看这一仪式，在仪式现场人们不能有任何争吵，武器的枪口要朝下，匕首要留在刀鞘内，不能穿着鲜艳的衣服，所有人都保持安静，以表示对死去首领的哀悼。这种悼念方式被记录在马拉瑙部族的史诗《达冉根》中，河流出入口和部落周围都挂起白旗，禁止歌唱，人人必须保持沉默，违背规矩者会被处死。类似的，当比兰部族的首领去世，部族的人会停止所有的活动和欢乐，所有的人都会帮助准备葬礼。在16世纪，一名首领死掉之后会被进行船葬，船上还装载着为其在另一个世界服务的许多划船手以及奴隶，还有食物和饮料供他在另一个世界享用。有时候为首领陪葬的奴隶会多达60个，为了装下这么多人，葬礼的船只通常会用巴朗盖这种大船。

他加禄族会将死者葬在他的房子旁边，如果死者是位首领，他会被葬在专门为他而建造的小房子或门廊的下面。通常会有4天的服丧期，之后死者的尸体会被放入船里进行埋葬。陪葬的动物代替了划船者位置，每种动物会选一公一母放在划船者的位置，通常是成对的山羊、鹿和鸡。如果死者是一位勇士，一个活着的奴隶会被绑在尸体的下面，以相同的姿势陪葬。勇士的亲人们会唱起赞颂勇士英勇和美好品质的颂歌。

许多考古证据表明，从菲律宾北部到南部岛屿上的船型棺材和其他东南亚地区的是一样的。研究人员发现，一些菲律宾的少数民族至今仍然用船来作为他们的房屋，而一些房屋的形状和功能也和船十分类似。在保和岛，一名去世的首领会有70名全副武装的奴隶和丰富的食物陪葬，据说这与他生前出海远行的装备一样，这充分保证他在另一个世界也能拥有进行突击的威力。一种非常著名的棺材"kabaong"，十分类似于少数民族使用的小船"bangka"，这种船通常用硬木制成。在武端城（Butuan City），人们发现了菲律宾最古老的巴朗盖船，还发掘出用硬木做成的棺材，这种硬木是特别用来制造船的龙骨的材料。研究人员还发现，棺材的木板之间几乎密不透风，这表明棺材在制造时就被希望能够具备防水性以便穿越河流或海洋。

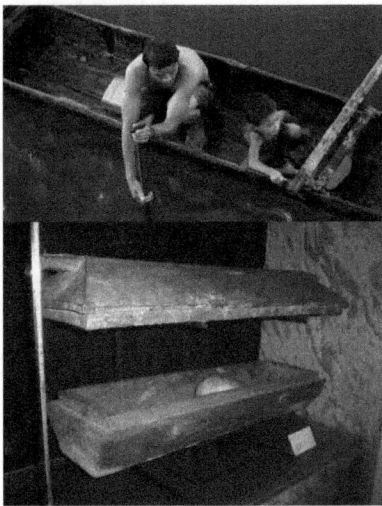

图7-3　上为bangka船,下为相似的棺材

资料来源:http://www.tommyschultz.com/photos/big_thumbnails/philippines/surigao-siargao-philippine-island/surigao-siargao-philippine-island-24.jpg,2014/8/6,17:00.

http://xiaochua.files.wordpress.com/2012/10/17-kabaong-hugis-bangka.jpg,2014/8/6,17:00.

　　具有重要意义的是,用于埋葬的罐子几乎总是在海岸或沿海地区被发现。在萨马岛和莱特岛,埋葬罐子发现的地点通常都能看到海,而在索索贡和塔亚巴斯,埋葬罐子也都在海边。用于埋葬的岩洞通常都会面向海边,河流和海洋都被当成是通向死后世界的通道,因此棺材就是驶向彼岸的航船。

　　关于这种灵魂航行之旅的一个重要概念是"abay",来源于上述第三种服丧仪式。abay意为船只一起航行,在比科尔语中它意为几艘船一个跟着一个远航,但是它的另外一个含义是"有着同行者的死亡之旅"。这种葬礼仪式实际上由几艘航船一起驶向进行埋葬仪式的岛屿,死者的地位可以从陪同进行葬礼的航船一起行进的船只的数目中展现出来。在米沙鄢群岛地区,abay的意义也是几艘航船共同远行,但同样隐喻着直到死亡的陪伴。而在他加禄语中,abay有三层含义,第一层含义为陪伴某人去另一个地方,第二层含义为一个朋友或一位受尊敬的人带来一场相聚,最后一层含义涉及人的灵魂得到陪伴。当西班牙殖民者开始传播天主教信仰之后,许多本土的观念被用来解释这种外来的宗教教义,而abay的概念涉及灵魂,意为船共同航行,或者人们一起远行,这种远行可能是短暂的,也可以是跨越一生的,例如心灵上的陪伴。abay的概念解释了死者需要有人陪伴的原因，陪伴者在其死去的世界中帮助他且为他服务。因此，与abay相关的上述第三种服丧仪式，尽管死后有奴隶陪葬，但死者最重要的亲人还是要陪伴在其身旁。

四、少数民族地区的丧葬习俗

聚居于吕宋岛北部山地的伊戈洛特族，如果其族人自然死亡，尸体由邻里老辈前来置于一座用竹枝编成的"死亡之椅"（sangachil）上面，又称为尸椅，半盖麻毡，如果是意外死亡则无死亡之椅的礼节。此类死亡之椅依各族不同，用松枝或竹枝制成，即将树枝割开，以藤条扎成椅子，将尸体屈肢坐于其上，椅子大小与常用者相当，唯椅背较高，以便将头部缚于椅背，并以一条兽皮扣其口部，以防止倾跌。根据迷信，如果尸体由椅上跌下，其家庭必有一人继之死亡。

当黄昏来临，邻近妇女前来集中在死者家门前，面对住屋，开始唱安魂曲（annako）来安慰死者。入夜后，则由一群儿童来参加仪式，通常分为男女两队，开始唱欢乐的歌曲，约一小时后，则再分为三或四队，再合唱"生死之歌"（achog），有时候通宵达旦地演唱。歌唱完毕，除了留下邻里若干人负责守灵之外，其他人于宴会后各自散去。翌日清晨，杀一只猪分给族人。中午时分，为死者的尸体沐浴并换上寿衣。这种寿衣，如果死者是女性通常是其生前亲自缝制的，为暗蓝色并包以头巾，如果是男性则多为其妻子亲手纺织而成，为白色并裹以头巾。之后再杀一只鸡以为祭灵，随即准备入棺。棺材通常由一根松树的独木开凿而成，只有上下两块，合而为一。伊戈洛特族人在生前也会先准备棺材，将其放置在住屋或者谷仓之旁，以为死亡时使用。死者置入死亡之椅后，家人即将棺木取来，准备为他入殓并将尸体裹以他生前的毯子，丧礼则告完毕。未婚男女死亡或是婴儿夭折，则以白布包裹后直接埋葬，并无棺木。出殡之日，邻里皆相送。送殡者将白饭一瓮、米酒一杯、肉一碟置于棺材上，然后以土盖棺。死者亲人守孝一个月，不得外出，出殡后3天或者10天才视为丧事完全结束。

伊戈洛特族的丁古安部族也使用"死亡之椅"，但其构造更为复杂，它是由3根长竹靠在墙上，再用竹枝编成座位缚紧于三根支柱上，从顶上挂一幅竹席作为尸帘，直垂到地板上。死者的寿衣很讲究，所盖的毡也很名贵，颈上挂以银器及琉璃珠链作为陪葬，死者的灵魂将会被带到祖先所住的地方。祭祀品有生鸡和乳猪各一只，生鸡挂在尸椅的背后，乳猪则吊在屋内的一根柱子上，这些都是献给精灵的，等到埋葬时才把生鸡杀掉。一般停尸于屋内一至两天，亲友们集于一堂为死者致哀，之后大家一起宴饮，并且在席间配以音乐、歌唱和舞蹈。第三天，亲友们则集中于屋庭前，再次喝过米酒之后，其中一人取轻质木杆一枝，向另一人打200杖，杖毕，被打者再杖另一人100杖，此杖甚轻，仅为仪式上的形式，并非真打，其含义表示全体亲友对死者有同样哀悼和惜别之意。一般墓穴多在屋内挖掘，死者葬于屋内，认为不仅可以避免恶灵骚扰，且可以防止雨水的侵蚀。

图7-4　"死亡之椅"安放仪式

资料来源：http://xiaochua.files.wordpress.com/2012/10/img_6140.jpg，2014/7/29，14:00.

吕宋岛中部的伊隆戈特人则将死者双手缚于脚上，避免死者灵魂起来作祟。葬礼期间将尸体陈列于屋中，以毡覆盖在尸体上，通常陈列7—10日不等，在此期间，家人不得外出耕种或者打鱼。出殡时选一最强健的人，将尸体背到埋葬处，到达埋葬地点时，送殡的人立刻在山坡上挖掘一个大洞，大小足可以容纳一具屈膝的尸体，将尸体以坐姿放在洞内，然后用大石或泥土封蔽。此外，未成年儿童多用火葬，富有的则多用棺木埋葬。

有些少数民族在守孝期满之后会举行盛大的仪式，如分布于北吕宋岛山地的卡林加人，族人在守孝期中，不得进食肉类、淡水鱼和球根类蔬菜，同时也不得采摘野果或者自己烹饪。一年之内，不可办婚事、跳舞、唱歌、剪发和修容。在衣袖上缠一黑布或者咖啡色布条，以示守孝。一年守孝期满举行脱孝仪式（kolias），这种仪式需举行大宴，招待亲友的多少和排场大小，乃依其富裕程度而定，唱歌跳舞，通常从早上起床一直连着到第二天早上，大概整整24小时，至尽欢而散。

五、与死亡有关的传统民俗观念

在菲律宾普通民众当中，还流传着一些与死亡有关的民俗观念和说法，了解这些观念和说法有助于我们理解菲律宾人日常的一些风俗和禁忌。

如果一个人梦见自己的牙齿被连根拔起或抽出，他的家庭成员中就将会有人死亡。如果一个人在晚上剪掉自己的指甲，他的家庭成员也会有人死亡。当一个人闻到燃烧的蜡烛的气味，而他周围却没有点燃的蜡烛，预示着他的一个亲人即将去世。在晚上吃酸的水果会导致此人父母提早过世，因此人们晚上不会吃酸水果。在盛食物的餐具被清洗和摆放好之前，人们都不许离开，否则该家庭中的一位成员会面临死亡。

如果某位死者的脚的位置指向升起的太阳，他的某个亲人将会死亡。在葬礼上，所有的家庭成员都不应该看死者的脸，如果他们不小心看了，死者的灵魂就会来找他们并且将其带走，整个家庭的成员都会相继死掉。如果家庭当中有人刚刚过世，家中其他成员严禁吃辣木根（malunggay），否则家中的所有成员都会遭到死亡的厄运。因为辣木相互连接的叶子象征着家庭成员的灵魂密切联系，如果其中一个人死去，其他人也会随之面临死亡。两个来自于相同家庭的成员不应该在同一年结婚，否则其中一人会死掉。类似的，当家中有人去世时，那一年家中不能有人举办婚礼。

如果有一只黑蝴蝶围绕着一个人盘旋，此人的亲人应当刚刚去世，这只黑蝴蝶就象征着亲人的离去。如果猫头鹰在一个病人的房子周围徘徊，此人肯定会死亡。如果一只公鸡在一个病人周围打鸣，他就会在当天死亡。因为这个公鸡象征着圣徒彼得的鸡（Saint Peter's chicken），它宣告人的灵魂从他的身体离开，回到圣彼得那里等待判决。此外，如果一个病人去医院的路上遇到一只黑猫，他就即将死亡。

孕妇不应随身携带自己的照片，否则她们的孩子会夭折。孕妇也不能穿黑色的衣服，这也会导致胎儿死亡。如果一个孕妇在家里生产，家中所有的洞都必须被盖上，因为恶灵会从洞中出来杀死胎儿。

人们集体活动时，群体的人数不能是3或者13，否则，群体当中的成员将会死亡。如果是拍照，也不能3个人一起拍，否则中间那人会死掉。

六、民间巫医传统

菲律宾民间流传着万物有灵信仰，并且有着精灵崇拜的传统，基于精灵崇拜而产生巫觋（也被称为"萨满"）这类具有某种能力和法术的人，他们是精灵的沟通者和传述人。他们熟悉崇拜的仪式，能与精灵交流，传达崇拜者的希望，为病者驱除恶灵，或者招留善灵，同时也会解释占卜，并传达善灵的旨意。因此在菲律宾民间，尤其是居住于山区的少数民族当中，仍然流传着历史悠久的巫医传统。一般巫觋的草药知识也十分丰富，因此他们也常常利用自己的医药知识来给患者治病，使得巫医传统在医疗条件相对较差的地区深入民心。巫医为生病者驱邪时，一般祭祀仪式和服用药物同时进行，但祭祀仪式往往会在患者处于生死关头才举行，因此在这些笃行巫医的民众观念中，祭祀仪式比医药更为有效。

在巴戈博族人中，男人不能担当巫术的职位，一般由中老年妇女担任巫婆。此等巫婆略知草药，为族人治疗疾病并且主持一般祭祀仪式。如果疾病不太严重，则无需巫婆祈求精灵庇护，但对于那些久病不愈或者大病的人，则必须举行祭祀善灵的仪式为病者驱魔。如果祭祀了精灵仍然不愈，病者必须迁出原来的住屋，以避免恶灵的纠缠。此时巫婆则用草药为病者治疗，同时在他身上刺墨，施法术时严禁外人进入病者屋内。巫婆还充当产婆，除了为产妇接生之外，必须具备生育时所举行的精灵祭祀仪式的知识。

比兰族人的巫觋能与亡人的灵魂互通信息，当地人生病被认为是被亡灵或者恶灵作祟所致，当时即将病人抬到一所被称为"精灵屋"（lawig）的小茅屋中，在精灵屋外插有两根竹竿，并在舍前架柴燃烧。巫师手执母鸡，口中念咒词，边念边跳，然后停下来大呼"almogol"，请其离去。然后，将鸡头砍下，通过竹竿进入病人的灵屋中，再度不停地叫喊"almogol"。视病情的轻重，病人有时候要在灵屋中待上一天。

伊戈洛特族人遇到疾病，认为是恶灵附身，即请老巫（in-ina）为病者驱邪。这类老巫能与精灵互通信息，并祈求专为治病的善灵为病者治病。驱病仪式通常在用作祭祀的竹笼（fiki）中放一只生鸡，并在盛酒的竹筒中盛以米酒、少许米饭和肉食，由老巫带到山中，向精灵祷祝，然后回到病人家中，再将生鸡杀死，以代替病人死亡，这种驱病仪式被称为"mangmang"。伊戈洛特族的巫婆只知道为病人举行祭祀仪式和与精灵通话，并不了解其他治病的草药知识。而伊隆戈特人生病时也常常请巫师作法驱魔，但是他们的巫医均擅用草药，遇到病者遭受外伤，也知道将败血吸出，再敷以有效的草药。

巫术和灵媒在丁古安族当中尤其盛行，灵媒能与死者的灵魂或者精灵通话，来处理诸如鬼魂作祟、犯忌和解释病因等等。为病者举行驱除恶灵的仪式时，通常将毡子放在被施行法术者的头上，把全身遮掩起来，然后将椰壳一分为二，置于其头上，灵媒则施展法术，突然精灵附入其身体，灵媒一边大叫一边跳跃，让放在病者头上的椰壳半边掉下来，意指恶灵已经离开他的身体。另一种常见的灵媒治病仪式称为Tangpap，先由一个童子手拿鸡血和米饭，放于大碟子上搅拌之后，再分别盛放在各对碟中，绕病者数圈，将此鸡血米饭献给精灵。然后灵媒和童子两人突然将患者从地上抱起，把他抛向空中，继之绕米饭再舞，直到认为恶灵已经从病人身上被赶走为止。

第八章　物质文化

　　物质文化不仅是人们日常生活的重要组成部分，更是人们精神生活的重要载体和外在表现形式，而衣食住行则是人类最为基本而重要的物质文化生活。菲律宾的物质文化现象也概莫能外，但由于族群多元性和殖民历史的深刻影响，不同地域、族群、阶层的菲律宾民众在不同的历史时期，其物质文化生活呈现出更为丰富而多样化的时代特征。在服饰方面，即使是作为菲律宾传统服饰代表的特尔诺（terno）和巴龙（barong tagalog），都是随着时代的发展、融合了多种服装样式组合而成，其本身的造型款式也处于不断的变化与发展之中，兼具历史潮流和民族文化的多重面向。而菲律宾的建筑艺术，不仅反映了该国的气候特性与环境状况，也显示出民众家庭日常生活的方方面面，更留下该国不同历史时期的文化烙印。菲律宾的饮食文化更是一种多元融合的文化，它适应外来饮食文化影响的同时，也对其进行改造使其适应菲律宾的本土情况和民众偏好。这种融合的过程十分清晰地呈现于该国品种繁多的各类美食之中，这些美食在结合了多种文化影响的同时，也创造出真正具有菲律宾特色的菜式与风味，将菲律宾文化兼容并蓄的特点呈现得淋漓尽致。

第一节　服饰

　　在19世纪初期之前的相当长一段时期里，菲律宾人深受西方服饰穿着的影响，因此殖民时期之前的服装样式，仅仅作为一种遗迹被保存下来。在20世纪，这一趋势仍然延续，当代国际时尚潮流的影响力，对菲律宾妇女在正式场合中的传统服饰特尔诺造成了极大的冲击。而与此相对的，是一种名为巴龙，上面装饰着花样繁多的刺绣的宽松精致男外衣，在菲律宾过去的几百年间一直十分流行，目前它在菲律宾男人们的衣橱中一直占据一定地位。这是由于这种衬衫的样式创造性地适应了当代生活的需求。然而在其他方面，大部分生活在菲律宾低地的人们的服装样式则几乎完全西化了。只有一些生活在山区的少数民族，以及居住在南部岛屿的穆斯林，仍然保持着他们本土的服装样式，尤其是在特殊的仪式场合。尽管目前的菲律宾服装界热衷于追逐当代国际时尚的潮流，并且希望在激烈的国际竞争中获得一席之地，但普通民众对服装式样的选择仍然受到文化模式的影响，而且出于一种文化上的自尊与弘扬，菲律宾传统服饰仍然在某些重要的特殊场合被穿着与展示。

一、特尔诺服饰

特尔诺是菲律宾传统服饰的杰作，被誉为菲律宾国家级的珍宝。"Terno"一词来源于西班牙语，意为"搭配的"，它不仅仅是某位设计师的手工艺品，还是许多服饰创新的融合。菲律宾人的特尔诺意为将用相同材料做成的短上衣和裙子搭配，在腰间将其连接形成一条完整的连衣裙。然而，腰间的无缝连接仅仅是特尔诺其中的一个创新而已，更具特色的是其挺直的、高出肩膀稍许、宛如蝴蝶展翅一般的双袖。其低至胸前的领口与胸部的轮廓相贴合，腰部收紧变窄，圆弧形的裙摆舒展飘逸，使得穿着者宛如翩翩起舞的蝴蝶，因此又有着"蝴蝶服"的美称。

当代的特尔诺服饰是高雅的，它剪裁得体，长及脚踝，被认为是菲律宾女性最理想的服装。特尔诺的布料上通常装饰着繁复的刺绣，也会用手绘的花朵作装饰，或者用珍珠、亮片、珠子、人造钻石等装饰品作点缀。特尔诺最具特色的是它的"蝴蝶"袖，这与西式的晚礼服有着显著的差别。然而，尽管特尔诺对今天的菲律宾人来说是极具民族性的传统服装，但今天的特尔诺也与过去的样式有着较大差异，过去的特尔诺更加繁复而华丽。

特尔诺不同于其他的菲律宾服装，如非正式场合穿着的芭琳大华服（balintawak）和巴塔迪昂裙（patadyong），它们缺乏特尔诺所展现出的纤细和精致，这些服装过去主要作为菲律宾乡村妇女的日常穿着，目前则被用于在民俗表演或者跳竹竿舞时作为演出服来穿戴。而特尔诺则在重要的正式场合中被穿着，如菲律宾国庆游行队伍中、总统的就职典礼上，以及在宫殿中举行的各种国事活动。

被誉为当代菲律宾传统女性服饰的特尔诺，是由早期的欧式套裙（baro't saya）发展演变而来，传统的套裙由4个部分组成：有袖短装上衣（camisa），穿在上衣外面的披巾（alampay 或 panuelo），长裙（saya），包裹在长裙外的短罩裙（sobrefalda）。披巾并不是早期菲律宾妇女服饰中的固有搭配，只有去教堂时，一些菲律宾妇女为了表示虔诚，开始用披巾将头部遮住。18世纪，上教堂的妇女们通常穿着带有长窄袖子的套裙，头上裹着面罩似的头巾，并将圣像挂在脖子上以免除罪恶。直到1750年代，上教堂的妇女们仍然穿着宽大的披巾和及地的长裙。

这时的欧式套裙还结合了西班牙殖民统治之前当地流行的纱笼裙（tapis），它用布重叠包裹类似围裙的样式。值得注意的是，菲律宾上流阶层的混血妇女们通常回避穿着纱笼裙，因为它的样式令人联想到仆人工作时穿着的围裙。她们上身会穿着宽松的女衬衫，上面会点缀类似帘幕的刺绣方巾，以保持女性的端庄。这种西班牙时代的着装时尚随着"玛丽亚·克拉拉"裙（Maria Clara dress）的出现达到了顶点，它以黎刹小说《不许犯我》中不幸的女主人的名字而命名。这种裙子将短上衣、披巾与采用强烈对比色彩的多重垂直重缀组成的独特长裙相结合。

在美国殖民统治时期，混血妇女穿着的长裙很快演变成为特尔诺，随着短上衣和长裙在材料和颜色上的配合，纱笼裙被更为纤巧、绣制精美的短罩裙所取代。此外，在这一时期，蝴蝶袖也首次作为短上衣的配件而出现，与此同时，美国殖民当局更加强调穿着菲律宾国内的服饰，以此作为其殖民地经济自足计划的一部分。菲律宾本地织物的代表是凤梨麻（pina）——一种用菠萝树纤维织成的纺织品，以及一种用蕉麻（abaca）和中国蚕丝混合织成的纺织品jusi。菲律宾妇女服饰发展的最大进步是将上衣和裙子结合在一起，创造了优雅的一件式连衣裙特尔诺。这种服饰上的创新出现在1940年代，并且迅速受到第二次世界大战后职业妇女们的欢迎，她们因此不再受到过去过分累赘的多层服饰的困扰。其他方面的发展则是短罩裙逐步被淘汰，而之后披巾也在1960年代末最终消失。

随着现代生活节奏的加快，当代菲律宾人的穿着打扮也越来越追赶现代西方的时尚潮流，特尔诺很快成为只在特殊场合穿着的服饰。但菲律宾前第一夫人伊梅尔达·马科斯（Imelda Macros）是特尔诺的有力拥护者，她赞助和支持许多特尔诺服饰的设计家和制作者。由于她的努力，特尔诺获得了极高的国际地位。然而，由于特尔诺与总统夫人之间的密切关系，随着马科斯夫妇1986年逃离菲律宾后，特尔诺立即受到菲律宾民众的强烈抵制，直到菲律宾民众对马科斯政权的厌恶感减弱之后，特尔诺才逐步恢复其在菲律宾服饰领域原有的地位。

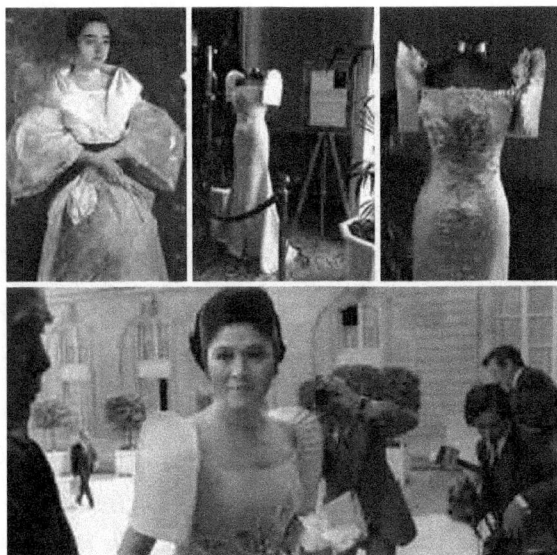

图8-1 从玛丽亚·克拉拉裙到前第一夫人伊梅尔达·马科斯的特尔诺

资料来源：http://upload.wikimedia.org/wikipedia/commons/5/56/La_Bulaquena_by_Juan_Luna.jpg，2014/8/9，11:00.

http://media-cache-ec0.pinimg.com/736x/9d/3b/3e/9d3b3ec5f172a7a4392e86b83ba2c55f.jpg，2014/8/9，11:00. https://s-media-cache-ak0.pinimg.com/236x/69/7b/58/697b58bb4849d1aeba5e0c0a47f7e19a.jpg，2014/8/9，11:00.

http://static.rappler.com/images/ImeldaMarcosParis-20130918.jpg，2014/8/9，11:00.

二、巴龙服饰

这是一种深受菲律宾男性喜爱的精工制作的正装上衣，它既具有民族特色，又体现出穿着者谦虚、低调、优雅的特质。在菲律宾，巴龙不仅仅是一种具有悠久历史的手工艺服饰，更是受到几个世纪以来菲律宾多元文化影响和承载着爱国主义情怀的文化遗产。菲律宾国家领导人常常在公开场合身着巴龙，使其具有菲律宾"国服"的美誉。如今，式样精美的巴龙服饰也经历了菲律宾历史的洗礼，展现了菲律宾多元文化的碰撞与融合。

16世纪以前，即西班牙殖民统治还未控制菲律宾之前，吕宋岛上的他加禄人穿着一种名为巴罗（Baro）的服饰，这是一种短袖的紧身粗棉上衣，没有领子，前面敞开，下摆长度略微在腰部以下，垂直撒开，没有塞在裤子里面。在他加禄语中，"Barong Tagalog"即为"Baro ng Tagalog"，意为"他加禄人的衣服"，巴龙就是在他加禄人穿着的巴罗的基础上发展而来。经过几百年间外来殖民文化与本土文化的交流与融合，他加禄人的传统服饰巴罗，才逐步演变为我们今天看到的深受菲律宾民众喜爱的式样繁多的巴龙服饰。

到了18世纪，西班牙的殖民统治下，正如菲律宾妇女迅速接受了西方人的服饰风格一样，大部分的菲律宾男人也放弃了传统的缠腰带，改穿舒适而合体的裤子。此外，受到欧洲男士领结的启发，彩色丝质的方巾也被引入成为巴罗的配饰，西班牙人还给巴罗加上小立领，并且只允许富有的菲律宾地主家庭（Ilustrados）在穿着巴罗时搭配鞋子和帽子。然而，到了19世纪初期，上层的菲律宾人开始全部穿戴西班牙式服装，甚至包括用走路时使用的手杖，作为他们能够进入殖民地权力架构中的一种表现。面对菲律宾本土的这种模仿倾向，1830年代西班牙殖民当局通过一项法规，要求菲律宾本地人将巴罗下摆留在裤子外面——将衬衫下摆扎入裤子的穿着方式是西班牙人的特权；也不允许巴罗上有任何口袋，这是为了提醒菲律宾人，无论拥有多少财富与权势，他们都只是西班牙殖民地的土著。这明显表现出西班牙殖民统治者对菲律宾当地人的歧视。

这种带有歧视性质的穿着方式，很快使得底层民众穿着的巴罗成为一种民族主义的象征。而面对西部牙殖民者的欺压与嘲弄，菲律宾民族主义者与此针锋相对。19世纪，由于受到欧洲服饰潮流的影响，人们开始在巴罗胸前位置用手工刺绣花纹进行装饰。不久之后，巴罗原来的立领还变为有褶饰边的，很多西菲混血儿或者在西班牙的菲律宾人还将巴罗穿在西式外套里面。而普通的菲律宾人则开始穿着宽松的巴罗，且将其露在裤子外面。他们也开始戴上帽子，或者在肩上披上方巾，在一些特殊场合还会戴上黑色的高顶礼帽。尽管屈服于殖民当局的严格政策，菲律宾富裕的地主阶层也只能穿着巴罗，但他们仍然通过在巴罗上设计精美的刺绣图案来表达自身的反抗情绪。不久，巴罗就逐渐演变成今天的巴龙，成为菲律宾人民族自豪感的外在体现。

当菲律宾民族主义者获得独立之后，各种不同的巴龙样式才开始纷纷涌现，这些巴龙更注重领子和袖口褶边的细节设计。在这一变化过程中，巴龙也由无领变为有领，并且发展出长袖和短袖的不同款式。之前朴素的衬衫也逐步演变为拥有不同颜色、款式和刺绣花纹的精美服装。人们越来越流行穿着宽松的巴龙，且认为不把下摆塞到裤子里面会比较好看，这样其他人就可以欣赏到衣服上面精美的刺绣和织物。而且，每一件巴龙衬衫无论采用何种颜色、装饰和剪裁，都是采用菲律宾当地的轻薄布料制成，这使得其能够很好地适应菲律宾的热带气侯。

相当讽刺的是，在反抗西班牙以及美国殖民统治期间，巴龙却几乎消失了。这很有可能是因为附着在巴龙上的下层阶级的污名是如此强烈，以至于想建立独立国家的年轻革命者很快就将其抛弃了。而在相对温和的美国殖民统治期间，民众希望模仿现代的穿着方式，因此追逐西装领结的西式装扮以及各种流行的美国服饰。只有在一个很短的时期，当菲律宾共和国第一任总统奎松于就职典礼时穿着一件经过特别设计的，绣着美国和菲律宾国旗的巴龙出现在民众面前之后，它才享有了一段时期短暂的流行。

直到第二次世界大战之后，巴龙才真正迎来了其辉煌的时代。为了恢复政治独立性，并建立统一的民族认同，菲律宾人开始对巴龙进行改造，如在其左侧加入内袋，改短衣服长度，还在衣服上设计一些表现菲律宾风光的图案，并举办一些具有爱国主义色彩的服装设计比赛。此外，巴龙服饰的复兴还很大程度得益于菲律宾电影行业为发展新兴独立国家的价值观所作出的贡献。巴龙被当做是谦恭而正直的视觉体现，电影中的英雄通常身着巴龙，而都市中的罪恶分子则穿着西式服装。1950年代的电影明星利奥波德·萨尔塞多（Leopoldo Salcedo），是穿着华伦天奴设计的巴龙的先锋，他使得巴龙再次迅速流行起来。而且，菲律宾的总统们也开始穿着巴龙出现在各种国事场合。1955—1957年在任的菲律宾总统雷蒙·麦格赛赛（Ramon Magsaysay），不但在其就职典礼上，而且在很多重要的特殊场合都穿着巴龙出席。而在另一位菲律宾总统迪奥斯达多·马卡帕加尔（Diosdado Macapagal）任职期间（1961—1964年），刺绣装饰的巴龙成为男士在正式场合的基本着装。1975年，时任菲律宾总统的费迪南德·马科斯（Ferdinand Marcos）宣布巴龙为菲律宾"国服"，并将6月5日至11日定为"巴龙周"。为了鼓励民众穿着巴龙，他还将自己当国会议员期间就开始收藏的巴龙展示出来，这其中最受欢迎的，是他在1949年设计的结合了乡村气息和菲律宾普通民众风格的巴龙。此外，通体刺绣设计的巴龙也成为马科斯时尚的同义词。在1990年代，总统菲德尔·拉莫斯（Fidel V. Ramos）将一种非正式的缝纫造型引入巴龙的设计，使其变为褶皱型的长袖。之后不久，继任总统约瑟夫·埃斯特拉达（Joseph Estrada）也如法炮制，经常穿着这种褶皱长袖的巴龙。为了增强民众的信任度，这两位菲律宾总统也常常在正式场合穿着精美刺绣的巴龙。

此外，国际时装大牌皮尔·卡丹和迪奥的设计师们采用巴龙服饰，并将其作为高级时尚文化进行重新设计时，巴龙获得了更大的名气和地位。到了2000年前后，巴龙的设计有了进一步发展，一种将短袖巴龙作为半正式穿着的潮流开始兴起。采用棉、麻等布料，在腰部位置加上口袋，并设计成短袖的翻领巴龙（polo barong），受到菲律宾公司白领的欢迎，并将其作为非正式场合的工作服装，成为菲律宾男性日常穿着不可缺少的一部分。事实上，巴龙的剪裁元素和其典型的刺绣样式，也常常出现在菲律宾女性服装的设计上。

由几百年前无领窄袖的紧身棉质上衣巴罗，到之后加上变化繁多的领子和双袖，并且具有绣花装饰的精致手工服饰巴龙，以至于后来在民族独立运动中承载菲律宾的民族精神而最终荣登"国服"之列，再到如今成为菲律宾男士衣橱里的必备之物，巴龙服饰变迁的背后，也折射出菲律宾近代历史与社会文化发展的波澜起伏。

图8-2　从巴罗到巴龙以及身着巴龙的奎松总统

资料来源：http://www.seasite.niu.edu/tagalog/cynthia/costumes/barong3.jpg, 2014/8/19, 18:00.

http://1.bp.blogspot.com/-wsvsT5UyXdw/UlTpIiFbEXI/AAAAAAAAADA/zkb2OFb55IQ/s1600/eh.jpg, 2014/8/19, 18:00.

http://www.barongsrus.com/barong/raya-barong-tagalog-4015-p-794.html, 2014/8/19, 18:00.

http://upload.wikimedia.org/wikipedia/commons/7/74/Magsaysay_and_Garcia.jpg, 2014/8/19, 18:00.

http://www.barongsrus.com/barong/images/item_1054med.jpg, 2014/8/19, 18:00.

三、少数民族服饰

少数民族也有他们传统的民族服饰,如菲律宾的山地民族阿埃塔族就有质量上乘、纹饰精美的纺织品;棉兰老岛和吕宋岛北部山区的少数民族,他们的服饰颜色艳丽、做工精巧。尽管少数民族当中的很多人在日常生活中都穿着西式服装,然而在他们的仪式场合中仍然保留传统服饰。

棉兰老岛上的巴戈博人精于纺织和刺绣,衣服的材料以大麻为主,并利用矿物、植物色素为染料,制成极其繁缛和有复杂色彩的衣服装饰。装饰上使用贝片研磨而成的小贝珠。男子盛装时将长发结成一束盘于头顶,并用头巾扎紧,头巾的边缘缀满小贝珠,并装饰以色带。内衣为短领装,外面披一件上衣,大多是撒领,裤子长仅及膝。腰带有两条,一条是裤带,另一条用作挂刀,刀平时用于工作,同时也用于防身。由于衣服没有口袋,因此随身用品都用背囊来携带。背囊用大麻织成复杂的几何形,并缀以色带和小铜铃。饰物中以贝壳制手镯的价值最高,它是由一种圆锥形的海螺加工而成。男女平时都爱戴果核雕刻的颈链。腿带男女都用,并缀以贝珠为装饰。妇女的外衣、衣领与男子的服饰不同,男式为撒领,女式为扣领。近年来,由于外来文化的渗入,这种传统服饰已经很少见到,即使有制作,也是作为一种商品出售给游客,而且也没有以前那么手工精致。

吕宋岛北部山地的伊戈洛特人的传统服饰则比较简单,男人平时只缠兜裆布,这种布均为手工纺织而成。兜裆布有两种,一种由粗糙的白棉线纺织而成(chinagta),多用于死人的穿着,另一种则带刺绣(finaliling),用于宴会时穿着。他们没有上衣,但有一块手工编织的非常厚重的毡子,天冷时把它披在身上。已婚男子盛装时头戴礼帽与未婚男子相区别,这种礼帽用小籐蔓编成,形状稍大、咖啡色、无装饰,而未婚男子戴织有彩色几何纹样的礼帽,缀以贝珠、山猪牙和红羽毛。帽子除了装饰之外,里面还备有几个小袋,以便置放烟草、烟斗、火柴和其他什物。妇女穿着桶裙(lufid),桶裙依其编织形式、色彩设计,共分为三种,第一种称为inorma或pinagpakan,以色线夹织于布上,而成三根条线,再将两块缝合为一桶裙,在盛装时穿着;第二种称为kinarchao,只有红白两根条纹的桶裙,在平日工作时穿着;第三种称为kayin,暗蓝色桶裙,用作妇女死后的寿衣。妇女穿着桶裙,乃用一根粗阔腰带束紧。此种腰带有两种,一种用多色线编织而成,供日常之用;另一种腰带白地、间以红、黄、蓝、绿等色线,供宴会或盛典之用。

第二次世界大战之前，妇女们皆为坦胸露乳，并在胸、颈及臂部文身，战后已改穿上衣。一般妇女头上皆缀以琉璃珠，玛瑙及象牙雕珠等饰物。较次者则有蛇骨或猴牙。男女均带耳垂，此种金属制的耳饰，粗糙而笨重，时间长了会使两耳垂至双肩，颈饰为黄铜细丝绕成的圆环。

伊戈洛特的部族伊隆戈特的妇女不会纺织，因此以树皮布作桶裙，其质地柔软似羚羊皮。妇女的饰物有贝珠、耳环以及螺旋形的黄铜手镯等。男子缠兜裆布，先以藤条为腰带，后以条状的树皮布跨于腿间以遮掩私处。男人平时外出携带什物的编篮比较精致，内装有槟郎及烟草、火石等物。

图8-3　左为巴戈博族，右为伊戈洛特族

资料来源：http://media-cache-ec0.pinimg.com/736x/0d/62/ef/0d62ef40c359737b0c02a21c935c7820.jpg, 2014/8/7 13:00.

https://farm3.staticflickr.com/2935/14376599233_d5127a7460.jpg, 2014/8/7 13:00.

居住于菲律宾平原地区大部分信仰天主教的居民，在日常生活和大部分活动中都穿着西式服装，自从美国殖民统治菲律宾以来，他们就以追逐最新的西方时尚潮流为其穿着打扮的标准。然而，对于身处热带气候区的菲律宾人来说，对西式服装的喜爱也是由于其穿着的舒适性，一种西式短袖衬衫曾在1960至1970年代十分流行，因为它不用塞进裤子，而且它的宽松能够较好地保持通风透气。

第二节　建筑

菲律宾建筑艺术不仅反映该国的气候特点与环境状况，也显示出民众家庭日常生活的方方面面，更留下该国不同历史时期的文化烙印。目前很多的乡村民众仍然居住在一种名为尼帕棚屋（bahay kubo）的菲律宾传统房屋中，这是一种用棕榈叶搭盖的干栏式建筑，在西班牙人进入菲律宾之前，这种干栏式建筑就长期而广泛地存在于菲律宾社会。而在宗教生活方面，信仰天主教的菲律宾人则前往城镇中心的西班牙风格的教堂中做礼拜。在日常生活中，他们则前往美国式的城市建筑中购买商品、从事公共商业贸易活动。在当代菲律宾，无论是市中心的高楼大厦，还是位于城市郊区现代化的商业区域和百货大楼，都是依据当代国际化的建筑潮流趋势进行设计并建造的。

一、民居建筑

没有受到西方影响的菲律宾本土传统房屋样式，目前主要存在于该国从事农业种植的乡村和一些少数民族地区。这些建筑的主要特色是根据当地的地理因素和气候环境来进行设计和建造，采用当地适宜的建筑材料，并且要有畜养牲畜的场所。

房屋建造受环境影响最为明显的例子，是位于菲律宾北部巴丹群岛（Batans）上伊巴坦族人（Ivatan）的房屋，这是一种坚固的堡垒状的石灰岩房子，用以抵挡每年都要侵袭菲律宾北部海岸的夏季季风。还有南部苏禄（Sulu）群岛上以航海为生的萨马尔人，他们将房屋建造在水岸的至高点上，以便他们的船能够停靠在旁边。同样居住在苏禄岛上的巴交族人（Badjao），也建造并且居住在船屋里，他们中的一些人甚至终其一生都居住在船上，很少踏足于陆地。

而居住在吕宋岛中部科迪勒拉山脉的诸多少数民族当中，也有着各式各样的房屋样式，但这些房屋具有的共同特点是可以使当地人免受山区寒冷气候的影响。因此，也有着一些相同的房屋建筑材料，包括采用木头柱子使房子远离寒冷潮湿的地面，以及采用厚木板来做房子的地板和墙面，这使得房屋的隔间能够相对密封以阻挡寒风。同时，人们在屋内烹煮食物，这样能够获得更多的暖气，但是由于缺乏通风设备，烟雾缭绕的屋子也对人们的健康产生相当大的影响，尤其是对青少年。此外，高耸的屋顶通常也是储藏粮食的地方。房子门口会有个长长的木梯子通向地面，晚上梯子会被收回来以防止陌生人的闯入。在科迪勒拉山区，当地的少数民族通常会把房子建在相互邻近的区域，并且靠近他们的田地，以便邻居之间相互照应，这使得人群呈现出某种聚居的状态。

与山地居民以御寒为主的房屋样式不同，居住在低地上的菲律宾人的传统民居是尼帕棚屋，这种房屋目前在菲律宾的很多乡村地区仍然可以见到。对大部分的菲律宾人来说，如何抵御炎热的热带气候是他们建筑房屋首先需要考虑的问题。由于低地区没有山区丰富的木材资源，因此他们建造尼帕棚屋的主要建筑材料是竹子，还有藤条和各种植物叶子也是用来搭盖屋顶的重要材料。这种房屋的主要结构也是用木柱或者竹竿撑起的，使其远离地面，让居住者免受潮湿和蚊虫的影响。不同于山区的房屋，将尼帕棚屋架高是为了使其下面空气流通，用竹子做成的地板使得房子更加通风透气，让受到阳光直射的房子能够迅速阴凉下来，窗子也设计得宽大敞亮，使得凉风能够穿堂而入。

尼帕棚屋的屋顶也像山地居民的房子一般高耸，但是并不是用来存储粮食，而是用来通风散热。屋子前面也有一个小的门廊作为门厅，有助于遮挡住突出于斜坡上的房顶下的部分，使得房子保持清凉。与此同时，屋内尽量减少隔间以保持空气的流通。在大部分的家庭里，主要活动场所称为"萨拉"（sala），那里是孩子们玩耍、家人聚餐和睡觉的地方，房子后面单独隔开的地方主要用来烹煮食物和清洗衣服。雨季来临时，高出地面的房子也使其免受洪水的侵袭，下雨时大量的流水会顺着斜坡从房子下面很快流走。

西班牙殖民者刚刚到来的时候，他们就用石头建造起多层的住宅和市政办公楼，但很快被频繁的地震摧毁，这才使他们注意到菲律宾本土建筑艺术的价值，并开始设计并建造出一种混合建筑样式。这是一种既保留菲律宾当地建筑特点，又有欧洲建筑坚固、富丽外观的永久性房屋——石屋（bahay na bato）。这种房子只有两层，为木石混用建筑，保留了传统的木构架，第一层砌石墙，以西方古典柱式、拱门、各种纹样线角、局部雕塑为装饰，第二层也用于起居，采用木料建筑，木地板、木板墙面、木构架使空间可以任意分割。

图8-4 左为尼帕棚屋，右为石屋

资料来源：http://leanurbanism.org/wp-content/uploads/2014/05/BahayKubo-1024x1024.png, 2014/8/30, 13:00.

http://fc06.deviantart.net/fs71/i/2013/081/9/b/bahay_na_bato_2_by_migzmiguel08-d5yxtnz.jpg, 2014/8/30, 13:00.

在这之后不久，随着19世纪建筑技术的改进和中菲混血后裔经济实力的上升，两层都由石头建造的房子又再次流行起来，尤其是在八打雁、南伊罗戈等地，这里是中国商人与菲律宾混血后裔家族大规模聚居的地方。尽管菲律宾本土的建筑架构得到采用，但是西班牙文化对家庭房屋的影响仍然体现在房间的分隔，宽大的豪华阶梯，以及精美的建筑装饰上，尤其在铁制装饰栅栏、玻璃镜子、贝壳制的滑动推窗上得到明显体现。此外，在这些房屋上常常可以见到新古典柱式，哥特风格的尖拱，巴洛克式的扭柱，新艺术风格的自然弯曲铁件，以及维多利亚式的窗上双拱。为了保持室内通风，大部分的菲律宾家庭还在房屋的二层和后面的走廊区域尽可能多的保留窗户，四面连续木推拉窗与可推拉开敞的窗下板墙结合，不但可以获得良好的通风，还能为坐在室内窗前的居住者带来观景的方便。瓦和镀锌铁板取代了传统的棕榈树叶，原来的坡面屋顶趋于平缓，深远的挑檐仍保留了当地传统的建筑特色，使起居空间不受日光直射。

二、宗教建筑

当西班牙殖民统治菲律宾的首任总督黎牙实比（Miguel Lopez de Legaspi）于1565年抵达宿雾时，带来了一大批随行的天主教传教士。在菲律宾传播天主教也是西班牙殖民政策的重要一步。16世纪的西班牙是典型的政教合一国家，教堂与国家之间有着紧密的联系，因此方济各会、多明我会、奥古斯丁会、耶稣会等天主教教派都在西班牙的海外殖民事业中扮演着重要角色，它们在菲律宾社会生活中的重要性也通过宗教建筑体现出来。教堂是每个城镇中心最醒目的建筑物，天主教大教堂也是马尼拉最早建起的建筑物之一，马尼拉最早的石制建筑是天主教马尼拉教区首任主教多明戈·萨拉查（Domingo Salazar）的居所，连马尼拉市政厅的建设都屈居第二。

西班牙传教士们抵达菲律宾后不久，就分散到各个岛屿去向当地民众传播天主教。西班牙殖民者占领菲律宾中北部地区以后，1578年，在圣方济会普拉森西亚神父（Jian de Plasencia）的建议下，殖民政府参照美洲的经验实行"并村计划"。[①]西班牙殖民者将菲律宾原本分散居住的当地居民集中成大的村落进行居住，一些

---

① 施雪琴:《菲律宾天主教研究：天主教在菲律宾的殖民扩张与文化调适（1565-1898）》，厦门大学出版社，2007年，第79页。

大的村落后来逐步发展成为村镇，村镇里修建起广场、教堂和街道，形成由神父监管的教区，教堂也成为市镇所在地的中心之一。最初的教堂是用竹子、木板和棕榈叶搭盖而成，这些材料容易获取，并且当地人能够熟练地运用这些材料建造房屋。然而，这些早期建筑逐步被更为坚固、持久的石头建筑所取代，有些建筑甚至是用击碎的珊瑚礁材料建造而成。大部分教堂的外部装饰都极其注重视觉效果，使得位于城镇广场的教堂建筑十分引人注目。由于教区的传教士几乎都来自西班牙和墨西哥，因此教堂在建造和装饰风格上深受西班牙、墨西哥天主教堂的影响，多采用巴洛克风格和样式。巴洛克建筑充满装饰、波折流转的特点，与喜好繁缛植物装饰的本土艺术性格相契合，因此菲律宾的天主教堂充满了具有地方意趣的装饰，有时甚至比西方巴洛克建筑的装饰更为繁复、华丽。菲律宾教堂建筑从最早的巴洛克风格建筑，到新哥特式和洛可可式的外部装饰，再到后来19世纪流行的折中主义和文艺复兴主义风格，风格多种多样。然而不管流行哪种建筑风格，考虑到菲律宾多台风、多地震的气候和地质因素，菲律宾的教堂多被设计成长方形，无侧廊和交叉部，墙壁厚实而坚固，建筑高度适量降低，形成了独特的菲律宾宗教建筑样式。

此外，除了西班牙传教士所带来的欧洲建筑风格，当地艺术家、华人工匠以及伊斯兰教徒也常常参与到菲律宾教堂的建造当中，这些拥有不同文化背景的设计师和工匠不仅奉献了大量的劳动力和建造经验，而且将不同民族的文化因素与传统融入了教堂建筑之中。这些由不同文化背景的建造者所共同创造出来的独特建筑风格，也体现了菲律宾多元文化的融合。

菲律宾现存最古老的的石制教堂是马尼拉的圣奥古斯丁教堂（San Agustin Church）。现在的圣奥古斯丁教堂最早的原型是1571年西班牙人用竹子和棕榈叶建造而成，它曾于战火和火灾中被摧毁。1584年，菲利普二世出资重建圣奥古斯丁教堂，菲律宾各地教会组织也参与捐资。1586年，由胡安·马西亚斯（Juan Macias）负责设计再次进行重建，据说重建方案受到奥古斯丁教会在墨西哥教堂的影响。1604年教堂建成，此时一些坚固的石质建筑材料已经逐步取代菲律宾传统的木质建筑材料，圣奥古斯丁教堂成为马尼拉乃至整个菲律宾宗教和文化的中心。自此次建成之后，屡经多次地震，以及1898年的争取民族独立战争和第二次世界大战，教堂的主体建筑仍然得以保存下来。此外，在菲律宾的其他城镇也建有许多重要的教堂建筑，如宿雾的圣婴大教堂（Santo Nino Church），马尼拉的奎阿坡教堂（Quiapo Church），以及马尼拉大教堂（Manila Cathedral）等。

钟楼是与教堂有关的重要附属建筑物，它通常是教堂建筑的一部分，但是为了预防地震造成钟楼倒塌继而引起教堂损坏，要把它建成单独的建筑。然而，无论采取哪种建筑形态，在地震频繁的菲律宾，都要求钟楼建地敦实而坚固，每一层的建造都要小于下面一层。除了召集群众集会，钟楼还用于宣布婚礼、葬礼这类特别仪式，也被用于提醒人们发生火灾和军队入侵这类突发事件。在一些沿海地区的夜晚，钟楼会一个接一个地燃起火焰以提醒沿岸的城镇，有居住在菲律宾南部的摩洛入侵者靠近。

神父们居住的修道院，也是位于教堂附近的附属建筑物，两者之间常常用廊桥或走道连接。修道院的第一层通常是用石头建造的，第二层则是木制建造，但也有一些整体都是石制建筑。其基本功能除了作为神父们的居所，宽敞的修道院还用于神父们履行其他职责和开展许多活动。例如，神父经常被要求招待来访的官员，因此修道院里要有许多房间，以及需要足够的场地烹调食物和进行聚餐。在西班牙殖民统治菲律宾时期，由于西班牙当时是政教合一国家，神父和他们的传教活动得到国王的大力支持，因此神父们也负有监督他们所在教区公共事务的责任，这使得他们实际上成为政府的代表。神父负有监管城镇的学校、财政、公共工程、税收以及民众完成国家强制劳役的责任。与此同时，神父也带头组织城镇居民抵御外来强盗和入侵者，有些神父甚至因此擅长设计和建造军事堡垒。在敌人攻入城镇或者是有严重的热带风暴袭击时，教堂和修道院也被用于充当临时避难所，并且成为食物和军火的储藏地。有些地方的修道院还曾被当做城镇的法庭及监狱的所在地。

在第二次世界大战爆发之前，菲律宾的教堂建筑都没有发生太大的变化。然而在民众反抗日本侵略者争取国家独立的过程中，菲律宾全国各地的建筑都遭受厄运，尤其是教堂，受到了极其严重的破坏，因为日本军队将教堂作为他们的防御工事。在菲律宾全国6个主教区的大教堂中，只有位于伊罗戈地区维甘（Vigan）的大教堂得以幸存下来。许多其他的小教堂和修道院都遭受不同程度的损失，位于马尼拉的大教堂在当地民众争取民族独立自由的战斗中也遭到了严重的破坏。

在第二次世界大战结束后国家重建的过程中，在美国接受建筑教育的新一代菲律宾建筑师，采用了当时最新的国际建筑理念来设计并建造新的教堂建筑。这类新式教堂的杰出代表就是位于菲律宾大学校园当中的圣祭教堂（Church of the

Holy Sacrifice）。它由菲律宾建筑家莱昂德罗（Leandro V. Locsin）设计，形状像一个向周围开放的倒置的碗。1960年代，菲律宾兴起了重新设计国家教堂的风潮，由于教会更为重视民众的参与，以及要使在圣坛上举行的仪式更具有可视性，过去占据主要位置的布道坛消失了，神父要站在集会的教友面前时，只有一张诵经台会放在他面前。在某些新式教堂中，如圣祭教堂，圣坛设置在环形教堂的中央，神父必须如在圆形剧场中一般向虔诚的教友们布道。

美国统治菲律宾期间实行宽松的宗教信仰政策，这使得新教得以传入菲律宾，但并没有获得传教士们所期待的那种大量信众的改宗。基督新教的主要宗教建筑位于马尼拉以及其他一些较大的城市和市镇。总的来说，菲律宾的基督新教建筑遵循新哥特式风格，与美国的基督新教建筑有着比较类似的风格。其中比较有特色的是位于菲律宾大学的基督教堂，采用比较独特的马鞍形结构，并装有大量的窗户。

居住在菲律宾南部岛屿信仰伊斯兰教的穆斯林们，大约在14世纪晚期就建造了菲律宾最早的清真寺。在菲律宾穆斯林的建筑传统中，早期的清真寺是用木材和竹子搭建的三级结构，这种建筑形式与印度尼西亚巴厘岛上的印度寺庙，以及中国或日本的宝塔建筑相类似。随着时间的推移，并且由于受到中东的直接影响，建筑的形式越来越有伊斯兰风格，具有洋葱形穹顶，在四个角上建有钟楼或者尖塔，在穹顶的顶端通常会点缀新月或者星星装饰，有时还会设计雕刻来再现神话人物。菲律宾的清真寺在发展过程中也逐步与中东的清真寺建筑形式相区别，传统清真寺中高举的讲坛或者是消失了，或者被升起的平台或椅子所取代，又或者明显低于一般的高度。由于菲律宾地震频繁，四周建造的尖塔也相对较低，使其更具有装饰性而非实用性。

由于尖塔已经失去了祷告时使用的功能，阿訇会让祈祷者站在清真寺内，面向朝着麦加方向的壁龛，并且敲打特殊的鼓进行布告。典型的清真寺内窗户很少，并且有让男女分别进出的单独出入口。男人会待在主要的祈祷大厅内，而女人不允许走出位于后面的木制屏风。菲律宾的清真寺分为两种，一种是修建在水边、拥有石头地基的大型永久性建筑，这种建筑至少能够容纳40人在星期五中午举行祷告、布告以及一些特殊仪式。另一种比较小型，方便村民在下午祈祷，尤其是在斋月期间，但在这种小清真寺内不会举行主要的信仰仪式。

在清真寺里会举行许多宗教仪式和节庆活动，许多清真寺还会有自己的学校和图书馆，有附属的会议室，参拜大厅也会被用于召开各种集会和会议。一些综合性的清真寺也因此具有文化、社会、政治以及宗教上的多重功能。菲律宾著名的清真寺包括位于棉兰老国家大学（Mindanao State University）校园内的费萨尔国王清真寺（King Faisal Mosque），以及1970年代修建于马尼拉奎阿坡地区的清真寺。该清真寺就位于奎阿坡天主教大教堂附近，其内部装饰的彩色玻璃图案由菲律宾著名艺术家安东尼奥·当劳（Antonio Dumlao）设计。还有一个相当著名的伊斯兰建筑是位于三宝颜市的大清真寺，它座落于西班牙人建造的皮拉堡垒（Fort Pilar）里面。

图8-5 左上为圣奥古斯丁教堂，右上为圣祭教堂，下为费萨尔国王清真寺

资料来源：http://1.bp.blogspot.com/-lEa0TvPJPhg/T5-opuAKV9I/AAAAAAAAWI/ZdguexXORnU/s640/4.jpg, 2014/8/21, 14:00.

http://s131.photobucket.com/user/denz_arki/media/bagong-lumad-11.jpg.html, 2014/8/21, 14:00.

http://www.akrosdayunibers.com/uploads/8/0/2/5/8025491/3947543_orig.jpg, 2014/8/21, 14:00.

三、公共空间和公共建筑

16世纪西班牙殖民者抵达菲律宾之后，为了保护他们的移民免受荷兰和英国舰队的攻击，以及防范从北部而来的中国船队和居住于南部的摩洛人的侵入，在菲律宾群岛沿岸都修筑了许多防御工事，在建造这些防御工事的过程中，西班牙人将用石头和灰浆建造的方法传授给菲律宾人。当西班牙殖民者将其统治重心从宿雾转移到马尼拉之后，他们也采用当地人的建筑方式，为新移民们兴建了许多木制建筑。然而，不到20年，这些最初建造的木制建筑逐步被五角形的石头建筑所取代。这些建筑上有发射加农炮的平台，炮口面对着马尼拉湾，指挥着帕西格河（Pasig River）沿岸的军事要塞。在靠近陆地的东面，以及沿海的城墙边，为了加强防卫还挖了许多壕沟，俨然成为一座巨大的城堡。

城墙以内的区域被称为Intramuros，意为"墙中之城"，也被称为"市中市"，这里成为16世纪西班牙殖民者在马尼拉宗教与世俗权力的中心。在其5平方公里的区域内，至今仍保存了中世纪风格的市政建筑、宗教建筑和西班牙民居。有7座教堂仍然保留下来，这其中最著名的是圣奥古斯丁教堂和马尼拉大教堂，同时保留下来的还有教堂管理人员的居所，以及供僧侣们活动的修道院。在市政建筑中最为著名的是市政厅（Ayuntamiento），在那里办公的人员都是当时集权力与责任于一身的菲律宾殖民政府官员，其管辖的领域远远超出当时的马尼拉城。在市政厅附近是皇家宫殿（Palacio Real），这里是当时西班牙殖民政权的总督府，由于其在1863年的地震中被摧毁，总督从此搬到位于帕西格河沿岸的马拉卡南宫（Malacanang）居住，从此这个政府官员的避暑山庄就成为了西班牙总督的府邸。1875年以后，西班牙政府对马拉卡南宫进行了一次大的扩建，增修几座新建筑物。美西战争后，美国于1898年占领了菲律宾，这里成为了美国总督的府邸。从1935年起，随着菲律宾总统曼努埃尔·奎松搬入马拉卡南宫，这里又继而成为菲律宾总统府，随后的历届总统及其家属都居住在这里。直到1986年，居住在这里的马科斯夫妇出逃美国，马拉卡南宫才结束了其作为总统府的职能，目前这里已经成为一座向游人开放的博物馆。

除了宗教建筑和市政建筑，"墙中之城"内也有许多慈善机构的建筑物，包括2所孤儿院和4所医院，每所医院针对不同的群体，分别接收西班牙人、中国人和麻风病患者，第4所医院则对公众开放。城内还设有众多知名学校，有6所在19世纪之前就已经建立起来的寄宿学校和神学院，其中最为著名的是马尼拉雅典耀耶稣会学校（Jesuit school the Ateneo de Manila）和圣托马斯大学（Universidad de Santo Tomas），后者为菲律宾最古老的学校之一，1611年由多明我会创立。

"墙中之城"外的其他区域则居住了大量的菲律宾当地民众，这些区域组成了当代马尼拉城市的各个城区，如帕克·通多（Paco Tondo）、艾尔米塔（Ermita）、奎阿坡等城区。此外，1582年，当时的菲律宾总督在马尼拉市区东北部帕西格河畔开设了一处专门的华人社区——八连（Parian），聚居于此的华人在西班牙、墨西哥和中国之间进行大帆船贸易，给马尼拉的西班牙人带来了丰厚的商业利益。尽管在连接马尼拉和中国广东等地之间的贸易中扮演着极其重要的角色，但是华人仍然被严格限制在他们的保留区域中活动，不能随意航行或者定居在菲律宾的其他地区。这一政策的首要目的虽然是希望华人专注于他们的商业贸易，然而也出于一种领土安全上的考虑，西班牙人不希望大量的外国移民散布到菲律宾各地，以危及到自己对菲律宾的控制。经过一段时间的苦心经营，一些中国商人不但在主要的省会城市站稳了脚跟，而且到了19世纪，他们与当地人通婚生下的混血后裔还被允许居住于乡村地区。与此同时，马尼拉的华人社区"八连"也发展成为重要的商业区，这里主要的商业街（Escolta）成为第二次世界大战前菲律宾的商业中心。

到了西班牙殖民统治末期，马尼拉的城市发展和活动区域已经大大超出了"墙中之城"的区域，并且随着华人社区商业贸易的繁荣以及总督府邸由城内转移到马拉卡南宫而大大拓展开来。19世纪末20世纪初美国取代西班牙统治菲律宾，进一步促进了马尼拉城市的迅速发展，并且将新的建筑风格引入菲律宾。1901年，菲律宾建筑师阿尔卡迪奥·阿雷拉诺（Arcadio Arellano）被任命为新政府的顾问，开始打破西班牙的建筑传统。1904年，著名的美国建筑师和城市设计家丹尼尔·伯纳姆（Daniel H. Burnham）受邀访问菲律宾，并且重新设计了马尼拉的城市布局。伯纳姆为马尼拉设计了多套建设方案，设计了新的政府中心、街道系统、公园和水道，并且推荐美国纽约亚里大学建筑学教授、建筑师威廉·帕森斯（William Parsons）来具体实施这一重建工程。

帕森斯在1905—1914年期间被任命为政府的建筑顾问，他将表现出宏大纪念性的新古典主义和罗马复兴风格的建筑样式带入菲律宾。他著名的建筑作品包括马尼拉饭店（the Manila Hotel）、菲律宾总医院（the Philippine General Hospital）、菲律宾师范大学（the Normal College）、海军俱乐部（the Army-Navy Club）。他的建筑风格在其离去之后仍影响不衰，胡安·阿雷拉诺（Juan Arellano）设计的马尼拉邮政局（the Post Office）、深受阿雷拉诺影响而建造的立法会大楼（Legislative Building），以及安东尼奥·托莱多（Antonio Toledo）设计的市政厅（City Hall）都延续了类似的建筑风格。这些建筑在第二次世界大战时日本军队占领马尼拉期间都遭到严重破坏，但它们如今都被修复和重建，继续服务于菲律宾政府。

西班牙殖民统治时期，马尼拉之外其他省份公共建筑的发展是比较缓慢的，因为西班牙殖民政府把主要的精力都集中于对首都的建设上。结果导致很多城镇甚至都没有一个像样的市政厅，这也是由于很多地方的公共中心集中于教会建筑，以及缺乏建设公共建筑所需的地方财政等原因造成的。尽管如此，到了19世纪末许多城镇的面貌开始发生改变，尤其是那些与糖、香烟和蕉麻出口市场密切相关的城镇，这些地方的市政厅纷纷兴建起来，并且基本采用的是"石屋"的建筑形态。

当美国殖民政权接替西班牙之后，菲律宾乡村的变化开始急剧显现。由于美国在菲律宾实行政教分离政策，并且希望实施民主政治，遂将菲律宾乡村从过去天主教修士监管的体制转变为由新型选举产生的地方政府管理的体制。1901年，设于马尼拉的美国殖民政府设立了一个专门的国家机构负责监督地方政府设施的兴建。因此，许多城镇都新建起两层结构的有着新古典主义风格廊柱和门厅的市政大厅，里面通常设置有市长办公室、市镇议会会议室、地方政府活动办公室，以及法庭和看守所等。与此同时，省级政府也开始新建新式办公大楼（kapitolyo）。这种建筑比一般的市政厅要大，通常为三层建筑。因为这类型的建筑的设计由帕森斯监督，它们体现出新古典主义的风格，有些还采用具有希腊风格的柱子。虽然是省级城镇的主要建筑，但是其通常不位于城镇传统意义上的中心，不是被建于大公园当中，就是建在远离城镇中心的大路上。

美国统治菲律宾期间的一个重要政策，就是扩大初级和中级教育。基础教育在西班牙殖民时期基本不受关注，只有在其统治的最后几十年才有所发展，不过当时大部分地方初等小学的建筑都是破旧不堪的。美国接管菲律宾之后，立即开展了一系列大型的教育拓展计划，在菲律宾全国各地兴建了成千上万所新式学校。这一时期的学校通常被称为加巴东式校舍（Gabaldon），源于制定实施教育建造项目开支的议员伊绍罗·加巴东（Isauro Gabaldon）的名字。初等小学通常是单层建筑，而中级和专科学校则是两层建筑。大部分学校通常离地面4英尺以防止潮湿，有着高高的天花板以利于散热，墙上的大窗户则便于通风透气。许多学校还会纵向地建造一排房间并开向走廊，以使教室之间的走廊不会温度过高和闷热。

1960年代中期，一种被称为"马科斯式"（Marcos-type）的廉价预制钢架型校舍建筑开始取代加巴东式校舍，这种建筑的墙体采用预应力混凝土、门户开放式横梁，以及利于空气流通的木制百叶窗。美国在菲律宾实施的教育计划和学校建设是相当成功的。目前菲律宾所有的城镇和大部分的乡村都建立了学校，国民识字率达到90%。

随着美国文化的冲击，菲律宾的都市也迅速呈现出美式风貌，高楼大厦鳞次栉比地矗立在宽广笔直的大道上。最新式的房屋皆属于好莱坞式的大牧场和布洛瓦海岸巴洛克式的混合物。这种建筑修有雅致的门廊和平台，镶以精致的金属饰品，并用岩石砌成的围墙包围，表面都有特殊纹路和用金银细线织成的网络以利于通风，建筑物周围铁栏上的雕刻装饰生动灿烂。今天，许多官邸和大型建筑物的设计都体现出现代风格，如马尼拉大学（University of Manila）和马卡蒂金融区（Makati）的高楼大厦。现代商业和政府办公大楼已经逐步用窗帘、遮阳篷和玻璃门取代了原来的列柱和柱廊。最有代表性的宏大建筑集中于马尼拉，包括菲律宾文化中心、国际贸易展览中心、椰子宫（Coconut Palace）等。

第三节　饮食

菲律宾曾遭受西班牙和美国长期的殖民统治，同时也和很多亚洲邻国有着频繁的交往，这使得这一海岛国家有着独特的文化适应性。更为恰当的说法是，菲律宾文化是一种融合性的文化，它适应外来文化影响的同时，也对其进行改造使其适应菲律宾的本土情况和民众偏好。这种融合的过程十分清晰地呈现于该国品种繁多的各类美食之中，这些美食在结合了多种文化影响的同时，创造出真正具有菲律宾特色的菜式与风味。

一、环境基础

对饮食文化产生影响与限制的诸多因素之中，最基本且重要的应该是自然环境因素。菲律宾是东南亚典型的热带海岛国家，终年温暖湿润，有着充足的热带降雨，因此一整年都适合各种作物的生长。菲律宾某些区域的降雨充沛，夏季的季风性降雨孕育出范围广阔的稻作文化，因此可以说，稻米是菲律宾饮食的基础。稻米是菲律宾人日常饮食的重要组成部分，也是制作许多其他食物的基础。在菲律宾人的饮食习惯当中，稻米满足了人们对谷物的基本需求，尤其对乡村的农民和城市的体力劳动者来说，每一餐都需要消耗具有充足营养的大量稻米，虽然其他的食物也有很多营养价值，但是肉、蔬菜、水果的充足程度都没有稻米产量的丰歉来得重要。因此对菲律宾民众来说，稻米是他们饮食生活和营养健康的基石。

稻米也被当做原料制作成其他的食物，可以烹煮成各式各样的粥，如一种用鸡肉、姜和稻米混合煮成的粥（arroz caldo）。稻米也被磨成粉作成为广受欢迎的米粉（bihon），或者是被烘烤成各式各样的蛋糕，被作为早餐或者中餐，以及在各种节庆典礼中作为招待的点心。同时，各种类型黏米也是制作许多点心的基本原料，如一种用椰子叶紧紧包裹住的点心（suman）。一些米糊还被压制成扁平的小薄片（pinipig），成为与椰子奶搭配的甜点，或者放置于巧克力顶端作装饰。稻米还被用于酿制米酒，但是除了居住于科迪勒拉山脉的人群喜爱饮米酒之外，与亚洲其他国家相比，菲律宾的米酒文化并不浓厚。稻米在菲律宾人早餐的食物中尤其重要。清晨，前一天晚上剩下的米饭就被加入油、盐、几粒蒜瓣和辣椒，在煎锅中烹制成炒饭，有时候还会根据喜好加入洋葱、蔬菜、煎蛋等等。制作好的炒饭通常会搭配煎蛋、香肠、咸鱼、干牛肉条等，作为普通菲律宾人一天饮食的开始。

另一个影响菲律宾饮食习惯的重要因素，就是与他们密切相关的水。菲律宾境内有超过7千个岛屿，该国的大部分人口都居住在环绕着咸水的海边。此外，大部分的岛屿都被数量众多的河流所分割，在吕宋岛和棉兰老岛上也有一些提供淡水资源的大湖。甚至修筑梯田也主要是为了保持水土，而不仅仅是因为稻作文化的影响。人与水之间的密切联系，使得鱼成为许多菲律宾人的主要食物之一。菲律宾品种繁多的鱼类中大部分都是咸水鱼，从事商业捕捞的渔民们从近岛的浅海中用撒网的小船把它们捕捞上来。捕捞作业通常在夜间展开，他们打着油灯去吸引海面上的鱼。由于菲律宾近海的海水相对较浅，有许多可以供养大量鱼群的珊瑚礁。因此，菲律宾有各式各样的鱼类和贝壳类动物。尽管对大部分菲律宾人来说，鲨鱼肉并不十分符合他们的饮食口味，但萨马岛上的渔民还是会捕捉小型和中型的鲨鱼，并通常将鲨鱼肉烹调成下酒菜或者一餐的主菜。

咸水区域的水较浅而且平静，人们通常撒网捕鱼，而在淡水区域湍急的河流中，人们就要用围栏来拦截鱼儿。在河水或者溪流里，人们常常用竹子做成的圈套来捕捉误入的鱼，来为晚餐增添一些美味。河流、湖泊和蓄水的稻田里常常有青蛙、虾、鳗鱼、蜗牛和蛤蜊等。鱼和虾常常被做成鱼露（patis）或者是海鲜酱（bagoong）等等，这些酱料常常作为食物的配料和菲律宾人餐桌上不可缺少的调味品。有时候，经济困难的人家还会直接把海鲜酱与米饭拌在一起作为食物。鱼露和海鲜酱在邻近的其他东南亚国家也十分常见，有着各种不同的当地名称。

菲律宾人充分利用土地出产的各种块茎类植物来补充他们的饮食，包括马铃薯、芋头、红薯等等。还有各种各样的蔬菜、卷须植物、叶子、鲜花、甚至是野草等，都能为菲律宾人的饮食增添新的风味和更多的营养价值。菲律宾温暖的气候也十分适合水果种植，出产多种可直接食用的水果，尤其是一些酸性水果，能够给食物增添酸味。在菲律宾最受欢迎且有多种吃法的水果就是椰子了，发酵后的汁液可以当作酒来饮用，而壳里面的椰子汁可以直接喝，嫩椰子的新鲜果肉可以直接吃，或者与肉一起烹调做成一道菜，而老椰子的果肉可以作为配料与水混合榨成椰子奶，或者拿来磨碎后撒在甜点上面增添风味。

二、烹饪风格与地方认同

菲律宾星罗棋布的群岛使得人们有着根深蒂固的地方认同。不同岛屿的地理气候孕育出菲律宾不同区域多样性的文化特征，也使得许多地区有着不一样的烹饪方式和饮食习惯，都各具特色、生动诱人。通过了解菲律宾各个岛屿的饮食，使人能够感受，确切的说是品尝出各地的文化氛围与风土人情。

虽然菲律宾食物总的来说是一种简单的热带饮食，其丰富而多样饮食风格还是体现于7千多个岛屿当中主要的7大区域。这种饮食上的多样性首先源于地理自然资源上的相对分离、孤立和分散，与不同的岛屿的土地生长着不同的动植物，以及居住着拥有不同文化与习俗的人群。

吕宋岛的西北部是伊罗戈地区，在山与海之间分布的带状土地，那里分布着菲律宾的5个省，它们共享相同的语言、食物和恶劣的自然环境。伊罗戈地区的居民节俭而勤劳，他们从干热的土地中获取食物。他们很少吃肉，在他们的饮食中也大量的烹煮蔬菜和稻米。伊罗戈地区的人们喜爱一种蔬菜杂烩（Pinakbet），即将番茄、茄子、苦瓜、立马豆、秋葵荚、南瓜等混合在一起煮，然后加入海鲜酱。他们烹制的肉菜也是非常美味的，但是有可能使食客胆固醇增高，例如一种用猪肝、肾脏等猪杂烹煮成的汤（Lomo）、早餐时吃的油腻的圆形香肠（Longganisa）、用海鲜酱腌制后油炸至金黄喷香的猪肚（Bagnet）。

在物产丰富的吕宋岛中部，有两个深受人们欢迎的著名美食之都——邦板牙和布拉干。在邦板牙，食物的烹调对当地人而言是生活中的头等大事，菜肴是制作精美而且丰富奢侈的。地处菲律宾内陆的邦板牙，深受外来饮食文化的影响：

特色的菜肴有混合布罗（bulo）的炸鲶鱼、经过发酵的米香肠、发酵过的螃蟹、混合着青蛙肉与遮目鱼的酸汤、熏肉干等等。作为糖业生产大省，邦板牙的饮食口味也偏甜，甜食尤为出名。有西班牙式的奶油酥皮点心、蛋黄羹、玛琳、蛋白杏仁糖果，还有非常具有本土风味的水牛奶拌玉米、黄油圆形小面包（ensaymada），用水牛奶制成的乳酪布丁（Leche Flan），以及一种用黏米做成的蛋糕。而在布拉干有句著名的谚语：不要吃任何东西，除非它让你快乐得晕倒。布拉干的饮食是慢节奏的、旧式的、并且品种繁多，这源于其来源丰富的食材。河鱼与柠檬一起烹煮，或者放在棕榈叶酒中烧制；海鱼则加醋和姜；泥鱼发酵后用香蕉叶包裹，然后埋入燃烧的木炭中进行烘烤；贝壳在姜肉汤中会变得更加美味。典型的布拉干饮食中有鸡肉卷、猪腿和花生酱炖牛尾等菜式。

马尼拉及其周边的省份的饮食烹饪文化十分丰富，发展出品种多样、式样精美而繁复的菜式。在马尼拉附近的内湖沿岸地区（Laguna de Bay），即他加禄省南部的心形湖泊地带，流行原汁原味的乡村菜式。这里的湖泊和群山中丰富的食材孕育出酸汤煮鲤鱼这道菜，罗非鱼则用罗望子叶烹煮，湖虾则用味道浓郁的椰子乳来炖煮。而更为靠南的八打雁省的湖泊与河流水域，则为当地人的餐桌提供了更为丰富的水产资源。海捕得到的大洋金枪鱼被一条条地放入陶土罐中慢慢烹煮，淡水沙丁鱼则来自塔尔湖，发酵制成海鲜酱的鱼来自巴拉延镇。八打雁省也因为其牛肉产业而著称，代表菜是富含牛骨髓的牛尾汤（Bullalo）。在奎松地区，人们喜欢吃水牛肉，一般用辣番茄汁进行炖煮。还有一种受欢迎的肉蔬面（Pancit Habhab），是将面条放入香蕉叶中，像吃冰淇淋甜筒一般。由于这一区域中的马尼拉是菲律宾的政治与经济中心，因此这里汇聚了菲律宾各地风味美食的同时，也深受各国饮食文化的影响。当地居民将这些外来影响融入本土饮食文化，使得马尼拉的外国菜与本土菜在原料、风味、烹饪方法上相互融合与借鉴，不断地改进当地的饮食生活，使得马尼拉及其周边省份的饮食文化呈现出极其丰富而多元的特征。

在比科尔地区——沿着吕宋半岛东南部的6个省——其富饶的土地因壮丽的马荣火山、世界上最小的鱼、繁茂的椰树林、菲律宾橄榄（pili nuts）以及热辣的椰子乳食物而著称。当地盛产一种红辣椒（sili），当地人中流行这样一句与红辣椒有关的俗语：比科尔的农民在台风来袭的时候，在忙着照顾妻子之前，要先把他们生活中必不可少的红辣椒捆好！此外，在菲律宾人的意识中"Bicol"是椰子乳（gata）的同义词，红辣椒与椰子乳的组合美味无比，尤其体现在比科尔的名菜——椰乳烩菜（pinangat）当中。一小把切碎的芋叶（gabi）、生姜、虾酱混合少量猪肉或鱼干，将其放入椰子乳中炖煮，最后撒上一撮红辣椒作点缀。

　　米沙鄢群岛是菲律宾中部最大的群岛，这里的饮食体现出来自中国文化的影响和显著的海洋风味。伊洛伊洛地区以富裕优雅的家庭、慢节奏的生活方式和美味的面条汤而著称，当地的特色菜是混合着海虾、鸡肉和猪肉饺子的烩汤菜（Pancit Molo）。此外还有由中国传入、深受大众喜欢的美味春卷。巴科罗及伊洛伊洛地区的鸡汤烩菜（binakol）都非常有名，这是一种不以鸡禽为底料，而是以嫩椰子当中的甜汁（buko）为汤底而做成的鸡汤。巴科罗地区也烹制一道鸡肉烧烤菜（inasal），就是把整只鸡浸泡在柠檬和胭脂树种子的混合调料中进行腌制，再进行熏烤。

　　在菲律宾最南端的棉兰老岛地区，当地居民的日常饮食更多地受到马来文化的影响，因此在菲律宾人眼中也显得独具异域特色。食物的烹制中大量地运用各种香料，如姜黄、生姜、大蒜、红辣椒、烤椰子。海鲜通常生吃、烧烤或者油炸，或者放入柠檬叶、生姜、青木瓜等一起烹煮成汤，或者与椰子乳、姜黄等煮成浓汤。鸡放入咖喱做成咖喱鸡，或者与松软的芋头一起炖煮成浓汤。这里除了种稻米作为主食之外，也种植大量的块茎作物。木薯用水煮熟，或者磨成粉末制作成糕点，稻米则放在椰子叶编织而成的心形容器中烹煮。糯米则通常与虾、香料或者椰子奶混合，或者与姜黄、甜椒一起烹煮。菲律宾最具有异域特色的水果也种植在棉兰老地区：有榴莲、面包果、山竹、兰撒果（Lanzones）等等。

　　三宝颜是棉兰老岛西南岸的港口城市，这里的居民崇信天主教，日常饮食呈现出浓郁的西班牙文化的影响。传统的周日大拼盘（Cocido），依然按照西班牙传统进行烹制，用香肠、咸猪肉、猪肋骨、马铃薯、玉米和煮熟的香蕉组合成拼盘。三宝颜还有几道十分独特的地方风味：一种是名为tatos的蟹肉菜，它用椰子肉喂养的大蟹烹制而成，具有椰子的香味；另一种是被称为curacha的蟹肉菜，它使用一种品种独特的蟹，具有十分鲜甜的口味。

　　虽然菲律宾具有地理和文化上的多元特征，但有几道菜式在菲律宾各地都流传广泛，深受不同地区居民们的喜爱，被誉为菲律宾的"国菜"：如一道用酱汁炖煮牛肉和洋葱圈的菜（Bistek），还有受中国文化影响的春卷（Lumpia），以及广受菲律宾民众喜欢的卤制菜式阿多博（adobo）。由于"adobo"这一名称很像墨西哥菜或西班牙菜，因此有些人认为这道菜是外来的。事实上，西班牙人最初发现这道菜的时候也发现它和他们本国的菜十分相似，因为把它叫做 "adobo de los naturales"，adobo 意为 "本地人"。这道菜通常把猪肉、鸡肉或者二者混合，然后用醋、蒜、胡椒子、月桂叶一起蒸煮。在菲律宾的不同地方，烹饪阿多博的方式也是五花八门、各具特色。如在马尼拉会加入酱油和大蒜，而在邻近的甲米地会在酱汁中加入捣成泥状的猪肝。内湖地区的阿多博会有一些微微的黄色，这是由于加入了辛辣的姜黄。在菲律宾南部穆斯林聚居的三宝颜，当地的阿多博非常油腻但很美味，这得益于加入了椰子乳作调味料。

还有其他几种代表大众口味的菜式，也能够位于 "国菜" 之列，如酸辣汤（sinigang）就是一道具有菲律宾本土特色，体现菲律宾真实调和性的菜式。这是一种略微煮沸的酸汤，以酸辣的口味为主，通过加入一些酸味作料——青芒果、番石榴、罗望子的叶子和花、番茄等，使其无论是搭配海鲜、肉类或者蔬菜，都能烹制出各具特色的酸辣汤。在热带地区，喝酸辣汤能够使身体消暑降温，而且烹制的原料可以因地制宜、就地取材，因此深受菲律宾家庭主妇们的青睐，菲律宾各地的人们都能烹煮出具有地方风味的酸辣汤。还有猪杂儿炖菜（Dinuguan），主要在猪血和内脏中加入醋、辣椒炖煮，大部分地区都有自己的炖煮方式。还有就是烤全猪或者是烤猪腿（Lechon），这是许多节庆活动中的主打菜，用炭火慢慢地烘烤整只猪或者猪腿，边烤还边往上抹油，使其酥脆而美味。

三、外来饮食文化的影响与本土化

对菲律宾饮食文化产生重要影响的早期外国因素之一，是几百年之前就与菲律宾进行通商贸易的中国东南沿海商人。这些商人无疑会在航行过程中将家乡的食物带到菲律宾，并且他们很有可能与菲律宾的贸易伙伴分享食物。这一饮食文化上的交流在相当长的时期里都持续进行着，然而在西班牙的殖民统治在马尼拉建立之前，菲律宾吸收中国饮食文化元素的过程是相当缓慢的。在此之前，菲律宾的政治和商业中心是多元的、相对较小，而且散布于不同的地理区域，因此，中国商人们没有理由在各个地方逗留太久。然而，随着商业活动逐步集中于马尼拉，中国商人也在此获得建立聚居区的权力，再加上政策限制了他们随意旅行的自由，进一步促使中国商人娶本地妇女为妻，在西班牙殖民下的菲律宾开始定居生活，这也让两国的菜系得以融合。

　　这一饮食文化的采纳和本土化过程，清楚地呈现于面食（pancit）上。与菲律宾饮食当中的其他面条一样，包括米制的各类面条，都来源于中国。当中国的面条抵达菲律宾时，就开始了其本土化的过程。例如，在沿海地区，鱼、虾、鱿鱼都被加入面条之中，而在稻米广泛种植的区域，米粉制成的糕点也变成面条的配料。在其他地区，当地的蔬菜和香肠也出现在面食当中。此外，每一位厨师都可以随心所欲地改变面条，自由地搭配他们认为最为合适的配料和酱汁。正如菲律宾本地菜酸辣汤一样，面条可以被任意改造，随着配料的变化而改变成为不同的菜式。

　　其他的中国食物也被菲律宾人采纳，包括肉汤煮成的面条（mami）、卷着蔬菜的薄煎饼（lumpia）、夹着肉的米团（siopao）和饺子（soimai）。甚至酱油、味噌、豆凝乳都被用在食谱中。中国食物潜移默化地融入菲律宾民众的社会生活，逐渐成为他们日常饮食习惯的一部分。一般来说，随着贸易到来的地位低下的中国商人最终融入菲律宾本土人群，中国食物在菲律宾也实现了最终的本土化。这些食物并不昂贵，在中国的普通百姓中被广泛食用，因此也极其适应于菲律宾相同社会经济阶层人群的饮食需求。此外，中国风味食物极易被菲律宾社会接纳的一个很重要原因，是中国东南地区的气候与土壤条件与菲律宾地区的差异不大，因此一些主要的烹调原料能够轻易获取或者用类似的原料进行替代。

　　西班牙饮食文化也进入到菲律宾社会当中，但其进入程度与中国食物不同，因为西班牙菜的许多食材，例如橄榄，不能在菲律宾种植，并且西班牙菜大量使用肉类，尤其是牛肉，成本较高。同时，西班牙食物大多为殖民地的精英人士所享用，因此被认为其地位要高于中国食物。塞满了填料的阉鸡（relleno）、肉、炖香肠（cocido）和油腻的甜点都大大超出普通家庭的日常开支，只有少数菲律宾人能够负担。因此，西班牙菜成为了狂欢节或其他特殊场合的餐桌当中的保留菜式。然而，一些西班牙平民菜也像中国菜一样，被改造或者本土化而融入菲律宾社会。一个很好的例子就是西班牙海鲜饭（paella），其最初是深受西班牙农民喜爱的菜式，进入菲律宾后变为菲律宾海鲜饭（bringhe），用椰奶替代了橄榄油和番红花粉。其他进入菲律宾的西班牙菜还包括肉丸、香肠、早餐中的咸面包、用鸡蛋和凝乳做成的甜点等等。然而，即使是这些食物也常常只出现于高档餐馆和节庆活动的餐桌上，被菲律宾中、上层人士所享用，极少出现在下层民众或者是农民的家中，这些普通百姓的餐桌上却常常出现源自中国的食物。

墨西哥文化对菲律宾菜的发展也有一定的影响，然而这一现象常常被忽视。当西班牙人远航到亚洲，他们会绕道墨西哥，在那里建立连接西班牙和中国的大帆船贸易中转站。在这一过程中，许多水果如番石榴、菠萝、青木瓜、牛油果等，以及品种繁多的蔬菜、香料、作物、以及块茎类植物，包括玉米、番茄、甜薯、花生等都被成功地引进到菲律宾的农业文化当中。也有少量的墨西哥菜被引入菲律宾，但是这些墨西哥菜或者酱汁常常与菲律宾本地菜搭配在一起，被当作是一种小吃，而非一道正规的菜式。大部分的墨西哥食物被用于为正餐充当配料或调味品，如原产于墨西哥的水果被端上菲律宾人的餐桌，完全融入了本土饮食之中。菲律宾有一款墨西哥玉米包馅卷（tamales），它不再像墨西哥人那样用玉米壳包裹，而是改用香蕉叶，而它原来辛辣的味道也变成甜的，在菲律宾的某些地方成了一道甜点。菲律宾包馅卷所经历的变化，充分显示了一种外国食物本土化的过程。

在美国殖民统治菲律宾之后，殖民当局力求改变菲律宾人的生活方式，在食物烹调方面也不例外。美国人认为菲律宾人的厨房脏乱不堪，他们通过新的教育系统，希望改善菲律宾人的饮食状况。在菲律宾师范大学，设立了一门名为"家政科学"的新课程，不仅教人们如何清洗餐具、保养厨房用具、注意饮食营养、烹调新菜式，如烤蛋糕、炖小牛肉、做沙拉等，还教授人们如何设计菜单和计划食品开支，学生们毕业之后，开始逐步影响和改造菲律宾社会的烹饪习惯。一些著名的杂志也起到了推波助澜的作用，如《女士家庭周刊》（Ladies' Home Journal）和《好管家》（Good Housekeeping），向菲律宾家庭展现怎样才是"现代"和"精致"的生活，这些文章将"科学"和"卫生"的观念带入了菲律宾家庭。随着时代的发展，科技的创新也使菲律宾的厨房发生了翻天覆地的变化，如煤气炉、电烤炉、电冰箱、微波炉等各种食物加工设备，使得食物的烹调变得更为标准化。然而，一些以木材、煤炭等为燃料的被认为是"肮脏"的厨房，却常常被用来烹调最为地道的菜肴，尤其是在节日期间，房子的后院常常成为一个开放的厨房。

美国饮食文化对菲律宾餐饮最大的冲击，还是在现代快餐连锁行业领域。然而，即使是这些美国快餐业的巨头集团，也因为菲律宾人顽固的饮食习惯而逐步本土化。在今天已经都市化的马尼拉地区，几乎每一家新建的麦当劳餐厅旁边，都有一家菲律宾本地的快餐连锁店快乐蜂（Jollibee）。这种菲律宾当地的快餐连锁店并非模仿它的美国竞争对手，而是将切碎的洋葱和菲律宾人的牛排（bistek）夹入汉堡包里，菲律宾本土小吃肉蔬面也在菜单当中。此外，国际饮料巨头可口可乐公司也为了适应菲律宾当地的饮食习惯而采取本土化的营销策略。如莱特岛的居民习惯在喝可乐时混入发酵的椰酒饮料（tuba），一位出生于莱特的菲律宾雇员向其所在的亚特兰大公司建议采用"Tuba Coke"的广告标语，结果这种本土化的宣传手段，使得可口可乐在莱特市场上的占有率远远超过百事可乐和其他菲律宾的国内饮料。①

①　Paul A. Rodell, *Culture and Customs of the Philippines*, London：Greenwood Press, 2002, pp.104-107.

参考文献

一、中文文献

[1]李荣善,《文化学引论》,西安:西北大学出版社,1996年。

[2]孙尚扬,《宗教社会学(修订版)》,北京大学出版社,2003年。

[3]陈序经,《文化学概观》,北京:中国人民大学出版社,2005年。

[4]赵林,《赵林谈文明冲突与文化演进》,北京:东方出版社,2006年。

[5]汉语大字典编辑委员会,《汉语大字典》,四川辞书出版社,湖北辞书出版社,四川省新华书店,1986年

[6][菲]格雷戈里奥·F·赛义德著,吴世昌译,《菲律宾共和国:历史、政府与文明》(上、下册),北京:商务印书馆,1979年。

[7][英]霍尔著,中山大学译,《东南亚史》(上、下册),北京:商务印书馆,1982年。

[8][新加坡]丘新民,《东南亚文化交通史》,新加坡:亚洲研究学会,1984年。

[9][法]乔治赛·岱司著,蔡华、杨保筠译,《东南亚的印度化国家》,北京:商务印书馆,2008年。

[10][日]木村宏等,《东南亚的历史与宗教》,香港日月星制作公司,2001年。

[11][新西兰]尼古拉斯·塔林等著,贺圣达等译:《剑桥东南亚史》,昆明:云南人民出版社,2003年。

[12]贺圣达,《东南亚文化发展史》,昆明:云南人民出版社,1996年。

[13]余定邦:《东南亚近代史》,贵阳:贵州人民出版社,1996年。

[14]梁志明等,《古代东南亚历史与文化研究》,北京:昆仑出版社,2006年。

[15]梁志明等,《东南亚古代史》,北京大学出版社,2013年。

[16]梁英明,《东南亚史》,北京:人民出版社,2010年。

[17]陈鹏东,《东南亚各国民族与文化》,北京:民族出版社,1991年。

[18]姜永仁、傅增有等,《东南亚宗教与社会》,北京:国际文化出版公司,2012年。

[19]祁广谋、钟智翔,《东南亚概论》,广州:世界图书出版公司,2013年。

［20］陈衍德等，《全球化进程中的东南亚民族问题研究——以少数民族的边缘化和分离主义运动为中心》，厦门大学出版社，2008年。

［21］陈衍德，《多民族共存与民族分离运动——东南亚民族关系的两个侧面》，厦门大学出版社，2009年。

［22］许利平等，《当代东南亚伊斯兰教发展与挑战》，北京：时事出版社，2008年。

［23］许利平，《亚洲极端势力》，北京：社会科学文献出版社，2007年。

［24］范若兰等，《伊斯兰教与东南亚现代化进程》，北京：中国社会科学出版社，2009年。

［25］赖伯疆，《东南亚华文戏剧概观》，北京：中国戏剧出版社，1993年。

［26］郭建超、周雁冰，《东南亚现代美术》，南宁：广西美术出版社，2006年。

［27］庄钟庆，《东南亚华文新文学史》，北京：人民文学出版社，2007年。

［28］周宁，《东南亚华语戏剧史》，厦门大学出版社，2007年。

［29］尹湘玲，《东南亚文学史概论》，广州：世界图书出版公司，2011年。

［30］庞希云，《东南亚文学简史》，北京：人民出版社，2011年。

［31］谢小英，《神灵的故事——东南亚宗教建筑》，南京：东南大学出版社，2008年。

［32］中山大学东南亚历史研究所，《中国古籍中有关菲律宾资料汇编》，北京：中华书局，1980。

［33］金应熙，《菲律宾史》，开封：河南大学出版社，1990年。

［34］胡才，《当代菲律宾》，成都：四川人民出版社，1994年。

［35］高伟浓，《菲律宾》，南宁：广西人民出版社，1995年。

［36］陈衍德，《现代中的传统——菲律宾华人社会研究》，厦门大学出版社，1998年。

［37］陈鸿瑜，《菲律宾史：东西文明交会的岛国》，台北：三民书局，2003年。

［38］马燕冰、黄莺，《菲律宾》，北京：社会科学文献出版社，2007年。

［39］李涛、陈丙先，《菲律宾概论》，广州：世界图书出版公司，2012年。

［40］刘其伟著，《菲岛原始文化与艺术》，台北市立美术馆，1991。

［41］施雪琴，《菲律宾天主教研究：天主教在菲律宾的殖民扩张与文化调适（1565—1898）》，厦门大学出版社，2007年。

［42］史阳，《菲律宾民间文学》，银川：宁夏人民教育出版社，2011年。

［43］吴杰伟，《菲律宾社会文化与投资环境》，广州：世界图书出版公司，2012年。

［44］吴杰伟、史阳，《菲律宾史诗：翻译与研究》，北京大学出版社，2013年。

［45］董晓萍，《民间信仰与巫术论纲》，载《民俗研究》，1995年第2期。

［46］陈彬、陈德强，《"民间信仰"的重新界说》，载《井冈山大学学报（社会科学版）》，2010年第4期。

［47］陈衍德，《菲华道教与文化传播》，载《中国文化研究》，1995年第1期。

［48］陈衍德，《马科斯时期菲律宾的穆斯林问题》，载《世界民族》，2004第3期。

［49］庄国土，《菲律宾华人政治地位的变化》，载《当代亚太》，2004年第2期

［50］庄国土，《论中国人移民东南亚的四次大潮》，载《南洋问题研究》，2008年第1期。

［51］施雪琴，《论西班牙天主教在菲律宾传播的历史背景》，载《南洋问题研究》，2001年第3期。

［52］施雪琴，《战后菲律宾穆斯林分离主义运动兴起的原因》，载《东南亚》，2002年第1期。

［53］施雪琴，《简论菲律宾民族的原始宗教信仰》，载《南洋问题研究》，2002年第2期。

［54］施雪琴，《16—17世纪西班牙传教士与菲律宾民族语言的发展》，载《历史研究》，2003年第3期。

［55］施雪琴，《简论近代欧洲在东南亚殖民扩张的宗教政策与传教活动》，载《南洋问题研究》，2003年第4期。

［56］施雪琴，《菲律宾天主教宗教节日的文化特征与功能擅变》，载《东南亚研究》，2003年第6期。

［57］施雪琴，《简论近代菲律宾传教士的成长及其意义》，载《南洋问题研究》，2004年第4期。

［58］施雪琴，《普世福音与新殖民主义——20世纪初期基督教在菲律宾的传播剖析》，载《南洋问题研究》，2007年第1期。

［59］施雪琴，《宗教民族主义与文化解殖——近代菲律宾反教会运动浅析》，载《东南亚研究》，2007年第1期。

［60］施雪琴，《试论当代菲律宾天主教社会行动之肇始》，载《南洋问题研究》，2012年第4期。

［61］吴杰伟，《菲律宾穆斯林问题溯源》，载《当代亚太》，2000年第12期。

［62］吴杰伟，《菲律宾"安蒂波罗女神"信仰与"妈祖"信仰对比研究》，载《东南

亚研究》，2004年第5期。

[63] 吴杰伟，《菲律宾天主教对政治的介入》，载《东南亚研究》，2005年第6期。

[64] 吴杰伟，《东南亚教堂艺术的表现形式与本土化特点》，载《南洋问题研究》，
　　 2010年第4期。

[65] 王虎、杨静林，《菲律宾的印度人》，载《世界民族》，2011年第3期。

[66] 杨静林，《印度锡克教徒在菲律宾的历史与现状》，载《南亚研究季刊》，2011
　　 年第3期。

[67] 《南岛语系：北部菲律宾语支诸民族（一）》，载《全球视野看民族》，2009年8
　　 月第28期。

[68] 《南岛语系：中部菲律宾语支诸民族（一）》，载《全球视野看民族》，2010年2
　　 月第31期。

[69] 《南岛语系：中部菲律宾语支诸民族（二）》，载《全球视野看民族》，2010年4
　　 月第32期。

[70] 《南岛语系：巴里多语支诸民族（一）》，载《全球视野看民族》，2010年6月第
　　 33期。

[71] 方倩华，《试论美国统治菲律宾时期的宗教政策》，载《东南亚》，2003年第2期。

[72] 史阳，《全球视野中的菲律宾伊斯兰化历史进程》，载《东南亚研究》，2006年
　　 第2期。

[73] 彭慧，《20世纪菲律宾的戏剧和民族主义运动初探》，载《华侨大学学报》，
　　 2011年第3期。

[74] 劳崇聘、吴晓春，《菲律宾画家阿穆索罗》，载《世界美术》，1979年第3期。

[75] 汤羽扬，《本土建筑与外来文化的相融——菲律宾建筑给我们的启示》，载
　　 《华中建筑》，1990年第2期。

[76] 韩燕平编，《菲律宾的音乐和舞蹈》，载《中国音乐》，1994年第1期。

[77] 侯军，《不同文化背景中的菲律宾音乐（上）》，载《交响（西安音乐学院学
　　 报）》，1994年第2期。

[78] [马来西亚]克里申·吉著，张力平译，《东南亚现代戏剧概述》，载《戏剧艺
　　 术（上海戏剧学院学报）》，2001年第2期。

[79] 阎亮军，《美国在菲律宾殖民统治时期的文化扩张政策研究》，西北大学硕士
　　 学位论文，2011年。

［80］邢艳娇,《试析菲律宾摩洛反抗运动》, 外交学院硕士学位论文, 2011年。

［81］《菲律宾宗教民俗》, 载《广西日报》, 2004年3月9日。

二、英文文献

［1］Roy, Dhirendra Nath, *The Philippine and India*, Manila; P.I.［Oriental Printing］ 1930.

［2］Barbara A. West, *Encyclopeida of the Peoples of Asia and Oceania*, Facts On File, inc. , 2009.

［3］James Minahan, *Ethnic Groups of South Asia and the Pacific: An Encyclopedia*, ABC-CLIO LLC, 2012.

［4］Frederick L. Wernstedt & Joseph Earle Spence, *The Philippine Island World: A Physical, Cultural, and Regional Geography*, University of California Press, 1967.

［5］David Levinson, *Ethnic Groups Worldwide: A Ready Reference Handbook*, Greenwood Publishing Group, 1998.

［6］Damon L. Woods, *The Philippines: A Global Studies Handbook*, ABC-CLIO, 2005.

［7］Values in Philippine Culture and Education (Philippine philosophical studies; 1), ed. Manuel B. Dy, Sreies III, Asia, vol. 7, 1994.

［8］Dr. Celedonia G. Aguilar, *Readings in Philippine Literature*, REX Book Store, 1994.

［9］Gen. J. P. Sanger, *Census of the Philippine Islands (I to IV)*, United States Bureau of the Census, 1905.

［10］Christine N. Halili, Philippine History, REX Book Store, 2004.

［11］Philippine Studies: Have We Gone Beyond St. Louis?, ed. Priscelina Patajo-Legasto, The University of the Philippines Press, 2008.

［12］Mellie Leandicho Lopez, *A Handbook of Philippine Folklore*, The University of the Philippines Press, 2006.

［13］William Henry Scott, Barangay: *Sixteenth-century Philippine Culture and Society*, Ateneo De Manila University Press, 1994.

[14] Richard Warren Lieban & Cebuano Sorcery, Malign Magic in the Philippines, University of California Press, 1967.

[15] Samuel K. Tan, *A History of the Philippines*, The University of the Philippines Press, 1987.

[16] Greg Nickles, Philippines - The People, Bobbie Kalman, 2002.

[17] Raul Pertierra, *Religion, Politics, and Rationality in a Philippine Community*, Ateneo De Manila University Press, 1989.

[18] Sir John Bowring & LL. D. & F. R. S, *A Visit to The Philippine Islands*, Smith, Elder & Company, 1859.

[19] William A. Dyrness, *Christian Art in Asia*, Rodopi, 1979.

[20] Tammy Mildenstein & Samuel Cord Stier, *Philippines*, Chelsea House Publishers, 2005.

[21] Ramon Reyes Lala, *The Philippine Islands*, Continental Publishing Company, 1898.

[22] Gregorio F. Zaide, *The Pageant of Philippine History*, Manila, 1979.

[23] Paul A. Rodell, *Culture and Customs of the Philippines*, London: Greenwood Press, 2002.

[24] David Barada & Sining Biswal, *An Essay on Philippine Ethnic Visual Arts*, Manila: Cultural Center of the Philippines, 1992.

[25] Regalado Trota Jose & Sining Biswal: An Essay on Philippine Ethnic Visual Arts, Manila: Cultural Center of the Philippines, 1992.

[26] Nick Joaquin & Luciano P. R. Santiago, *The World of Damian Domingo*, Manila: Metropolitan Museum of Manila, 1990.

[27] Frank Lynch S. J. , "Town Fiesta: An Anthropologist' s View", in Philippine Society and the Individual: Selectived Essays of Frank Lynch, 1949-1976, ed. Aram A.

[28] Yengoyan & Perla Q. Makil & Ann Arbor, Michigan Papers on South and Southeast Asia, no. 24, Unversity of Michigan, 1984, pp. 209-223

[29] Alfonso J. Aluit, *The Galleon Guide to Philippine Festivals*, Manila: Galleon Publications, 1969.

[30] Alfredo & Grace Roces, *Culture Shock! Philippines: A Guide to Customs and Etiquette*, London: Graphic Arts Center Publishing Company, 1992.

[31] Maria Bernadette L. Abrera, "The Soul Boat and the Boat-Soul: An Inquiry into the Indigenous 'Soul' ", online article for Research SEA April 2007.

[32] Eric V. Cruz, *The Terno: Its Development and Identity as the Filipino Woman's National costume*, Quezon City: University of the Philippines, 1982.

[33] Sahie P Lacson, "The Evolution of the Filipino Dress: Then, Now and Beyond," Manila Bulletin, *Philippine Cerntennial Issue*, June 12, 1998.

[34] Maria Corazon C. Hila & Arkitektura, An Essay on Philippine Ethnic Architecture, Manila: Cultural Center of the Philippines, 1992.

[35] Regalado Trota Jose & Arkitektura, An Essay on the Spanish Influence on Philippine Architectue, Manila: Cultural Center of the Philippines, 1992.

[36] Pedro G. Galende & Regalado Trota Jose, San Agustin art & history, 1571-2000, San Agustin Museum, 2000.

[37] Rene B. Javellana, S. J. & Fernando N. Zialcita, "Simbahan," in CCP Encyclopedia of Philippine Art, vol. 3, Philippine Architecture, Manila: Cultural Center of the Philippines, 1994.

[38] Maria Corazan C. Hila, "Masjid", in CCP Encyclopedia of Philippine Art, vol. 3, Philippine Architecture, Manila: Cultural Center of the Philippines, 1994.

[39] Thomas S. Hines, "The Imperial Façade: Daniel H. Burnham and American Architetural Planning in the Philippines," Pacific Historical Review 41, no. 1 (February 1972).

[40] Doreen G. Fernandez & Edilberto N. Alegre & Sarap: Essays on Philippine Food, Metro Manila: Mr. & Ms. Publishing Co. , 1998.

[41] Corazon S. Alvina, Regional Dishes and Regional Identity, Essay on The food of the Philippines, Tuttle Publishing Co. , 2005.

[42] Epifanio San Juan, *Introduction to Modern Philipino Literature*, New York: Twayne Publisher, 1974.

[43] Doreen G. Fermamdez's pamphlet, Dulaan: An Essay on the American Colonial and Comtemporary Traditions in Philippine Theater, Manila: Cultural Center of

the Philippines, 1994.

[44] Felipe Padilla de Leon, "Philippine Music," in Amparo S. Lardizabal and Felicitas Tensuan-Leogardo ed. , Readings on Philippine Culture and Social Life, Manila: Rex Bookstore, 1976.

[45] Christi-Anne Castro, *Musical Renderings of the Philippine Nation*, New York: Oxford University Press, 2011.

[46] Elmer L. Gatchalian & M. Carunungan & Danny Yson, "Industry" in CCP Encyclopedia of Philippine Art, vol. 6, Philippine Music, Manila: Cultural Center of the Philippines, 1994.

[47] Rodolfo Paras-Perez, *Edades and the 13 Moderns*, Manila: Cultural Center of the Philippines, 1994.

[48] Valerio Nofuente, The Jeepney: Vehicle as Art, International Popular Culture, 1, no. 1, 1980.

[49] F. Landa Jocano, *Philipino Social Organization: Traditional Kinship and Family Organization*, Metro Manila: Punalad Research House, 1998.

[50] Belen T. G. Madina, *The Philipino Family: A Text with Selected Readings*, Quezon City: University of the Philippines Press, 1991.

[51] Brent Willock, Rebecca C. Curtis, Lori C. Bohm, Taboo Or Not Taboo: Forbidden Thoughts, Forbidden Acts in Psychoanalysis and Psychotherapy, ed. Karnac Books Ltd, 2009.

[52] Dr. Bhojraj Dwivedi, Study of Omens, Diamond Pocket Books Ltd. , 2000.

[53] Filipino Martial Arts Digest: Culture-Customs-Traditions, Steven K. Dowd, Special Issue 2009.

[54] The Structure of the Ifugao Religion, Yih-Yuan Li, 中央研究院民族学研究所集刊, 1960年第9期, pp. 387-409.

三、日文文献

[1] 今田達発行、『アジア歴史研究入門・第5巻: 南アジア・東南アジア・世界史とアジア』、同朋社、1984年。

[2] 宮本勝著、『ハヌノオ・マンヤン族——フィリピン山地民の社会・宗

教・法──』、第一書房、1986年。

［3］綾部恒雄編、『女の文化人類学』、弘文堂、1988年。

［4］清水展著、『出来事の民族誌──フィリピン・ニグリート社会の変化と持
続──』、九州大学出版会、1990年。

［5］前田成文編、『講座東南アジア学・第五巻：東南アジアの文化』、弘文堂、
1991年。

［6］清水展著、『文化のなかの政治──フィリピン「二月革命」の物語──』、弘
文堂、1991年。

［7］前田成文責任編集、『講座東南アジア学・第五巻：東南アジアの文化』、弘文
堂、1991年。

［8］寺見元恵編・監訳、『フィリピンの大衆文化』、株式会社めこん、1992年。

［9］宮本勝・寺田勇文、『アジア読本──フィリピン』、河出書房新社、1997年。

［10］早瀬晋三、『歴史研究と地域研究のはざまで──フィリピン史で論文を書
くとき』、法制大学出版局、2004年。

［11］池端雪浦、「東南アジア基層社会の一形態──フィリピンのバランガイ社
会について──」、『東洋文化研究所紀要』（54）、東京大学東洋文化研究所、
1971年。

［12］木村宏、「麻逸と蘇祿の境域について：東南アジア東部島嶼地域の歴史地
理学的研究」、『人文研究』8（10）、1957年。

［13］青柳洋治、「フィリピンの先史時代」、『東南アジア史学会会報』（20）、1973年。

［14］青柳洋治、「フィリピンに於ける近年の考古学的活動」、『上智史学』（18）、
上智大学史学会、1973年。

［15］青柳洋治、「中国陶磁器のフィリピンへの渡来時期について」『上智史学』
（20）、上智大学史学会、1975年。

［16］村上公敏、「フィリピンにおける住民移動と統合・摩擦問題：ダバオ周辺農
村の調査より」、『桃山学院大学創立20周年記念号』、1979年。

［17］八代秀夫、「フィリピンにおける民族楽器の調査」、『Studies』26（3）、神戸
女学院大学、1980年。

［18］池端雪浦、「フィリピン民族主義の創出とプロパガンダ運動」、『東南アジア
史学会会報』（35）、東南アジア史学会、1981年。

［19］玉置泰明、「『フィリピン低地社会』研究序説——社会関係の視点から」、
　　　『民族學研究』47巻3号、日本文化人類学会、1982年。

［20］梶原景昭、「東南アジア地方都市社会研究ノート——フィリピン セブ市の
　　　事例を中心に——」、『南方文化』10、天理南方文化研究会、1983年。

［21］小幡壮、「詩歌・問答話・狩猟詩歌：フィリピン・ミンドロ島焼畑農耕民タ
　　　ジャワンの事例研究壮」、『民族學研究』55（3）、日本民族学会、1990年。

［22］早瀬晋三、「マレー世界のなかのミンダナオ：フィリピン世界のなかのミ
　　　ンダナオ」、『東南アジア史学会会報』（57）、1992年。

［23］古山修一、「フィリピン共和国における歴史的言語事情」、『スピーチ・コミ
　　　ュニケーション教育』第6号、日本コミュニケーション学会、1993年。

［24］合田涛、「一系家族は存在するか？：イフガオ族における洗骨習俗と養取
　　　慣行」、『国際文化学研究：神戸大学国際文化学部紀要』（1）、神戸大学国際
　　　文化学部、1994年。

［25］杉島敬志、「合田濤著、『首狩りと言霊：フィリピン・ボントック族の社会構
　　　造と世界観』」、『民族学研究』59（1）、日本民族学会、1994年。

［26］東賢太朗、「生活の中のウィッチクラフト、あるいはウィッチとしての生
　　　活：フィリピン・パナイ島カピス州L村におけるアスワンの事例から」、『生
　　　活學論叢』（7）、2002年。

［27］関恒樹、「フィリピン・ビサヤ民俗社会における力・主体・アイデンティテ
　　　ィに関する予備的考察——dunganの観念について」、『アジア社会文化研
　　　究』（4）、アジア社会文化研究会、2003年。

［28］木下昭、「民族ダンスの創造と国民国家フィリピンの形成」、『言語文化研
　　　究』15巻4号、立命館大学国際言語文化研究所、2004年。

［29］長坂格、「川田牧人著、『祈りと祀りの日常知——フィリピン・ビサヤ地方バ
　　　ンタヤン島民族誌』」、『文化人類学』69（1）、日本文化人類学会、2004年。

［30］熊野建、「北部ルソン島イフガオ族の伝統的シャーマニズム再考」、『関西大
　　　学社会学部紀要』38（1）、関西大学、2006年。

［31］東賢太朗、「親密な他者——フィリピン地方都市の呪医実践より——」、『文
　　　化人類学』第71巻1号、2006年。

［32］中原功一朗、「フィリピンの社会・言語状況と同国における英語とフィリピ

ノ語の将来」、『自然・人間・社会：関東学院大学経済学部総合学術』、論叢
関東学院大学経済学部教養学会、2006年。

［33］菅谷成子、「スペイン領フィリピンにおける中国人移民社会の変容——
異教徒の『他者』からスペイン国王の『臣民』へ」、『愛媛大学法文学部論
集・人文学科編』（22）、愛媛大学法文学部、2007年。

［34］本多吉彦・鈴木邦成、「フィリピンにおける英語使用の現状：英語の国際化
の流れを踏まえて」、『文化女子大学紀要：人文・社会科学研究』17、文化学
園大学、2009年。

［35］菅谷成子、「民間信仰とカトリシズムの交錯するところ——中国系フィリ
ピン人にみられる信仰実践」、『フィールドプラス：世界を感応する雑誌』
（2）、東京外国語大学アジア・アフリカ言語文化研究所、2009年。

［36］ラーマン・ルドルフ、森田未咲〔訳〕「太陽と月の静いと敵対：フィリピン、
インド、およびマレー半島の諸神話への寄与」、『東北宗教学』6、東北大学
大学院文学研究科宗教学研究室、2010年。

［37］高杉公人、「フィリピン先住民族タグバヌアコミュニティの内発的発展を
促進させる文化再発見型アクションリサーチ」、『関西学院大学先端社会研
究所紀要』第7号、2012年。

［38］松嶋宣広、「中国系移民と組織化：フィリピン中国人社会における親族組
織」、『ソシオロジカ』36（1・2）、創価大学社会学会、2012年。

［39］菅谷成子、「『トンドの謀議』をめぐる一考察：スペイン領フィリピン成立
の断章」、『愛媛大学法文学部論集・人文学科編』（32）、愛媛大学法文学部、
2012年。

［40］尾上智子、「フィリピン・カリンガ州パシルにおける近代医療の受容メカニ
ズム」（博士論文）、大阪大学、2013年。

四、网络文献

［1］National commission for culture and the arts, http：//www.ncca.gov.ph/,
2014/2/17, 16：00.

［2］Mangyan, National commission for culture and the arts, http：//www.ncca.gov.
ph/, 2014/2/17, 16：00.

［3］Waray, National commission for culture and the arts, http: //www.ncca.gov.ph/, 2014/2/17, 16:00.

［4］Hiligaynon, http: //www.everyculture.com/wc/Norway-to-Russia/Hiligaynon. html, 2014/3/20, 14:00.

［5］Lumad, National commission for culture and the arts, http: //www.ncca.gov.ph/, 2014/2/17, 16:00.

［6］Languages in the Philippines, Friendly Borders, http: //www. ethnicgroupsphilippines.com/people/languages-in-the-philippines/, 2014/3/10, 15:00.

［7］Tagalog, ethnicgroupsphilippines.com, http: //www.ethnicgroupsphilippines.com/ people/ethnic-groups-in-the-philippines/tagalog/, 2014/3/12, 14:00.

［8］Ethnic Groups in the Philippines, Friendly Borders, http: //www. ethnicgroupsphilippines.com/people/ethnic-groups-in-the-philippines/, 2014/4/10, 10:00.

［9］Who are the Negritos?, Lawrence Waldron, http: //agta.4t.com/index.html, 2014/3/10, 12:00.

［10］Josienita Borlongan, Filipino Customs and Traditions: Courtship, Engagement and Marriage, voices.yahoo.com, http: //voices.yahoo.com/filipino-customs-traditions-courtship-engagement-576301.html, 2014/3/14, 9:35。

［11］Philippine Wedding Customs and Superstitions, asianrecipe.com, http: //www. asian-recipe.com/philippines/ph-information/philippine-wedding-customs-and-superstitions.html, 2014/3/25, 19:00。

［12］Filipino Romance, Dating, Courtship, Wedding, Marriage, Divorce, Philippineculture.ph, www.Courtship.PhilippineCulture.ph, 2014/4/7, 15:20.

［13］Funeral practices and burial customs in the Philippines, wikipedia.org, http: //en.wikipedia.org/wiki/Funeral_practices_and_burial_customs_in_the_ Philippines, 2014/3/26, 16:45.

［14］Karen A. de la Trinidad, All Soul's Day Special, camarinessur.gov.ph, http: // www.camarinessur.gov.ph/sec/life/allsouls.php, 2014/3/29, 9:30.

［15］Guimo Pantuhan, Filipino Superstitions on Death http: //philippines.knoji.com/

filipino-superstitions-on-death/, 2014/3/31, 10:00.

[16] Terno, http://www.seasite.niu.edu/tagalog/Cynthia/costumes/terno.htm, 2014/2/27, 10:20.

[17] History of Barong tagalog, http://www.barongsrus.com/barong/history-barong-tagalog-i-20.html, 2014/2/29, 14:50.

[18] Intramuros, wikipedia.org, http://en.wikipedia.org/wiki/Intramuros, 2014/1/13, 11:30.

[19] Kwok Abigail, Solon: Iglesia stand on population bill "important", Inquirer.net, 09/18/2008, 2014/2/11, 15:00.

[20] Suarez E.T., Officials celebrate with Iglesia ni Cristo on its 94th anniversary, The Manila Bulletin Online, 7/27/2008, 2014/2/13, 16:00.

[21] The World Factbook: Philippines, Central Intelligence Agency (US), https://www.cia.gov/library/publications/the-world-factbook/geos/rp.html, 2014/4/20, 8:00.

[22] Protestantism, U.S. Library of Congress, http://countrystudies.us/, 4/16/2014, 9:00.

[23] Panda B, Most Famous Wedding Superstitions in the Philippines, philippineculture.ph http://philippineculture.ph/filer/Most-Famous-Wedding-Superstitions-in-the-Philippines.pdf, 2014/5/10, 18:00.

[24] Filipino Funeral Superstitions, Free World Creations.com, http://www.pinoysuperstitions.com/info/286/Filipino%20Funeral%20Superstitions, 2014/5/12, 16:00.

[25] Posted by Carrie B. Yan, Filipino Traits, Traditions & Beliefs: Beliefs on Bad Luck and Good Luck, http://philippineculture.ph/filer/Beliefs-on-Bad-Luck-and-Good-Luck.pdf, 2014/5/10, 11:00.

[26] Carrie B. Yan, Filipino Traits, Traditions & Beliefs: Beliefs on House, Home and Family, globalpinoy.com, http://www.globalpinoy.com/gp.topics.v1/viewtopic.php?postid=4e327fdb6e165&channelName=4e327fdb6e165, 2014/5/9, 10:00.

[27] Ron Siojo, The Philippines - Superstitions and Beliefs, http://societies-religion-

culture.knoji.com/the-philippines-superstitions-and-beliefs/, 2014/5/9, 11：00.

[28] Filipino Superstition on Death & Illness, philippineculture.ph, http：//
philippineculture.ph/filer/Filipino-Superstition-on-Death.pdf, 2014/5/12, 20：00

[29] Philippine Culture, philippineculture.ph, http：//philippineculture.ph/filer/
FILIPINO-PRENATAL-LABOR_DELIVERY-POST_PARTUM.pdf, 2014/5/9,
15：00.

[30] Francisco Demetrio, Towards a Classification of Bisayan FolkBeliefs and
Customs, Additional Notes(cf. Vol. XXVIII, 1), https：//nirc.nanzan-u.ac.jp/
nfile/953, 2014/6/2, 9：00.

[31] BaguioPhoria Community, Let us tell stories, myths and legends, http：//
philippineculture.ph/filer/toledo-cebu/Myths-Folktales-and-Legends.pdf,
2014/6/1, 11：00.

[32] Early Filipino in the Pre-Hispanic Period, philippineculture.ph http：//
philippineculture.ph/filer/earlyfilipinointhepre-hispanicperiod-121115210210-
phpapp01.ppt, 2014/6/3, 9：00.

[33] Pinoy Atheist, The Problem with Superstitions, http：//filipinofreethinkers.
org/2009/10/28/the-problem-with-superstitions, 2014/6/1, 8：00.

[34] Kulam, wisegeek.org, http：//www.wisegeek.org/what-is-kulam.htm, 2014/6/1,
13：00.

[35] The myth of the DAKIT tree at Barangay Ilihan, Toledo City, Cebu,
philippineculture.ph, http：//philippineculture.ph/filer/The-myth-of-the-DAKIT-
tree-at-Barangay-Ilihan.pdf, 2014/6/4, 14：00.

[36] Sylvia L. Mayuga, Walking between heaven and earth：The babaylan today,
GMA News Online, http：//www.gmanetwork.com/news/story/282454/lifestyle/
artandculture/walking-between-heaven-and-earth-the-babaylan-today, 2014/6/1,
20：00.

[37] Babaylan Spirit and Power Roles, philippineculture.ph, http：//philippineculture.
ph/filer/Babaylan-Spirit-and-Power-Roles.pdf, 2014/6/5, 10：00.

[38] Marianita Girlie C. Villariba, Babaylan Womenas Guide to a Life of Justice and
Peace, One On One, http：//www.isiswomen.org/downloads/wia/wia-2006-

2/02wia06_06GirlieA.pdf, 2014/6/5, 10：00.

[39] Gloria Esguerra Melencio, The babaylan lives in her story, philippineculture.ph, http：//philippineculture.ph/filer/The-babaylan-lives-in-her-story.pdf, 2014/6/5, 10：00.

[40] Indigenous Religious Beliefs and Cosmology of the Filipino, asiapacificuniverse. com, http：//asiapacificuniverse.com/pkm/spirit.htm, 2014/6/3, 9：00.

后 记

在东南亚文化中，菲律宾文化具有较强的独特性。古印度文化和中国文化沉淀在菲律宾文化系统的基质中，伊斯兰文化东扩的脚步止于菲律宾群岛南部，基督教文化则伴随着"剑与十字架的征服"生发在群岛的中部和北部地区。在这一漫长的历史进程中，菲律宾原有的文化传统则凭借着顽强的生命力和强大的适应性，在外来文化的强势影响下艰难求存、汲取营养，并最终绽放出五彩缤纷的绚丽之花。然而，再绚丽的花朵也不过沤珠槿艳，长期的文化冲突在造就多元文化的同时也消磨着文化系统的内聚力，一些独具特色的文化传统已经消失或濒临消失，给菲律宾文化的未来发展提出了一个复杂而艰巨的课题。这一课题对于中国来说也具有相当的借鉴意义。

为了全景式地再现菲律宾文化的图景，本书从菲律宾文化的滥觞讲起，阐述菲律宾文化产生的地理环境、人口基础等物质条件，梳理菲律宾文化系统的主要发展阶段，在描述文化现象的同时结合理论挖掘现象所反映的文化特征和精神内涵，以宏观结合微观的视角展现菲律宾文化的过去、现状和未来的发展趋势。本书在写作时，力求在翔实的资料基础上，用明白晓畅的文字来讲述，配以一定的理论分析，希望能够把菲律宾文化的整体性和多样性在一册图书之中完整展现，启后学者以思考，能够适合各种形式的讲授与使用。

关于菲律宾文化研究，国内外学者已有相关学术成果及著述问世。我们的原则是尊重、吸收学术界认可的研究成果，并力求有所突破，把我们从第一手资料出发提炼出的最真实可靠的文化事实、最新最前沿的学术心得呈现出来。在编写过程中，我们所引用的资料尽量注明出处，若因疏漏而未能一一列出的，在这里特表感谢及歉意。

本书为解放军外国语学院博士生导师钟智翔教授主持的国家级教学成果二等奖项目《东南亚文化概论》丛书之一，由解放军外国语学院亚非语系统一策划和组织编写。亚非语系主任、博士生导师钟智翔教授作为本书的策划人，对本书的总体立意、学术规范、撰写要求等给予了宏观建议和指导，博士生导师孙衍峰教授作为文化研究的资深学者，也对本书的框架建构提出了中肯的建议。本书编写组成员以解放军外国语学院亚非语系教学人员为主，还有国内从事东亚、东南亚文化研究的同行，分别为：阳阳，解放军外国语学院亚非语系教员，获厦门大学世界史专业博士学位；曾添翼，解放军外国语学院亚非语系教员，获本院亚非语言文学硕士学位；李宏伟，解放军外国语学院欧亚语系教员，本院日本文化研究专业博士研究生；黄瑜，中山大学历史人类学研究中心博士研究生、广西民族博物馆馆员。本书执笔者及具体分工如下：主编阳阳负责全书结构的具体设计、第一章、第二章、第三章、统稿、各章修改及相关内容补充，曾添翼负责第五章，李宏伟负责第四章，黄瑜负责第六章、第七章和第八章。

　　本书的出版得到了解放军外国语学院亚非语言文学专业博士学位授权点、亚非语言文学国家特色专业建设点以及世界图书出版公司的大力支持，谨在此一并致以诚挚的谢意。尽管我们付出了很多努力，但由于学术视野及知识水平有限，书中不妥和错误之处在所难免，敬请学界同行、评论家不吝批评指正。

编　者

2014年9月

解放军外国语学院